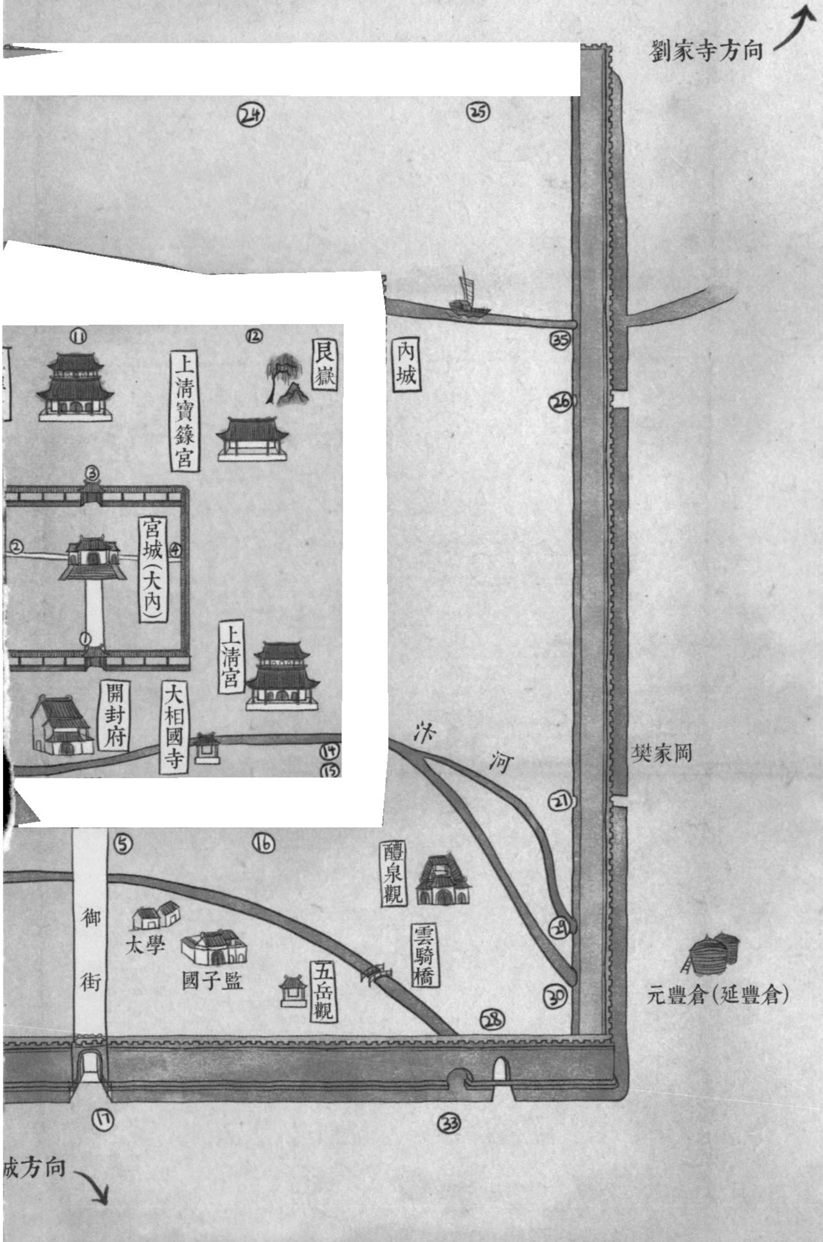

外城城門：
17. 中南薰門
18. 西安上門（戴樓門）
19. 南順天門（新鄭門）
20. 中開遠門（萬勝門）
21. 北金耀門（固子門）
22. 安肅門（衛州門）
23. 通天門（新酸棗門）
24. 永泰門（新封丘門）
25. 長景門（陳橋門）
26. 北含輝門（新曹門）
27. 南朝陽門（新宋門）
28. 東宣化門（陳州門）

外城牆水門：
29. 通津門
30. 上善門
31. 大通門
32. 宣澤門
33. 普濟門
34. 廣利門
35. 善利門
36. 咸豐門

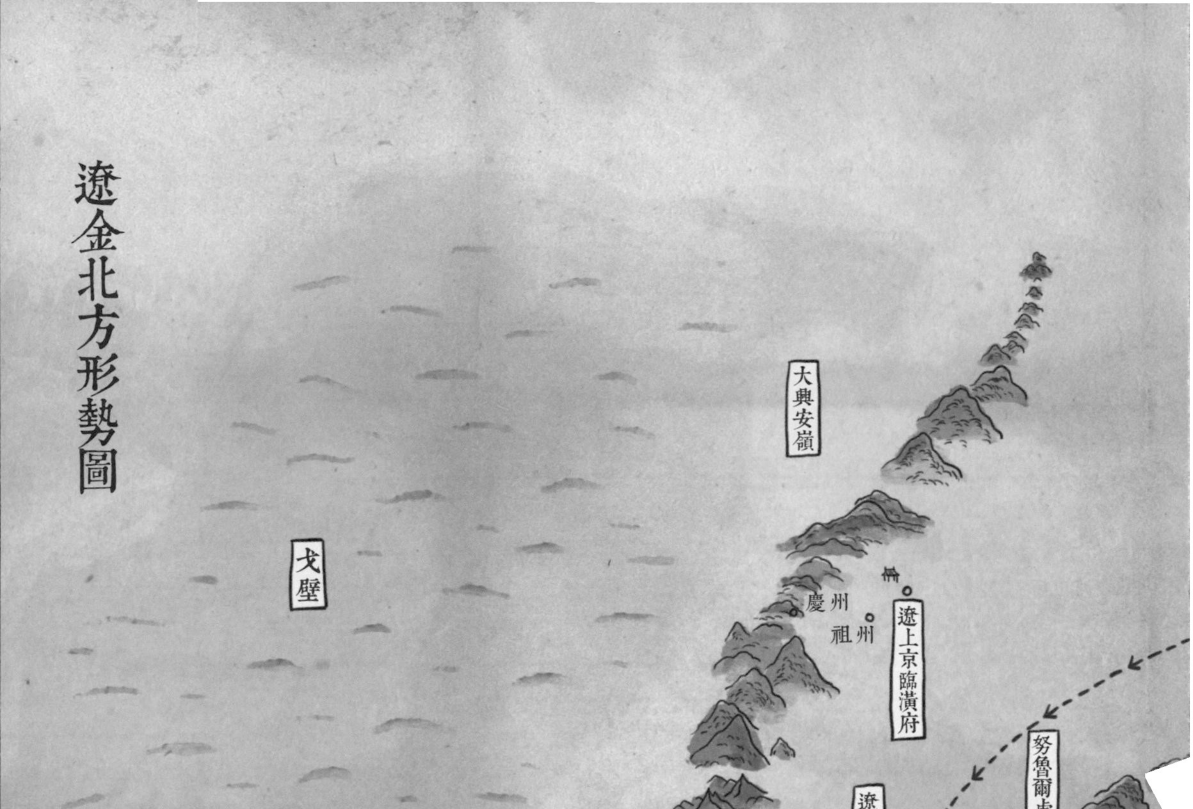

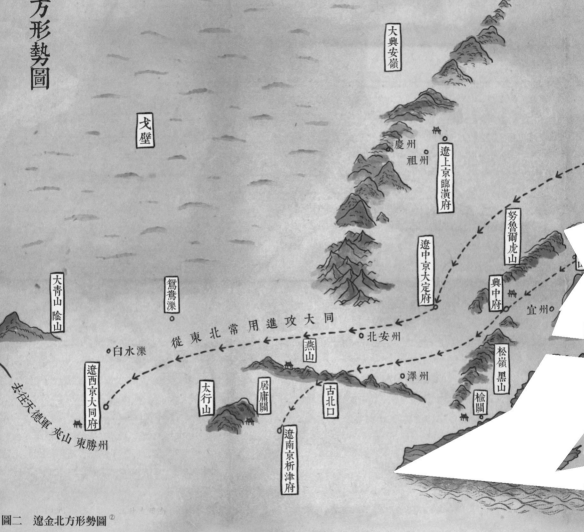

圖二　遼金北方形勢圖[2]

圖中古今地名對照

遼金都城：

遼上京臨潢府：內蒙古赤峰市巴林左旗南

遼中京大定府：內蒙古寧城西大名城

遼東京遼陽府：遼寧省遼陽市

遼南京析津府（燕京）：北京市

遼西京大同府：山西省大同市

金上京會寧府：黑龍江省哈爾濱市阿城區白城

山川地理：

混同江：松花江

淶流水：拉林河

按出虎水：阿什河

斡鄰濼：吉林省大安市南查干湖

② 參考《遼史》、《金史》的《地理志》。在製圖上尤其參考了《中國歷代戰爭史》圖冊。

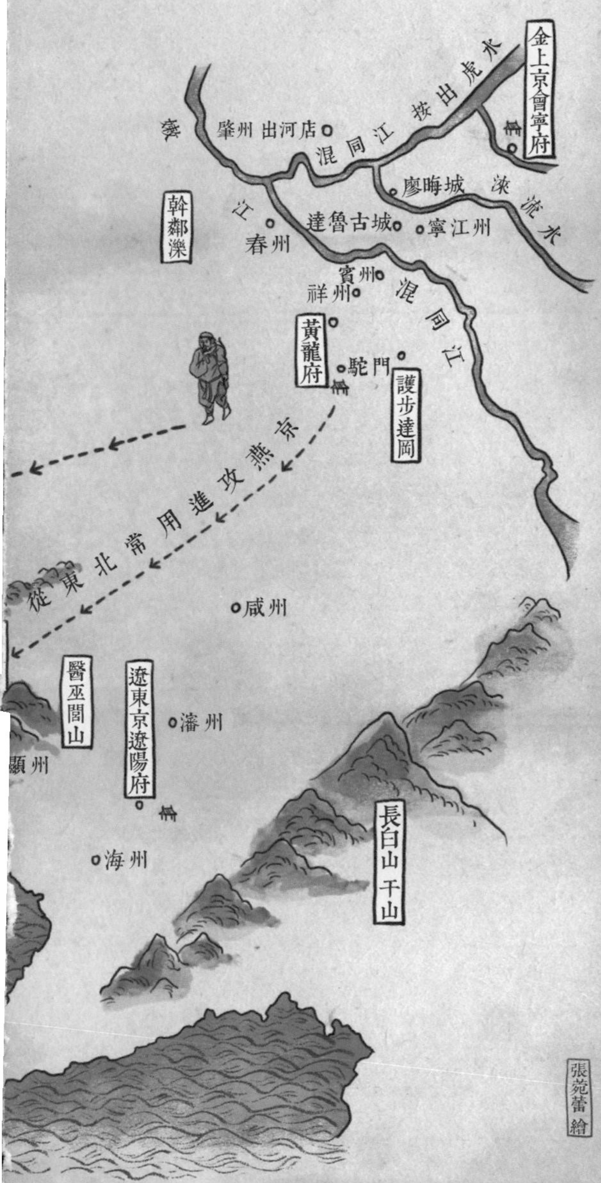

重要城市：

肇州（出河店）：黑龍江省肇源縣

廖晦城：黑龍江省哈爾濱市雙城區前對面古

寧江州：吉林省扶餘市北伯都納古城

達魯古城：吉林省扶餘市西北土城子

賓州：吉林省農安縣靠山鎮廣元店古城

祥州：吉林省農安縣萬金塔鄉

黃龍府：吉林省農安縣

春州：長春州的簡稱，現吉林省乾安縣北

咸州：遼寧省開原市東北

瀋州：遼寧省瀋陽市

海州：遼寧省海城市

顯州：遼寧省北鎮市西南

宜州：遼寧省義縣

興中府：遼寧省朝陽市

澤州（遼）：河北省平泉市南部燕山中

北安州：河北省承德市和灤平縣、隆化縣等地

祖州：內蒙古巴林左旗西南石房子村

慶州：內蒙古巴林右旗西北白城子

天德軍：內蒙古巴彥淖爾市陰山南麓

東勝州：內蒙古托克托縣

鴛鴦濼：河北省張北縣西北安固里淖

白水濼：內蒙古察哈爾右翼前旗東北黃旗海

蒺藜山：遼寧省阜蒙縣哈達戶稍鎮章古臺子

護步達岡：黑龍江省五常市西

夾山：內蒙古薩拉齊西北大青山

險要關口：

駝門：吉林省農安縣南五十里

古北口：北京市密雲區古北口

榆關：河北省秦皇島市山海關

居庸關：北京市昌平區居庸關

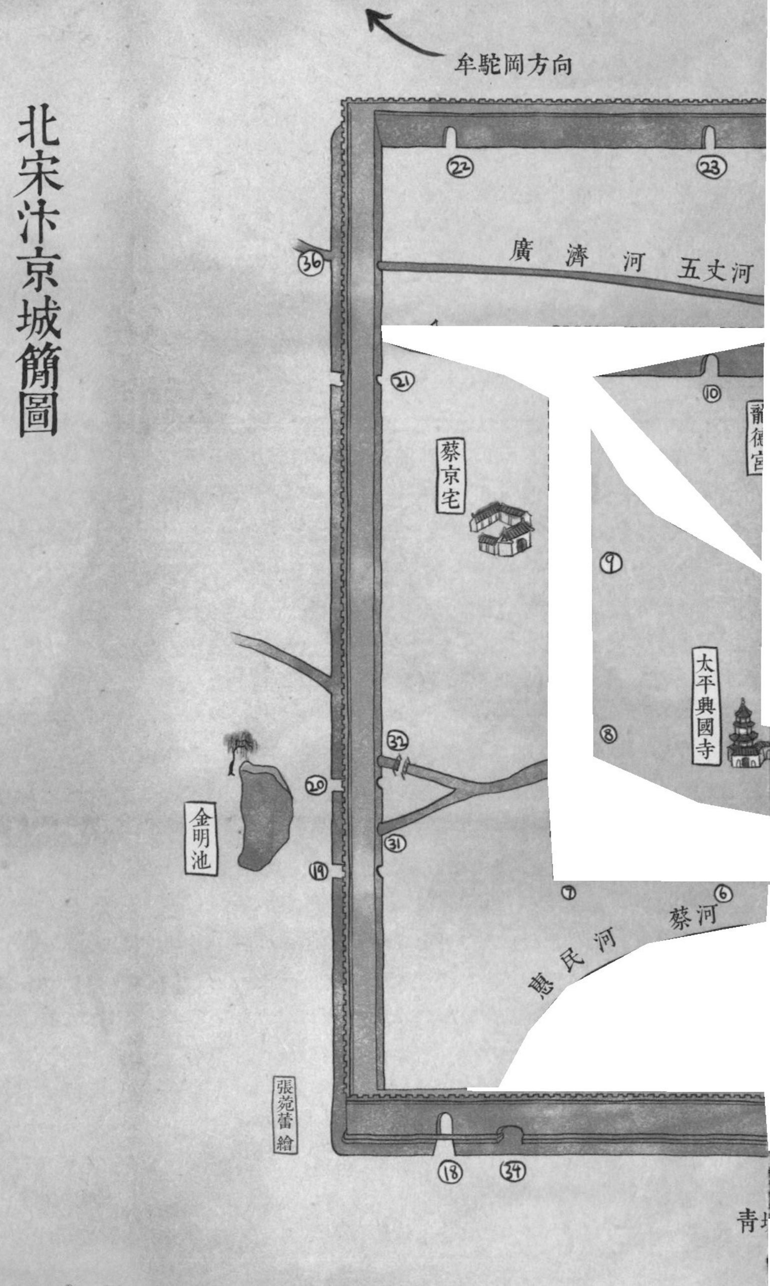

圖一　北宋汴京城簡圖 ①

宮城城門：
1. 宣德門
2. 西華門
3. 拱宸門
4. 東華門

內城城門：
5. 朱雀門
6. 崇明門（新門）
7. 宜秋門（舊鄭門）
8. 角子門
9. 閶闔門（梁門）
10. 天波門（金水門）
11. 景龍門
12. 安遠門（舊封丘門）
13. 望春門（舊曹門）
14. 麗景門（舊宋門）
15. 角子門
16. 保康門

① 根據《宋史》、《東京夢華錄》、《汴京遺蹟志》等，特別參考了《東京夢華錄箋注》所附張馭寰作《北宋東京城復原圖》。

北宋重要城市：

府州：陝西省府谷縣
代州：山西省代縣
忻州：山西省忻州市
太原：山西省太原市
壽陽：山西省壽陽縣
平定軍：山西省平定縣
榆次：山西省晉中市榆次區
汾州：山西省汾陽市
遼州：山西省左權縣
威盛軍：山西省沁縣
平陽府：山西省臨汾市
隆德府：山西省長治市
高平：山西省高平市
絳州：山西省新絳縣
澤州：山西省晉城市
懷州：河南省沁陽市
河陽：河南省孟州市
安肅軍：河北省保定市徐水區
保州：河北省保定市
州：河北省霸州市
雄州：河北省雄縣
中山：河北省定州市
瀛州（河間）：河北省河間市
真定：河北省石家莊市正定縣
深州：河北省深州市
慶源府：河北省趙縣
冀州：河北省衡水市冀州區
信德府（邢州）：河北省邢台市
洺州：河北省永年區
磁州：河北省磁縣
相州：河南省安陽市
浚州：河南省浚縣
滑州：河南省滑縣
澶州：河南省濮陽市
登州：山東省蓬萊市

遼金北方地區：

海雲寺：遼寧省興城市菊花島（覺華
蘇州（遼）：遼寧省大連市金州區

劉仁恭割讓三城：

營州：河北省昌黎縣
平州：河北省盧龍縣
灤州：河北省灤縣

十六州山南城市：

燕京（幽州，燕山府，析津府）：北京市
順州：北京市順義區
檀州：北京市密雲區
薊州：天津市薊州區
景州：河北省遵化市
涿州：河北省涿州市
易州：河北省易縣

十六州山外城市：

雲州（雲中）：山西省大同市
應州：山西省應縣
蔚州：河北省蔚縣
朔州（宋遼時期）：山西省朔州市右玉
寰州：山西省朔州市馬邑
武州：山西省神池縣
新州（奉聖州）：河北省涿鹿縣涿鹿鎮
媯州：河北省懷來縣舊懷來
儒州：北京市延慶區

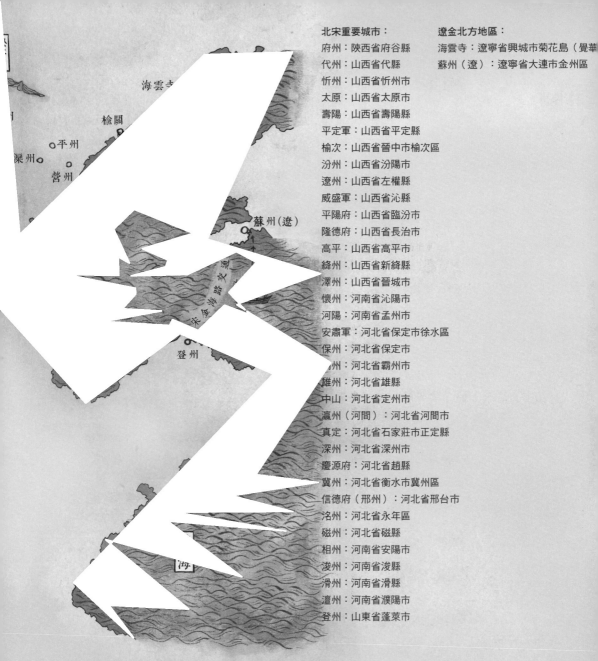

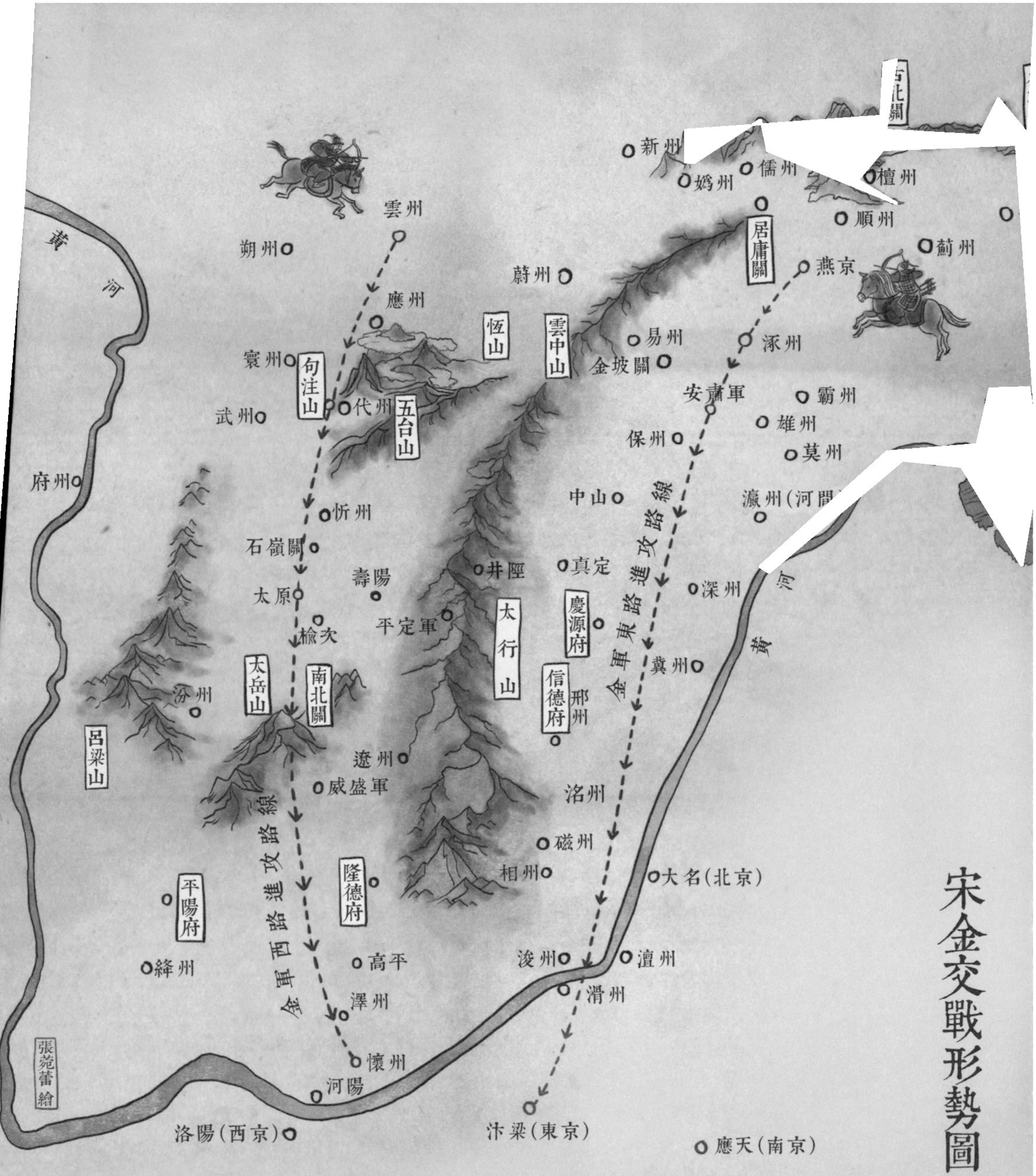

圖三　宋金交戰形勢圖③

圖中古今地名對照

從關外到關內的五個重要關口：

榆關：河北省秦皇島市山海關

松亭關：河北省寬城縣西南

古北關：北京市密雲區古北口

居庸關：北京市昌平區居庸關

金坡關：河北省易縣紫荊關

其餘險要：

井陘：河北省井陘縣老井陘

雁門關：山西省代縣雁門關

石嶺關：山西省陽曲縣石嶺關

南北關：山西省武鄉縣與祁縣間

宋四京：

汴梁（汴梁，開封府，東京）：河南省開封市

應天府（南京）：河南省商丘市

大名府（北京）：河北省大名縣

洛陽（河南府，西京）：河南省洛陽市

③ 參考《宋史．地理志》、《讀史方輿紀要》、《天下郡國利病書》、《太平寰宇記》等。在製圖上尤其參考了《中國歷代戰爭史》中的圖冊。

汴京之圍
北宋末年的外交、戰爭和人
郭建龍・著
啟動文化

目錄

楔子、從盛世到滅亡只用三年 9

第一部、偉大的勝利

第一章、繁榮之後

四十二年不識兵 21
盛世下的隱患 24
商王世系與黨爭 30

第二章、北方遊牧區：衰老與新興

最成功的盟約 36
從肘腋之患到心腹大患 42
統兵的宦官與主戰的叛徒 49

第三章、最危險的和約

和戰之爭 53
三國的外交大競爭 57
海上之盟 62

第四章、各懷鬼胎

漁獵民族的生活與外交 71

主動權拱手相讓 74

突然加速的滅遼競賽 77

第五章、買來的勝利

搖擺的軍事與外交 88

攻克燕京，漫天要價 92

峰迴路轉的西京問題 99

燕京的回歸 105

幕間、另一個版本的收復燕京 110

第二部、戰爭與和議

第六章、從和平到戰爭

一位降將帶來的艱難抉擇 117

按下葫蘆起來瓢 123

許亢宗使團觀察記 126

風雨前夜 131

第七章、閃擊戰
鉗形攻勢與制敵之道 138
長驅直入 141
臨陣換帥 148
逃亡的皇帝 153
第八章、遺患無窮
孤城守將 158
短兵相接 163
外交大潰敗 167
官家議和，百姓遭殃 172
第九章、戰爭無厘頭
主戰派得勢 179
劫營 183
群眾抗爭 188
金人撤離 191

第三部、汴京失陷

第十章、再起波瀾

太上回鑾 199

和約遭遇執行難 202

老將離去 206

最無力的主戰派 210

第十一章、戰端重啟

太原失陷 216

長驅直入 221

康王單飛 226

第二次圍城 231

第十二章、汴京失陷

合圍 240

攻與守的較量 245

邊打邊談 250

裝神弄鬼 257

第十三章、艱難的談判
下風口的談判 267
皇帝親臨 271
康王避難 277
索求不已 279

第四部、靖康之難

第十四章、驚天之變
永離龍庭 291
失控的首都 299
廢黜趙氏 309

第十五章、大楚政權
宋朝版本的選舉 322
以九族換取一城生靈 329

第十六章、戰爭中的女人
賣妻女還債的皇帝 338

男人之罪女人償 342
最詳細的皇帝後宮報告 346

第十七章、撤離

部署撤退 356
融入北方的血脈 361
皇帝的結局 368

旁白、百姓真的在乎帝王嗎？ 376

第十八章、還政趙氏

孟后聽政 383
遲來的康王 386
回歸均勢 390

尾聲、消失的艮嶽 396

後記 413
參考書目 418
附錄 423

楔子、從盛世到滅亡只用三年

在缺乏機械的古代，即便是皇權，在自然面前仍然是渺小的。

在頤和園中，有一塊叫作青芝岫的巨大北派太湖石。這塊石頭長八米，寬二米，高四米，重量大約為三十噸，如同一座巨大的屏風擺在樂壽堂前的庭院裡。當年，這塊石頭發現於距離北京城幾十公里外的良鄉。如今，一個中型吊車和一輛重卡，可以輕鬆地將它運送到陸地上的很多地方。

但在並不遙遠的清代，還只能利用人力、畜力和簡單機械，三十噸的重量就成了巨大的負擔。最初發現石頭的人為了移動它而傾家蕩產，只好棄置道旁。乾隆皇帝也是動用了皇權的力量，才將石頭移入頤和園中。

但如果是一塊更大的石頭呢？

比如，大約在北宋徽宗宣和四年（一一二二年）[1]，從南方的太湖中就發現了一塊巨型太湖石，大約有十五米[2]高（約合五層樓），需要近百人手牽手才能將其環繞。凡是見過這塊石頭的人都會被它巨大的規模驚嚇到，不由自主產生崇拜之情。石頭從太湖到千里之外的北宋首都汴梁（現河南省開封市），當時的人們又該怎樣才能完成任務呢？

這個任務交給了朱勔，從現有的資料中，我們能夠推斷出朱勔是如何做到的。

最好的太湖石是出於太湖水中，保留著水流沖刷的痕跡，這塊大石也不例外。當人們潛水發現石頭後，會綁上繩索，清掉淤泥，用大船將石頭拖出水。但用船拖的辦法對小石頭都非常不易，更何況是大如居民樓的巨石？

普通的船已經不夠用了。根據記載，中國古代淡水中的船隻最大載重量為兩千石，實際使用載重量只有四分之一，也就是五百石，大約折合三十噸，只能勉強載得動青芝岫規模的石頭，對於更大的則無能為力[3]。

為了移動這塊石頭，必須建造更大的專用船隻才行。船建造完畢，將石頭拖出水，才是運輸的第一步。

接下來要考慮的是保護石頭。運輸中難免碰撞，太湖石最大的價值在於它的身上佈滿了孔洞，讓人們充滿浪漫的遐想，一旦這些孔洞損壞，價值就打了折扣。為了避免損壞，必須首先用膠泥將石頭上的孔洞填上，外面再用摻了麻的膠泥敷上厚厚的一層，做成圓圓的球形，放在陽光下曬結實了，才能繼續運輸[4]。

這麼重的石頭不可能以陸路運輸，只有繼續走水路。接下來，必須用大木頭做成滾輪，將石頭裝船。運輸船從太湖出發，進入京杭大運河的江南河段，從江南河北上進入長江，從長江岸邊的江都（現江蘇省揚州市）進入京杭運河的淮揚河段。從運河轉入淮河，再順著淮河的支流泗水北上，到達徐州附近水域。在徐州，石頭將開始它的最後一段，也是最艱難的旅程。

北宋時期，從徐州到達首都汴梁的河段是一條人工開鑿的小河：汴河。

汴河的歷史很長。漢元年（前二〇六年），正值楚漢相爭時期，劉邦、項羽有一次議和，雙方約定以一條叫作鴻溝的小河劃定邊界。鴻溝其實是一條人工運河，它最早出現於戰國時期，由魏國開鑿。魏國的首都在大梁，也就是後來的開封（汴梁），魏國通過開鑿鴻溝，將黃河的水引到首都，再向南匯入淮河。另外，在淮河與長江之間早就有一條春秋時期吳國開鑿的運河邗溝（後來成為隋代大運河的淮揚河段），鴻溝——淮河——邗溝就溝通了長江和黃河，而汴梁（大梁、開封）就成了這條交通要道上的著名城市。

鴻溝經過千年的演化和修整，到了北宋就成了汴河。北宋時期，汴河的流向是從滎陽附近的黃河將水引入，經過首都汴梁，再向東匯入泗水，通過泗水的自然河道進入淮河[5]。

汴河是宋代交通的大動脈，承運了絕大部分供應朝廷的糧食（漕糧），占全國總運力的八成以上[6]。由於漕糧是國家財政的基礎，承擔著養官和養兵的重任，汴河也就成了國家經濟的重中之重。

北宋著名文學家沈括的哥哥、龍圖閣直學士沈文通曾經作詩〈漕舟〉，反映朝廷對東南漕糧的依賴：「漕舟上太倉，一鐘且千金。太倉無陳積，漕舟來無極。畿兵已十萬，三垂戍更多。廟堂方濟師，將奈東南何？」[7]

雖然汴河運力如此重要，可這條河流卻有一個極大的問題：水太淺了，許多河段只有不足兩米深，寬不過十幾米[8]。站在運河邊，人們很難想像這樣一條小河溝竟然是整個中央帝國的經濟命脈。

不僅水淺，由於冬天黃河結冰，運河失去了水源，所以只能在春天之後使用。在汴河中運送漕糧的船也很難借助水力航行，許多時候只能靠縴夫拉船——在運河兩側都設有專門的縴道，禁止人們佔用。這對於船的載重量更是巨大的限制。

更麻煩的是，運河上有許多橋樑。大部分是傳統的平橋，橋洞非常低。除了平橋之外，汴河上還有不少拱橋。北宋發明了另一種不需要橋墩的橋——虹橋，如同一座彩虹從此岸飛到彼岸。拱橋和虹橋比起平橋來，可以通行更大的船隻。

但即便是虹橋和拱橋，拱高最多也只有十幾米。比如，著名的趙州橋拱高只有七點二三米。建於明代的杭州拱宸橋，已經算古代最高的橋之一，其橋高也只有十六米。橋這麼高，還得益於河足夠寬，如果河很窄，那麼橋洞將只有幾米高[9]。

汴河上的橋大都只能允許不大的漕船通過，裝載巨石的特殊船如同是一個龐然大物，能夠擠進小小的汴河已經不易，更別提通過這些橋了。

除了橋之外，汴河還經常從城市中通過。北宋時期的許多城市都有水道，讓河流穿城而過，在城牆上專門開有水門供船隻通過。這樣做是為了便於運送城內的物資。

但城市的水門也往往只有幾米高，依然無法通過巨石。

到底怎樣才能保證石頭的運輸呢？這一點並沒有難倒朱勔，他可以動用整個中央帝國的人力、物力來保證任務完成。

根據史料記載，由於船太重、汴河狹窄，朱勔動用了數千民夫在岸上拉縴。經過橋樑時，將橋樑拆除，到了城市的水門，將水門上的城牆扒開豁口，保證船通過[10]。

幾個月後，這塊巨大的太湖石終於在「百折不撓」的精神下被運到了北宋首都汴梁。

當時的汴梁城分為外城、內城和皇帝宮城（也叫大內）。內城在外城的中央，而大內又在內城的中央。汴河從外城穿城而過，經過兩個水門，分別是西水門和東水門。從西水門到東水門外七里的地方，一共有十三座橋樑，其中有三座橋是虹橋，可以通船，其餘的都是平橋，無法通船[11]。因此，到了汴梁城外，必須從船上卸下巨石，依靠畜力運送進入首都。

石頭進入首都時，恰逢北宋首都汴梁的建設高峰期。在位的皇帝宋徽宗是一個愛好藝術的人。大內本來是皇帝的宮殿和帝國官僚的辦公區，但宋徽宗卻總感覺大內不夠用，於是開始大面積排擠佔領內城的區域。

宋徽宗對於建築的喜愛與道教有關。他剛即位時缺乏男性繼承人，一位叫劉混康的道士告訴他，這是因為京城東北角太低了，需要稍微墊高一點。宋徽宗照著做了之後，突然間男丁興旺起來。這片墊高的地方，就成了一片皇家園林[12]。從此以後，在道士們的影響下，加上他本人對建築的喜愛，建設規模也越來越大。

八年前的政和四年（一一一四年），在大內正北方，內城之內，落成了一個大型的宮殿群延福宮[13]。在建設這個宮殿群時，宋徽宗採取了競爭性做法，讓五位宦官[14]同時負責建造，他們互不隸屬，爭先恐後地盡一切努力疊山壘石，將延福宮打造成人間仙境。

延福宮落成後，宋徽宗對宮殿的需求更大了，於是繼續擴大建設，將另一個宮殿群上清寶籙宮與延福宮打通，擴建京城、修繕諸王府邸[15]。

到了政和七年（一一一七年），宋徽宗最野心勃勃的工程終於上馬了，這個工程叫作艮嶽[16]。宣和四年（一一二二年）十二月，艮嶽建成，它立刻成了中國皇家園林的最高峰。即便後來的頤和園、圓明園等雖在規模上取勝，但艮嶽表現出來的藝術特質和精雕細琢的用心，仍然是無法超越的。

艮嶽原名萬壽山，在內城的東北角，北宋汴梁人口稠密，但內城的東北區域卻清理出了一片周長十餘里的區域。區域的中心是幾座人工小山，山上怪石林立、古樹參天，亭臺樓閣移步換景，珍禽異獸前所未聞，沒有一寸土地不是精心打造的，堆滿了從全國各地運送來的珍貴觀賞石材。

朱勔運送來的那塊巨石移入園區後，被放在水中浸泡，將土皮泡掉，露出本來的面貌，在巨大的孔洞中還專門放了雄黃和爐甘石，因為雄黃可以將蛇蠍驅走，而到了陰天時，爐甘石可以製造出雲霧繚繞的效果[17]。

石頭立刻成了艮嶽園林的中心，它被放在山叢中的一片平地上，皇帝甚至專門給石頭修建了一座亭子。大石如同一個巨大的君王睥睨著世界，周圍還有上百塊小一些的石頭，如同臣子一般圍繞著它。

園林之中除了石頭之外還有許多古樹。宋代人最喜愛的樹種之一是檜樹，園子裡最著名的兩棵檜樹就在大石旁邊：一棵高聳，所以叫「朝日升龍」；另一棵橫臥，叫「臥雲伏龍」[18]。這也是朱勔幫助皇帝從外地運來的，其中一棵可能來自浙江。

現在浙江海寧著名的安國寺（宋時屬於鹽官縣）內，宋代時曾經有兩棵檜樹，是唐代出使西域的高僧悟空大師栽種的。朱勔打聽到這兩棵樹之後，經過察看制訂了移植方案，他決定那棵大一點的樹用海路運輸，小一點的走河運。不幸的是，走海運的大樹由於遭遇風浪，和船一起沉沒了，只有小一點的到了京師[19]。

巨石旁的兩棵樹都掛了用玉做成的牌子，牌子上的字是用金填的。至於大石頭，待遇比兩棵樹更高，皇帝給它起了一個響亮的名字：「昭功敷慶神運石」。皇帝還不滿意，又給它封了個爵位，號稱「盤固侯」[20]。

石頭封了侯，皇帝也沒忘記送石頭的人。宣和五年（一一二三年）六月，皇帝正式給朱勔加官晉爵。朱勔被封為寧遠軍節度使、醴泉觀史[21]。宋代的節度使已經不像唐代那樣是獨霸一方的諸侯，卻仍然是有功之人才能獲封的大吏，一個人因為運送石頭而被封節度使總有些說不過去，但皇帝找了一個很好的藉口：女真人建立的金國剛剛滅掉了遼國，將燕雲十六州中最重要的城市幽州（即燕山一帶，現在的北京）還給了北宋，皇帝藉口朱勔參與了收復幽州的行動，所以封官。

不僅朱勔被封官，就連他的子孫也都有封賞。他的幾個兒子裡，汝賢封為慶陽軍承宣使，汝功封靜江軍承宣使，汝翼封朝奉大夫、直龍圖閣，汝州封明州觀察使，汝楫封華州觀察使，汝明封榮州刺史，兒子汝文和弟弟朱績封閤門宣贊舍人，就連孫子輩都受到了封賞，分別封為閤門宣贊舍人或者閤門祗候。一家人大大小小全是官，這在流行蔭庇制度的宋代也都屬少有[22]。

巨石獲封盤固侯時，恰好是北宋疆域最大之時，在當時被鼓吹為盛世。與其他朝代不同，北宋的北方邊境上，由於被遼國（契丹）占去了燕雲十六州，一直沒有穩固的邊境線，歷代皇帝都耿耿於懷，卻由於軍隊戰鬥力不強而不敢發動戰爭。但這一年，宋徽宗卻通過外交和軍事手段收復了燕山以南的幽州，達到了王朝邊境的極致。

宋徽宗叫這塊石頭「神運石」，也反映了皇帝對於老天眷顧的感激之情，與收復幽州的運氣相比，拆掉了多少橋樑、毀掉了多少城牆，都是不重要的。

宣和五年的北宋也是一片盛世，歌舞昇平，人民仍然生活在一片燈紅酒綠之中，軍隊和官僚沉浸在收復幽州的狂熱裡，皇帝為自己的豐功偉績接受著恭維。

宰相蔡京將社會的繁榮概括成了一個詞：「豐亨豫大」，用來形容北宋末年的盛世景象[23]。他說的並沒有錯，即便南方因為朱勔、蔡京、童貫等人的壓榨出現了一些反抗[24]，但整個北宋社會仍然是繁榮的。汴梁朱雀門外的夜市還是那麼發達，大相國寺的市場一如既往車水馬龍，大內皇宮外不遠處，就是妓女紮堆的雞兒巷。從官員到普通民眾都生活在一片和樂之中，彷彿這樣的盛世還會持續萬年，沒有危機，沒有貧窮，有的只是歡樂與舒適。

然而，這種盛世景象並沒有持續太久。給石頭封官加爵之年，已經是宣和五年，此時，距離北宋滅亡的靖康二年（一一二七年），只有三年半。

當帝國一百多年的敵人遼國消失時，北宋的君臣拍手相慶，在他們看來，敵人的消失也是盛世的標誌之一。遼國消失後，剛剛興起的女真人佔據了北方。這個民族與相對更文明的契丹人不在一個層次上，也不需重視，由於北方太貧窮，他們仰仗著北宋每年的「歲賜」苟且活著。

但三年後，出乎所有人意料，正是這個微不足道的女真政權利用斬首行動攻陷了汴梁，一切戛然而止，北宋滅亡了。從盛世到滅亡只用了三年時間。

那麼，在這三年裡到底發生了什麼事，讓一個盛世瞬間滅亡呢？那些慶祝盛世的官僚和百姓又是如何面對茫茫的未知？本書的目的，就是考察這短短的歷史一瞬，尋找背後的歷史細節，剖析當下的經驗與教訓……

註解

1 本書中的年份統一於括弧中標注西元年份，皇帝紀年、月份和日期大都是陰曆。

2 宋．僧祖秀《華陽宮記》：「獨神運峰，廣百圍，高六仞，錫爵盤固侯。」古代以七尺或八尺為一仞，宋尺約三十一釐米。另據《宋史．朱勔傳》：「嘗得太湖石，高四丈。」後者比前者的數值稍小。亦有資料記載其為五丈。此處取平均數，大約為十五米。

3 《天工開物．舟車》：「糧船（一作舡）初制，底長五丈二尺，其板厚二寸，採巨木，楠為上，栗次之。頭長九尺五寸，梢長九尺五寸。底闊九尺五寸，底頭闊六尺，底梢闊五尺，頭伏獅闊八尺，梢伏獅闊七尺，梁頭一十四座。龍口梁闊一丈，深四尺，使風梁闊一丈四尺，深三尺八寸。後斷水梁闊九尺，深四尺五寸。兩廒共闊七尺六寸。此其初制，載米可近二千石（交兑每隻止足五百石）。」

4 宋．周密《癸辛雜識．前集》：「艮嶽之取石也，其大而穿透者，致遠必有損折之慮。近聞汴京父老云：『其法乃先以膠泥實填眾竅，其外復以麻筋、雜泥固濟之，令圓混，日曬，極堅實，始用大木為車，致放舟中。直俟抵京，然後浸之水中，旋去泥土，則省人力而無他慮。』」

5 《宋史．河渠志三．汴河上》：「宋都大梁，以孟州河陰縣南為汴首受黃河之口，屬於淮、泗。每歲自春及冬，常於河口均調水勢，止深六尺，以通行重載為準。歲漕江、淮、湖、浙米數百萬，及至東南之產，百物眾寶，不可勝計。又下西山之薪炭，以輸京師之粟，以振河北之急，內外仰給焉。故於諸水，莫此為重。」

6 《宋史．河渠志三．汴河上》：「國家漕運，以河渠為主。國初浚河渠三道，通京城漕運，自後定立上供年額：汴河斛斗六百萬石，廣濟河六十二萬石，惠民河六十萬石。廣濟河所運，止給太康、咸平、尉氏等縣軍糧而已。惟汴河專運粳米，兼以小麥，此乃大倉蓄積之實。今仰食於官廩者，不惟三軍，至於京師士庶以億萬計，大半待飽於軍稍之餘，故國家於漕事，至急至重。然則汴河乃建國之本，非可與區區溝洫水利同言也。」

7 沈文通〈漕舟〉，引自《宋文鑒》卷十八。

8 《宋史．河渠志三．汴河上》：「（大中祥符八年）八月，太常少卿馬元方請浚汴河中流，闊五丈，深五尺，可省修堤之費。」

9 其餘有據可查的橋包括：古月橋、廣濟橋、通濟橋、通聖橋、盧溝橋和單橋。其中，古月橋拱高四點九五米，全長三十一點二米，寬四點五米，屬石質虹橋，位於現今浙江義烏，始建於南宋寧宗嘉定六年（一二一三年）；廣濟橋、通濟橋和通聖橋拱高分別為五米、四米和五點五米，均為位於現今江蘇省東台縣的宋代古橋；盧溝橋高十米左右，位於現今北京市豐台區；單橋高十二米，位於現今河北滄州。

10 《宋史．朱勔傳》：「載以巨艦，役夫數千人，所經州縣，有拆水門、橋樑，鑿城垣以過者。」

11 參考宋．孟元老《東京夢華錄．卷一．河道》。

12 關於這段傳說，有兩個版本。其中一個版本，見明．李濂《汴京遺跡志》記載，道士指出需要加高的地方在內城的東北角，這裡後來建立了萬歲山，也就是艮嶽。而根據明．陳邦瞻《宋史紀事本末·道教之崇》記載，加高的地方在內城的西北角，宋徽宗在這裡建立了上清寶籙宮，而艮嶽在此宮的東方。考慮到汴梁的地形，第一種說法可能更接近真相，故採用。

13 參考《續資治通鑑長編拾補·徽宗·政和四年》。

14 指童貫、楊戩、賈詳、何訢和藍從熙，號稱「延福五位」。

15 參考《續資治通鑑長編拾補·徽宗·政和六年》。

16 參考《續資治通鑑長編拾補·徽宗·政和七年》。

17 宋·周密《癸辛雜識·前集》。

18 參考《汴京遺跡志·卷四·山嶽》。

19 宋·方勺《泊宅編·卷三》。

20 參考《汴京遺跡志·卷四·山嶽》。

21 參考《續資治通鑑長編拾補·徽宗·宣和五年》。

22 參考宋·張邦基《墨莊漫錄》。

23 參考《宋史·蔡京傳》

24 這裡主要指的是以誅殺朱勔為口號的方臘起義。

第一部

偉大的勝利

第一章、繁榮之後

四十二年不識兵

嘉佑八年（一〇六三年）三月二十九日，北宋在位時間最長的宋仁宗逝世，入葬永昭陵[25]。不知多久之後，在永昭陵的牆上，有無名氏題寫了一首詩：

農桑不擾歲常登，邊將無功吏不能。四十二年如夢覺，春風吹淚過昭陵。（〈題寢宮詩〉）[26]

這首詩刻畫出了中國帝制史上的高峰。宋仁宗在位四十二年，從表面看，他是一個無所作為的皇帝，沒有驚天動地的業績，加上性格有些優柔寡斷，大事自己不做主，而是交給宰執們去處理，為人低調得好像不是一個皇帝[27]。甚至連他的大臣也詩酒流連、淺斟低唱，不以武功聞名。所以詩中說「邊將無功吏不能」。

但就在這碌碌無為中，中國社會繁榮的時代卻悄然來臨。由於民間受到的干擾最少，經濟發達，人們生活舒適，老百姓不用擔心自己受窮，更不用擔心來自官府的騷擾。而官員們也不用擔心自己說錯了話而掉頭，即使當面和皇帝頂嘴，也不會受到懲罰。仁宗朝由此成了中國古代歷史上最值得懷念的時代之一。

仁宗死時，整個都城都陷入了巨大的悲傷，男女老幼哭成一片。據當時七歲的邵伯溫回憶，當死訊傳到西京洛陽，城中軍民婦孺，都向著東方號泣，燒紙的煙塵遮住了太陽的光輝[28]。有人從汴京帶來消息，說整個京師自發罷市悼念，數日不絕，乞丐小兒都在大內前，邊哭邊燒紙錢。有人在去往四川路過的深山裡，竟然看到路邊汲水的女人也拿著白紙哭泣。這些人之所以痛哭，不僅僅是為了一個人的死亡，而是在懷念一個時代。中國皇帝在死後會被追贈一個謚號，表明後世對他的評價，之前「好」皇帝流行的謚號是「文」、「武」、「明」、「章」等。到了宋仁宗，對他心懷感激的大臣們卻想上一個獨一無二的謚號，以表明他的特殊性，於是提出了「仁」字，所謂「為人君，止於仁」[29]，一個「仁」字，表明了一個時代的寬宏大度。宋仁宗之後，各個朝代才出現了各自的「仁宗」[30]，但更多只是照葫蘆畫瓢，謚號一致，卻缺乏了他的實質：寬容和不干擾民間。

不僅宋仁宗，整個宋代都是中國歷史上少有的寬容時代。唐代的太宗納諫帶著極度裝模作樣的痕跡，事實上，唐代宮廷和大臣之間內鬥頻繁，常常要置人於死地。宋代的皇帝卻不是裝的，從宋太祖趙匡胤創立帝國的那一刻，就註定了仁慈的基因。

宋太祖稱帝三年後，就曾在太廟寢殿的夾層小間裡立了一塊碑，每年皇帝祭祀太廟，或者新皇帝登基，都由一個不識字的小宦官帶領皇帝入內，對著石碑焚香、祭拜、默誦，將其中的囑託牢牢記住。直到北宋滅亡，這石碑上的文字才流傳出來。石碑上只有簡單的三條文字。

由於北宋繼承了後周柴氏的江山，第一條內容是關於柴氏的，要求北宋皇帝不得對柴氏子孫用刑。就算犯了謀逆大罪，也只能賜他自盡，不能公開處刑，也不准株連家屬。

第二條是針對官員和讀書人的，要求後代皇帝不得殺士大夫和上書提意見的人。

第三條表示如果有人違背了前兩條，就必然受到老天爺的懲罰[31]。

宋太祖以身作則，不殺大臣、不殺功臣、不殺諫官，他的作風不僅影響了後代，也影響了宋代的群臣。比如，以軍紀嚴明著稱的大將郭進曾經擔任西山巡檢，負責進攻位於山西的地方政權北漢，曾經有人誣告郭進謀反，宋太祖不僅不相信，還把誣告者綁起來交給郭進處理。

郭進沒有殺這個人，而是留他在軍中。直到有一次與北漢作戰，郭進把這人叫來，告訴他：這次派你去打仗，如果你打敗了，就乾脆投降北漢吧；如果打贏了，我上奏皇帝給你加官。這人非常感動，誓死力戰，得勝而還[32]。

有宋太祖的榜樣在先，北宋的皇帝們大都遵循了祖訓，不隨便殺人，儘量不干擾民間，這種作風持續了上百年，到宋仁宗時期達到了高峰。

宋仁宗不僅對大臣和人民仁慈，即便對敵國，同樣保持著謙讓的作風。仁宗駕崩後，他的死訊傳到了遼國，使者報信的一路上，老百姓無不聚在一起哭泣，遼國在位的皇帝是遼道宗，當他聽到了消息，也大哭著抓住使者的手感慨說：「四十二年不識兵矣！」[33]

遼國感謝宋仁宗也是有道理的。宋仁宗時代並不是沒有發生過戰爭，甚至有的戰爭還打得很窩囊。景祐五年（一〇三八年），西夏人李元昊自稱皇帝，隨後雙方發生了戰爭。

戰爭的結果卻出乎意料，小小的西夏在三川口、好水川和定川寨接連擊敗宋軍取得大捷，最後宋仁宗只好議和，宋朝每年「賜」給西夏銀七萬兩千兩、絹十五萬三千匹、茶三萬斤，西夏向宋稱臣。宋朝通過贖買的方式讓西夏給了個面子[34]。

在宋夏戰爭時，遼國也趁火打劫，以軍事相威脅，希望從北宋獲得好處。宋仁宗為了避免打仗，派大臣富弼去談判，富弼不辱使命，經過談判，以較優惠的條件達成了和解[35]。之前，北宋每年送給遼國歲幣是銀十萬兩，絹二十萬匹，此次又增加了銀十萬兩，絹十萬匹。透過這種方式保持了雙方的和平。

富弼歸來後，宋仁宗想重重地賞賜他，但富弼謝絕了，表示自己非但無功，反而有罪，不敢要求賞賜，只希望能夠避過未來的指責。但宋仁宗還是很高興，授予他資政殿學士[36]。

果然不久後，有人就向皇帝上書：「富弼沒有功，反而有罪。」宋仁宗不僅聽不進去，還說只要能避免戰爭，有利於人民，不敢愛惜財物。

對方反問：「難道財物不是來自人民嗎？」

仁宗表示：「財物的確來自人民，但這些財物不是一日取來，也不至於引起人民的困頓，而戰爭不管輸贏，卻可以在瞬間造成民生凋敝。世界上沒有完美的解決辦法，只能兩害相較取其輕。」

對方繼續反問：「這樣會造成遼國的貪得無厭，下次他們不要財物了，而是要你的獨生女兒，又怎麼辦？」

仁宗回答：「如果對社稷有利，我怎麼敢愛惜一個女兒？」[37]

事實證明，遼國並沒有貪得無厭，在新增了歲幣之後，雙方保持了長時間的和平。這才有遼道宗感慨的「四十二年不識兵矣」[38]。

盛世下的隱患

當北宋君臣試圖樹立一個完美無缺的皇帝榜樣時，繁華的仁宗時代，已經暴露了許多在未來可能成為政權和社會隱患的問題。

北宋一直以來最大的問題是「三冗」問題。由於宋太祖是靠政變上臺，對政變推翻的後周政權一直很優待，不僅沒有隨便殺害後周的宗室、官員，反而讓他們繼續當官發財。為了保持社會穩定性，北宋一直維持著一個龐大的官僚階層，加上要養活大批的士兵、宗室子弟，國家財政一直不夠用。所謂「三冗」，就是**冗官**、**冗兵**、**冗費**的統稱。

在仁宗的父親宋真宗時期，士兵大約為九十一萬兩千人，接受俸祿的宗室、官僚大約為九千七百八十五人。到了仁宗寶元時期（一〇三八年～一〇四〇年），士兵人數已經達到了一百二十五萬九千人，而接受俸祿的宗室、官僚為一萬五千四百四十三人。到了仁宗的繼承人英宗治平年間（一〇六四年～一〇六七年），由於和平與裁員，士兵人數終於降了下來，為一百一十六萬兩千人，但是接受俸祿的人卻立刻擴充了十分之三[39]。

仁宗時期的名臣蔡襄曾經統計過皇祐年間（一〇四九年～一〇五四年）的稅賦收入和軍事開支，稅賦分為錢、絹帛、糧、草四項，其中軍事開支分別占了四項收入的二成七、八成五、八成六和八成四[40]。

由於養兵養官的包袱，宋代不得不大大增加財政收入，農業稅和勞役都更加沉重，專賣制度也更加發達[41]。只是由於皇帝除了收稅之外，不干預民間經濟活動，民間的發達掩蓋了較高的稅收。

宋代的另一個問題是軍隊的戰鬥力不強。這個問題的原因同樣與宋太祖建立的制度有關。為了避免軍閥坐大，宰相趙普向宋太祖提出了制約地方的三個方法：在政治上，削奪其權；在軍事上，收其精兵；在財政上，制其錢穀[42]。

政治上，為了加強中央集權，在正常的官僚制度之上，加上了許多副屬性的監管措施，防止官員擅權。為了分散宰相的權力，宋代設置了副宰相（參知政事），又將兵權分出去，劃歸了樞密院，同時將財政權力分出去，設置了三司使，號稱計相。

在地方官制上，財權、軍事、行政權力也各個分離，官員皆由中央任命，並且互相牽制[43]。

就這樣，宋代成了中國歷史上官僚制度最複雜的朝代，官僚體系盤根錯節，任何人想要反叛，都無法獲得足夠的權力。

軍事上，樞密院掌管軍事大權。但是，為了限制樞密使的權力，又設置了殿前司、侍衛馬軍司、侍衛步軍司組成的三衙。這三衙統領全國的禁軍和廂軍，負責軍事訓練。

三衙負責練兵，樞密院負責調兵，而打仗時還要另設將帥領兵。路、州、縣各個地方政府也設有各種各樣的軍事職務，負責當地駐軍的監管、協調和後勤工作。

唐代的軍事制度是府兵制，府兵制的基本特徵是士兵戰時打仗，平時就耕地養活自己。而宋代採納募兵制，招募而來的都是職業兵，只負責打仗，不負責生產和屯田，只靠中央政府發薪資[44]。

募兵制的缺點是養兵成本大，優點則是軍事素質更強。可是，由於宋太祖設立了複雜的調兵規則，平常訓練士兵的不負責指揮打仗，負責指揮打仗的不負責訓練士兵，將軍上了戰場還不瞭解自己的士兵，士兵也沒有忠誠度。結果，雖然採取了花費巨大的募兵制，但戰鬥力反而比府兵制還低，打仗總是吃敗仗。

財政問題和軍事問題兩方面，就成了宋代各位皇帝最大的噩夢。宋仁宗一生受人稱頌，唯獨在戰場上被小小的西夏打敗，成了畢生的污點。

「三冗」問題與軍事問題，也成了大臣們爭論的焦點。久而久之，圍繞著這些問題，在宋代的官場上形成了影響深遠的兩大派別。

第一派可以稱為保守派。這一派認為，宋軍之所以屢戰屢敗，社會之所以出現問題，都在於北宋缺乏一個統一的思想。也就是說，皇帝過於重視實務經驗，但對於道德的要求太低，造成了軍民離心。要想解決問題，必須重新扛起儒教的大旗，在道德上做文章，將人心再統一起來。

另一派可以稱為實務派。這一派強調必須針對具體問題制訂策略。比如，財政問題是經濟問題，就通過經濟手段來解決；戰鬥力不強是軍事問題，就考慮如何加強士兵的軍事訓練，減少指揮層級，落實將軍與士兵之間的忠誠度，並淘汰掉不合格的兵源，寧缺毋濫。

前一派的代表人物是司馬光，在司馬光的史學名著《資治通鑑》中，充斥著道德說教[45]。《資治通鑑》

將王朝興衰的主線與皇帝的道德感強弱密切關聯起來，皇帝有德，社會就繁榮，一旦皇帝失德，就到了垮臺的時候。這樣的劃分在現代來看，顯得有些荒謬，但在宋代的一部分人看來，卻是真理。

除了司馬光之外，還有著名的道學家程頤、程顥兄弟，他們更是除了道德別的什麼都不知道，對於實務一竅不通。

後一派（實務派）在宋仁宗時期的代表則是著名的改革家范仲淹。宋仁宗之後，是更加著名的王安石。在宋仁宗時期，兩派之間的界限並非涇渭分明。除了「二程」這樣的死硬派，大多數人其實是兼而有之。比如，名臣歐陽脩很強調道德的作用，但他本人也是一個實務經驗豐富的人。即便范仲淹，也同樣強調道德的重要性，只是他不光強調道德，而更看重制度和實務對政權的影響。

與西夏戰爭戰敗後，為了解決財政花費巨大，軍隊戰鬥力卻不強的問題，宋仁宗決定進行一次改革。他選中的改革者就是實務派的范仲淹。

針對皇帝的要求，范仲淹提出了十條改革建議，分別是：明黜陟、抑僥倖、精貢舉、擇官長、均公田、厚農桑、修武備、推恩信、重命令和減徭役[46]。

簡單說，中國歷代改革要解決的都是同一個問題：財政收入和財政花費的不匹配，收入少，花費高。為了解決這個問題，要麼減少花費，要麼增加收入。由此可以劃分成兩類改革：一類是以減少財政花費為主的改革，另一類是以增加財政收入為目的的改革。

減少花費式改革的理論基礎是，社會的總產出是一定的，政府如果收多了，那麼民間留存的財富就會減少，所以必須抑制政府多收稅的衝動，減少冗官冗員，減少財政花費。

增加收入式改革的理論基礎是，通過政府積極的手段，可以將整個社會財富的餅做大一點，這樣政府的收入增加，民間財富也增加。

范仲淹不相信政府能夠把餅做大，他的十項措施暗含著這樣的看法：第一，政府雖然要收稅，但收稅不是越多越好，所以考慮問題應該量入為出，而不是量出為入。第二，政府不應該直接參與經濟活動來獲取收入，而只應該依靠稅收來解決財政問題。第三，解決政府問題，主要不是解決政府的財政收入不足，而是解決政府快速膨脹的問題，把政府的規模降下來，花費自然減少。所以，它的核心不是加強政府權力和干預民間經濟運行，而是針對政府本身的改革，要從自我的身上割肉，減少對市場的干預。

他提出的十項改革有針對性地解決四個問題：一是養兵貴，二是冗官，三是行政效率低下，四是百姓稅重。

宋仁宗同意范仲淹大部分的改革措施，但在執行時，卻遇到了巨大的困難[47]。對於范仲淹的才華，人們佩服不已。特別是這個剛直不阿的人因為言論觸怒權貴，被放逐了很多年，他此次上臺是深得人心的。范仲淹接受重任後，較為正直的官員富弼、韓琦等人也隨即受到重用，與范仲淹一起籌畫改革方案。

這時，人們彷彿看到了希望，對他們的政策報以極大的掌聲。

然而，當政策下達之後，真正需要的是執行。但這時，事情卻亂了套。

為了將那些不合格的人裁撤，將依靠恩蔭制度上臺的人弄走，必須實行嚴格的考績制度，但范仲淹沒有足夠的人手來推行政策，也無法得到下層的配合去推廣。

人們議論紛紛，認為改革的面太廣，內容太多，無法推進，搖頭不再看好范仲淹的改革[48]。

范仲淹做了一次努力，他上書皇帝，向皇帝要求更高的權力。宋代的政府政出多門，每個衙門都做不了事，但是每個衙門也都在讓別人做不成事。要想實行改革，必須把權力更集中在宰相手中。他要求作為輔政大臣，監管兵事和財政，而將其他的權力也儘量集中交給改革派，與輔政大臣形成權力上的協調，共同推進改革。

這次，由於牽扯到了真正的利益分配，經過討論之後，群臣建議皇帝否決范仲淹的提議，只交給他刑法權。

范仲淹仍然不想放棄，利用刑法權繼續推進改革。他派出了按察使四處出巡，督促官員執行改革，同時打擊那些不為民辦事的官員。隨著越來越多的問題被揭露出來，他的改革終於觸發了整個官僚階層的反抗。

范仲淹瞭解仁宗皇帝的弱點，皇帝性格仁慈，肯於受委屈，卻對付不了會哭鬧的官員。

「慶曆新政」實行了一年多之後，范仲淹已經預感改革的失敗。他主動申請外調，改革不了了之。

范仲淹的改革是宋仁宗時期最後的機會。他本人是一個偏保守的改革者，是保守派和實務派雙方都能夠接受的人。當改革的嘗試失敗了，從實務派中就分離出一個更加極端的小派別。

宋仁宗後期，實務派與保守派的分歧已經變成了是否需要改革。在這之前，即使保守派也認定需要改革，但范仲淹改革失敗後，保守派認為只要加強思想教育，這個社會就已經完美了，不需要進一步的改革。實務派卻看到了社會的問題，贊同改革。

但在實務派內部，又有兩個派系，一個派系認同減少財政花費的改革，以范仲淹為代表，這一派系可以稱為溫和實務派。范仲淹失敗後，另一個更加認同增加財政收入的派系逐漸形成，這一派可以稱為強硬實務派。

宋仁宗去世時，北宋的政治形勢已經變成了強硬實務派與保守派的對立。在保守派一方，得勢的也是強硬保守派。兩派的中間力量都逐漸失勢，北宋的官僚政治向著派系政治和朋黨政治前進。

商王世系與黨爭

由於仁宗沒有兒子，他指定宗室子弟趙宗實（後改名趙曙）為皇位繼承人[49]。宋仁宗有個叔叔（即他父親宋真宗的弟弟）叫趙元份，封為商王。趙元份的第十三個兒子叫趙允讓，封為江寧節度使。趙曙就是趙允讓的兒子，被仁宗收為養子。從這時開始直到滅亡，北宋的皇帝世系就從真宗一系轉到了商王一系手中。

趙曙（後世稱他為英宗）是一個過渡性的守成皇帝，對於養父的政策沒有做出太多的修改，仍然重用仁宗時代的大臣。英宗擔任皇帝不滿四年就去世了，將宋朝江山留給了他的兒子趙頊。日後這個兒子比他的父親要出名得多，他就是以改革著稱的宋神宗。

宋神宗出生在仁宗盛治期間，他最初只是一個普通的宗室子弟，突然間被提到皇位繼承人的位置，又幸運地在十九歲時當了皇帝。神宗看到的不是成就，而是問題，希望通過努力將世界變得更好[50]。

年輕的宋神宗選擇了激進實務派王安石來實現他的改革夢想。與范仲淹的改革不同，王安石對減少政府花費毫無興趣，強調由政府控制民間經濟，主導民間經濟發展。他認為，由政府大力發展經濟的結果，是政府可以多收租稅，而民間也更加富裕。如果說范仲淹的改革主題是減稅和減少管制，王安石的改革就是加強干預[51]。

事實證明，王安石加強中央集權的做法是無法發展經濟的，他的改革措施大都以失敗告終。對北宋社會破壞最大的，除了改革本身之外，是王安石為了推行改革而引入的新官僚階層。

英宗時期，沿用了仁宗留下來的大批官員。這些官員大都帶有溫和的改良思想，又帶著一點保守精神。他們即便贊同改革，也是希望減稅和減少管制。當王安石採取大政府的行動時，官員們普遍反對。為了推行變法，王安石必須依靠另一批人，他強烈地排擠前仁宗朝官員，打壓異己，將一群年輕的官僚送上了最高官員的職位。

不幸的是，這批官員大都缺乏有力的道德支撐，他們唯一的興趣是攫取權力，這使得北宋的官場出現了一次大換血。

在王安石之前，北宋官場上有一批歷史名臣，如呂公著、韓維、歐陽脩、文彥博、富弼、韓琦、司馬光、范鎮等，他們全都被排擠走，換成了歷史上有名的幾位權臣，如呂惠卿、蔡確、章惇等人。這些權臣後來被稱為新黨，他們把新黨之外的人，不管是極端保守派、溫和保守派，還是溫和實務派都叫作舊黨。

這次換血，讓北宋的官場出現了嚴重的倒退。更麻煩的是由此出現的黨爭。為了和新黨（極端實務派）對抗，在原來的老官員中崛起了一支最保守的力量，原本溫和的保守派和溫和實務派徹底靠邊站。這支極端保守派的代表人物就是司馬光。

宋神宗和王安石死後，司馬光掌了權。如果說王安石是不遺餘力地排擠舊黨，那麼司馬光就是不問是非地摒除新黨。當雙方都不再以是非為標準，只是以黨派站隊時，北宋的官場徹底走向了衰落。

新黨和舊黨的爭執還表現在對外戰爭上。仁宗和英宗時代，中國維持了數十年的和平，但到了神宗時代，王安石主導了對西夏的用兵，最終雖花費巨大，卻徒勞無功收場。

這次用兵還導致新舊黨在軍事上的分歧。從此以後，新黨大都是主戰派，希望透過對外戰爭換取功名；舊黨大都是主和派，即便面對敵人的入侵，也希望採取不抵抗政策換取和平。

這兩派的分歧嚴重影響了北宋後期的軍事路線。北宋後期，常常由主戰派主持政局。在和平時代最大的智慧是如何避免戰爭，但這個智慧是主戰派沒有的，他們總是試圖把和平的國家拉入戰爭軌道，並導致與北方的衝突。

可一旦戰爭爆發，北宋的軍隊總是無法獲勝。一兩個敗仗之後，主戰派下臺，換成了主和派。不幸的是，當主和派上臺時，卻往往是戰爭的硝煙已經升起，必須依靠軍隊去保衛國家的時候。到了這時，最大的智慧是如何全面調動軍事力量打勝仗，可這個智慧是主和派缺乏的，他們不僅不加強防禦，還總是在關鍵的時刻拖前方將士的後腿，造成軍隊更加被動。

對於任何國家，軍事行動的原則都應該是：不輕易言戰，戰則必死戰。但北宋卻正好相反，最需要和平時主政的是鷹派；最需要抵抗時，在臺上的卻是鴿派；這種錯位讓北宋無力應付一場全域性衝突。

元豐八年（一〇八五年），宋神宗死後，北宋的政局在新舊黨之間震盪。繼位的宋哲宗沒有親政時，主政的是宋英宗的皇后高氏，高太后貶斥了新黨，重用舊黨的司馬光。司馬光立刻動用一切力量打擊新黨。

不料八年後的元祐八年（一〇九三年），高太后死了。親政的宋哲宗立刻想起了父親當年的理想，將新黨人物紛紛召回，將舊黨貶斥。新黨的章惇、曾布等人興高采烈地回到了政治中心，將舊黨名單搜羅了一下，全部貶官[52]。在黨爭的背景下，北宋的政治局勢已經失控。

元符三年（一一〇〇年），年僅二十四歲的宋哲宗去世，由於哲宗沒有活著的兒子，只好讓他的弟弟端王趙佶繼位，是為宋徽宗。

宋徽宗初年，宋神宗的皇后向氏主政。向太后支持的是舊黨，於是北宋的官場再次大換班，章惇等新黨被貶斥，舊黨回歸。

但宋徽宗從心裡更加認同他的父親宋神宗。宋徽宗繼位不到一年，向太后死了，徽宗立刻掉轉馬頭，繼續重用新黨。此時，新黨逐漸被蔡京把持，他成了宋徽宗最倚重的大臣[53]。

為什麼新黨在屢次被貶之後，還總是能夠回到北宋政治舞臺的中心呢？其中很重要的因素就在於新黨舊黨已經向著不同的方向演化了。

在鬥爭中，舊黨已經極端化成一群道德狂人，極度缺乏應對實際問題的能力；而新黨卻已經進化成一群理財專家，能夠用各種手段幫助皇帝找錢。

徽宗的父親神宗試圖對官制進行改革（元豐三年，一〇八〇年），限制官員人數，落實事權。但在宋神宗死後的元祐年間（一〇八六年～一〇九四年），人們就又開始抱怨官員人數太多——不僅在改制後的幾年增加了，還比改制前增加很多[54]。到了徽宗時期，在短短的二十年裡，官員數目又比元祐時期增加了數倍[55]。宣和元年（一一一九年），政府官員人數已經達到了四萬六千人[56]，比起宋仁宗時期擴大了三倍。

在這種巨大的壓力下，戶部的財政收入根本沒有辦法滿足支出，幾乎年年都有赤字出現，甚至收入只能滿足支出的四分之三[57]。

但就在戶部仰仗皇帝解決問題時，皇帝花錢的能力卻更加強大。宋徽宗本人的奢侈居於宋代皇帝之首，他愛好廣泛，品位高雅，琴棋書畫無不精通，聲色犬馬，全都涉獵。除此之外，他還是個建築和園林專家，建設了不少亭臺樓閣，讓各地進獻珍稀的花草樹木、奇峰怪石、魚蟲鳥獸（統稱為花石綱）。他的任何一個小愛好都足以讓巨富之家傾家蕩產，當這麼多的愛好聚集到一個人身上，就是一個國家也難以承受了。

在所有的大臣中，只有蔡京的理財能力與宋徽宗的胃口匹配。於是，皇帝陷入對蔡京的寵愛無法自拔，至於舊黨的道德楷模們，由於沒有實務能力，不僅不能提供幫助，反而總是給皇帝製造麻煩。

崇寧三年（一一〇四年）開始，蔡京進行了一系列的財政改革。改革的實質就是利用各種票據，從金融上幫助皇帝維持開支。北宋時期，由於雕版印刷的成熟，政府已經可以印刷數目眾多的信用票據，最著名的就是交子和鹽引，它們都可以被當作鈔票使用。

所謂交子，是以金屬貨幣作為後盾的紙質憑證，每一張交子背後，都對應著一定數量的金屬貨幣作為儲備。理論上，一貫交子可以隨時兌換一貫金屬貨幣。

鹽引，則是以鹽作為後盾的紙質憑證。理論上，每石鹽引也可以隨時兌換一石鹽。

在蔡京之前，交子只在四川使用，鹽引只在北方使用，他擴大了交子和鹽引的使用範圍，將之變成全國發行，再利用政府的印鈔機，將超過需求的交子和鹽引注入實體經濟之中。這時的交子和鹽引已經無法兌換對應數量的金屬貨幣和鹽了，這就是通貨膨脹。

蔡京的改革幫助皇帝獲得了大量的收入，但給民間製造了劇烈的通貨膨脹。民間的怨聲傳到了皇帝的耳中，於是宋徽宗採取了一個歷代王朝都會的方法：利用對外矛盾來化解民意，將人民的不滿從國內轉移至國外。

在宋代，整個社會的心中有一道傷疤遲遲不能癒合，那就是北方的遼國。不管是歷代皇帝還是平民百姓，都記得契丹佔據了漢人北方的燕雲十六州。經過了上百年的和平，當年英勇的契丹國家也已經到了衰落期，於是，一場收復燕雲十六州的策劃在宋徽宗的主導下上演了……

註解

25 參考《宋史．仁宗紀》。

26 參考宋．吳曾《能改齋漫錄．卷十一．記詩》。

27 參考宋．陳師道《後山談叢》。

28 參考宋．邵博《邵氏聞見錄》。

29 《大學》：「為人君，止於仁；為人臣，止於敬；為人子，止於孝；為人父，止於慈。」

30 指元仁宗愛育黎拔力八達、明仁宗朱高熾（洪熙帝）、清仁宗顒琰（嘉慶帝）。

31 參考宋．葉夢得《避暑錄話》。

32 參考宋．司馬光《涑水紀聞》。

33 參考宋．陳師道《後山談叢》。

34 參考《宋史．夏國傳》和《西夏書》。

35 參考《宋史．富弼傳》。

36 宋．富弼〈辭樞密副使奏疏〉，見《宋文鑒》卷四十五。

37 參考宋．魏泰《東軒筆錄》。

38 有人傳說遼道宗做太子時，曾經混在使節之中來過北宋首都汴京，宋仁宗知道他來了，不僅沒有扣押他，反而善待他，帶著他遊覽大內，甚至見過皇后。直到太子快離開時，仁宗才向太子交心：「我們都是一家人，以後要時時記住我們的友誼，愛護老百姓。」見宋．邵博《邵氏聞見錄》。

39 參考《宋史．食貨志下一．會計》。

40 宋．蔡襄〈論兵十事〉，《蔡忠惠公文集》卷十八。四項收入的具體資料為：錢三千六百八十二萬二千五百四十一貫，絹帛八百七十四萬五千五百三十五匹，糧二千六百九十四萬三千五百七十五石，草二千九百三十九萬六千一百一十三束。四項軍事開支的具體資料為：錢九百九十四萬零一百四十七貫，絹帛七百四十二萬二千七百六十八匹，糧二千三百一十七萬零二百二十三石，草兩千四百九十八萬零四百六十四束。

41 關於更詳盡的宋代財政，可參考郭建龍的另一本書《中央帝國的財政密碼》。

42 參考《宋史．趙普傳》。

43 參考《宋史．職官志》。

44 參考《宋史．兵志》。

45 參考《宋史．司馬光傳》和《資治通鑑》。

46 參考《宋史．范仲淹傳》。這十項改革綱領，出自范仲淹的奏章〈答手詔條陳十事〉。

47 《宋史．范仲淹傳》：「天子方信向仲淹，悉採用之，宜著令者，皆以詔書畫一頒下；獨府兵法，眾以為不可而止。」

48 《宋史．范仲淹傳》：「而仲淹以天下為己任，裁削幸濫，考覈官吏，日夜謀慮興致太平。然更張無漸，規摹闊大，論者以為不可行。及按察使出，多所舉劾，人心不悅。自任子之恩薄，磨勘之法密，僥倖者不便，於是謗毀稍行，而朋黨之論浸聞上矣。」

49 參考《宋史．英宗紀》。

50 參考《宋史．仁宗紀》。

51 參考《宋史．王安石傳》。

52 參考《宋史紀事本末．紹述》。

53 參考《宋史紀事本末．蔡京擅國》。

54 蘇轍〈元祐會計錄．收支敘〉對皇祐和元祐年間（兩者相差三十幾年）的官員情況做了對比：「臣請歷舉其數：宗室之眾，皇祐節度使三人，今為九人矣；兩使留後一人，今為八人矣；觀察使一人，今為十五人矣；防禦使四人，今為四十二人矣；百官之富，景德大夫三十九人（景德為諸曹郎中），今為二百三十人矣；朝奉郎以上一百六十五人（景德為員外郎），今為六百九十五人矣；承議郎一百二十七人（景德為博士），今為三百六十九人矣；奉議郎一百四十八人（景德為三丞），今為四百三十一人矣；諸司使二十七人，今為二百六十八人矣；副使六十三人，今為一千一百一十一人矣；供奉官一百九十三人，今為一千三百二十二人矣；侍禁三百一十六人，今為二千一百一十七人矣；三省之吏六十人，今為一百七十二人矣。其餘可以類推，臣不敢遍舉也。」（收錄於《欒城集》中）

55 《宋史．食貨志下一．會計》：克公抗言：「官冗者汰，奉厚者減，今官較之元祐已多十倍，國用安得不乏。」

56 宋．洪邁《容齋續筆．宣和冗官》：「今吏部兩選朝奉大夫至朝請大夫六百五十五員，橫行、右武大夫至通侍二百二十九員，修武郎至武功大夫六千九百九十一員，小使臣二萬三千七百餘員，選人一萬六千五百餘員。」《皇宋通鑑長編紀事本末．官制》則記載政和二年官吏共四萬三千餘人。

57 《宋史．食貨志下一．會計》：戶部侍郎范坦言：「戶部歲入有限，支用無窮，一歲之入，僅了三季，餘仰朝廷應付。」

第二章、北方游牧區：衰老與新興

最成功的盟約

後晉出帝開運四年（九四七年）正月初五，中國歷史上第一個北遷的君主正在收拾行裝，開始他的動盪人生[58]。

這時，恰逢契丹大舉南下，滅了五代的後晉王朝，後晉少帝石重貴（後世稱他晉出帝）被遼國剝奪了皇帝稱號，封為負義侯。

遼國太宗耶律德光下令，石重貴和他的家族、後宮必須北上，離開漢人的土地。與他同行的有皇后馮氏、弟弟石重睿、兒子石延煦和石延寶，以及宮女五十人、宦官三十人、東西班五十人、醫官一人、控鶴官四人、廚師七人、茶酒司三人、儀鸞司三人、六軍士二十人。後晉大臣中，趙瑩、馮玉、李彥韜等人也跟隨。

在跟隨者中，還有一個人，即少帝的母親——皇太后李氏。遼太宗考慮到山高路遠，李氏年紀大了，本想把她留在漢地，但李氏拒絕了好意，要和兒子一同啟程。

在游牧民族中，一個部落被征服後，部落首領就會被勝利者帶走。帶走他們只是為了防患於未然，消除未來的抵抗，但這並不意味著他們會被虐待。

大多數時候，這些被帶走的人只是換個地方生活。他們仍然被認為是血統高貴的人，甚至可以與勝利者家族通婚，在新地方還能擔任高官，只是不允許他們回到原來的部落罷了。

契丹對於晉出帝採取了同樣的做法。他們上路後，經過數月的跋涉，經過幽州（現北京）向東，從現在的山海關附近北上，到達黃龍府（現吉林省農安縣）。於黃龍府西北方的懷密州短暫停留之後，就被送到了南方的遼陽，那裡是遼國氣候最好的地方，也是遼國五京之中的東京。

契丹人還企圖與晉出帝進行皇族聯姻，遼世宗耶律兀欲的妻兄禪奴舍利看上了晉出帝的女兒，向晉出帝提親。這在游牧民族中是很正常的事情，可漢人總是看低游牧民族，認為這會污染自己純潔的血液，晉出帝拒絕了。但遼世宗強行徵召了這位女子，送給了禪奴舍利。

中國皇族的血統就這樣融入了北方的游牧民族之中，也可以作為一百多年後更大規模事件的預演。

事實上，遼國到了五代時期，已經不算是典型的游牧政權，它已經接受漢化。在五代的後唐時期，遼太祖耶律阿保機就採取了漢人的生活方式。但此時的契丹人還保持著對漢民族的警惕，擔心漢民族的軟弱侵蝕了契丹人的善戰基因。

一位後唐的使者姚坤曾經訪問過契丹，當時後唐恰好發生內亂，後唐莊宗在內亂中死去。阿保機感慨莊宗之死，表示失敗是必然的。因為聽說莊宗有宮婢兩千人、樂官千人，放鷹走狗、嗜酒好色、任用不肖、不惜人民，莊宗死後，阿保機立刻全家戒酒，把鷹犬都放走，樂官遣散，避免陷入莊宗的局面[59]。

漢民族幸運的是，契丹是游牧民族中最溫和的一支。後晉是石重貴的養父石敬瑭所建。石敬瑭曾經是後唐大將。後唐末帝清泰三年（九三六年）由於後唐皇帝不信任他，石敬瑭向契丹求救，希望契丹幫助他對抗後唐。

遼太宗耶律德光立刻派遣五萬騎兵，號稱三十萬大軍前來幫助[60]。契丹大軍從太行山以西（也就是現在的山西省地界）一路南下，但到了上黨（現山西長治附近）之後，契丹軍隊就不再前進了，遼太宗對石敬瑭說：「我遠道而來只是為了幫助你，現在大功告成了。如果契丹軍隊繼續南下，會讓黃河以南的人民感到恐慌。你就自己率軍南下吧。如果你怕自己應付不了戰局，我會派五千騎兵把你送到黃河，至於是否讓他們渡河，都隨你了。一旦你進入洛陽，我就立刻撤軍北返。」他又贈送給石敬瑭二十匹寶馬和一千二百匹戰馬，發誓子子孫孫勿相忘。他還提醒石敬瑭不要辜負了功臣。

此刻的契丹表現得彬彬有禮，比起中原的一團亂局，彷彿一股清流。

但契丹在幫助石敬瑭的過程中，也享受了實實在在的好處。比如，為了讓契丹出兵，石敬瑭將盧龍道（也就是幽州地區）和山西的雁門關以北都割讓給了契丹。同時還要每年向契丹進貢帛三十萬匹，以臣禮見契丹皇帝，稱他為父親。

遼太宗免掉了石敬瑭的臣禮[61]，但進貢與土地卻笑納了。

歸入契丹的土地主要集中在燕山以南的幽州地區，以及太行山以西和雁門關以北的雲州地區。**幽州地區的州縣有幽州、薊州、瀛洲、莫州、涿州、檀州、順州，由於位於燕山以南，又稱「山前諸州」。雁門關以北的州有新州、媯州、儒州、武州、雲州、應州、寰州、朔州和蔚州，這些州又稱為「山後諸州」。兩地加起來一共十六州，這就是「燕雲十六州」的來歷**[62]。

由於地理位置重要，十六州，特別是山前諸州，成了後來南方王朝的心病。

在中國華北地區有一條天然的防線叫燕山山脈，北方的游牧民族過了燕山，就一馬平川直達中原腹地。所以歷代王朝都把邊界設在幽州以北的燕山山脈。石敬瑭丟掉了山前諸州，意味著燕山成了契丹的境內山，契丹兵馬從幽州出發，不經過任何險阻，就可以進攻南方王朝。

除了這十六州之外，在燕山以南還有營州（現河北昌黎）、平州（現河北盧龍）、灤州（現河北灤縣），這三州是後唐同光初年（九二三年）契丹從幽州軍閥劉守光手中奪取的[63]。三州靠近渤海，與山海關相鄰，位置也很重要。後唐後來滅掉了劉守光，奪得了幽州，卻沒有從契丹手中拿回營、平、灤三州。契丹獲得了十六州之後，營、平、灤三州和十六州共同構成了「遼國侵佔的漢地疆土」。但由於來源不同，到了宋金交涉時代，還引起了不小的外交紛爭。

契丹和後晉最初各自遵守了約定，但當石敬瑭的養子石重貴決定拋棄父輩的約定時，契丹大舉入侵，後晉滅亡。

滅了後晉之後，由於契丹無法管理如此龐大的疆域，在各地的反抗聲中不得不退回北方的十六州界內。與此同時，南朝經過了後漢，進入了後周時期。雄心勃勃的周世宗意圖組織北伐[64]，收復十六州，後周的軍隊向北收復了最南面的瀛洲和莫州[65]，但就在這時，周世宗死了。他死後，後周被趙匡胤利用陳橋兵變推翻，歷史就進入了北宋時代。

在宋太祖趙匡胤時期，契丹與北宋維持了表面的和平。宋太祖死後，他的弟弟宋太宗併吞了位於太原的北漢，又想乘勝進攻契丹，奪回幽州，於是宋遼戰爭再起。

宋遼戰爭打了二十五年，雙方各有輸贏[66]。宋真宗景德元年（一〇〇四年），遼國再次大規模入侵，宋真宗在宰相寇准的逼迫下御駕親征，在澶州與敵軍遭遇。這時雙方由於連綿的戰爭都已經打累了，於冬天簽訂了著名的澶淵之盟[67]。

澶淵之盟規定，雙方約為兄弟之國，邊境線不做變更，北宋每年支付給遼國歲幣銀十萬兩、絹二十萬匹。

澶淵之盟是中國歷史上最成功的盟約之一，維持了上百年的和平。北宋雖然出錢才購買到和平，但是歲幣不到每年收入的百分之一，與打仗相比，仍然是最划算的做法。

契丹也是一個好鄰居，由於地處北方，土地貧瘠，必須依靠北宋的歲幣才能建立起更加強大的中央政府。契丹也很珍惜來之不易的歲幣和燕雲十六州，在百年的時間內，除了仁宗時代宋夏戰爭時試圖趁火打劫之外，沒有給北宋製造太多麻煩。即便那次趁火打劫，也被富弼化解，只是增加了十萬兩銀和十萬匹絹的歲幣罷了。

正是因為雙方長期的和平，北宋才得以安全地發展經濟，保持了長久的繁榮。與此同時，契丹也獲得了長足的發展。

宋遼之間的關係可以說構建了一種新的國際秩序。之前，中原王朝對外打交道必須以臣服為代價，可宋遼之間卻是兄弟國家，雙方地位是平等的。在這種平等地位的基礎之上，發展出了一系列複雜的禮儀。比如，每年雙方都會互派兩次使者，一次是在皇帝生辰的時候，另一次是在年初正旦時。除了這些例行的出使之外，皇帝駕崩、即位等等，也都要互派使節弔唁、祝賀。

出使也有一系列的禮儀規定[68]。

以遼國來訪為例。每年遼國國使一入北宋疆界，北宋一個外官和一個內官組成的搭檔（稱為接伴使）已經在等著他們了。內官負責提供帳篷、飲食，外官負責聯絡與溝通。在邊境附近的白溝驛，要設宴款待使者。到了路上的貝州（現河北省清河縣），需要賜給使者茶、藥各一銀盒。到了大名府（現河北省大名縣），再次設宴。最後，當使者來到了京郊，開封府判官要親自迎接。到這時，接伴使的任務完成，將使節交給館伴使。

館伴使是皇帝從臺省官員或者諸司中選取的，負責遼使在京期間陪伴，直到遼使離開國都，踏上回程為止。

館伴使在郊外的班荊館迎接使者，這裡是專門為款待使者設立的國賓館。而更加正式的國賓館設在了城內的都亭驛。在都亭驛，發給使者金花、銀灌器和錦被，供他們在首都期間使用。

到了朝見日，皇帝對各位使者更是大肆賞賜。給正使的賞賜有：金塗銀冠、皀羅氈冠、衣八件、金鞊鞢帶、烏皮靴、銀器二百兩、彩帛二百匹。給副使的賞賜有：皀紗折上巾、衣七件、金帶、象笏、烏皮靴、銀器一百兩、彩帛二百匹、鞍勒馬各一匹。其餘的從人也各有賞賜，禮物的檔次分成上節（十八人）、中節（二十人）、下節（八十五人），但整體而言都很豐富。

朝見完皇帝，回到館舍，又要給正使粳、粟各十石，麵二十石，羊五十頭，法酒、糯米酒各十壺，副使粳、粟各七石，麵十五石，羊三十頭，法酒、糯米酒各十壺。

如果使者在出使期間碰到了節日，還另有封賞。

到了使節離開時，皇帝要在長春殿賜酒五行，再賜給正使盤裘暈錦窄袍及衣六件、銀器二百兩、彩帛一百匹。副使紫花羅窄袍及衣六件、銀器一百兩、彩帛一百匹，還有金束帶、雜色羅、錦、綾、絹百匹。其餘人士各有賞賜。

將要出發時，又賜給銀瓶、合盆、紗羅、注椀等。近臣們在班荊館送行，開封府推官繼續送到郊外。到這時，館伴使的責任就結束了，再派來時的接伴使充當送伴使，一直送到邊境。

使者的禮物都這麼豐富，皇帝之間的饋贈更是複雜。簡單說，宋朝送給遼國的禮物以金銀錦緞茶葉為主，遼國送來的禮物中也有大量的金銀，但更多的卻是北方產的毛皮製品和山貨[69]。

雙方每年兩次，你來我往地維持著和平。他們的交往已經非常現代化，不像是古代兩個國家的往來。

但這種交往對於契丹卻有一個致命危害：隨著漢文化的侵襲，契丹貴族逐漸南方化，遼國軍隊變得越來越不會打仗了。就在這時，一個更加強悍的民族卻在更遙遠的東北地區產生。

從肘腋之患到心腹大患

這個新興民族誕生於遼國疆域的東北部。

在五代之前，契丹是一個典型的北方國家，佔據了位於燕山和陰山以北的土地，這裡大都是草原地區，只有在如今的遼寧遼陽一帶，有部分耕地的存在。

在五代的後唐時期，契丹從遼陽出發，越過了松嶺和黑山，進入了燕山以南，佔據了營州、平州、灤州，這是他們第一次來到山前地區。

到了後晉，契丹又從石敬瑭手中得到了十六州，疆域推到了燕山以南的幽州地區。在現在的山西境內，則越過了陰山，推進到了雁門關以北，與南方宋王朝隔著雁門關對峙。

這時，游牧的契丹變成了定居的遼國。在它的疆域內也有了幾大糧食產區，分別是最早的遼陽，後來獲得的營、平、灤三州，以及最後得到卻最富裕的幽州和雲州。遼國之所以必須牢牢地把持燕雲十六州，就是因為失去了這些土地，就失去了國家兩個最大的糧倉。

但如果從地形上看，遼國的疆域又顯得極其碎片化，很難稱之為一個成熟的國家。一個國家的組成總是和地理相關，往往擁有一個核心的平原地帶，再加上環繞著平原的山地和森林。但遼國卻是個例外，幾條山脈將它的領土分裂成互相隔絕的幾個部分，這些部分之間缺乏連接，很難成為一個整體。

這些山脈包括：東西向的燕山、陰山，南北向的太行山、大興安嶺、努魯爾虎山、醫巫閭山、松嶺、黑山。由於這些山脈的存在，一旦出現戰爭，各部分國土之間很難協防。為了管理這些破碎的領土，遼國不得不採取五京制，也就是在不同的碎片上一共設置了五個都城，這五個都城各自負責自己片區的防禦。

北面的上京臨潢府（內蒙古赤峰市巴林左旗林東鎮南）位於大興安嶺山麓，是遼國的發源地，同時也負責防禦北方的少數民族，比如蒙古人、奚人等。

中間的中京大定府（內蒙古寧城縣西的大明鎮）位於大興安嶺、燕山、努魯爾虎山、松嶺四大山脈中間的空地上，是連接所有土地的交通要道，這裡負責溝通四方領土。

位於東面的東京遼陽府（遼寧省遼陽市）是一個富裕的地帶，這裡主要防禦的是高麗地區的少數民族，後來又防禦東北的女真人。

至於幽州，就成了遼國的南京析津府（北京西南），它的防禦主要針對南方的北宋，同時也是主要的產糧地，更是皇帝最常駐紮的地方。

同屬於十六州的大同府（雲州）則成了遼國的西京，主要防禦西方的西夏，同時也和北宋的山西部分接壤。

遼國雖然已經成了集權國家，但它的集權程度遠遠達不到漢人的標準。比如，北宋也有五京，可是北宋的官僚系統都設在東京汴梁。遼國的官僚機構卻設在不同的都城，燕京是負責財政收入的三司所在地，因為這裡最富裕，離北宋也近，便於接收歲幣。西京是轉運司所在地，也是因為與北宋接壤。中京由於位於中間，是負責財政開支的度支部所在地。上京由於自然資源豐富，設置了鹽鐵司。東京是契丹較早的糧倉，也是遼國賴以發展的大本營，這裡設立了戶部和錢鐵司[70]。

這樣的五京制度在大部分時間裡是沒有問題的，共同組成了遼國的防禦體系。但是，當一個新興民族崛起時，人們卻發現，遼國的防禦體系實際上有一個巨大的漏洞，那就是它的東北邊境。

中國的東北有一個巨大的平原，我們現在稱之為東北平原。遼國的東京遼陽府位於東北平原的南部，從遼陽府往北上千公里，都沒有大的山脈阻隔。在現在的黑龍江省境內，北宋時期還是森林密佈、河流縱橫，這裡是東北平原的北部，屬於遼國的邊地。但在這裡，卻有一支叫作女真的部族生活著。

日後，這個部族會在他們的發祥地附近建立屬於他們自己的上京會寧府（黑龍江省哈爾濱市阿城區白城），在會寧府旁是一條叫作按出虎水（現在叫阿什河）的小河，這條河向北流淌，匯入著名的黑龍江。與按出虎水平行，在西面的還有淶流水（拉林河）和混同江（松花江）兩條河流，它們最終都匯入黑龍江。

女真最早時就在這些河流附近活動。這裡已經屬於遼國的邊地，遼國設立了黃龍府（現吉林省農安縣）對該地進行管轄。一部分女真人已被馴服，移到了東北平原南端的遼陽以南，稱為熟女真，可以視為遼國的子民。但還有一部分女真人沒有被同化，他們雖然也臣服於遼國，但領導權其實還在部落首領手中，在儀式上臣服但實際上並不服從，他們仍然居住在女真故地，被稱為生女真[71]。

雖然漢人習慣於將契丹和女真都稱為北方的蠻人，但事實上，兩者從人種到地域上都是有區別的。遼國起源的區域在中國的正北方，與早期的匈奴、柔然和後期的蒙古重合，契丹人與這些民族的親緣關係也更近一些[72]。女真人則起源於中國東北方的東北平原，從人種上與前面幾個種族是有區別的。這也解釋了為什麼蒙古人對契丹人比較友好，卻對女真人充滿了仇恨。

女真人最早的祖先可能是周代的肅慎氏[73]，到了北魏，稱之為勿吉，唐代稱之為靺鞨[74]。靺鞨一開始有七支，經過合併成為兩支，分別叫作粟末靺鞨與黑水靺鞨。粟末靺鞨居住在東北平原的南方，黑水靺鞨居住地更加靠北。

後來，粟末靺鞨率先崛起，在唐代建立了一個叫作渤海國的國家，而黑水靺鞨成了渤海國的附屬部落。五代時期，契丹人征服了渤海國，將渤海國所在的遼東地區變成了東京管轄區，黑水靺鞨也就變成了遼國的附庸。此刻，他們已經改稱女真，熟女真與生女真的分野也形成了。

遼天慶二年（一一一二年）二月，遼國皇帝天祚帝到北方的春州（長春州的簡稱，現吉林省乾安縣北）遊獵，之後繼續向東行，到了混同江去釣魚[75]。這裡已經接近生女真的地界，按照規矩，皇帝到來，方圓千里的部落首領都要來朝拜。

在東北的某些地區至今保留著頭魚宴的風俗，每年春季捕獲的第一條魚都被賦予了特殊的意義，需要祭祀祖先，請客吃飯。當部落首領們趕來時，恰好趕上了這一年的頭魚宴。皇帝請客時，要請各個部落首領表演節目。首領們紛紛上臺獻技，但輪到一位中年的女真人時，他卻拒絕了，表示自己不會表演，只是筆直地站立著望著前方。

天祚帝勸了他幾次，但這人都不服從。皇帝打聽了一下，他是生女真完顏部首領烏雅束的弟弟阿骨打。皇帝有心殺掉阿骨打，但被北院樞密使蕭奉先勸住了。後來阿骨打和兄弟們陪伴皇帝打獵，由於精通獵術，獲得了皇帝的歡心，這件事告一段落。

日後，天祚帝一定會後悔沒有殺掉阿骨打。因為這有可能是遼國控制女真的最後機會。這時女真部落的士兵只有千人上下，還無力與遼國對抗。阿骨打雖然只是首領的弟弟，但一年多以後，烏雅束死了，繼承女真首領職位的就是阿骨打。

女真部落實行勃極烈制度[76]。所謂勃極烈，就是女真領袖的稱號。阿骨打即位後稱都勃極烈，也就是後來的皇帝，在都勃極烈之下，還有諳班勃極烈，可以理解為皇儲。之下又有國論勃極烈，漢語稱之為國相。此外還有阿買勃極烈、昊勃極烈等。最大的幾個勃極烈組成類似於國務會議的委員會，負責商討國家大事。

在勃極烈之下的民事官員叫勃堇，如果統轄範圍更大，就叫忽魯，意為大勃堇。軍事官員稱為猛安和謀克[77]，猛安相當於千夫長，謀克相當於百夫長。謀克的副手叫作蒲里衍，之下又有阿里喜。

阿骨打成為都勃極烈後，由於他即位前與遼國的矛盾，加上遼國皇帝喜歡打獵，不斷地要求女真部落貢獻一種極其罕見的鳥——海東青，一種猛隼類的鳥，擅長抓兔子。人類想抓住它，非常困難。遼國的不斷索求，讓女真人苦不堪言。此外，遼國與女真之間常常因為接納對方的叛徒問題而爭吵。阿骨打以此為藉口，發動了戰爭。

此刻的女真還只是蜷縮在淶流水流域的一個小部落聯盟，阿骨打清點了人數，他本部的兵馬加上盟友的一共只有二千五百人。以這樣的兵力，只夠攻打遼國的一個邊城。在淶流水和東面的混同江之間，有一個小城寧江州，這裡成了遼金戰爭爆發的地點。

阿骨打首先把兵力集中在淶流水西岸的小城廖晦城，集結完畢，渡河進入遼境。他們遇到一支由渤海人（也是女真人的近親）組成的部隊，將這支部隊擊敗。這場小勝讓女真人信心大增，於是殺向寧江州。

遼國天祚帝正在大興安嶺地區的慶州（現內蒙古巴林右旗西北白塔子）打獵，聽說了這件事，以為是一個微不足道的小部落造反，不以為意，只派少量的人去增援，但增援部隊並沒有起到作用。政和四年（一一一四年）十月，阿骨打攻克了寧江州。雖然這只是女真的一次小勝利，卻因其是金遼戰爭的第一場戰役，被賦予了特殊的意義。

對女真來說，這場戰役把他們的疆域從淶流水東岸擴張到了混同江東岸，但是如果把這小片土地放到遼國的整個疆域中，就會發現這片地方還是太小了。

女真的戰鬥力已經讓天祚帝開始重視他們。只是，遼國的君臣還沒有充分意識到問題的嚴重性，天祚帝雖然準備集結十萬人對付女真，可由於集結過程太拖拉，前期的兵力只有一萬人到達現場。這一萬人駐紮在黑龍江北岸的出河店（現黑龍江省肇源縣），與阿骨打隔著黑龍江相望。

遼軍由於是契丹人、奚人組成的聯軍，且來自不同的地方，士氣並不高。與之相比，阿骨打的軍隊由於剛打了勝仗，顯得生龍活虎。他一鼓作氣，率軍乘黎明渡江，將遼軍擊潰。

這次戰役讓阿骨打控制了黑龍江以北地區，後來，女真在這裡設立了肇州，也就是肇興之地。之後，阿骨打轉戰黑龍江南岸，在斡鄰濼（現吉林省大安市南查干湖）再次擊敗遼軍。此時，女真的軍隊達到了萬人之眾，成為一支勁旅。

與女真迅速崛起的聲勢相比，遼國卻繼續走在下坡路上。由於戰爭中皇帝的賞罰不明，遼軍士氣低落到了極致，這年十二月，遼國位於東北地區的賓州（現吉林省農安縣靠山鎮廣元店古城）、祥州（現吉林省農安縣萬金塔鄉）和咸州（現遼寧省開原市東北）都背叛了契丹，歸順了女真。

這三個州的歸順，讓阿骨打實力大增。賓州和祥州還在混同江附近，但咸州卻已經達到了現在遼寧境內，處於東北平原的中心地帶，這意味著女真人第一次走出了混同江流域，來到了遼國在東北地區的腹心，從肘腋之患變成了心腹大患。阿骨打也乘機於宋徽宗政和五年（一一一五年）年初稱帝，國號大金[78]。

但是，阿骨打此時控制的地域還是有問題的，他的主要控制區仍然在北方，咸州雖然已經靠南，但屬於孤城一座，在咸州和混同江根據地之間，還有許多遼國的城池並沒有被征服，而其中最著名的就是黃龍府。

稱帝後的阿骨打立刻率軍進攻黃龍府。但這一次，遼國卻改變了做法，決定對黃龍府進行全力支援，避免像以前那樣分散兵力，被各個擊破。

天祚帝派來二十萬騎兵和七萬步卒前來增援黃龍府。為了穩紮穩打，遼軍企圖採取鏈式封鎖，利用持久戰將阿骨打絞殺。遼軍試圖在東北邊境發展屯田，設立一系列的軍屯，與金軍長久對峙。只有這樣，才能降低金軍的衝擊力，這也可以看出，經過一百多年的和平，遼國已經喪失了衝擊力，必須依靠中原式的防守來遏制對手。

當二十多萬遼軍帶著大量的屯田農具趕到時，也就到了阿骨打的一個關鍵時刻。到底是女真的衝擊力取勝，還是遼軍的鏈式絞殺戰成功？這不僅影響一場戰役的成敗，還決定了未來的戰爭形式。

最終，阿骨打的衝擊力展現得淋漓盡致。他乘遼軍立足未穩，立刻發動進攻。首先被擊潰的是遼軍的步兵，當騎兵看到步兵失敗了，立刻選擇逃走。結果遼軍屯田未成，反而將農具都丟給了阿骨打。日後，金人從漁牧民族變成農耕民族，就是從這一刻開始的。

到了九月，阿骨打終於攻克了黃龍府，這意味著整個東北平原的北部都已經掌握在女真人手中，遼國已經丟失了東京轄區的一半土地。

不過遼國仍然有機會限制金國的發展。由於剛剛獲得了大片土地，金國對於新征服地區的控制力並不強。遼國天祚帝此刻已經完全驚醒，意識到如果不加重視，善戰的女真人將可能成為帝國的終結者。他決定御駕親征，向金國進攻。

從遼國剩餘的領土到達金國控制區，一般有兩條路可以走，一條是從西面的上京出發，另一條是從南面的東京出發。天祚帝的軍事部署分成兩個方向，天祚帝親自率軍七十萬從東京向北進攻，駐紮在黃龍府以南一個叫作駝門（現吉林省農安縣南五十里）的地方；他的駙馬蕭特末、林牙蕭察剌等率領五萬騎兵、四十萬步兵從上京向東進攻，駐紮在斡鄰濼。

如果這雙面夾擊的戰略成功，那麼即便無法殲滅阿骨打，至少可以將他們趕回到混同江以東去，收復前期丟失的黃龍府、賓州、祥州、咸州等地。

但這一次的戰略卻被遼國內部的叛亂打碎了，遼國大將章奴認為現在的皇帝無能，希望另立一個更加賢明的皇帝，他選擇了越王耶律淳。耶律淳是遼興宗的孫子，天祚帝是遼興宗的重孫子，本來是親戚。耶律淳本人也並沒有篡位之心，卻被章奴推向了前臺。

章奴一謀反，在前線的天祚帝立刻偷偷回師，去解決內部問題。阿骨打抓住機會追擊遼軍，贏得了這次皇帝與皇帝的對決。

到這時，金國的後方基地正式成型，阿骨打佔領了東北平原的北部，向南可以進軍遼國的東京遼陽府，向西可以進軍遼國的上京和中京。更重要的是，金軍的士氣要比遼軍旺盛得多，兩國交戰中，金軍幾乎沒有打過敗仗，遼軍則是屢戰屢敗。

金國叛亂對遼國的影響還反映在經濟上。遼國本身就不是一個經濟特別發達的國家，這樣的國家想要保持戰鬥力，必須讓士兵自帶糧食，亦農亦兵。可是隨著遼國的漢化，養兵的成本越來越高，戰鬥力卻在下降。一旦開戰，軍事花費的大增，將反過來影響社會經濟，人們的生活迅速變糟。在接下來幾年，遼國饑荒和叛亂不斷，進入了解體的節奏。

與此同時，新興的金國卻處於一個養兵成本很低的時期，士兵們不需要兵餉，依靠搶劫來獲得食物和財富[79]，他們唯一的衝動就是打更多的仗、搶更多的財富。此消彼長之間，國運已經變換。

在兩國的對峙中，南邊的北宋又採取了什麼樣的態度呢？不幸的是，北宋此時掌權的恰好是主戰派。

統兵的宦官與主戰的叛徒

對於北宋來說，選擇只有兩種：要麼選遼國做鄰居，要麼選女真做鄰居。遼國與北宋已經交好了上百年，軍事實力已經減弱，更希望維持和平，從形勢上來看，是個更好的鄰居。女真作為新興民族，性格是不可控的，一旦成為鄰居，更加危險。不過，以遼國自己的力量已經很難抵禦女真了，如果要讓遼國挺住，北宋必須給予遼國幫助——不僅是物資上的，還包括軍事上的。

但北宋君臣和民間卻遲遲不忘所謂的十六州之恥。**事實上，從北宋建立的那一天開始，十六州就沒有屬於過宋朝，但自認為繼承了正統的北宋君臣卻一直將十六州當成是自己的疆域，憧憬著有一天拿回來。**如果要拿回十六州，現在的確是個好時候。更何況，遼國已經腐朽，即便幫助它，也不一定能夠抵禦住女真。

到最後，是支持遼國還是進攻遼國，成了主戰派和主和派爭論的焦點。

此刻，掌握北宋軍事大權的是一個名叫童貫的宦官[80]。與宋遼之間的長期和平不同，北宋與西夏總是處於時斷時續的戰爭狀態，除了宋仁宗時期失敗的宋夏戰爭之外，在英宗、神宗、哲宗時代，雙方都發動過戰爭。西夏成了北宋主戰派的主要宣洩口，一旦主戰派上臺，必然爆發或大或小的衝突。

宋徽宗上臺後，也恢復了對西夏的用兵。童貫由於與蔡京交好，被皇帝派到西北區監軍。北宋和唐朝一樣，有用宦官做使職的習慣。所謂使職，就是不屬於正常的官僚系統，只是臨時派去幫助皇帝做事的。童貫在做監軍時，幫助北宋在西北打了幾個勝仗，皇帝一高興，授予他實職，各種頭銜突然間如同雪花一樣飄落到他的頭頂：領樞密院事，掌管武信、武寧、護國、河東、山南東道、劍南、東川等九鎮；為太傅、涇國公……於是，一個宦官就成了北宋軍隊的掌門人。

童貫一直不忘自己是靠武力獲得如此眾多的榮耀，他成了北宋朝野最大的主戰派。政和元年（一一一一年）九月，北宋派遣一個使團前往遼國，正使是端明殿學士鄭允中，童貫自請擔任副使，去勘察遼國的軍事情況，看有沒有機會對遼採取行動。

在這次出使過程中，馬植在盧溝附近要求見童貫[81]。馬植本是遼國的世家，當過光祿卿，卻由於犯了錯誤，受到國人的排斥。他決定幫助北宋顛覆遼國，奪回十六州。

此時，女真人和遼國之間雖然有了小摩擦，卻還沒有公開決裂。馬植卻敏銳地觀察到女真人的崛起，認為北宋如果聯合女真人，是有可能滅掉遼國的。

童貫聽了馬植的策略，大喜過望，讓他改名李良嗣，躲過了遼國接伴使的耳目，帶回了北宋。

宋徽宗對馬植的策略也很感興趣，賜他姓趙，於是馬植的本名已經很少人提及，反而是以趙良嗣的名字被歷史銘記[82]。趙良嗣告訴皇帝，即便經過了一百多年契丹的統治，幽州地區的百姓還在熱切地盼著被北宋收復，王師一到，百姓立刻會歡欣鼓舞，幫助趕走契丹人。

對於童貫和趙良嗣的策略，並不是沒有反對聲音。最典型的意見認為，遼國是北宋的屏障。北方游牧民族眾多，經常衝擊南方，有遼國在，北宋就不用擔心他們。一旦沒有了遼國，北宋就必須直接面對這些游牧民族，很可能陷入戰亂不斷的境地。更何況女真比起遼國更加不可控制。

但這時女真和遼國之間的戰爭還沒有開始，北宋與金國之間也沒有直接通路。趙良嗣的建議是從北宋的萊州乘船渡過渤海，再從遼東半島登陸，前往女真。這條路以前曾經暢通過，女真曾帶著馬匹乘船到北宋境內來販賣。不過在趙良嗣提建議時，路已經封閉了。遼東半島處於遼國的佔領之下，就算從山東半島浮海過去，還是遼國的地盤，無法與女真人直接聯繫。

由於缺乏可操作性，聯合女真的戰略被暫時擱置了起來。趙良嗣就這樣被冷落了五年……

註解

58 參考《奉使遼金行程錄》（趙永春輯注，商務印書館出版）中《晉出帝北遷記》。《晉出帝北遷記》由後人根據《契丹國志》、《資治通鑑》、《新五代史》、《舊五代史》、《文獻通考》等書整理而成。

59 參考《奉使遼金行程錄》中《姚坤使遼》。《姚坤使遼》由後人根據《資治通鑑》、《新五代史》、《舊五代史》和《冊府元龜》等書整理而成。

60 參考《通鑑紀事本末・石晉篡唐》。

61 臣禮免掉了，但石敬瑭仍然需要稱遼太宗為「父皇帝」，自稱「兒皇帝」。

62 燕雲十六州對應於現在的地名，見本書插頁圖三【宋金交戰形勢圖】。

63 參考《遼史・太祖紀》。

64 參考《新五代史・周世宗紀》。

65 瀛洲和莫州回歸後，到了宋代，人們口中的燕雲十六州變成了幽州、順州、檀州、薊州、景州、涿州、易州（以上為山前七州）和雲州、應州、蔚州、朔州、寰州、武州、新州、媯州、儒州。

66 參考明・陳邦瞻《宋史紀事本末・契丹和戰》、《宋史紀事本末・契丹盟好》。

67 參考《宋史．寇准傳》。
68 參考宋．葉隆禮《契丹國志．宋朝勞契丹人使物件》。
69 參考《契丹國志．南北朝饋獻禮物》。
70 參考《契丹國志．州縣載記》。
71 《女真傳》，見《三朝北盟會編》卷三引。
72 參考勒內．格魯塞《草原帝國》和《蒙古帝國史》。
73 《竹書紀年》稱之為息慎，《史記．五帝本紀》同。清．李有棠《金史紀事本末》有考異。
74 女真起源參考《金史紀事本末．帝基肇造》、《大金國志．金國初興本末》。
75 以下戰事根據《金史紀事本末》、清．李有棠《遼史紀事本末》與《宋史紀事本末》。
76 參考《金史．百官志》。
77 參考《金史．兵志》。
78 參考《金史．太祖紀》。
79 金國在熙宗時代才開始嘗試給士兵報酬，向職業化轉變，見《金史．兵志》。
80 參考《宋史．宦者傳》。
81 參考《宋史紀事本末．復燕雲》。
82 參考《宋史．趙良嗣傳》。

第三章、最危險的和約

和戰之爭

政和六年（一一一六年），是金國和阿骨打收穫最大的一年。

這一年正月，遼國發生了內亂，由於不滿東京遼陽府留守蕭保先的苛政，一位叫作高永昌的渤海人發動了一場出其不意的叛亂[83]。東京遼陽府原來屬於渤海故地，是遼太祖阿保機用了二十多年才攻克的。雖然貴為五京之一，但契丹人和渤海人之間的矛盾仍然不時激化。

正月初一夜裡，高永昌和十幾個同夥喝醉了酒，帶著刀翻過了府衙的圍牆，來到了大廳。他們藉口外面有人造反，前來彙報，直接向侍從詢問東京留守的居處。高永昌找到東京留守，將他刺殺，然後逃走。

蕭保先死後，當時恰好在遼陽府的戶部使大公鼎和東京副守高清臣控制了局勢，四處搜查作亂的渤海人，查到了數十人，將他們殺死。不幸的是，這些被殺的並非都有罪，有的只是在恐慌中被枉殺的。這件事傳開後，更多的人加入了造反的隊伍，附近的州縣也出現了亂局。

初三這天，造反的人們從四面八方趕來，聚集在東京遼陽城外，大公鼎叫他們離開，但沒有人聽從。初五時，城裡終於亂了，有人乘風放火、有人偷開城門，大公鼎等人只好率領殘部逃走。遼陽府落入了叛軍之手。高永昌成了叛軍的頭目，自稱大渤海皇帝，他乘機佔領了遼東地區的五十多個州。

在中國的東北地區，生女真活動的範圍在東北平原的北部，也就是現在的吉林和黑龍江一帶，而南部的遼寧是經濟最發達的地區，阿骨打和他的大金國還無法染指。女真沒有得到的土地，卻被高永昌一次出其不意的叛亂拿到了手中。

高永昌唯一沒有得到的地區，是位於現在遼寧瀋陽的瀋州。這裡是遼國宰相張琳的家鄉，皇帝派遣張琳親自部署防守，才防止了高永昌得手。

五月份，就在張琳與高永昌鏖戰時，突然傳來消息，女真人應高永昌之請，於五月二十一日前來助戰，率領女真的是女真西南路都統闍母。

渤海人本來就是女真人的遠親，高永昌尋找幫手也是可以理解的。但張琳卻以為這只是高永昌釋放的假消息。

到了五月二十一日那一天，女真人果真出現了。張琳被這出乎意料的幫手嚇住，只好逃走，瀋州被女真人佔領。

不過女真並沒有把瀋州交給高永昌，而是自己佔領了。不僅這樣，女真人擊退了遼國燕王耶律淳的進攻後，還對高永昌發起了進攻，將他擊敗殺死。女真人的野心到這時展現無遺，他們不僅想要東北平原北部，還想獲得整個東北平原，從而向遼國全境擴張。

經過遼國的這次叛亂，女真人乘人之危成了最終的勝利者。

女真的勝利曲折地傳入了北宋的耳中，於是，主戰派又開始躍躍欲試了。第二年（政和七年，一一一七年）初，邊將不斷地上報，說在宋遼邊界處的易州（現河北省易縣）出現了頻繁的軍事調動。主戰派將之認定為遼國將要對北宋有所行動。

童貫也被皇帝從西北調回，開始準備應對北方的事態[84]。

童貫準備軍事行動時，恰逢北宋財政花錢的高峰時期。就在政和六年（一一一六年），宋徽宗答謝道士給自己帶來兒子的上清寶籙宮剛剛修建完畢，皇帝雄心勃勃地開始準備他一生中巨大工程的頂點——艮嶽。

由於錢不夠花，蔡京等人不斷地開闢新的財源。政和六年，在宦官楊戩的幫助下，宋徽宗開始建立名為公田所的機構。所謂公田，是指屬於皇帝的田莊。在北宋初年，有不少田地是沒有主的，但到了末年時，這些無主的田都已被人耕種。宋徽宗時期，皇帝和大臣們開始打這些土地的主意，將它們化為公田，要求農民必須繳納租金，也就是公田錢，才准予耕種。

不僅是公田錢，土地丈量上也做了手腳。大觀四年（一一一〇年），宋徽宗為了多收錢，做過一次變革，將長度單位做了變更。之前人們使用普通的「尺」，但皇帝以符合禮儀為藉口，將尺的單位縮小，推行「樂尺」。所謂樂尺，是根據禮樂的要求重新設計的長度單位，一樂尺比普通的尺稍小，結果按照普通尺計算出來的一畝，換算成樂尺的畝，就變成了一點零八至一點零九畝。經過換算，北宋的土地畝數就可以多出百分之八以上，由於每畝的稅率不變，從理論上，皇帝的稅收就可以增加百分之八。

在繳納公田錢時，也必須按照樂尺的畝來繳納，更加重了農民的負擔[85]。

童貫負責北方事務時，人們為了討好童貫，不斷地將遼國的消息傳到朝廷。有人透漏燕山以南的易州和霸州都有軍事調動[86]。

童貫不斷地催促皇帝趕快起兵。他不僅通知河北地區的將帥做好準備，還動用了中央禁軍。到了二月中旬，先發部隊已經出發北上。經過占卜師的占卜，三月上旬的某個黃道吉日，成了軍隊出發的日期。

但在出發前，皇帝卻猶豫了。幾個月前，皇帝派出一支外交使團去往遼國，正使是一位名叫陶悅的人，他的職務是司封員外郎，出發前皇帝又給了他太常少卿的頭銜；副使是來自霸州的李邈。

按照約定日期，這個使團已經接近回來的時候，宋徽宗下令童貫暫時不要發兵，等外交使團回來後，再根據情況做最後的判斷。

二月二十五日，使團回來了。剛進國門就碰到了童貫，童貫讓陶悅第二天先到自己府中彙報一下，再去找皇帝[87]。

第二天，陶悅準時來到了童貫的府邸。童貫首先問陶悅：「聽說遼國已經準備入寇，對嗎？」

陶悅對童貫的問題很吃驚，表示沒有看到遼國入侵的跡象。在路上，他們每天都按照計畫行進，沒有聽說入侵，也沒有被要求改變道路，一切都很正常。由於他們走的是宋遼之間的大道，如果遼國在做軍事準備的話，他們在道上必然能看到。遼國如果不想讓他們看見，會尋找藉口請他們改走小路，免得遇上軍隊。既然沒有改道，在大道上也沒有軍事調動，就證明遼國並沒有準備入侵。

童貫還不死心，說這只表明使者走的路上沒有軍事調動，其他地方也許已經調動了。

陶悅很不識趣，繼續反駁，表示雖然聽說女真和遼國在邊境上有衝突，但燕山以南的內地一切正常，人們的耕作、生活都沒有任何變化，也沒有聽說大批的軍事行動。至於所謂霸州和易州的情況，也是子虛烏有的事情。總之，遼國是正常的。

如果按照陶悅的說法，遼國並沒有針對北宋的軍事行動，童貫就沒有理由出兵。

童貫不死心，以威逼利誘的方式試圖讓陶悅改口，甚至侮辱他獲得了遼國的好處。陶悅正色回答：「像我這樣的讀書人，怎麼會因為對方的厚禮隱匿敵情呢！」[88]

童貫碰了一鼻子灰，只好作罷。第二天，使臣上奏皇帝，宋徽宗下詔，將已經出發的禁軍召回，北伐之事暫時擱置了。

這一擱置就是好幾年，直到五年後陶悅死了，北伐還沒有蹤影。

但北宋與女真的聯繫卻在這段時間建立了起來。

三國的外交大競爭

政和七年（一一一七年），在蘇州（現遼寧大連金州）附近的海域，有兩艘大船悄悄離岸，向著茫茫大海漂去。它們的目的地是高麗（今朝鮮），卻由於海流的原因，漂到了北宋境內登州（山東半島北端）附近的駞基島，這裡有宋軍士兵駐紮。

從兩艘船上下來二百多個人，為首的是高藥師、曹孝才，以及僧人郎榮，其餘的都是他們的親屬。士兵們將來人送到了登州知州王師中處。由於朝廷主戰派占了多數，皇帝將北方各地的官員都換成了主戰派，王師中就是其中之一。

根據高藥師的供述，他們來自遼國的蘇州。那裡已經被金兵佔領，除了金兵之外，高永昌死後的潰軍也退到了海岸上，北方已經一片大亂。

如今，蘇、復（現遼寧瓦房店西北）、興（現河北承德）、潘（現黑龍江省牡丹江市林口縣）、同（現遼寧省開原市中固鎮）、咸（現遼寧省開原市）諸州都已經被女真攻克了。這就意味著，從北宋到女真之間除了隔著大海，已經沒有了遼國的阻礙[89]。

在更早的時候，女真人曾橫穿渤海海峽，從蘇州到登州（現山東半島蓬萊）登岸，用馬匹換取漢地的生活物資。但女真人這麼走，大都是在遼國控制遼東半島之前，隨著遼國滅了渤海國，這條路就斷絕了。高藥師等人的到來，是海路重開之後的第一批。

七月初四，王師中將消息上奏給皇帝。皇帝與蔡京、童貫等人討論後，令王師中派遣人手，由高藥師帶領，再次渡海，以買馬的名義去見女真的頭目，看有沒有聯合女真攻打遼國的可能性。

王師中奉命逼迫高藥師回遼東。不料到了八月初十[90]，高藥師的船又回來了。原來，他們坐船遠遠地看到了北面的海岸，岸上站了很多士兵，他們不敢上岸，只好掉頭回來，報告說女真不讓他們北上，還差點殺了他們。

王師中將事情報告給皇帝，宋徽宗大怒，將高藥師等人貶斥到邊遠之地。

但一旦喚醒與金人聯繫的念頭，就不會再輕易消失。

重和元年（一一一八年），宋徽宗終於派出第一個正式使團前往女真的地界。由於上一次的失敗，宋徽宗命令童貫選擇更加勇敢的人前往，童貫將任務再次派給了王師中，王師中選擇了馬政。馬政官封武義大夫，與他同行的還有平海指揮軍員呼慶[91]，呼慶之所以入選，是因為他會說北方語言。

和他們同去的有將校七人、兵員八十人[92]，帶路的仍然是高藥師和曹孝才。

同行的還有馬政的兒子馬擴。馬擴在當年春天的春試中，剛剛通過了武科的殿試，被授予承節郎、京西北路武士教諭。

他們接受命令的時間是二月十八日[93]，下海出發的日期是閏九月初六[94]。使團剛到渤海北岸，就被巡邏的人抓住。由於金兵從來沒有聽說過北宋使節，將物品全都奪走，數次想要殺害他們，馬政和呼慶不停地解釋，才讓士兵相信他們是使節。金兵將他們綁起來，押送著走了十幾個州，才到了阿骨打所在地阿芝川的涞流河畔，這裡距離他們的出發地已經三千里了。

阿骨打的助手是他的侄子粘罕和兀室，以及長子斡本。

在馬政與兒子出使金國時，另一場外交競爭也在平行進行。事實上，除了北宋與女真取得聯繫之外，女真的敵人遼國也在與它議和。

女真與遼國的議和始於金太祖天輔元年（一一一七年，金太祖改收國三年為天輔元年），此時女真已經獲得遼國的東京遼陽，佔據了東北的大片江山。楊樸[95]給阿骨打出主意，說自古英雄開國，必須首先獲得大國的冊封。阿骨打派遣使者去遼國請求冊封。遼國本來就損失了大片的土地，加上又出現了大規模饑荒，正想與女真議和，見對方使者來請求冊封，立刻派遣了議和使前往。

重和元年，阿骨打接見馬政前後，與遼國的談判也處於緊鑼密鼓之中。最初遼國派遣耶律奴哥作為議和使節，還沒敢提冊封。但此時耶律奴哥已經知道所謂「冊封」並不是臣子向君主請求封賞，而是一個新君主讓另一個老君主給自己加冕，承認他的優勢地位。這可以從阿骨打提出的要求中看出來，阿骨打要求：遼國皇帝必須稱阿骨打為兄長，同時，將遼國的上京、中京和興中府都交給金國，再派遣親王、公主、駙馬、大臣子孫作為人質，並把之前的信符、往來信件等帶有等級特徵的物品都還給金國，方才能夠談議和[96]。

且不提其他的要求，只看金國對於土地的要求。如果遼國真的把上京、中京和興中府（現遼寧省朝陽市）割讓，就意味著遼國喪失了東北全境、北方草原地帶，剩下的只有燕雲十六州和西北方的沙漠地區，變成一個夾在宋金之間的小國家，隨時會被滅亡。這樣的條件等同於遼國向金國徹底投降。

耶律奴哥往返於遼金兩地，又把金國使節胡突衮帶到了遼國。阿骨打又提出了新條件：這一次不需要人質，也不再要上京和興中府兩個地方，同時還削減了遼國向女真的供奉。但是，遼國皇帝必須稱呼阿骨打為兄長，並且用漢人的禮儀冊封金國皇帝。

對於遼國天祚帝而言，這樣的條件仍然是太苛刻了，雙方因此處於僵持之中。

與遼國的堅持不同，北宋使者卻似乎更加好說話。

馬政使團的首要目的是建立聯繫，並沒有制訂具體的目標。阿骨打答應聯合攻遼，使團的目的就達到了。

接著是雙方互派使者，制訂具體的合作條款。

金太祖天輔二年底，阿骨打留下了馬政使團的六個人（史書留下了其中兩人的名字：王美、劉亮）作為人質，又派遣了渤海人李善慶、熟女真散都、生女真勃達三人，帶著禮物，與馬政使團一道返程。

十二月初三，使團到達了登州。宣和元年（一一一九年）春正月，他們回到了京城。金國使臣待了十餘日，宋徽宗和蔡京等人商議，決定與金國聯合進攻遼國。

不過仍然有許多問題有待解決。比如，用什麼禮節對待阿骨打？這個問題讓皇帝和大臣們有些犯難。按照規矩，如果是平等兩國之間的交往，皇帝的書信應該稱之為「國書」；如果是對下級，皇帝應該使用詔書。皇帝派遣馬政和金國使臣一道回去，同去的還有副使趙有開，以及王師中的兒子忠訓郎王瑰。趙有開建議，女真的體量只相當於中國的節度使，他們既然接受了契丹的封爵，自然也更加願意接受大宋的封賞，所以用詔書就可以了。

皇帝徵詢金國使臣李善慶的意見，由於不懂禮儀，李善慶表示尊重皇帝的意思。於是，在給阿骨打的信中，皇帝用了詔書的格式。

使團出發後，趙有開到達登州後就得病死去了。恰好在這時，傳來了金國與遼國議和的消息。這一年，遼國封金國國王阿骨打為東懷國皇帝。

當宋徽宗聽說了這件事，就派人追上使團，讓馬政不要去了。只派呼慶將女真使者護送回國。

但北宋得到的消息是有誤的，實際上，遼國雖然願意封賞，但阿骨打未必願意接受。一方面，他感覺這個稱號太低了；另一方面，與北宋聯合伐遼顯然是更好的決策。

正當北宋使臣前往登州時，經過漫長的拉鋸和七次出使，遼國終於答應了阿骨打的條件，於宣和元年三月派使者來到了阿骨打所在，同意冊封阿骨打為東懷國皇帝。

阿骨打派遣受封使烏林答贊謨去遼國迎來了冊表。但他隨即發現，遼國的冊封文件中並沒有稱他為兄長，在使用金國的名稱時，沒有加上「大」字，顯得很輕慢。同時，東懷國的名號也讓他感到很不舒服，因為「東懷」，就是「偏遠的東部小國感懷大國的聖德」的意思。他拒絕了冊封，還差一點腰斬了提議請求冊封的楊樸[97]。

雙方再次開始拉扯糾纏，遼國使節蕭習泥烈和金國使節烏林答贊謨恢復了來回奔波。雙方又因為各種小問題拉扯糾纏了一年，關係最終破裂。

從請求冊封，到徹底拒絕，從金太祖天輔元年到金太祖天輔三年，這三年是阿骨打的關鍵期。起初，他還沒有信心成為一代霸主，還想與遼國共存。正是馬政等人的出使讓阿骨打看到了徹底消滅遼國的希望，從此以滅遼為己任。

阿骨打與遼國拉扯糾纏時，還在等待著北宋使節回來，卻只收到了金國使節歸來而北宋使節未到的消息。阿骨打將一腔怒氣發在了護送使節的呼慶頭上。呼慶告訴阿骨打，一方面北宋使者意外病死，另一方面也是聽說了遼金議和，宋徽宗才放棄了遣使。

阿骨打不聽他的辯解，將他留置了六個月，才放他回去[98]。

送呼慶回去時，阿骨打告訴他：首先要求結盟的不是女真，而是北宋；女真已經獲得了遼國的數州，本不需要聯合北宋，之所以接受邀請，只是為了交朋友；但北宋不再遣使，只派一個低級官員來，不寫國書，反而送了份詔書來，已經表明北宋在反悔了；反而是女真一直在遵守約定，甚至不惜拒絕了遼國的封賞。

阿骨打還安慰了呼慶：毀約的責任並不在呼慶，他也只是接受派遣來的；他希望呼慶回去後見到皇帝，轉告宋徽宗如果想要繼續結好，就儘早派人持國書前來談判；如果只是帶一份給臣下的詔書過來，那就不用談了。

他還給宋徽宗寫了一份簡單的書信：契丹修好不成，請別遣使人。

海上之盟

阿骨打不知道的是，在北宋，主戰派與主和派也在進行著激烈的交鋒，到底誰占上風還不一定。幾乎在同一時間，女真東面的高麗國派人來求醫，宋徽宗派了兩名醫生去提供幫助。醫生帶回來的消息卻是：**高麗全國都在為戰爭做準備，他們認為女真是虎狼之國，必須趕快做準備。他們建議北宋皇帝千萬不要和女真交往。**

與此同時，官員安堯臣（他是前工部侍郎、兵部尚書、同知樞密院安惇的族子）上書表示反對與女真聯合進攻遼國。他認為，一個國家的禍端，往往是從和平走向戰爭的那一剎那。北宋之所以不和契丹爭燕雲十六州，也是考慮用土地換和平。既然已經維持了上百年和平，一旦重啟戰端，往往會得不償失，讓原本已經疲憊的民間更加無法承受。

另外，遼國已經是一個開化、愛好和平的國家，與北宋是唇亡齒寒的關係，一旦遼國沒有了，換成更加野蠻和勇猛的女真，那麼北方就再也沒有和平可言了。

宋徽宗最初同意了安堯臣的看法，還封了他一個承務郎的小官。但隨後，在蔡京、童貫等人的主導下，皇帝再次偏向了戰爭。

宣和元年（一一一九年）十二月二十六日，呼慶離開了阿骨打營地，日夜兼程趕回宋境，從行之人甚至有凍掉手指的。第二年正月，呼慶趕回了京師，將阿骨打的書信傳到。

宣和二年二月初四，宋徽宗再次向女真派去了使節[99]。這次派出的，就是當年童貫從遼國帶回來的趙良嗣。趙良嗣的職務是中奉大夫、右文殿修撰，在宋朝已經待了快十年，當選擇出使人選時，童貫再次想到了他。他的副使還是忠訓郎王瑰。趙良嗣沒有帶任何皇帝的文書，但皇帝讓他便宜行事，一定要簽訂有效力的和約。

馬政的第一次出使主要是為了建立聯繫，趙良嗣出使的目的卻更加明確，他顯然更瞭解女真需要什麼，事情的關鍵在哪裡，他的出使也成了整個事件的轉捩點，也是宋金夾攻遼國的起始點。

三月二十六日，趙良嗣從登州出海，經過了幾個小島，在四月十四日到達蘇州關下。他去的時候，恰好是女真兵分三路進攻遼國上京之時。趙良嗣從咸州出發，和阿骨打於上京城外的青牛山，與女真大部隊一起觀看了進攻上京的經過。同他們在一起的還有遼國使臣蕭習泥烈。

遼國天祚帝正在北方的胡圖白山狩獵，聽說後，派遣耶律白斯不等人率領三千兵馬馳援。但阿骨打並沒有把這當作大事，他對兩位使臣說：「你們先看我怎麼打仗，再決定該做什麼。」

五月十三日，女真的進攻從黎明開始，到了巳時（上午九點到十一點之間）就已經結束了，大將闍母首先攻克了外城，內城守將撻不野一看大事不好，立刻投降了。

女真的強悍給趙良嗣留下了深刻的印象，雙方再次在龍崗相見時，趙良嗣立刻和阿骨打談起了聯合出兵的問題。

根據趙良嗣本人的回憶，他首先提出雙方夾攻遼國，由於燕雲等地是漢人的舊地，滅遼之後，雙方分配遼國土地時，應當遵循的原則是：遼國的上京、中京和東京這些在燕山以外的土地都歸金國，而南京析津府和西京大同府，以及附屬的州縣，應當歸屬於北宋[100]。

阿骨打同意了趙良嗣的要求。但他仍然擺了個架子，表示遼國已經被金國擊敗，原則上，遼國的土地都是金國的，但為了感謝南朝皇帝的好意，且燕州又本是漢地，所以同意把燕雲交給宋朝。

不過，由於攻打城池時不免首先要佔領，對於應該交割給南朝的土地，金國可能會先佔領一段時間，一旦完成滅遼任務，就引兵離去。

雙方進一步確認，在聯合滅遼時，北宋的兵馬先攻打南京析津府，而金國則從北方繞道去攻打西京大同府。

由於上次宋徽宗聽說女真要和遼國議和，就把馬政召回去了。為了防止類似事件再次發生，趙良嗣專門要求，金國和北宋都不得單獨與遼國議和。他這樣做，實際上是防備金國的做法，但到後來，卻由於宋徽宗試圖聯合遼國殘部，反而成了金國進攻北宋的藉口之一。

在談判的空隙，雙方吃過飯一起遊覽了上京府，參觀了遼國的宮殿。阿骨打與宋使騎馬並肩從西偏門入，經過各大殿，最後在延河樓飲酒作樂。心潮澎湃的趙良嗣感到上百年的恥辱正在自己的手中消解，他寫了一首詩來紀念這次議和：「建國舊碑胡日暗，興王故地（契丹起家之地）野風乾。回頭笑謂王公子（指他的副手王瑰），騎馬隨軍上五鑾。」（〈宴延和樓即事〉）

作完詩，雙方繼續談判，這就遇到了一個關鍵點：北宋到底要出多少錢，才能獲得這個合作夥伴？

趙良嗣最早提出，給金國三十萬歲幣，換取與金國的和平共處。阿骨打卻說：遼國沒有割讓燕雲之地，北宋每年還要支付五十萬給他們；金國把燕雲還給北宋，只能獲得三十萬，這很不公平。經過討價還價，最終決定每年也給女真五十萬（其中銀二十萬兩，絹三十萬匹），相當於把給遼國的歲幣轉給金國。

談判快結束時，趙良嗣特意強調了幾個問題：第一，西京雲州（大同）也是漢地，必須和燕州一起交付給北宋。阿骨打同意了，表示金國出兵西京，只是為了擒獲遼國皇帝，只要擒拿了阿適（遼帝小名），就把西京給宋朝。

接下來趙良嗣要爭取的是一塊土地。在現在北京以東的河北地區，有三個州，分別叫作營州、平州、灤州，這三個州和其他州不同，不是在後晉時期石敬瑭割讓給契丹的，而是在更早期就已經歸屬了契丹。趙良嗣想把這三個州也爭取過來。但這一次，他失敗了。女真大臣高慶裔告訴他，他們討論的是燕地，這幾個州都自成一路，不在討論範圍內。

即便沒有爭取到營、平、灤三州，但作為一個使臣，趙良嗣已經做得非常完美。在他離開之前，與阿骨打約定：女真軍隊在當年八月初九開始進攻西京，北宋也同時進攻南京；如果北宋需要金國說明夾攻南京，那麼金國應該選擇從平州松林前往南京東北的古北口的路線，而北宋選擇從宋遼邊界附近的雄州前往白溝的進攻路線。

雙方還約定：只有宋軍按時抵達，並配合夾攻，和約才成立，否則和約就作廢。這一點，也成了日後金國在交割中刁難宋朝的藉口之一。

阿骨打派遣二百騎兵護送宋使離開，但當趙良嗣過了鐵州，阿骨打突然又派兵把他們追了回去。原來金國內部發生了牛瘟，影響到了軍事規劃，很難按照約定在八月初九發起進攻，因此改到第二年再發動進攻。從阿骨打如此周折地改期，也可以看出他們對於此次約定是非常重視的。這一點與之後宋朝屢次玩弄協定內容形成鮮明的對比。

第二次離開時，趙良嗣再次強調了幾點：第一，南北夾攻時，金軍主要進攻西京，在南京方面，為了避免兩軍誤傷，北兵先不要過松亭、古北、榆關（也就是燕山山脈）之南；第二，這個界限到時也可調整，但必須雙方同意之後再調；第三，不准單獨與契丹講和；第四，西京主要由女真負責進攻，但距離北宋更近的蔚州、應州、朔州，北宋可以進攻（女真並沒有答應這一條，只說有待討論）；第五，交割城池時不得收取贖地費；第六，完成交割後，在榆關以東設立市場，滿足雙方的商品交流。

在送宋使回去之前，女真還專門把俘虜的一位遼國官員（鹽鐵使蘇壽吉）交給了趙良嗣，因為蘇壽吉是燕地人，既然燕地要交還給宋朝，蘇壽吉就應該送給宋朝處理。馬政出使時留下的六個人質也被准許回去。

歷史甚至留下了兩國往來的文字。阿骨打讓使臣帶給宋徽宗的信件，經過簡化，大意為：

大金皇帝謹致書於大宋皇帝闕下：蓋緣素昧，未致禮容，酌以權宜，交馳使傳。趙良嗣等言，燕京**（注意，國書上只寫了燕京，沒有寫西京）**本是漢地，若許復舊，將自來與契丹銀絹轉交。雖無國信，諒不妄言。若將來貴朝不為夾攻，即不依得已許為定，具形弊幅，冀諒鄙悰。[101]

另外，阿骨打還特意提出，雖然轉交燕地，但如果是因為最近打仗從其他地區跑到燕地避難的人民，並不能歸屬北宋，必須送還給金國。

女真由於人口稀少，一直對人口問題給予最高級別的重視，打仗的目的除了掠奪財物之外，就是掠奪人口。他們很明白，只有人口迅速增加，才能帶來更強的國力。

宋朝皇帝後來的回信大略是：

大宋皇帝謹致書於大金皇帝：遠承信介，特示函書，致討契丹，逖聞為慰。確示同心之好，共圖問罪之師。誠意不渝，義當如約。已差童貫勒兵相應，彼此兵不得過關。歲幣依與契丹舊數，仍約毋聽契丹講和。[102]

另外，宋徽宗也確認了女真擁有索回逃亡人民的權力。

趙良嗣此次任務完成得非常圓滿，但隨著時間的遷移，許多形勢已經發生了巨大的變化，這個和約也成了北宋的緊箍咒和女真人不斷指責北宋違約的依據。

另外，雙方對於和約的關注焦點也是不同的。**阿骨打關注的焦點有兩個：第一，北宋給遼國的歲幣必須轉移給金國；第二，雙方約定夾攻遼國，但如果北宋沒有按照約定完成夾攻，那麼所有的協議都作廢。**

北宋關注的焦點卻是另外兩點：第一，金國不得與遼國講和；第二，金國在夾攻遼國燕京時，不得越界，以免搶了北宋的果實。

兩者關注的焦點又是有矛盾的。比如，如果在攻打燕京時，金國兵馬先到了，按照北宋的觀點，金國必須等待在邊界之外，不能單獨進攻燕京。等北宋的兵馬從南面逼近之後，才能相約夾攻。可是按照女真的觀點，一旦北宋兵馬沒有趕到，就是沒有按照約定完成夾攻，那麼所有的條約作廢，女真可以單獨進攻燕京，也不用將戰果移交給北宋。

這樣的理解在另一份文件中看得更加清楚。在以金朝觀點記錄的文獻集《大金弔伐錄》裡，第一篇文字就載明了阿骨打當初談判合約時的看法。其中寫到，按照金人的理解，雙方的和約意思是：夾攻燕西二京（現在的北京和大同，當時的燕雲地區），隨得者取地[103]。意思就是，只要有實力，就一起夾攻，如果沒有實力攻克，也就沒有資格獲得土地。

女真人的看法更符合人之常情，相約夾攻並不保證北宋獲得土地，只有能夠打勝仗才可以。日後，雙方的焦點就放在了誰更有資格獲得土地，以及北宋要出多少補償上。

趙良嗣離開時，金人還專門叮囑他，這一次不要再耍花招，不要搞小動作，雙方都必須遵守約定，回去後請北宋皇帝早日批准和約。

宣和二年（一一二〇年）七月初六，趙良嗣返程。與他一同的還有金國大使錫剌曷魯勃堇，以及副使大迪烏高隨。兩位使者帶著國書，與趙良嗣於九月初四來到了北宋首都的國門。皇帝將他們當作新羅人接見，以掩人耳目。

九月十八日，皇帝寫好了回信，請金國使者啟程，與金使同行的是北宋使者馬政和他的兒子馬擴。

皇帝給阿骨打的信比較簡單，其大意在上面已經引用。但由於雙方的信件都過於簡單，有許多細節沒有說清楚，宋徽宗又專門寫了一個事目（備忘錄）交給馬政，在事目中，他列舉了一些沒有在雙方國書上寫明，卻必須弄清的事。比如，趙良嗣雖然與阿骨打口頭約定，所謂的燕地也包括了西京的大同一帶，但國書上寫的只是燕地，是否包括西京，需要再次找阿骨打確認。

日後來看，這個事目的重要性遠遠高於國書，將雙方關注的焦點都擺了出來。宋徽宗的事目一共列舉了三件事，如下[104]：

第一，燕京一帶必須包括西京在內。因為阿骨打曾經口頭上告訴趙良嗣，他對西京不感興趣，攻打西京只是為了抓住遼國皇帝。一旦抓到了，西京就沒用了，到時北宋願意拿去就拿去吧。

北宋所謂的燕雲十六州從地理上說，包含三個部分，第一部分是燕京及其從屬的州，這些州都位於燕山以南和太行山以東[105]，是和北宋聯繫最緊密的州，也稱山前諸州。阿骨打在國書裡已經毫無疑義地許諾，只要北宋夾攻，女真不會與北宋爭奪山前諸州。山前諸州包括燕州、涿州、易州、檀州、順州。

第二部分是西京以及從屬的州，這些州位於燕山以北或者太行山以西，也稱山後諸州。包括雲州、寰州、應州、朔州、蔚州、媯州、儒州、新州、武州。這些州是由金人負責進攻。按照趙良嗣的說法，阿骨打已經在口頭上許諾給北宋了，只要拿到了遼國皇帝，就還給北宋。這些州中又有三個州距離北宋更近，分別是蔚州、應州、朔州。趙良嗣希望由北宋來進攻三州，金人沒有表示可否，只說可以進一步討論。宋徽宗希望馬政能夠和女真落實這三個州由北宋攻打。

第三部分是單獨的，早期丟掉的營州、平州、灤州三個州。這三個州女真從頭到尾都沒有答應。宋徽宗也忘了談三州的事，或者想當然地認為它們應該包括在燕地這個概念裡。這一點，也成了後來雙方爭論的焦點之一。

宋徽宗備忘錄裡的第二條，是聲明一下，之所以同意給金國這麼多歲幣（與遼國等價），必然是將西京及從屬州包括在內，才能給到這麼高。如果不包括，自然也不會給這麼多。

第三條，宋徽宗怕女真人耍滑，專門提到所謂夾攻，必須是北宋出兵燕京和蔚州、應州和朔州的同時，金軍也攻打西京。如果金軍耍賴沒有攻打，或者沒有趕到，北宋沒有義務遵守條約。他要求馬政此行帶回雙方夾攻的確切日期，雙方好做準備。

皇帝的備忘錄已經將所有的模糊點都一一列出（除了忘列營、平、灤三州），如果馬政此去能夠將所有這些細節敲定，雙方就可以放心大膽地夾攻遼國了。

但在這時，事情起了變化。這不是一方出了問題，而是雙方都感覺無法守約了……

註解

83 參考《契丹國志．天祚皇帝上》。

84 參考宋．陳均《皇朝編年綱目備要》。

85 參考《皇朝編年綱目備要》。

86 《使北錄》：「貫又云：已有人據易州……今已圍霸州……」

87 《使北錄》，由《奉使遼金行程錄》從《三朝北盟會編》中輯出。

88 《使北錄》：「悅輩士人，豈以禮數稍厚，遂隱虜情也！」

89 參考《三朝北盟會編》。

90 《續資治通鑑長編拾補．徽宗．政和七年》：「丁丑，高藥師等兵船至海北，適遇女真邏者，不敢前，復回青州，稱已入薊州界，女真不納，幾為邏者所殺。」該書同時指出，另有記載高藥師第二年正月初三回。

91 《三朝北盟會編》等書記為呼延慶。

92 參考《三朝北盟會編》。

93 根據《續資治通鑑長編拾補》。《三朝北盟會編》記載為四月二十七日。

94 根據《續資治通鑑長編拾補》。《三朝北盟會編》記載為九月初九。

95 參考《契丹國志》、《三朝北盟會編》、《皇朝編年綱目備要》。

96 參考《宋史紀事本末》。另據宋．汪藻《裔夷謀夏錄》，阿骨打提出了十大要求，從禮制到割地，到要求得到北宋歲幣的一半。

97 參考《裔夷謀夏錄》。

98 參考《續資治通鑑長編拾補》。

99 參考《續資治通鑑長編拾補》。

100 參考宋·趙良嗣《燕雲奉使錄》。

101 《續資治通鑑長編拾補》引宋·劉時舉《續宋編年資治通鑑》。

102 以上兩篇文章都是簡版，更完整的版本在《三朝北盟會編》中有記載。

103 參考《大金弔伐錄校補》（金少英校補、李慶善整理，中華書局出版）。

104 《三朝北盟會編》，根據《大金弔伐錄校補》引用。

105 燕山和太行山是中原和北邊的天然分界線，如果北宋越過這道界限，就更有利於保護中原，甚至對北方民族形成威脅，所以宋金的爭論焦點會在這裡。

第四章、各懷鬼胎

漁獵民族的生活與外交

關於女真人的生活，最生動的記述來自馬政的兒子馬擴的記載[106]。

宣和二年（一一二〇年）十月末，馬政使團來到了金太祖阿骨打的營地。

他們停留了大約一個月，正是這時，馬擴給我們留下了關於女真最生動的記載。

出身武學的馬擴也讓女真人大開眼界。

之前，漁獵的女真人對文人治國的北宋懷有很深的偏見，認為南朝（即北宋）只會文章，不會武藝。馬擴反駁說，宋朝也有會武功的人，文武只是分工不同而已。

阿骨打讓人拿來弓箭，想試一試馬擴的身手。

他指著一處積雪給馬擴當目標，馬擴立刻張弓搭箭，連續兩發，全都射中。金人對這個武學出身的青年開始有了好感。

接下來，賓主雙方上馬打獵。在打獵途中，阿骨打傳令，如果有野獸出沒，女真人不得射第一箭，這個權力必須留給北宋使者。

當他們來到森林時，從林子裡跳出來一隻黃獐，馬擴毫不猶豫一箭斃命，阿骨打拍手叫好。馬擴由此獲得了一個稱號「也立麻力」，翻譯成漢文，就是「善射之人」。

獲得了女真人尊重的馬擴因此有機會與他們同甘共苦，深入觀察他們的生活。

女真人的生活非常簡單，就連金太祖也居住在帳篷中，只是偶爾有一兩間簡陋的屋子，可供皇帝暫時休息。行軍時，阿骨打就坐在一張虎皮上。

女真人最喜歡的活動是圍獵。他們分成部落，通過抽籤決定出發順序，兩騎之間相距五步到七步，整個隊伍有一、二十里長。作為皇帝，阿骨打總是在隊尾殿後的位置。

這條線狀的隊伍將一片地區圍攏起來，逐漸收縮，直到首尾相接組成一個圓圈。在圍攏之前，如果有野獸從圈內竄出來，人人都可以爭相射殺，但如果有野獸從外面向裡面竄，則必須請金太祖先射。

隊伍首尾相接後，如同蛇一樣繼續穿插著，形成一條螺旋線，直至密密匝匝二、三十圈，隨著內部區域的縮小，裡面的野獸四散逃竄，被金人射殺。

馬擴敏銳地觀察到，金人在戰場上的排兵佈陣大都是從圍獵演化而來[107]，這個馬上民族之所以善戰，在於馬背就是他們生活的一部分。

獵獲完畢，阿骨打鋪開虎皮坐下，眾人將獵物做熟，開始吃飯。金人的餐食除了粳飯之外，還有鹽漬的韭菜、野蒜、長瓜，剩下的都是各種肉食，煮熟的、烤的、生吃的，如豬、羊、雞、鹿、兔、狼、獐、麂、狐狸、牛、驢、犬、馬、鵝、雁、魚、鴨、蛤蟆等。金人用隨身攜帶的刀子邊割肉邊吃，顯得極其原始。

馬擴同時還注意到，雖然阿骨打還保持著極端的樸素作風，女真的子弟們卻已經開始追求奢華生活。阿骨打不蓋宮殿，不要人伺候，但他從遼國上京俘虜了不少樂工，在屋外演奏音樂助興，那些貴族子弟學著玩樂，阿骨打也不以為意，裝作看不見。

阿骨打最重要的謀臣，就是後來大名鼎鼎的粘沒喝。粘沒喝的漢名叫作完顏宗翰，而北宋的人們習慣上稱他為粘罕。粘罕是國相撒改的兒子，他在金國侵宋的過程中，是最堅決也是功勞最大的，但此刻接見北宋使節時，他們父子也對馬擴讚賞不已，「善射之人」的名號就是撤改提議的。

從馬擴的記載來看，金人和宋使打成一片，彷彿是一家人那麼親近。但事實卻總是讓人驚詫。

實際上，馬政出使的任務完全沒有完成。

馬政一行來到金國，他們發現宋徽宗備忘錄中列在首要位置的事件都被金人否定了。

比如，阿骨打承認燕地數州已經許諾給北宋，由北宋進行收復。但當馬政談到西京和山後諸州時，阿骨打卻表示沒有這回事。

阿骨打的否認也讓這件事成了千古之謎——女真到底有沒有將西京所代表的山後諸州許諾給北宋呢？如今，支持正方觀點的原始文件只有趙良嗣本人所寫的《燕雲奉使錄》，其中記載，當趙良嗣提出燕地也包括了西京和山後諸州時，阿骨打聲稱只要捉拿了遼國皇帝，就把西京交給北宋[108]。其餘的文獻都是引用他的回憶錄，不能算是一手資料。

關於山後諸州，金國與北宋的國書上並沒有記載。之後，金國也從來沒有承認這一點。那麼，當初阿骨打到底是否許諾了西京呢？

最大的可能是雙方的確討論了西京的問題，但由於是非正式場合，阿骨打說完之後並沒有當回事，忘記了。趙良嗣反而將這句話記住，寫入了回憶錄。阿骨打的本意是只歸還燕京和山前諸州。另外，當時女真剛獲得遼國的上京，還沒有時機考慮更多的地理問題，也沒有理解西京的重要意義。

宋徽宗反而注重西京，聽趙良嗣彙報後，一定要澄清西京問題。當馬政再帶著這個問題回到阿骨打處，阿骨打已經更加瞭解了西京的重要性，加之這個問題並沒有寫入國書，即便在非正式場合提到過，也可不作數。

阿骨打甚至跟他的手下談到，女真要想強大，必須佔據山後諸州，以及獲得燕地的人民。否則怎麼制衡北宋？如果達不成協議，連山前諸州也一併拿過來，大兵壓境，北宋又有什麼辦法？

反而是粘罕勸說阿骨打，宋朝之所以疆域如此廣闊，一定有足夠的軍事實力，還是要和它搞好關係。

在馬擴所寫的吃肉飲酒背後，實際上是刀刀見血的國際關係較量。而之所以送他們去打獵，也是不和他們談實務，只是吃喝玩樂罷了。

這裡就有一個國際上的外交問題：在談判中雙方都會做無數的許諾，到底哪些許諾可以當真？哪些許諾說過就需要忘記？

答案是：只有寫入正式文件的，才是雙方必須遵守的。口頭承諾的，隨著時間的推移都可能被賴掉。更何況許多許諾都只是說一下，甚至說的時候都是無意識的。

除了西京和山後諸州，馬政的另一個問題是營、平、灤三州，阿骨打也一口否決了。這樣，宋金的協議就變成了只針對燕京和山前諸州。

關於夾攻的日期也沒有定下，由於有太多的事情沒有定論，金國再次派出原來的使者與馬政一併去往北宋，繼續談判。

但這時，不僅金國內部對和談出現了疑慮，就連北宋也出現了新的問題，夾攻遼國已經不是宋徽宗需要處理的最重要的事情了。兩場突如其來的起義震撼了北宋朝廷。宋徽宗一直重用朱勔等聲色犬馬之人，看上去並沒有什麼太大惡果。但在最關鍵的時刻，報應來到了。

主動權拱手相讓

宣和二年（一一二〇年）十月，也就在馬政到達金國營地時，在東南方的睦州（現浙江淳安），方臘決定起兵對抗北宋政府。

睦州坐落於山谷之中，物華天寶，是個富裕之地。方臘是當地一個家境不錯的商人，擁有自己的漆園，這樣的人本來是北宋社會的中流砥柱，卻由於朱勔的花石綱受到了騷擾。

由於皇帝將搜刮東南方物的特權授予了朱勔，他的造作局不斷地從各地獲取皇帝喜愛的東西。從一塊石頭到一棵樹、一個盤子，任何他看上眼的東西都不惜一切代價拿到。不好運輸的，就把人家的院牆、大門拆掉，將院子刨空。所謂送給皇帝也只是藉口，這些東西只有少部分真的運到了汴京，其餘大部分都落入了朱勔父子的腰包。人們送朱勔一個稱號：東南小朝廷[109]。除了自己受到騷擾，方臘發現周圍的受害者也越來越多，對花石綱充滿了怨氣，於是決定聯合民眾一同起兵。他自號聖公，建元永樂，帶有很強的道教色彩[110]。

一個多月後，起義軍已經佔領了杭州，郡守趙霆棄城逃走，制置使陳建、廉訪使趙約被殺，起義軍縱火六日。由於有著明確的仇恨目標，方臘的軍隊將所有能抓住的官吏都折磨致死，要麼亂箭齊射，要麼肢解、掏出肥腸，要麼將人熬油。第二年春天，又攻陷了婺州、衢州、處州，騷擾了秀州。

北宋為了鎮壓方臘，已經無力進行北伐，於是，聯金攻遼的事情退居二線了。皇帝原本派出童貫準備北伐事宜，從西北與西夏接壤的環慶路和鄜延路（現陝西和甘肅一帶）調來了更加善戰的士兵。但這些士兵來到中原，並沒有北上，而是突然被調到了南方，在童貫的率領下去鎮壓方臘了。

方臘起義，一共破了六個州、五十二個縣，平民死亡二百萬以上。

宣和三年四月，方臘事件終於平息。抓住方臘的就是後來的名將韓世忠。他當時只是參與鎮壓的將軍王淵的一名裨將。但方臘事件中獲益最多的，卻是宦官童貫，他的名聲更加響亮了。

在宣和三年二月，北方的宋江也起兵反對朝廷，在海州（現江蘇連雲港）被張叔夜擊敗。

這兩次起義的時間都不長，卻由於發生的時間太關鍵，打亂了宋朝的經濟計畫。北宋的財政已捉襟見肘，不斷靠加稅籌集北伐資金。皇帝卻不得不把錢分配到鎮壓起義上，影響了北伐。此外，北宋滅亡後，當南宋高宗逃到東南，那兒正是方臘起兵的地方，原本儲存著的大量糧草，由於鎮壓方臘耗光了，讓原本孱弱的新政權舉步維艱。

同樣是宣和三年二月，在二月二十七日這一天，金國使臣錫剌曷魯與大迪烏高隨，隨著出使金國的使節馬政等人，在登州登陸，準備前往汴京去完成外交使命。但在登州，他們卻被守將滯留下來。原來，守將知道掌管與金人和議事宜的童貫已經調往了南方，如果這時將金使送往京城，只會讓他們看到朝廷的一片混亂景象，不如等童貫結束了征討，再安排他們進京。

金使並不知道北宋的情況有了變化，對他們來說，滯留使臣就意味著對和約的背叛，他們非常憤怒，甚至想不經過守將的安排，徒步到京師去。

宋徽宗迫不得已，才下詔讓馬政等人引金使到京師等待。

五月初一，金使到了京師國門，由於童貫還沒回來，接待金使的是國子司業權邦彥，以及觀察使童師禮。對於如何處理金使，大家意見也不一致。由於北伐與談判已經不是最重要的事了，童師禮認為應該以「遼國知道了他們的和約」為藉口，將金使打發回去，不再理睬。但權邦彥卻認為這樣等同是北宋違背了和約，給金國留下了把柄。既然事情由童貫負責，不如就等童貫回來再做決定。於是，金使又在京師等了三個多月[111]。

八月份，童貫終於回來了，但童貫的意見和當時的宰相王黼不合。經過一番爭議之後，宋徽宗終於採納了宰相的意見，用一封模棱兩可的信將金使打發了。這封信充分體現了漢語的博大精深，它幾乎什麼都沒說，但也沒有否定和約，等於將皮球踢回了女真一方[112]。

不過，這招看似不錯的棋，卻留了一個死穴。宋徽宗含糊地應承說同意最初的討論，而沒有指出雙方的矛盾之處。在女真人看來，就是大宋皇帝同意了阿骨打的意見，即北宋只謀求燕京和山前數州。如果和約從此失效，宋金再也不聯繫了，倒也無所謂。可一旦和約重啟，北宋有求於金國，就意味著自己已經理虧了八分，再想爭取利益就難了。

另外，宋廷也沒有再派使者，只是將皇帝的書信交給金使，就把他們打發走了，這讓女真人感到北宋的悠忽不定。

八月二十日，金使離開了京城，宋徽宗可以鬆一口氣了。但他不知道，就在他忙於鎮壓方臘叛亂時，戰爭的天平已經再次倒向了阿骨打。

突然加速的滅遼競賽

天祚帝保大元年（一一二一年）二月，遼國的宮廷鬥爭達到了高峰。遼國天祚帝一共有四個兒子，長子習泥烈是昭容所生，次子晉王敖盧斡出自文妃，剩下兩子，秦王定和許王寧出自元妃。

在四個兒子中，最賢能的是次子晉王，文妃也深受愛戴。這引起了更受寵的元妃的猜忌。元妃和哥哥樞密使蕭奉先污蔑文妃和姐夫達曷里、妹夫耶律余睹謀反，天祚帝於是殺死了文妃和達曷里。只有耶律余睹逃走了。

耶律余睹逃到了金國，受到了皇帝阿骨打的重用，成了金國重要的謀臣。

在耶律余睹的幫助下，金國進攻遼國的計畫更加清晰。

即便到了這時，金國仍然沒有發起進攻。阿骨打仍等待北宋的消息。

他沒有違背與北宋夾擊遼國的誓言。

十一月，出使北宋的使臣終於回來了，他們帶來了宋徽宗的信件，卻沒有帶來新的使臣。阿骨打一看就明白：北宋又爽約了。

他立刻下令對遼國的中京發動進攻。在耶律余睹的引路下，由阿骨打的弟弟國論勃極烈吳乞買（後來的金太宗），以及將軍粘罕、兀室率領，進攻中京。

第二年正月十三日，遼中京陷落[113]。到這時，金國已經佔領了遼的上京、東京和中京，掘了遼國皇帝的祖墳，接下來，就是向遼國僅剩的兩京，也是燕雲十六州的核心區——南京和西京——前進了。

對金國更有利的是，遼國的天祚帝並不是一個雄才大略的皇帝，就在失去中京的同時，天祚帝首先想到的是逃跑。如果他留在南京（燕京），等阿骨打打過來，他連逃跑的地方都沒有，遼國的疆域本來就是一塊疆界不甚清晰的區域，只有西北方才有更廣闊的部落區域供他隱藏。於是，天祚帝將南京事務交給了燕王耶律淳，宰相張琳、李處溫，自己則逃往了燕山以北的鴛鴦濼（現河北省張北縣西北安固里淖）。聽說耶律余睹成了帶路人，天祚帝殺掉了親兒子晉王，隨後在白水濼（現內蒙古察哈爾右翼前旗東北黃旗海）被金人擊潰，又逃往了西北部的雲中地區（即大同附近），又從雲中逃往夾山（內蒙古薩拉齊西北大青山）。金人一直尾隨他，將雲中、朔州、蔚州等地都拿下，西京也在四月份被拿下，金國獲得了遼國的西部地區。

在燕京留守的李處溫見天祚帝只知道逃跑，與諸位大臣商量另立皇帝，參與的人有都統蕭幹，以及大臣耶律大石（後來西遼的建立者）、左企弓、虞仲文、曹勇義、康公弼等人，他們一同來到耶律淳的府邸，請耶律淳即位。

耶律淳並不情願當皇帝，但在眾人的哀求下，勉為其難登上了寶座，號稱天錫皇帝，將遠方的天祚帝降為湘陰王。

此時的遼國實際上分裂為兩部分，分別是天錫帝控制的燕雲地區，以及天祚帝名義上控制的西部、西北、西南，但這些地區主要是各個蕃部，並不是直屬領地。至於上京、中京和東京地區，大都已經陷入女真之手。

四月，即天錫帝即位一個月後，首先想到要和北宋搞好關係，畢竟宋遼已經維持了百年的和平，他們並不知道宋金的外交情況。天錫帝派出宣徽南院事蕭撻勃也、樞密副承旨王居元，到宋遼邊界的白溝，希望得到北宋的承認。但北宋以天祚帝還活著為由，拒絕承認天錫帝的政權，將遼使趕了回去[114]。

宋徽宗之所以不承認天錫帝，是因為他也在準備進攻遼國。金國迅速進攻時，宋徽宗首要的任務是潤色他的御製〈艮嶽記〉。隨著艮嶽接近完工，需要一篇特別的文章來紀念它。就在遼中京即將陷落時，即宣和四年（一一二二年）正月初一，宋徽宗完成了〈艮嶽記〉，將這片皇家園林吹噓得天花亂墜[115]。

十三天後，遼中京陷落，宋徽宗才想起來，必須儘快出兵燕京，才能避免落在金國後面。一旦金國首先攻克了燕京，北宋想要拿回來就困難了。

三月十七日，金國從西北方給北宋代州的守軍發來了軍牒，聲稱金國已經佔據了山後地區。由於遼國的居民紛紛從金國佔領地區逃往北宋境內，金軍發牒，要求北宋邊境守軍不得收留難民，否則後果自負[116]。軍牒傳到皇帝處，更增加了出兵的急迫性。

四月，就在天錫帝派遣使臣前來時，宋徽宗卻派遣童貫任宣撫使，率領十五萬兵馬北上收復燕京。這一仗，是北宋能否收復燕雲十六州的關鍵。

大軍定於十四日出兵。宋徽宗從齋宮的端聖園中出來觀看出兵儀式，他給童貫的命令分為上、中、下三策。上策指的是，如果燕京人民列隊歡迎北宋的軍隊，宋軍就乘機順利拿下，恢復舊疆土；中策是，如果遼國天錫帝向大宋稱臣，就保留他的藩王地位，這等於是收復了舊土，但燕京還是交給契丹人統治，只是恢復了名義統治權；所謂下策，就是燕京人民不想回來，天錫帝也不想稱臣，那很可能就陷入僵持局面[117]。四月二十三日，童貫駐軍前線的高陽關。

五月初九，宋徽宗任命蔡京的兒子蔡攸作為童貫副手。蔡攸顯然是去分功的，因為他認為這次戰役只是一次走過場，大宋必勝無疑。五月十二日，在辭別皇帝時，正好有兩個貌美的侍女站在皇帝身邊，蔡攸請求說：「等臣得勝歸來，希望陛下將她們賞賜給我。」如果在平時，索要皇帝的女人是死罪，但宋徽宗卻笑了起來，沒有責備的意思[118]。

五月十三日，童貫將前線大軍分成了兩路，東路軍的中心在雄州，由名將种師道指揮，屯紮在前線附近的白溝；西路軍的中心在廣信軍（現河北保定徐水區西），由另一位著名將領辛興宗指揮，屯紮在范村。

在所有的將領中，最著名也最有經驗的是老將种師道[119]。种師道長期在西北方與西夏對峙，積累了豐富的作戰經驗。他並不贊成與遼國作戰，認為宋遼已經息兵上百年，不應該挑起戰端。但他仍然遵從了童貫的調遣，率兵上陣。他名義上是指揮官，卻處處受到童貫的箝制，無法按照自己的意圖指揮軍隊作戰。

雄州知州和詵向童貫獻策，他認為燕京人民早就歡迎宋軍駕到了，應該以攻心為原則，降下黃榜和大旗，告訴人們攻打遼國是不得已，並嚴明軍紀，不准搶殺，如果遼國守軍能夠率城投降，就授予節度使的官職。

童貫聽後大喜。為了貫徹這條計策，童貫派了張寶[120]、趙忠兩位使臣前往燕京，勸說天錫帝投降。天錫帝將兩人砍了頭。另一位使臣趙翊被派往了易州，希望勸說那兒的守軍史成投降，被史成抓起來送往燕京，隨後也被砍了頭。

既然天錫帝不識趣，就只有兵戎相見了。

五月，童貫派遣名將种師道率兵逼近。遼國開始感到恐慌。但童貫仍然沒有做好出兵的心理準備，宋軍也沒有越過兩國邊界。童貫還是希望通過壓迫，讓天錫帝投降。他再次派遣了一位使臣前往燕京。童貫選擇了數次出使金國的馬擴，希望借助他的視野勸說遼國服從。鑑於前面幾位使臣剛剛被斬殺，使臣已經成了高危險職業，但馬擴還是欣然前往。

馬擴這次出使充滿了驚險。在離開前，他已經預感到了危險，對童貫請求了三件事：第一，嚴肅軍紀，不要讓士兵搶財物，也不要接受下屬的供奉；第二，不要殺降，攻心為上；第三，該出手時就出手，不要在乎使者的安危。

五月十八日，馬擴過了宋遼分界的白溝，到了新城（現河北高碑店），遼國派接伴使迎接。也是在同一天，遼國大將耶律大石率領兩千騎兵屯駐新城。

馬擴出使的路上有上百燕京父老詢問他情況，其中有一個人叫作劉宗吉。劉宗吉夜間求見馬擴，告訴他遼國看似囂張，但其實軍力有限。比如這次出軍，號稱兩千騎兵，實際上只有統帥契丹、渤海、奚、漢的四軍大王蕭幹的三百多騎兵經過戰爭考驗，其餘還有六、七百軍馬，但都是紈絝子弟，沒有打過仗。這些軍隊都在白溝北岸結營，士兵很懶散，馬也是散放的。如果宋軍得到消息，能夠迅速掩殺過來，就能把這部分遼軍精銳打敗。

劉宗吉希望馬擴給他寫幾個字，好到宋軍陣營將消息傳遞過去，立一大功。

馬擴立刻照辦，不僅寫了字，還將童貫送的新鞋分出一隻來交給劉宗吉做信物。

由於劉宗吉的情報，馬擴更有了底氣，前往燕京也更加理直氣壯。他在燕京城內和遼國大臣們激烈地辯論著，甚至告訴他們，大軍壓境，只在旦夕，一定要認清形勢。

這種說法最初還管用，後來遼國人不在乎他的恐嚇了。馬擴這才聽說，原來宋軍吃了敗仗，劉宗吉已經死了。

回溯到五月二十六日，种師道的部隊遭到了耶律大石的襲擊。之前，他在白溝之南駐紮，當童貫得到了劉宗吉的情報，聽說遼軍非常弱小之後，逼迫种師道趕快過河侵入遼國的領土。

种師道迫不得已，只好在藍溝甸過河。但他的軍隊剛剛過了一小部分，就遭到了耶律大石的襲擊。裨將楊可世的部隊是損失最嚴重的，其餘的部隊只好回到了白溝之南。劉宗吉就是在這次戰鬥中被殺的[121]。

五月二十九日，耶律大石和蕭幹派遣使者責備种師道毀約。种師道自知理虧，便向童貫請示該怎麼辦。童貫慌了神不做指示，北軍越過邊界殺來，南軍向雄州且戰且退，由於風雨大作，士卒驚走，互相踐踏致死者也不少[122]。另外，西路軍在范村方向也吃了敗仗。

這兩場敗仗，將宋軍的無能展現給了遼軍。

馬擴在燕京恰逢种師道（楊可世部）的第一次失敗，他感到了性命之憂。他立刻強詞奪理告訴遼人：我是為了和平目的來的，劉宗吉找我，是想投降大宋，作為大宋的使臣，我自應該為他牽線搭橋寫封信，有什麼錯？楊可世的軍隊是來納降的，不是來打仗的，在渡河過國界之時就已經領受了不可作戰的命令，所以才會被不明就裡的遼軍打敗。遼軍自以為得勝，實際上是殺了不少為和平目的而來的宋人。

馬擴自以為必死，他在忐忑中等了三天。五月二十九日，突然來了一位叫作王介儒的官員，宣佈將他放回，並一路陪同他前往宋境。

在路上，**王介儒和馬擴的談話成了解讀邊境地區人民心理的一把鑰匙**[123]。王介儒看到路邊村莊一片兵荒馬亂，感慨說：「兩國太平了上百年，白髮老人都沒有見過戰爭，一旦兵戈再起，能不悲傷？你們總是說燕京父老都在懷念大宋，殊不知自從契丹獲得了燕雲十六州，已經過去了近兩百年，燕京父老對遼國難道沒有感情？」

馬擴爭論說：「大宋之所以奪燕京，是因為金人打過來了，皇帝為了救燕京父老，不得不收復它。」他把大宋比作燕人的親爹，大遼比作燕人的養父，責備燕人不能只看養父，不顧親爹。

雖然離開了燕京，但馬擴的危險還沒有過去。當晚在新城住下，王介儒告訴馬擴，在白溝的四軍大王蕭幹突然要求見他。於是，馬擴最危險的時候來到了。蕭幹已經知道是馬擴推薦劉宗吉來攻打自己的，這下報仇的時候到了。

幸運的是，蕭幹為了準備與种師道的戰事，抽不出時間來，只好讓耶律大石代替他見了見馬擴。耶律大石也指責宋軍不守信義，但沒有加害馬擴，將他放走了。

馬擴一路上最想不通的地方就是，根據觀察，遼國的軍事力量並不強，宋軍又有十幾萬大軍，只要掩殺過來就勢如破竹直搗燕京。但為什麼宋軍的軍事行動一直猶猶豫豫，沒有全力而上呢？到了童貫處，他發現了真相。

在童貫處，當馬擴向他彙報時，他的屬下都站在周圍咬牙切齒，恨不能立刻殺了馬擴，比契丹人都激動。

原來，當种師道遇到抵抗之後，童貫及其屬下立刻害怕了，責怪馬擴傳遞了錯誤情報，才死了這麼多人。他們以為遼軍還很強大，不敢出兵攻擊，只一味採取拖延戰術。又為了推卸責任，向皇帝上報，說契丹人很強大，所以才吃了敗仗。

替罪羊也都找好了。根據童貫命令，种師道於六月初三退守雄州。他是一位合格的將軍，雖然吃了敗仗，卻儘量保持了軍隊的完整，不至於大敗。所謂敗仗也是因為受到了童貫的干擾，無法按照自己意圖作戰導致。但种師道成了替罪羊，被迫退休。受到處罰的還有雄州知州和詵，以及高陽關守侯益，因為他們不斷地宣稱遼軍很弱小。這和童貫的論調正好相反，童貫吃了敗仗之後一直宣稱遼軍很強大。

在一片洶洶聲中，馬擴保全了性命。童貫沒有指責他，反而偷偷安慰他，但讓他保持沉默，不要再拿遼軍弱小的說辭來迷惑人。

六月初六，童貫將遼使王介儒送回。臨走前王介儒還耿耿於懷指責北宋出爾反爾，燕京人民已經習慣了在大遼生活。

六月十二日，皇帝下令班師。宋軍第一次收復燕京之戰在一片亂糟糟中落幕。這場戰爭沒有達到收復燕京的目的，反而產生了兩個後果。第一，宋徽宗的財政又不夠用了，只好加了酒稅和買賣田宅的契稅[124]，加重了北宋人民的負擔。

第二個更加危險。當宋軍出征的消息傳到女真耳中時，皇帝阿骨打已經佔領了西京。對燕京，阿骨打卻猶豫不決。宋徽宗送回了他的使者，卻沒有指定夾攻的日期，那麼，金軍是否應該進攻燕京呢？

如果不進攻燕京，一旦北宋軍隊拿下了燕京，就有可能以金軍沒有提供幫助為藉口，不再支付歲幣。如果金軍搶先攻下燕京，把宋軍排除在外，就佔領了整個遼國。阿骨打的眼中看到的是北宋的歲幣，他更願意用燕京去換取眾多的金銀、布帛和奢侈品。

他決定再派一個使團到北宋詢問情況。這個使團於五月十八日從金軍營地出發，使團成員包括徒孤旦烏歇、高慶裔等人[125]。阿骨打給宋朝皇帝的書信中專門強調了大金的武功，並說明燕京的天錫帝耶律淳已經派人去請和，大金只是礙於與北宋的和約在先，才沒有同意，他希望北宋皇帝告知夾攻的日期。

使臣需要先到高陽關去見童貫，再去京師見皇帝。也因為這樣，路上行程花了更長的時間，直到九月初三，他們才進入國門見到了宋徽宗。

就在女真使團在路上時，傳來了另一個消息：大遼天錫帝耶律淳在南京去世了。

天錫帝即位不久，在六月就得了病[126]。恰好這時，天祚帝在西北方突然決定召集人馬返攻燕京，他收復了朔州、應州等西北州縣，天錫帝聽說後，病情加重。但天祚帝的攻勢並沒有維持太久，金軍就奪回了朔州和應州，將他再次打回了西北的夾山。不過天祚帝再次遠離並沒有給天錫帝幫上忙，他六月二十四日就去世了。

天錫帝死後，燕京政權發生了劇烈的變動。宰相李處溫想投降北宋，並事先做了準備，但另一個權臣蕭幹捷足先登，搶先立了天錫帝的皇后蕭氏為皇太后，天祚帝的次子秦王為皇帝，權力掌握在蕭后和蕭幹之手。他們殺掉了李處溫，繼續與北宋對抗。

蕭后和蕭幹對漢人不信任，這讓遼國上下更加離心離德。宋朝也乘機讓童貫和蔡攸重新治兵，由於种師道已經辭退，這次帶兵的是河陽三城節度使劉延慶[127]。

雖然天錫帝去世帶來了好機會。可是，宋朝國內卻彌漫著濃厚的投機主義論調。比如，劉延慶雖然接受了帶兵的命令，可是他私下認為，最好不要進軍，乾脆讓女真的兵馬進入居庸關，攻克了燕京，我們再用歲幣把燕京買回來，這樣不費一兵一卒就可以收復失地，才是萬全之策[128]。

在這種論調的籠罩下，宋徽宗和大臣們與金國使臣相周旋，他們達成了互不追究以前失約的共識，決定將和約繼續推行下去。皇帝和大臣們對金國使節大獻殷勤，允許他們在皇帝的宮殿裡享宴。九月十八日，宋徽宗下令由趙良嗣擔任正使，馬擴擔任副使，從登州海道出發，與女真使者一道啟程，履行最後的約定。

宋徽宗在國書中仍然採用了模糊戰術，繼續表示一切都依照前約。但在事目中，卻有了不少變化。首先，他仍然強調要燕雲所有州縣（包括山前、山後諸州）都一併收復；其次，他解釋道，宋軍已經打了不少勝仗，只是為了守約，才沒有佔據燕京；最後，宋徽宗又在進軍次序上讓了一步，以前是讓金軍必須在關外等待宋軍收復燕京，不准入關，但現在表示只要是雙方夾攻，誰先進攻燕京都可以，不管誰攻下來，北宋都照樣會向金國繳納歲幣，隱藏的意思是，哪怕金國收復了燕京，也必須賣給北宋。

這些觀點放在一起是矛盾的，一方面宣稱自己大勝，另一方面又指望金軍收復燕京。馬擴看完大吃一驚，大叫大事去矣。

宋徽宗更畫蛇添足地在事目中盡力詆毀西夏，說西夏幫助了遼國的天祚帝對抗金國，希望將戰火引到西夏去。這種做法沒有達到目的，反而讓金國更看不起。

不管怎麼說，皇帝這次看上去是想尊重和約精神。但實際上，九月十八日，皇帝剛把金使和宋使送上路，幾天之後他又改變主意，決定依靠宋軍自己的力量完成收復。促使皇帝做出改變的，是另一件事：九月二十三日，也就是使臣出發五天後，突然傳來了遼國大將郭藥師投降北宋的消息[129]。

註解

106 《茅齋自敘》，原出於《三朝北盟會編》，但現在《奉使遼金行程錄》做了一個很好的輯本，本書優先參考該書的記錄。

107 《茅齋自敘》：其行軍佈陣，大概出此。

108 《燕雲奉使錄》：良嗣問阿骨打：「燕京一帶舊漢地漢州，則並西京是也？」阿骨打云：「西京地本不要，止為去拿阿適，須索一到，若拿了阿適，也待與南朝。」原注：阿適，天祚小字。

109 參考《宋史・佞幸傳》。

110 參考《宋史紀事本末・方臘之亂》。

111 《三朝北盟會編》引宋・蔡絛《北征紀實》：時童貫捕方臘，宣撫東南未歸，而女真使人同馬政等復至。時上深悔前舉，意欲罷結約，有旨諭女真使人可復回也。

112 《三朝北盟會編》：八月，大宋皇帝致書於大金皇帝闕下：遠勤專使，薦示華緘，具承契好之修，深悉封疆之諭。惟夙惇於大信，已備載於前書。所有漢地等事，並如初議。俟聞舉兵到西京的期，以憑夾攻。順履清秋，倍膺純福。今孛堇曷魯、大迪烏回，有少禮物，具諸別幅。專奉書陳謝，不宣。謹白。

113 參考《續資治通鑑長編拾補・徽宗・宣和三年》。

114 參考《契丹國志・天祚皇帝中》。

115 參考《續資治通鑑長編拾補・徽宗・宣和四年》。

116 參考《三朝北盟會編》、《大金弔伐錄校補》。金國清楚人口的價值，戰勝之後首先要的是人口，其次才是土地。

117 參考《契丹國志・天祚皇帝中》、《三朝北盟會編》。

118 參考《宋史紀事本末》。

119 參考《宋史・种師道傳》。

120 《茅齋自敘》作張憲。

121 根據馬擴的記載，這次戰鬥可能發生在更早的三天前。

122 參考宋・曾敏行《獨醒雜志》。

123 參考《茅齋自敘》。
124 參考《續資治通鑑長編拾補・徽宗・宣和四年》。
125 參考《三朝北盟會編》。
126 參考《契丹國志》。
127 參考《宋史・徽宗紀》。

128 《茅齋自敘》：僕時隨宣撫司在河間，竊聞劉延慶與幕府議：「持重不可進兵，使女真軍馬先入居庸關，收下燕京，然後多以歲幣贖之，此為萬全。」
129 《宋史・徽宗紀》：甲戌，遣趙良嗣報聘於金國。己卯，遼將郭藥師等以涿、易二州來降。

第五章、買來的勝利

搖擺的軍事與外交

政和六年（一一一六年），遼國發生高永昌內亂，金國乘機將遼國東京一帶收入囊中。遼國為了報仇，成立了一支特殊的部隊，號稱「怨軍」。怨軍的士兵來自遼東地區，名稱是向金國報仇的意思。郭藥師是怨軍的一名統帥。

怨軍在宣和二年（一一二〇年）發動了叛亂。在這場叛亂中，郭藥師和遼國朝廷站在一起，將同伴鎮壓。如何處理怨軍？遼國的兩位大臣耶律余睹和蕭幹採取了截然不同的主張。耶律余睹擔心怨軍以後還會鬧事，提議將怨軍解散，乘機殺光，他的意見沒有被採納；蕭幹建議保留怨軍，只是將它拆為四個營，分別由四人統領，郭藥師是其中之一。

天錫帝耶律淳即位時，怨軍改名為常勝軍，郭藥師部也調到了與宋軍對壘的涿州。隨著蕭太后掌權，對漢人和非契丹人越來越不信任，作為漢人的郭藥師決定投降宋朝[130]。

九月，蕭幹從燕京來到了涿州，郭藥師害怕他是來處理自己的。於是和同伴們商量投誠。他們在宴會上甚至勸說蕭幹也投誠。蕭幹知道了他們的意圖，連忙逃走了。郭藥師覺得事不宜遲，率領精兵八千、鐵騎五百，與易州守將高鳳[131]及易州的五千人馬一起投降了宋朝。

經過屢次敗仗之後，北宋不費一兵一卒，突然獲得了涿州和易州，這對宋徽宗來說，簡直是天大的喜訊。

大喜的同時，皇帝立刻宣佈發兵燕京，依靠北宋自己的力量消滅殘遼。郭藥師這支生力軍也被編入了劉延慶的部隊，他們從雄州出發，前往新城。

鑑於宋軍實力增強，皇帝確信不靠金軍也一樣可以獲勝。到底要不要金國出兵，又成了問題。恰好在這時，有消息傳來，阿骨打已經不在東北地區，而是到了北方的奉聖州（即新州，現河北省涿鹿縣涿鹿鎮，距離北京已經不遠），出使的人就不用渡過渤海去找他了。宋徽宗連忙下命令，讓使者改道。趙良嗣和馬擴已經到了距離渤海灣不遠的青州，得到新的指示，重新折回去，從濟南渡過黃河，經過河北地區的邢州、洺州，通過井陘進入山西，抵達代州的朝谷寨。

除了命令使者改道之外，宋徽宗還留了個心眼，請趙良嗣注意戰爭形勢的變化，如果宋軍已經佔領了燕京，就不要讓金兵入關；如果還沒有佔領，說明僅僅靠宋軍對付不了遼國，就請金兵入關夾擊。

十月二十一日，使者過了宋金邊界。十月二十二日，在應州之南見到了元帥粘罕。十月二十三日，粘罕只准兩人各帶一個從人，騎馬趕往奉聖州，路上經過蔚州時，基本上已經沒有了人煙。由於戰爭爆發，加上金國時常在邊境擄掠人口，當地人基本上都已經逃走了。

十月二十六日，宋朝使者見到了阿骨打，將國書交給了金國皇帝。

十月二十七日，金國派出皇叔蒲結奴和二太子斡離不（他的漢語名字是完顏宗望，但當時宋人的記載往往稱他的金文名字斡離不，或者直呼二太子），與宋朝使者展開談判。談判的場地在一個氈帳之中，氣氛顯得劍拔弩張。金國首先譴責宋徽宗幾次三番抵賴，拖延和約，最後亮出了底牌。這次，他們同意將已經拿下的西京交割給北宋，但同時，金國決定出兵燕京，親自將燕京拿下，至於是否將燕京交給北宋，還要看情況再說。

趙良嗣聽了頓時錯愕不已，他據理力爭痛斥金國反悔協約，並表示，如果不給燕京，北宋是不會接受西京的。與燕京比起來，西京由於地處雁門關外，已經比較偏僻，地位自然要差很多。

談判不歡而散。根據馬擴的猜測，金國之所以提出歸還西京卻不歸還燕京，是因為他們聽說北宋大軍已經到達了燕京城下，準備進攻了。金國不想讓北宋得到燕京，於是利用西京轉移北宋的視線，好出兵迅速佔領燕京。

到底金國的計策能不能得逞，就要看北宋能不能迅速佔領燕京了。

十月二十八日，宋金繼續談判。令人驚訝的是，金國突然又撤回了前一天的提議，改為：西京和山後諸州不再歸還，只歸還燕京和山前六州二十四縣。所謂燕京六州，指的是薊州、景州、檀州、順州、涿州、易州。其中涿州、易州已經在北宋手裡，所以，金人實際上只給燕京和其他四州。

為什麼一天之內會有這麼大的變化？原因是：郭藥師和他的常勝軍已經打進了燕京城。消息傳來，金國知道燕京已經到了北宋之手，他們已經沒有進軍的理由，只好決定將附近六州割給北宋，但西京卻不會再給了。

同時，金國提出要求，即便得到六州，北宋也必須交足歲幣，並把所有的難民都遣返回金國界內，所有的物資都必須歸屬金國。

雖然談判仍然很艱難，但知道宋軍打進燕京城，趙良嗣還是興奮不已，他作詩一首：

朔風吹雪下雞山，燭暗穹廬夜色寒。聞道燕然好消息，曉來驛騎報平安。（〈聞王師入燕〉）

馬擴則勸他冷靜一下，畢竟使命還沒有完成。

事實證明，郭藥師的常勝軍戰鬥力比起宋軍來強了很多。這個剛投誠的人一心想要立功表現，從來沒有意識到，也不參與宋軍的鉤心鬥角，一切只從戰爭的邏輯去考慮問題，也只有這樣，才有足夠的精力去奪取燕京。

就在兩位使者與金人周旋時，劉延慶、郭藥師部隊已經從新城出發前往涿州，另一支部隊由劉光世（劉延慶之子）、楊可世率領，從安肅軍出易州，與前軍在涿州會合。

宋軍一共動用了五十萬兵力，他們來到了燕京南面的盧溝河畔。遼軍統帥蕭幹在距離燕京城十里外紮營，與宋軍對峙[132]。

劉延慶並不願意打仗，一心指望從金軍手中贖買。他的軍紀很差，在良鄉遭到了蕭幹的襲擊，躲入軍營避戰。

這時，郭藥師看到了遼軍的問題：遼軍一共不過萬人，傾巢而出與宋軍對壘，這說明燕京城必然已經空了。他大膽提議親率五千精兵，奇襲燕京城，同時請劉延慶的兒子劉光世作為後繼。

劉延慶同意了這個作戰方案，派郭藥師和大將高世宣、楊可世一同率領六千兵馬，趁半夜渡過了盧溝河。到了天明，軍馬已經趕到了燕京城外，常勝軍統帥甄五臣率領五千騎兵從迎春門奪門而入，郭藥師也跟著進入燕京。他一邊指揮巷戰，一邊派人找蕭太后，讓她投降。到這時，燕京城已經成了宋軍的囊中之物。

探馬把消息帶到了北方的奉聖州，讓阿骨打和他的大臣們感到沮喪的同時，也讓宋使高興。

但宋使不知道的是，也是在同一天，由於劉光世的後繼部隊沒有趕到，郭藥師等人差點在燕京全軍覆沒。蕭太后並沒有投降，而是趕快找人通知良鄉的蕭幹，蕭幹立刻派三千精兵趕回增援。高世宣死難，郭藥師在損失了一大半人馬後，與楊可世從城牆上吊繩逃走。第二天，蕭幹又故意洩露消息給俘獲的宋軍士兵，說遼軍有數倍於宋軍的援軍趕到，舉火為號進攻。

蕭幹故意讓這個宋軍俘虜逃走，把消息傳給劉延慶。這位宋軍的最高統帥相信了。當看到火起，立刻燒營逃走，在百餘里的逃亡之路上佈滿了宋軍的屍體和盔甲。遼軍追到涿水才退回，宋軍一直退到了雄州。從宋神宗以來，北宋就在邊境上儲存了大量的軍用物資，以為戰備之需，這一次丟失殆盡，即便宋軍想再組織一次進攻，都沒有能力了[133]。

在這次戰爭中，唯一問心無愧的是郭藥師，他的一腔熱情被宋軍內部複雜的關係牽制，最終變成了泡影。就算是輸了，他還是在盡心盡力地保衛北宋江山。蕭幹擊敗了宋軍後，再接再厲，於十一月二十七日攻陷了屬於涿州的安次、固安兩個縣。十二月初三，郭藥師擊敗了蕭幹，收復了兩個縣[134]。如果沒有郭藥師，宋軍將崩潰得更加徹底。

攻克燕京，漫天要價

宋軍吃敗仗的消息並沒有馬上傳到金軍大營。他們還在寫國書並送回北宋使者。按照金軍規劃，由於之前宋朝屢屢違約，西京和山後諸州都不準備還給宋朝。營、平、灤三州是更早的劉仁恭父子交給契丹的，也不會交還。北宋為了山前六州，必須每年付給金國歲幣五十萬。金軍從山西回北方時，北宋必須提供方便，借給金軍道路。山前六州的漢人歸屬於北宋，其餘各族人以及所有物資都屬於金國。

這些條件被寫在國書裡，交給金國使者撒盧母、李靖、王度剌，與北宋使節一同送回。

但就在北宋使節準備離境時，金軍提出了最後一個要求：北宋使節只能回去一個，另一個必須留在金軍大營作為人質，以防止宋軍佔領燕京之後，守住各個關口將金軍拒之門外。

馬擴請求留下做人質，趙良嗣與金國使者一同回去。馬擴成了金軍進入燕京城的最佳見證人。

事實上，還是宋朝的童貫和蔡攸偷偷請金軍進攻燕京。由於知道靠自己的力量無法奪回燕京，他們秘密派遣一個叫王環的人從太行山的飛狐陘去往金軍營地，請求阿骨打出兵攻燕京。

阿骨打即將出兵時，也恰是金國使臣到達宋廷的時刻。於是，在軍事和外交兩條線上，宋金都在做著激烈的爭奪。

在外交上，趙良嗣與金國使者於十一月初三從金軍營地出發，十一月二十一日到了汴京。十一月二十五日，宋徽宗接見了金使。之所以推遲接見，很可能是因為金國的要求讓北宋難堪，皇帝在商量對策。

金使和宰相王黼吵了起來，王黼還想爭取一下，將西京和營、平、灤三州拿回，但金使說這樣沒法談，雙方分歧太大，只是白白地往返。

王黼認為，當初宋朝認定要獲得燕雲十六州所有土地，才答應給金國那麼多歲幣。如果無法獲得全部州縣，歲幣也應當相應減少。

宋徽宗比王黼開通一些，決定將西京問題擱置，也不減少歲幣，但希望金國也能退讓一步，把營、平、灤三州還給北宋。西京至少還有個雁門關可以對峙，營、平、灤三州就在華北腹地、燕山之南，顯然更加危險。

但金使強調，這三個州金國要用來做關口，不可能讓出來。

到最後，金國沒有再做出任何退讓，宋徽宗卻在國書中做了如下讓步：第一，西京和山後諸州，意味著已經無法收回了；第二，燕京的非漢人、各種物資，金軍可以取用，北宋只要土地，但具體怎麼執行，還需要討論；第三，歲幣不減，照常支付。但宋徽宗仍然希望獲得營、平、灤三州，既然這超出了使者的許諾範圍，就請送給金國皇帝定奪。

在國書上，宋徽宗又耍了小花樣，聲稱遼國再次派人來投降，但北宋為了與金國的信譽沒有應允。事實上，由於遼國到金國去遞降書了，宋徽宗的小花樣恐怕只能增加諷刺色彩而已。九月二十七日，蕭太后就曾派人去金國投降，卻被拒絕了。趙良嗣上一次出使，甚至在金國的營地碰到了遼國的使者，國相蒲結奴當著趙良嗣的面對遼國使者說：「我們已經把你們的南京許給了北宋，回去告訴你們的太后，不要再和北宋打仗了，免得百姓塗炭[135]。」

十二月初三，宋徽宗叫趙良嗣、周武仲擔任使者，與金使一併離開。出發前，他還念念不忘營、平、灤三州，告訴趙良嗣要跟金國算經濟帳，這三個州物產不豐富，但防禦開支大，就算拿在手裡也是入不敷出。三州的產出無非是一些桑麻之類，如果金國看重，不妨在歲幣上再加五萬匹絹、五萬兩銀，算是給金國的補償[136]。

使者離開汴京三天後，即十二月初六，金國佔領燕京。留在金國軍營的馬擴做下了最生動的記載[137]。

金軍是在十二月初一經過媯州和儒州的，初五到達居庸關時，遼軍已經棄關逃走，留下了空空如也的關口。

馬擴與阿骨打一起行軍，阿骨打在路上還不忘調侃宋人。他對馬擴說：「契丹國土我已經取走了十分之九，剩下燕京的一分土地，我已經讓兵馬從三面都圍困住了，只留下一面讓宋軍進攻。可北宋怎麼就拿不下來？一開始聽說你們已經過了盧溝河，進了燕京，我還挺高興的。燕京是南國故地，你們拿回去，分界完畢，我們就回去享受太平。不料都統劉延慶一夜之間就跑了，這到底是怎麼回事？」

馬擴只能回答，由於留在金軍營地，他對後來的事並不清楚。不過兵家進退是常事，就算一時失敗，後面還有勝算。

阿骨打很好奇北宋皇帝對劉延慶會怎麼處理。馬擴認為如果劉延慶真的失敗，就算官再大，也要軍法處置。

但可惜的是，馬擴說錯了。劉延慶雖然暫時貶官，但隨後仍然擔任鎮海軍節度使，並沒有受到什麼軍法處置。

十二月初六，金軍進入居庸關，擺好軍陣。阿骨打與完顏宗幹的兵馬面向南方，其餘軍馬在其他三面豎起大旗。粘罕以下將官穿著盔甲分列兩行，東西向相對而立。阿骨打把馬擴找到跟前，問他：「燕京是許給北宋的，城內的漢人歸北宋，其餘的歸金國。我現在差人入城招降，你敢一起去勸降漢人嗎？」馬擴躍躍欲試。但到了晚上，蕭太后在蕭幹的護送下逃走了。與此同時，有消息傳來，宋軍聽說蕭太后逃走，又開始行動起來想攻城。阿骨打大怒，馬擴反而勸他，這座城反正是要還給北宋的，誰先誰後並不影響。阿骨打才又消了氣。事後，宋軍也沒有進一步行動。

第二天金軍進兵時，遼國還想抵抗，但阿骨打宣諭城內，只要投降，不殺一人。城內抵抗的決心就隨風而散了。

遼國大臣們集體走出丹鳳門，來到城外的一座足球場內，阿骨打穿著軍服接受了朝拜，眾人高呼萬歲[138]。遼臣等待著他的降罪，但他卻說：「我看到城頭上大炮的遮蓋都沒有解開，這表明遼國無意抵抗。」於是赦免了所有的遼國官員[139]。

從馬擴的記述中可以看出，雖然宋金雙方由於溝通不暢、誤解不斷，加上各自防範之心很強，但阿骨打基本上遵守了宋金的海上之盟，一心想將燕京還給北宋。同時，阿骨打也不是嗜殺之人，對遼國的降將懂得寬大處理。

就在進入燕京的當天，阿骨打把馬擴放回，派了五百騎兵護送，還把遼國抓獲的北宋將官胡德章送還。在臨出發時，粘罕元帥還派人捎來口信，請馬擴轉達，童貫曾許諾給他數頭水牛，現在是時候找十頭水牛送過來了。馬擴是在友好的氣氛中與金國人分手的。

金人對馬擴的友好，源自他們對一個勇士的尊重，但對趙良嗣他們就沒有那麼客氣了。馬擴雖然表現得像個勇士，但與金人談判時卻沒有發揮多大的作用。反而是趙良嗣每一次都兢兢業業據理力爭，試圖為北宋多爭取一些利益。

趙良嗣十二月初三離開汴京，由於路途已經大幅縮短，他十二月十五日就到達了金軍的營帳。這一次，他的任務是爭取營、平、灤三州。另外，既然是金人打下了燕京，如何移交、如何保證金人得到燕京的物資和非漢族居民，都是需要具體商討的。

趙良嗣註定要扮演惡人的角色，只是這個惡人毫無權力，不僅要受到金人的指責，還會受到北宋皇帝的埋怨。

在會見時，趙良嗣剛剛提到希望金國將營、平、灤三州交給北宋，阿骨打就愀然作色表示：「如果你們非要談營、平、灤三州，那就連燕京都不給你們了！」

談判不歡而散，趙良嗣想談其餘問題，都找不到人了。四天後，阿骨打叫人把已經寫好的國書交給趙良嗣，派人和他一同回去。趙良嗣這才看到金人已經做了安排，對於取燕京的補償是這樣的：既然北宋無力靠自己的力量奪回燕京，那麼土地可以收回，但燕京土地產生的租稅卻必須留給金國。

至此，北宋想依靠金人收復燕京，所付出的代價顯而易見。最初雙方約定的是夾攻，但是金人不過燕山界，由宋軍收復；後來宋軍吃了敗仗，金人收復了燕京，這已經不是夾攻了，故金軍不需要遵守協定。在這種局勢下，金國仍然願意交還燕京，已經相當遵守道義。但力氣不是白出的，自然需要犒勞一下。

只是這個犒勞太大了，贖城費是一次性支付的，但租稅卻要一直支付，直到宋朝滅亡。

由於無法與金人談判，趙良嗣與金國使者李靖、王度剌等回到北宋。這次出使顯得極其屈辱，不僅西京丟了，營、平、灤三州也無法拿回，還多了一項燕京的租稅。

宣和五年（一一二三年）正月初一，趙良嗣和金使回到了國門。與趙良嗣一起來的，還有被金人釋放的馬擴。馬擴在童貫處做了停留，等趙良嗣回來後，被童貫一併送回了首都汴京。

趙良嗣帶回的消息讓宋徽宗君臣感到意外。

看一下宋金和議的流變，最初，宋徽宗指望金人歸還燕雲十六州（包括營、平、灤三州），北宋支付的代價是把遼國的歲幣轉給金國，這的確是好事。但隨後發現金國只願意交還燕京六州，不包括西京，更不包括營、平、灤三州。宋徽宗經過掙扎，逐漸接受了這個現實，但金國突然又加碼了，要求燕京六州的財產、非漢族人口都必須交給金國。宋徽宗試圖接受這個條件，但請求金國將營、平、灤三州作為補償賜給北宋。金人不僅不給營、平、灤三州，又提出新要求，要北宋把燕京的租稅都給金國。

這層層加碼，讓宋徽宗感到不舒服。

但如果站在金國的立場上看，這不是不可理解。金國始終沒有答應將營、平、灤三州交給北宋，金國到底有沒有答應交還西京，也是值得懷疑的。可能是雙方資訊溝通的誤會，讓宋徽宗誤以為包括了西京。按照約定，燕京應該由北宋自己拿回，可實際上北宋沒有能力，只好由金國代勞。如果當初金國不與北宋結盟，那麼所有這一切都毫無爭議地屬於金國。既然結盟給金國帶來了這麼多麻煩，那麼多收一點酬勞費也是無可厚非的。

趙良嗣原本指望立大功，卻把北宋拖入了越來越深的泥潭。不過，與趙良嗣一同出使的馬擴卻得出了不同的結論，他與宰相王黼談話時，將這種不斷退讓答應金國要求的做法稱為「無策」，連「下策」都算不上。這樣下去會讓金國越來越看不起，層層加碼，即便求來了土地也守不住。更好的做法是，哪怕少拿回一些土地，也要厲兵秣馬，把土地守住。因為未來金國一定會進攻北宋的，現在已經不是獲得土地的問題，而是守住國家的危急時刻[140]。

宋徽宗與大臣談過之後，仍然決定答應金人的要求，把燕京的租稅交給金國。但是，他提議，把每年的租稅變成固定金額的歲幣，也就是在原來議定的五十萬之外，再增加一定的比例。到底增加多少合適？宋徽宗心目中的數字是每年十萬，最多二十萬[141]。加上原來的五十萬，北宋每年向金國進貢六十萬到七十萬。

金國使臣李靖一看宋徽宗這麼好說話，立刻要求北宋先把去年的歲幣付掉。王黼認為去年北宋還沒有獲得土地，不應該付歲幣。但皇帝禁不住使臣的請求，鬆口同意了[142]。於是，北宋又增加了一筆五十萬的支出。

金國使臣大獲全勝後，宋徽宗派遣趙良嗣、周武仲、馬擴三人再次前往金國，這一次要商議的是具體的租稅額度。

正月初五，使者們離開汴京。正月二十五日[143]，趙良嗣、馬擴等人來到了燕京西南一處廢寺中。金國的將領們紛紛在城南佔據了最好的館舍，卻把宋使放在廢寺裡，架個帳篷給他們住[144]。

與趙良嗣談判的主要是兀室。兀室告訴趙良嗣等人，宋徽宗提議以每年十萬作為燕京租稅是不可能的，因為這連一個大縣都贖不回去。

兀室拿出準備好的兩張紙，一張上寫著兩百年前的租稅總額，每年四十萬貫銅錢，但兩百年後，燕京的租稅已經增加到了四百萬貫。另一張上寫著除了正規稅賦之外的其他雜稅，為六百萬貫。就算只按照六百萬貫計算，宋徽宗許諾的十萬銀絹也過於渺小了。

這裡需要注意的是，遼國的歲幣是以銀和絹來支付的，每年二十萬兩銀和三十萬匹絹，而老百姓的稅是以銅錢支付，合六百萬貫銅錢。在宋代，一兩銀大約相當於一貫銅錢，因此，六百萬貫大約相當於六百萬兩。

兀室的說法讓趙良嗣和馬擴大吃一驚，他們據理力爭。第二天，兀室傳來阿骨打最後的定奪：每年增加歲幣一百萬貫銅錢（西京問題不談）。這一百萬貫可以折納成其他物資支付，但價值上不應低於一百萬貫。同時，金國雖然將燕京歸還，但是從關外到關內的兩個關口榆關（今山海關）和松亭關（燕京通往遼中京的要道）必須保留在金國手中。這意味著宋徽宗原來以為只需要每年二十萬兩銀加三十萬匹絹就可以買回燕京，現在要多花一百萬貫銅錢，相當於增加了一百萬兩白銀！讓金人幫助攻打燕京的代價太大了！

趙良嗣不敢決定，只能再次要求請示宋徽宗。第二天，阿骨打送別宋使時，強調一百萬貫不可更改，哪怕想變一點，就不要再派使臣來了。

從趙良嗣和馬擴的經歷，似乎可以判斷，索要租稅上最積極的是急於表現的兀室。阿骨打最初可能並沒有想到能夠從北宋要到這麼多錢，但宋徽宗的一次次軟弱，讓他意識到，只要繼續強硬，就能夠獲得更多的好處。兀室的算計、宋使的配合，讓阿骨打也變得越來越強硬，也讓北宋變得越來越尷尬。

由於阿骨打要在二月初十離開燕京，北宋使節只有十幾天時間回去與宋徽宗商量。趙良嗣和馬擴決定留在雄州，派快馬將金國的國書送給宋徽宗。他們就在雄州等待回信。

二月初六，皇帝的回信到了：聽從金國的要求。

但皇帝在給趙良嗣的信中，仍然想爭取一下山後諸州和西京，如果爭取不到，就別讓步。

峰迴路轉的西京問題

二月十一日[145]，見到了兀室後，馬擴提醒趙良嗣，是時候提對山後諸州的要求了。趙良嗣怪馬擴多事，認為現在不應該提山後諸州的事，而是應該把燕京和山前諸州的事情敲定。至於如何應對皇帝，可以在彙報上寫已經力爭過了，但沒有結果即可[146]。

馬擴不贊同趙良嗣的說法，還是對兀室提出了西京問題。兀室消失了三天，讓宋使們戰戰兢兢。但隨後他帶來了好消息：阿骨打同意將山後諸州還給北宋。並告訴宋使，需要再增加一些答謝，但只限於當年，不是每年都要。

這是北宋收復疆土最接近成功的時刻。如果能夠順利交接，意味著北宋將燕雲十六州（除了營、平、灤三州）都收復了。由於阿骨打答應得太痛快，甚至有人感覺這是不真實的。

比如，《續宋編年資治通鑑》裡就說，所謂金人想歸還西京，只不過是趙良嗣說謊。可以設想一下，如果金人不歸還西京，趙良嗣歷次出使換來的結果是：只得到了燕京六州，丟失了西京、山後諸州和營、平、灤三州，甚至得不到榆關和松亭關（這意味著金人可以隨時打回來），阿骨打還要帶走燕京大部分的人口，只留下空城，支付的歲幣卻翻了三倍。如果是這樣，趙良嗣簡直可以稱為北宋的罪人。

可是如果加上西京就不同了，雖然代價高昂，能夠收復大部分土地，他仍然不失為一個英雄。

從這個思路出發，趙良嗣有造假的動機。

另一個證據是，金國皇帝給大宋皇帝的國書中並沒有提到西京。如果他的確應允了，應該會在國書中有所提及；如果沒有提，就意味著金國皇帝並沒有許諾。

但另一角度的證據又表明趙良嗣並沒有撒謊。不僅他本人所寫的回憶錄《燕雲奉使錄》上記載了這件事，就連馬擴的回憶錄《茅齋自敘》中也談到了金人要還回西京，並認為是由於西京距離金人起家的東北地區太遠，無法遠程控制，還不如做個人情送給北宋。

另外，在另一本書《大金弔伐錄》中，也收錄了金人的國書。雖然在正式的國書中，並沒有寫明歸還西京，但國書往往還有附件，當時人稱為「白劄子」，皇帝在國書中沒有言明的話，往往會在白劄子中寫明。

在一個白劄子中，阿骨打明確提到了西京問題，將西京、武州、應州、朔州、蔚州、奉聖州、歸化、儒州、媯州，以及諸州的人民，都歸還北宋[147]。由於這本書是金人整理的，宋人造假的可能性比較小，因此可以視為趙良嗣和馬擴果真爭取到金人承諾的證據。

金人之所以願意歸還西京和山後諸州，除了地遠不易控制之外，還有兩個原因。第一，阿骨打最初可能沒有想到能夠從北宋得到如此多的歲幣，既然北宋答應得很爽快，他也決定做出更大方的舉動。他是一個單純的人，如果對方慷慨，他也會投桃報李，如果對方斤斤計較，他也會錙銖必較。第二，作為第一代領袖，阿骨打在骨子裡還有鄉愁，他不願意離開東北地界。消滅了遼國，已經使他心理上得到滿足的極限，由於西京太遠，他也不知道西京有什麼用處，與其留著，不如做個人情送給盟友。

阿骨打既然答應了歸還燕京和山後地區，接下來就是所謂的交割與誓書問題了。由於遼帝還沒有抓到，山後諸州的問題暫時擱置，燕京是首先要交付的。

在接收燕京之前，宋徽宗就已經任命了宋朝管理燕京的官員。他將燕京改名為燕山府，最初想任命蔡攸擔任燕山府長官，但蔡攸知道燕京比汴京危險得多，寧肯待在首都，並向宋徽宗舉薦了另一位官員尚書左丞王安中，讓其擔任燕山府路宣撫使。同時，宋徽宗任命資政殿學士詹度為燕山府安撫使，作為王安中的副手。燕京的實際權力掌握在擁有兵權的郭藥師手中。

燕京行政權力的實際分工是：王安中擔任文職長官，郭藥師和詹度作為副手，但由於郭藥師掌握了兵權，地位在詹度之上。

在送王安中前往燕山府時，宋徽宗從大內拿出了大量的珍寶古玩金玉，交給詹度，要他在官府中佈置，用奢華裝飾來震懾女真人的囂張氣焰[148]。

所謂誓書，就是和約文本。古代的和約上有一個條款，簽約的雙方必須發毒誓，即必須說出如果己方破壞合約，將遭受何等天譴。對於誓書中詛咒部分，女真的要求是：由於誓書是萬年遵守的條約，雙方在發誓時一定要揀重要的說[149]。

二月二十八日，為了展現對交割燕京的重視，阿骨打派出了最親密的大臣寧朮割去汴京安排最後的流程。寧朮割在當時正受重用，知軍國之事，又是西路都統使。在金國進攻遼國過程中，遼國曾經向西夏求助，西夏派兵支援遼國，被金國打敗，指揮戰役的就是寧朮割。

與寧朮割同行的除了宋朝使者，還有前幾次出使宋朝的王度剌和撒盧母。金人對北宋的禮儀已經很熟悉，高慶裔對趙良嗣千叮萬囑，一定要讓宋廷照顧好寧朮割。寧朮割對宋朝的皇帝宴會很感興趣，希望宋廷能用最高禮儀的春宴招待他[150]。

三月初五，寧朮割來到汴京。他不僅享受了皇帝的春宴，還以歸還西京為藉口繼續請求賞賜。於是，宋朝又許諾了兩千栲栳綠礬，並給他二十萬的賞金。寧朮割還嫌少，繼續請求，但被宋徽宗拒絕了。

在背後，宋徽宗埋怨說：金人這樣不斷地索要賞賜，還要強起人戶，要到什麼時候才算結束啊！

三位北宋使臣給出了不同的回答。趙良嗣表示女真人就是有些唯利是圖，其他的還好，請皇帝暫時忍耐；馬擴表示這是因為本朝的軍事太弱、兵不立威，只能任人宰割，暗示皇帝需要加強武備；周武仲則認為，只有靠宋徽宗的寬大仁慈，讓阿骨打心服，才能以德服人，減少邊患。

不管怎麼說，金人對宋徽宗的勒索已經到了後者所能忍受的極限。

三月初六，宋徽宗派特使吏部侍郎盧益，與常使馬擴、趙良嗣，隨寧朮割等人回訪金國，完成最後的手續。他們帶著宋徽宗的國書、誓書等，等待金國的批准。

在誓書的最後，宋徽宗對於違約責任進行了三方面的界定，分為自身、子孫和社稷：苟違此約，天地鑑察，神明速殃，子孫不紹，社稷傾危[151]。這已經是對於一個皇帝而言最惡毒的詛咒。

在國書中宋徽宗對金國皇帝也已經改了稱呼，以前的國書都寫「大宋皇帝致書於大金皇帝闕下」，這次改為「大宋皇帝致書於大金大聖皇帝闕下」[152]，「大聖」兩個字是金國皇帝給自己加的尊號，宋徽宗這樣寫，表示對這個尊號的承認。但為了挽回面子，宋徽宗還在國書中夾了個白劄子，表示這是為了兩國交歡，等宋朝皇帝也自上尊號時，金國也應該這麼辦。但對方是否會遵守，宋方能否得到同等對待，顯然都是尚不可知的。

三月十八日[153]，盧益、趙良嗣、馬擴等人到達涿州。但金人只允許寧朮割等金國使節回去，卻把北宋使節阻擋在涿州。

金國另派兀室、高慶裔等人在這裡等待，要求先看北宋的誓書。他們不斷地挑揀誓書上的小毛病，又指出誓書寫得不工整[154]。盧益等人只好說，這是宋徽宗皇帝親手所寫的，就是為了對女真表達尊重。但他們仍被要求將誓書送回重寫。這樣折騰了三、四次，金人才放行，進入下一關。

三月二十六日[155]，北宋使節到達燕京，金國派遣李靖、劉嗣卿負責接待。這一次最大的改變，則是金國對於禮儀的重視。

我們可以做一下對比，沒有消滅遼國時，阿骨打仍然是一個游牧民族的首領，連固定的居所都沒有，居住在帳篷中，對使者的接待也非常粗放。但自從進了燕京，他們在遼國投降官員的幫助下，已經建立了非常完備的禮儀系統，從游牧王朝迅速轉變為帶有漢文化色彩的禮儀王朝。

宋使到達後，首先持著笏板跪下，捧著國書，進入寨門[156]。到了阿骨打帳前，朝北站立。閤門官傳旨，首先請的是國書，將手持國書的使者引入帳內。使者跪下奏事，向大金皇帝請安。奏畢，先拜謝，再站起來，聽大金皇帝向大宋皇帝問好，接著又是跪謝，站起來之後，由閤門官帶出大帳，到帳南面朝西站立。

接著請的才是大宋的使者。

閤門官將盧益和趙良嗣等引入。使者們向北站立，先持著笏板跪拜五下，對皇帝祝福，再拜兩下。由首席使者盧益發表講話，講完後又拜五下。大金皇帝慰問使者，慰問完後繼續拜五下。

然後是禮物展示階段，使者將北宋的禮物自西向東一一拿進來請大金皇帝過目，再將禮物拿出到第二重門外，北向站立。閤門官接著讓使者再拜兩下，然後宣佈皇帝對使者的賞賜。使者跪謝完畢，又被帶回到大金皇帝面前，北向站立。閤門官發出指示，又是五拜謝恩。皇帝賜茶酒，使者再五拜，然後由閤門官引到帳西等待。

接著進入了酒宴階段，金國國內的官員分別禮拜，請大金皇帝飲酒。皇帝一共飲五杯酒，每飲一杯，所有的人（包括宋使）都必須拜謝。

飲酒完畢，又是各五拜謝恩。

這套複雜的禮儀背後是非常危險的信號。北宋皇帝和官員總是期待著金人滅遼之後，會回到東北地區繼續遊獵生活，但隨著漢化的影響，金人已經迷戀上了漢人的禮儀和生活，他們可能永遠回不去了。

禮儀完畢，接下來仍然是複雜的外交活動。北宋已經將當年的犒軍錢都交給了金人，也按照阿骨打的意思修改了誓書，這兩方面再也找不出毛病。但還有一條：誓書中規定，雙方不得將對方的叛將叛民留下。

金人拿出了一個名單，上面列著的是出身於燕京地界逃往北宋的遼國官員，金人認為這些人都應該屬於金國所有，請北宋歸還之後，才肯交還燕京。這份名單上，列著遼國名臣趙溫信、李處能、王碩儒、韓昉等人。

這個要求讓宋使非常為難，按道理，北宋有責任保護這些投降官員的人身安全，如果將他們交出去，會失了人心。但如果不交，金人就拖著不肯交割。

馬擴等人的意思是不交。金人回師的日子已經臨近，歸心似箭的金人也在燕京留不長了，不如拖延等待。但一心想立功的趙良嗣卻主張將這些人交還。

在趙良嗣的堅持下，北宋將趙溫信抓住交給了金國。四月初五，趙溫信被移送金國，在移送之前，他在北宋使臣面前長跪不起。趙良嗣只能去安慰他：大丈夫生死皆有道，生亦為民，死亦為民，借你一身熄兩國的兵災，你是做了大好事[157]。金國並沒有將趙溫信治罪，而是授他官職為金國服務。但其他人由於沒有被掌握在北宋朝廷手中，暫時無法抓獲。

另外，由於雙方約定，除了燕京等地的原住民之外，其餘在戰亂時期從北方逃來的人，都必須移交給金國。因此北宋必須制訂一個戶口冊，將所有移交人員列入。但由於甄別困難，這個戶口冊遲遲無法編好，也引起了金人的不滿[158]。金人表示，如果無法按時移交逃亡者，可以讓宋朝將郭藥師和他的常勝軍交給金國，以代替逃亡者。

這個方案更不可能，因為郭藥師已經成了北宋最重要的防禦力量，如果沒有他的常勝軍，宋軍根本不可能守住疆土。北宋官員典檢文字李宗振[159]提到了一個替代方案：用燕京的老百姓來代替常勝軍。他認為，這樣既保住了軍隊，在燕京父老被趕走後，又可以拿他們的土地來供養軍隊，可謂一舉兩得[160]。

金人立刻同意了，他們最看重的就是人口。他們將燕京地區的富裕人家（家業一百五十貫以上的）三萬戶都集中起來帶走。這次事件，幾乎將燕京地區的社會中堅盡數拔走，留給北宋的是一座座難民聚集的空城，所有的社會秩序都被打亂。更麻煩的是，金人告訴那些被帶走的人，他們之所以背井離鄉，是因為北宋政府將他們拋棄了，以交換郭藥師的軍隊。北宋政府雖然獲得了土地，卻徹底喪失了人心。

將燕京父老帶走後，金人利用最後的機會要求從北宋借糧二十萬石，獲得了趙良嗣的口頭應允後，交割終於開始了[161]。

燕京的回歸

按照雙方約定，四月十一日，北宋官員先到燕京，軍隊來到盧溝河南岸下寨等待。

同樣是四月十一日，趙良嗣、馬擴離開燕京南下。四月十三日使節到達雄州時，北宋的軍隊仍然不敢相信這樣的好事，為了防止突發意外，他們將馬擴留下，讓趙良嗣等人回京都彙報。馬擴將和宋軍一道進入燕京。

趙良嗣也就是在這時退出了宋金政治的中心。他和馬擴兩個人幾乎見證了收復燕京的整個過程，從最初渡過渤海去與金人聯盟，到最後接受金人的種種刁難，想盡辦法完成一個使者的使命。

在兩人中，馬擴屬於相對超脫的角色，他由於出身武學世家，更加受到阿骨打等人的尊重。他認定只有堅強的軍事後盾才能保證北宋獲得足夠的利益，一旦沒有軍事，僅僅靠使節的周旋，雖然也能爭取一些利益，但更多的恐怕還是讓步。他雖然更強調對金人不要過多退讓，但在實際的談判過程中，馬擴起到的作用卻不大，因為北宋軍隊實在無法成為使節的後盾，金人的步步緊逼、北宋皇帝的退讓，讓他的理想付諸東流。

在使團中，主要的決定者和負責談判的反而是趙良嗣。趙良嗣由於是與金人結盟的首倡者，不得不承擔更多的責任。他對軍事並不知情，只知道通過外交手段來為北宋爭取利益。他全心全意為北宋服務，爭取哪怕一點一滴的利益。

馬擴從最初就對燕雲十六州的整體形勢沒有概念，反而是趙良嗣每一次與金人談判，都將燕京和西京，以及營、平、灤三州提出來，希望幫助北宋收復全部疆土。

也正因為這樣，金人對超脫的馬擴更加尊重，對兢兢業業的趙良嗣卻充斥著不滿。這從反面也說明了趙良嗣的成功。

同樣由於沒有軍事力量做後盾，趙良嗣的長袖善舞雖然為北宋爭取到了燕京，卻付出了極大的代價，這註定了他這一生的悲劇。

一旦收復燕京完畢，趙良嗣也基本上退出了政治舞臺的中心位置。皇帝為他加官光祿大夫。同時他也遭受了所有官員的唾棄，直到今天仍然被人咒罵。

雖然宋軍在戰爭中沒有表現出奪人的氣勢，但在進入燕京時，卻是威風凜凜的，足以壓過金國的囂張氣焰。

四月十四日，馬擴與北宋統制官姚平仲、康隨[162]等人率領所部兵馬一同進入燕京，在他們之後則是北宋的主力軍。打頭陣的是李嗣本率領來自河東地區的五萬兵馬，其次則是种師中、楊可世率領的陝西兵馬，郭藥師率領的常勝軍從新城方向進入燕京，童貫、蔡攸率領的大軍則敲鑼打鼓跟在後面。殿後的軍隊是馬公直率領的河北、京畿兵馬。

北宋兵馬之多，甚至差一點引起了內亂[163]，當郭藥師率領常勝軍趕到時，李嗣本的河東兵已經進了城。常勝軍大都是東北人，帶著蠻族的特徵，河東兵在城牆上一看到常勝軍，以為是金人打回來了，立刻亂了套，逃走的逃走、騷亂的騷亂，郭藥師連忙前往安撫，這才避免了誤會。

但就是這支宋軍，在金人面前表現出了極大的勇氣。就在李嗣本還在盧溝河駐紮時，首先進城的姚平仲已經和金人對上了。由於金人在和使節打交道時嘗到了好處，繼續用傲慢的語氣對待宋軍。姚平仲和康隨見到阿骨打時，粘罕還想表現一下，質問最初商定的交接日期是四月十一日，宋兵為什麼晚來了幾天。

姚平仲回答：「晚來幾天，是禮儀之道，請元帥不要再生事端。」

當時种師中也已經到了料石崗，楊可世也厲兵秣馬，準備一戰，號召士兵們為國戰死。

粘罕環顧四周，發現兩百里範圍內全是宋軍，只好收起了氣焰。阿骨打也命令金軍退避三十里，讓各路宋軍進城。

燕京城殘餘的百姓們紛紛上街，歡迎宋軍。他們感慨：「契丹即滅，大金歸國，王師入城，重見天日。」

入城的宋軍看到的卻是滿目瘡痍。按照攻城的慣例，城池攻下，即便饒恕百姓的性命，也要允許勝利者對城市進行劫掠。此刻的金軍還是一支沒有軍餉的部隊，士兵們的收入就來自於勝利之後的劫掠。對於財富的渴望，是士兵激勵自己的最佳手段。金軍已經將所有能夠搬動的東西全都洗劫一空，城市中佈滿了丘墟，狐狸的身影處處可見。宋軍獲得的，只是一座空城而已。

四月十七日，宋軍正副元帥，太師、劍南東川節度使、領樞密院事、陝西河東河北路宣撫司童貫，少傅、鎮海節度使、河北河東路宣撫副司蔡攸率領大軍前來，王師收復燕京達到了高潮。

然而，金軍彷彿還想找麻煩。四月十九日，金人使者將燕京等地的地圖送來。由於使者攜帶了金國皇帝的聖旨，按照規矩，童貫和蔡攸應該跪拜接受。金使撒盧母直接要求童貫跪下。這個要求讓童貫和蔡攸大吃一驚，他們怎麼也想不到，作為堂堂的宋軍元帥，剛剛到達收復的國土，首先要做的竟然是跪拜。

倉促之間馬擴出面打了圓場，向撒盧母表示，按照道理的確需要跪拜，但出於靈活的需要，請免了這道禮節。比如，大宋皇帝如果給金國元帥粘罕寫信，按照道理粘罕也應該跪拜，但出於人情則必須免掉。依靠馬擴的靈活，童貫才避免受到羞辱。

註解

130 參考《燕雲奉使錄》。
131 參考《契丹國志》。
132 參考《宋史紀事本末．天祚皇帝中》。
133 參考《契丹國志．復燕雲》。
134 參考《三朝北盟會編》。
135 參考《燕雲出使錄》。
136 參考《續資治通鑑長編拾補》。
137 參考《茅齋自敘》。
138 參考《契丹國志》。
139 《續資治通鑑長編拾補》引遼．史願《亡遼錄》。
140 參考《茅齋自敘》。
141 根據《三朝北盟會編》，宋徽宗的籌碼詳細為：只許銀五萬兩、絹五萬匹；如不允應，使添十萬，仍議西京在內；更或不許，西京別作一段；猶不允從，添綾二萬，入二十萬數；更或不允，綾在二十萬數外。

142 參考《續資治通鑑長編拾補》。

143 根據《三朝北盟會編》。馬擴《茅齋自敘》記載為初八，日期不對，不採納。

144 參考《大金國志校證》（宋．宇文懋昭撰，崔文印校證，中華書局出版）。

145 參考《燕雲奉使錄》。

146 參考《茅齋自敘》。

147 參考《大金弔伐錄校補》。

148 參考《三朝北盟會編》。

149 參考《燕雲奉使錄》。

150 春宴是皇帝花宴的最高禮遇，也是遼國當年無法享受的禮遇。見宋．蔡絛《鐵圍山叢談》。

151 參考《三朝北盟會編》。

152 參考《大金弔伐錄校補》。

153 根據馬擴的記載，也可能發生在三月十六日。

154 參考《續資治通鑑長編拾補》。

155 根據馬擴記載確定日期。

156 關於這段禮儀，參見趙良嗣《燕雲奉使錄》。

157 參考《三朝北盟會編》。

158 參考《續資治通鑑長編拾補》。

159 也有人說是參議宇文虛中。

160 《續資治通鑑長編拾補》引《茅齋自敘》，《奉使遼金行程錄》未見這段文字。

161 這次許諾記載得非常不詳細：趙良嗣是否答應；如果答應了，是否報告給了皇帝；皇帝如果知道，是否告訴了地方官員；到底許了多少，都存在疑問。但又有證據表明確實存在這樣的口頭約定。比如，《大金弔伐錄校補》第二十六篇，宋徽宗就提到了十萬石的糧食，準備從內地騰挪五萬，河北路準備二萬，河東路準備三萬，一共十萬，七月初一前備齊。這十萬應該屬於趙良嗣許諾的範圍。

162 《續資治通鑑長編拾補》引王安中《入燕錄》。但該書提到，趙良嗣也一同進入燕京，存疑。

163 參考《茅齋自敘》。

幕間、另一個版本的收復燕京

北宋收復燕京可以視為一次外交的勝利，雖然付出了極大的代價，但在幾乎沒有軍事支援的情況下，依靠幾名外交人員，就讓女真人將打下的燕京交還給北宋，這已經是一件極其了不起的事情。

但在北宋官場，卻長期流傳著另一個版本的收復燕京的故事。這個版本因為四月二十二日童貫的一篇奏章而廣泛流傳。我們根據這個奏章，可以整理出另一個面目的燕京之戰[164]。

政和八年（一一一八年），由於預感到遼國即將敗亡，宋徽宗派遣使者前往金國通好，相約共同滅遼。

宣和四年（一一二二年），遼國天祚帝逃竄，耶律淳篡位。燕京人民伸長脖子等待著歸附北宋。宋徽宗順應民心，下詔童貫出兵招撫。童貫派遣使者曉諭耶律淳投降。

由於耶律淳首先敗壞了宋遼百年合約，童貫兵分兩路，東路由雄州，西路由安肅、廣信，進兵討伐。

宣和四年五月二十二日，宋軍大勝。

宣和四年五月二十五日，宋軍大勝。

宣和四年五月二十九日，宋軍大勝。

宣和四年八月十四日，宋軍大勝。

宣和四年八月二十一日，宋軍大勝。

宣和四年八月二十九日，宋軍大勝。

宣和四年九月初一，宋軍大勝。

宣和四年九月初九，宋軍大勝。

在這一系列的大勝期間，還乘勢展開了心理攻勢，廣貼文榜，招納降將。宣和四年九月二十三日，在童貫的感召下，遼國大將郭藥師起義，率領涿州投降。

宣和四年九月二十七日，宋軍發兵易州，幾乎殺盡了城內的所有契丹人，將易州佔領。

宣和四年十月初四，宋軍攻克牛龍、玉田等縣，以及景州、薊州等州，只有燕京還有待收復。遼國蕭太后請降，宋軍沒有接受。

宣和四年十月十八日，宋軍到達燕京城南的良鄉，殺退遼軍。

宣和四年十月二十三日，童貫遣奇兵攻入燕京，殺死敵人上萬，燕京老百姓歡欣鼓舞。遼國四軍大王蕭幹連忙救助，才避免了滅亡的命運。

宣和四年十月二十五日，宋遼大戰於盧溝河，遼軍逃回燕京城保命。

宣和四年十二月初二，契丹傾盡全部人馬來犯永清一帶，宋軍大獲全勝，遼軍屍橫遍野，再也無力對抗宋軍了。蕭太后乘機逃走。

宣和四年十二月初五，金國乘燕京空虛之時，經過居庸關，與宋朝大軍夾攻，收復了燕京。

宣和五年四月十七日，童貫率領大軍接管燕京。

如果沒有後來的靖康之戰，那麼宋朝的正史上將按照童貫的敘述，在一片勝利聲中記錄下宋徽宗的豐功偉績。童貫在敘述完歷史之後，不忘將宋徽宗與歷代的武功做了對比。周代時攻打蠻族獫狁，只打到了太原；漢代擊匈奴，只是在渭河上做文章。顯然，宋徽宗打到燕京的功業已經超越了歷代。

除了童貫的賀表，幾乎所有的宋朝官員都忙著祝賀。太宰王黼也上表稱賀，多為奉承文言[165]。

當然童貫也知道燕京並不太平，他們只在燕京象徵性地駐紮了不到半個月就離開了。四月二十八日，童貫、蔡攸撤離，將燕京防務留給了詹度。郭藥師的常勝軍和河北兵守護著松亭、古北與居庸等關口。閤門宣贊舍人劉逸擔任景州知州，惠州團練使楊可升擔任檀州知州，忠州防禦使任完曉擔任薊州知州。

在送別童貫時，詹度特別作了一首〈平雁詩〉送給他[166]：

長亭春色送英雄，滿目江山映日紅。劍戟夜搖楊柳月，旌旗曉拂杏花風。
行時一決平戎策，到後須成濟世功。為報燕山諸將吏，太平取在笑談中。

這首詩的第二句似乎預示著後來岳飛那首著名的詞。

童貫撤回後，宋徽宗更是大肆封功。童貫晉封為徐豫國公[167]，蔡攸晉封少師。宰相王黼晉封為太傅，總治三省事，賜玉帶。在收復燕京中功勞最大的趙良嗣也沒有被忘記，晉封為延康殿學士。沒有記錄表明趙良嗣是否預見到君臣的狂歡，但他私下比較悲觀，預測這次收復，大概只能保持三年的和平[168]。他上書表示希望隱退，買一點田地過日子就足夠了。他還指望有人見到正在耕地的他，能在背後偷偷議論一句：「這就是平燕的首謀之人，現在不圖富貴，在家種田，這是天下多大的美事啊！」但皇帝沒有給他這樣的機會，堅決不許他引退[169]。

馬擴擔任了武功大夫兼和州防禦使[170]。他還在不斷提議，要加強防禦，必須修繕城池、招撫流民、訓練軍士，流轉無主田地。據馬擴計算，燕京地區是足夠富裕的，只要四十萬緡費用和一個月時間，就可以建起比較牢固的防禦系統，再通過招兵、種田，解決軍費問題，燕京就穩固了[171]。但他的建議並沒有受到重視，因為所有的人都在狂歡。

在一片狂歡中，有一個人是清醒的，他叫鄭居中，曾經反對過對遼作戰，由於他身居高位，也被封賞為太保，但他立刻上書表示自己沒有功勞，不接受晉封。

在受封賞的人中，也包括了將石頭「盤固侯」送到汴京的工程師朱勔，他被封為寧遠軍節度使、醴泉觀史。

就在宋朝君臣狂歡時，他們沒有料到，撤退的金國正在經歷一場巨大的變化。在金國，那些戀家的老人正在退出權力中心，而更加野心勃勃的下一代正成長為中堅力量。他們經歷了戰爭的考驗，也見到了南方的繁華。

在這些人中，粘罕是最重要的一位。粘罕原來一直主張與北宋保持和平，但隨著北宋越來越軟弱，他更加傾向於強硬。在交割燕京和山前六州的問題上，他就主張只承認北宋對涿州和易州的佔領權，因為這兩個州是郭藥師投降時就帶給北宋的，其餘地方一概不交給北宋。

阿骨打否定了粘罕的提議，認為海上之盟既然已經答應了，就不要違背。但他同時留下了一句話：「我死了，就隨便你們了。」

在三月二十六日，阿骨打向北宋使節展示那複雜的禮儀時，敏銳的馬擴已經發現阿骨打病得不輕。到了當年（一一二三年）五月[172]，阿骨打就去世了。

阿骨打在世時，金國向北宋移交山後諸州的工作雖然面臨著重重波折，但仍然在進行之中。六月十一日，金國按照計畫，要將朔州、武州和蔚州交給北宋。但由於阿骨打的去世，移交工作驟然中止[173]。

阿骨打的去世，為宋金和約畫上了一個休止符。鷹派上臺了。

註解

164 《續資治通鑑長編拾補》引《宣和錄》。
165 宋．朱勝非《秀水閒居錄》。
166 參考《三朝北盟會編》。
167 宋徽宗雖然封賞了童貫，但對他的作為卻是極為不滿的。因此，在當年七月初八，就讓他退休了。
168 參考《續資治通鑑長編拾補》。
169 參考《宋史．趙良嗣傳》。
170 參考《續資治通鑑》。
171 參考《茅齋自敘》。
172 根據《大金國志》、《宋史》。《金史》作八月戊申。從後來張覺叛變的日期來看，應該是五月份。
173 參考《三朝北盟會編》。

第二部

戰爭與和議

第六章、從和平到戰爭

一位降將帶來的艱難抉擇

誰也沒有想到，對宋金和議的考驗竟然來得這麼快。

宣和五年（一一二三年）四月，北宋剛剛從金國手中獲得了燕京，五月底，一件讓人難以抉擇的事情出現了。這和一位叫作張覺[174]的將領有關。

張覺是遼國時期的平州人[175]，中過進士，在金國進攻遼國前後，擔任遼興軍（即平州）節度副使。恰逢有人發動叛亂殺掉了節度使，作為節度副使的張覺被推舉出來繼任為節度使。天錫帝耶律淳死時，張覺預感遼國必敗，開始準備後路。他召集了五萬人和上千匹馬，暗地裡訓練著。蕭太后佔據燕京時期曾經派時立愛來替代他，被他拒之門外。

金國拿下了燕京。由於燕京要還給北宋，只有張覺所在的平州，以及附近的營州和灤州是金人一直不肯放棄的。這三個州還在遼國將領手中，而平州又是三州中最重要的一個，金國人決定招降張覺。

當時，遼國的大臣左企弓、康公弼等人都已經投降了金人，他們都認識張覺。阿骨打詢問張覺的狀況，康公弼認為張覺雖然狂妄，但缺乏智謀，不如首先把他穩住，然後慢慢處理。如果直接對他用兵，是逼迫他立刻造反。於是金國任命張覺繼續擔任平州節度使。

康公弼親自前往平州勸說，張覺決定投靠金國。

遼國尚存時，燕京是國家的南京。但後來燕京還給了北宋，所以金國就將平州設為南京，張覺作為南京主官，也被授予了象徵宰相的同中書門下平章事的職銜。

宣和五年五月，大金皇帝完顏阿骨打去世，繼承帝位的是他的弟弟完顏吳乞買。吳乞買即位後，將遼國的大臣都送回到原遼國境內的南京（平州），其中有四位最主要的大臣分別是左企弓、曹勇義、虞仲文和康公弼。

張覺卻決定叛離金國。

在當時，殘遼勢力恰好發展至復興期。殘遼勢力主要分佈在西北和東北兩個方向。在西北，天祚帝在大漠之南聚集力量進行軍事騷擾，而在東北，遼國大將蕭幹跑到了奚人的地盤上自稱皇帝，隨時想打回燕山以南。五月十四日，張覺試圖與殘遼勢力聯合，於是將四位大臣抓起來，宣判十大罪狀後將他們殺掉，舉起了叛亂的大旗。營、平、灤三州紛紛脫離了金國的控制[176]。

張覺的叛亂給剛剛生效的宋金和約帶來兩大麻煩。第一個麻煩是，當初金國將許多燕京地區的老百姓帶走，重新安置在平州地區，張覺下令這些老百姓可以根據個人意願回到他們的家鄉。百姓們因此拖家帶口踏上了歸家之路，回到燕京的家後卻發現，他們的土地都已經分配給郭藥師的常勝軍，成了軍屯土地。沒有了土地，老百姓有的就近安置，有的跑到更遠處，脫離了官方的戶籍。

老百姓不知道，宋金和約中有關於追蹤因戰爭逃散的難民的協議，不管是哪一方的人民逃到對方的領地，對方都有義務將其送回。按照協議，這些從平州逃回的百姓都必須送還給金國，可困難的是，由於缺乏有效的統計方法，北宋政府不知道有多少人回來了，也不知道他們在哪裡。

第二個麻煩是關於張覺本人的。張覺叛離金國後發現，殘遼勢力沒有像他想像的那麼強大，如果不想被金國擊敗，必須投靠更大的靠山。張覺派出了幾位說客前往燕京長官王安中處，試圖說服北宋接納他。

如果北宋接納張覺，就意味著徹底背離了宋金和約。和約中規定，雙方的疆界不得變更，也不得接納對方的叛將。

可如果不接納張覺，問題也很嚴重。因為他有著近十萬兵馬，處於山南的腹心之地，如果和北方的蕭幹聯合，就成了北宋的一大隱患。即便金國最終擊敗了張覺，那麼平州依然是插入北宋腹地的一把尖刀，金國隨時可以從這裡進攻北宋。當初趙良嗣苦苦哀求阿骨打，就是為了獲得營、平、灤三州，現在三州竟然擺在了眼前，可謂機不可失。

王安中不敢私自做決定，只好將張覺派來的李安弼和高黨送往了汴京。在汴京，李安弼和高黨作為說客，與原來遼國宰相李儼的兒子李處能（已經改名為趙敏修，在宋朝擔任延康殿學士）一起勸說宰相王黼，王黼又告訴了宋徽宗。於是，皇帝心動了。

北宋官場內並非沒有反對意見。反對最激烈的是出使金國最多次的趙良嗣[177]。雖然趙良嗣在談判時很想得到三州，但現在他認為，朝廷剛剛與金國簽訂協定，不應該立刻背信棄約，而應該首先處理好內部問題，等實力足夠強大了再說。

對於反對意見，宋徽宗並沒有聽進去。他給燕京副守詹度寫了信[178]，談到最好的策略是坐山觀虎鬥，先讓金軍與張覺鬥一場再說。但隨後他寫了第二封信，讓詹度偷偷地招納張覺，但表面上必須裝出不與張覺勾結。

六月初五，張覺秘密派人投降。與此同時，金國也在行動。金國不知道張覺已經投降北宋，派來了軍隊準備鎮壓。率軍的是金國大將闍母。六月二十一日，闍母的軍隊到達平州一帶。

由於平州的防衛最堅固，闍母首先率領兩千人馬到達營州城外。不過隨後他發現營州城也做了很好的防衛，守軍人馬眾多，準備充分。反而是金軍的士兵太少，很難獲勝。闍母於是在城門上寫下「今冬復來」幾個字，就撤退了。

金人的主動撤退被張覺渲染成一次大捷，派他的弟弟上報給宋徽宗。宋徽宗大喜，立刻授予張覺泰寧軍節度使，並且是世襲的。

皇帝的詔書由李安弼帶回給張覺，另外，宋徽宗還用金花箋御筆寫了一封信，交給張覺的弟弟，讓他親自轉交張覺。

宋徽宗做這些事，並沒有與他的大臣商議。外廷大多數官員都不知道，只有少數人聽說了。趙良嗣此時又站出來反對，堅持不應該毀掉盟約，甚至請求斬了李安弼。這個請求給他招來禍水，他被貶官了。

不幸的是，趙良嗣的說法是正確的。七月初十[179]，當李安弼返回時，滿面春風的張覺率領官員來到城外迎接。他沒有想到，金軍打聽到他今天要出城，乘他接旨的工夫發動了襲擊，將張覺和平州城隔開了。張覺雖然沒有被金軍抓住，卻無法返回城內，只好向燕京方向逃竄。

慌亂之中，宋徽宗的聖旨不巧被金軍得到。日後，這道文書就成了皇帝違反和約的鐵證。

金軍雖然將張覺趕走，圍困了平州，卻暫時無法攻克。他們轉而攻打營州，這次得手了。張覺的母親、妻子等家屬都在營州城內，被金人全部抓獲[180]。張覺的弟弟原本跟著他逃往了燕京，聽說母親被抓，立刻回了營州，被金人抓住。他不僅沒有救下家人，甚至連宋徽宗的親筆信也被金人得到了。

金人圍困平州達半年之久，才將其攻克下來。在這半年裡，北宋的軍隊如坐針氈。他們本不應該對平州城兄弟部隊的困境視若無睹，可是又得裝作不違背宋金和約，無法對平州城內守軍提供幫助。更有甚者，當金軍缺乏糧食，他們還得幫助金軍解決後勤問題。

直到第二年初，金軍將營、平、灤三州都拿下，才向北宋發來通牒，要求北宋將張覺等降將送還[181]。

北宋一開始送了個假首級給金軍，被識破了，你來我往又拖了數月，才在九月份[182]將張覺殺死，把首級用水銀泡起來，送給了金國。

張覺事件影響最大的，是郭藥師和他的常勝軍的士氣。

張覺被金軍驅趕時，是郭藥師收留了他，給他改名為趙秀才，藏在了常勝軍之中。

宣和五年八月十五日，郭藥師收留張覺不久，就打了一個大勝仗。解決了遼國對北宋最後的威脅：自稱大奚皇帝的蕭幹。四軍大王蕭幹在保衛燕京的戰爭中，是讓宋軍吃苦頭最多的人。自從逃往東北後，他一直想打回來，不斷地對內地發起進攻。六月時，他曾經從盧龍嶺方向越過燕山，攻破景州，殺掉了守將劉滋、楊伯榮，又在雁門鎮打敗了常勝軍，攻陷了薊州[183]。蕭幹眼看就要進攻燕京，但八月十五日，郭藥師率軍在峰山大敗蕭幹，斬首三千人，俘虜數千人，將他逐回了盧龍嶺，守住了山前地區。

由於損失了大半兵力，從此以後，蕭幹一蹶不振，於第二年初被部下所殺。

正月初六，河間府知府詹度獲得了蕭幹的首級，確認他已經死亡。

常勝軍幾乎是宋軍之中唯一能夠打仗的部隊，卻因張覺之死而人心渙散。

王安中接受皇帝密旨，逼迫張覺自殺。張覺不肯屈服，王安中不得不將他行刑，整個過程都被常勝軍將校看在眼裡。郭藥師甚至悲憤地說：「如果他們要的是我的頭，又該怎樣！」

此後常勝軍也變得懶散了。

宋朝方面也知道常勝軍不再可靠，宣和六年三月，在山西方向的宋軍建立了另一支部隊——義勝軍，是為了防禦常勝軍而組建的[184]。由於義勝軍待遇更好，許多常勝軍的士兵偷偷跑到義勝軍入伍。郭藥師為了防止士兵逃跑，開始用墨汁在士兵面上刺青，這讓常勝軍內部更加亂了套。

張覺的死亡沒有消除所有麻煩。由於他放走了大量的民眾，金軍以索要難民的名義繼續向北宋施壓。不僅在燕京地區，就連山後地區，也有許多民眾從金人控制區逃往北宋區域。他們無孔不入，即便想遣返，也不可能找到。到後來，北宋突然發現，宋金協議是一個根本無法徹底執行的協議，只能靠雙方的諒解來維持。一旦打破了諒解，就必然會產生糾紛。張覺事件已經打破了互信的基礎，衝突也就不可避免。

張覺事件的另一個影響，是讓宋金之間的山後諸州交割成了泡影。

宣和五年七月初七，宋軍在山西方向的統帥換了人。之前山西一直是童貫的地盤，由於童貫在收復兩京的戰爭中讓宋徽宗很失望，皇帝在燕京派王師中取代了童貫。等燕京穩住後，又在童貫的大本營動手，派遣譚稹取代他在山西的職務。

譚稹來到山西時，這裡的情況很複雜。首先，金人已經許諾將西京和山後諸州還給宋朝，但在阿骨打活著的時候比較積極，阿骨打一死，事情就拖了下來。隨著張覺事件的發生，金人更是藉口北宋破壞了協議，不再移交山後諸州。

但山後諸州也並不是鐵板一塊，而是分成了幾個區域。第一個區域是西京，也是整個山後地區的中心，是金人最不願意交還的地方。第二個區域是西京以北的諸州，這些州大都位於現在河北省張家口一帶，已經靠近草原，金人容易控制。但在第一、第二個區域之外，還有第三個區域，朔州、應州和蔚州三個州。這三州與北宋接壤，距離金國的東北本土非常遙遠，不容易控制。

事實上，金國最初攻克西京時，這些州都選擇了投降。但金人從西面調兵去攻打燕京時，已經沒有精力控制它們，這三州已經具備了獨立的地位。

譚稹到任後，對三州進行了招降，它們都歸順了北宋。河東地區的大將李嗣本乘機進駐三州，並運送物資防守。

可惜的是，在李嗣本還沒有準備好的時候，金國負責西部事務的元帥粘罕突然來到了西京，金軍大舉進攻擊敗了李嗣本，三州又都被金軍佔領了。

張覺事件之後，北宋收復山後諸州的希望更是徹底破滅了。

按下葫蘆起來瓢

從結果上論，宋徽宗收留張覺已然違背了和約；從技術上論，金國境內老百姓不斷逃亡，也讓北宋無法遵守和約。

但雙方的外交活動仍然在雜音不斷的背景下繼續進行。

宣和五年十二月二十六日，金國的賀正旦使來到汴京，向北宋皇帝慶祝新年。幾乎同時，向北宋宣告金太祖死亡的告哀使也到了。金國使節於宣和六年正月初六離開[185]。作為兩國往來的禮儀，宋徽宗為阿骨打的去世穿上喪服，停朝五日，同時派出賀正旦使和弔慰使前往金國[186]。

雙方友好的表像下暗流不斷。除了為張覺事件拉鋸之外，宣和六年三月，另一個衝突又起來了，這一次是因為一筆模棱兩可的糧草問題。

在一年前燕京交割的最後關頭，金國突然又讓北宋提供二十萬石的糧草，為了不節外生枝，趙良嗣被迫答應下來。

雖然這次約定可能是口頭約定，沒有寫入文件，但有證據表明宋徽宗知道這件事，也同意了。糧食也可能已經完成了部分交割，也可能拖延下來[187]。但即便宋徽宗知道這件事，卻沒有告訴後來的山西統帥譚稹。

現在，金國派使者到山西找到譚稹，要求將去年的許諾兌現。此時的山西正在為軍需不足而發愁。恰好這時在山西、陝西、河南一帶又發生了一次地震，加之朝廷為了解決財政問題，從其他地方大刮免夫錢（代役錢），連自身問題都控制不好。聽到金國的要求，譚稹毫不猶豫地拒絕了。

金人告訴譚稹，這是當初趙良嗣許諾的，譚稹反問，趙良嗣的口頭許諾算是憑證嗎[188]？

但譚稹的強硬缺乏必要的軍事後盾，也就在這時，金人開始進攻朔、應、蔚三州，同時將飛狐、靈丘兩個縣奪走。飛狐是連接山西與河北的主要通道之一，丟失了飛狐縣，意味著宋軍在防禦上又一次丟失了重要陣地。

鑑於譚稹的失敗，宋徽宗再次決定更換山西的統帥。這次被起用的，就是上次被放棄的童貫。

八月初九[189]，童貫重新上臺，肩負著一個重要使命：招降遼國天祚帝。在與金兵的鬥爭中，宋徽宗並沒有吸取教訓，加強本身防禦，反而醉心於外交活動。他重新想起逃亡中的遼國天祚帝。此時，天祚帝還在西北一帶活動，在游牧部落中依然擁有一定的影響力，如果結交了天祚帝，就能從側面對金國施壓，減輕北宋的壓力。

宋徽宗寫了一封親筆信，交給一位西域僧人帶給天祚帝，獲得回信後，又下了詔書，對天祚帝待以皇弟之禮，還賜予宅邸千間、女樂三百人[190]。

宋徽宗醉心於宋遼聯盟，卻沒有意識到，遼國現在已經是強弩之末，聯合遼國只會引起金國的進一步憤怒。

十一月三十日[191]，由於雙方矛盾的積累，童貫派遣保州廣勝安肅順安軍廉訪使馬擴、知保州辛興宗兩人前往雲中府拜見元帥粘罕，試圖解決山後諸州歸屬及戰爭難民去向等諸多問題[192]。

馬擴此時已經成為一名堅定的軍事主義者，他屢次呼籲朝廷加強防衛，打造一條堅固的防線，以抵禦金軍的入侵。

到了金軍營帳，粘罕卻不在雲中府，接待他們的是代理元帥兀室。雙方在極不友好的氣氛中見面。兀室為了壓制宋使的威風，首先要求他們按照參拜皇帝的禮儀拜見元帥，馬擴與他據理力爭，結果兀室拂袖而去，將使者留給了高慶裔。

高慶裔告訴馬擴，金軍重新攻克山後幾個州，是為了防止叛亂。交割問題也已經擱置，只要難民問題不解決，北宋違約風險仍在，金軍就不可能繼續交接。

馬擴回到太原，立刻向童貫報告，請求趕快進行軍事準備，因為金軍已經加強了飛狐、靈丘等戰略要地的防務，同時開始訓練軍隊。但童貫卻對他的建議置若罔聞。

馬擴是從軍事角度考慮問題，但童貫所要應付的局面卻複雜得多。事實上，北宋的財政在交割完山前諸州之後，已經出現崩潰的徵兆。

在中國歷史上，一旦一個王朝將要崩潰，首先歸咎的是天災。人們總會在史書上發現，戰亂年份的天災人禍特別多。事實上，任何時候都有天災，只是在繁榮時期，一次天災不會摧毀整個社會，皇帝放些糧食，親戚救助一下，不知不覺間就度過災害了。只要天災沒有產生巨大影響，史書可能就不記載。

但如果一個王朝政權正處於下降期，那麼天災發生後，社會力量不足以救助災民，就會產生更多的次生災害，造成重大損失，這時史書才會記載下來。

從最初籌組軍事行動（雖然慘敗收場，但沒有少花錢），到贖買燕京，加上要投入資金發展金人留下的近乎空曠的城市。由於要平衡花費，北宋提高了稅收，結果，造成民間抵抗天災的能力大幅度下降。

宣和六年記載的災禍有如下幾種：京師、陝西和河東地區發生了大地震；兩河、京畿、浙西地區發大水；西北的環慶、邠寧、涇原出現了大量的流民；更大規模的則是山東、河北地區的盜賊肆虐。所謂盜賊，其實是因為搜刮糧草過甚，加上連年凶荒，引發饑荒，榆皮野菜吃光後無以為繼，饑民只能落草為寇。其中最大的幾起寇亂：山東的張仙聚集了十萬眾；河北的張迪聚集了十萬，高托山更是號稱有三十萬人；其餘一兩萬的更是不可勝計[193]。

大大小小的寇亂讓北宋無暇顧及北方問題，也讓北宋對金國的防禦系統遲遲無法建立，於是，宣和七年（一一二五年）就成了北宋政府邁向敗亡門檻的一年。

許亢宗使團觀察記

宣和七年正月二十六日[194]，一個大型使團從汴京出發，前往金國皇帝的行營，去祝賀金太宗吳乞買的登位。

其實，吳乞買登位已經是一年多以前的事情，宣和六年五月[195]就已經派人來宣告登基。六月時，宋徽宗就決定派遣許亢宗（他的職位是奉議郎、尚書司封員外郎）擔任國信使，去金國祝賀吳乞買登基。許亢宗的副手是武義大夫、廣南西路廉訪使童緒。

除了道賀的使命之外，此時恰逢宋金衝突激化之前，他的出使也帶有查看金國是否有出兵的意圖。這次出使的文獻記載被保留了下來，其中不僅詳實記錄了古代外交出使規則，還著重描繪了金國早期社會市民生活景況。

除了正副使節之外，這個龐大的出使團隊還有八十人，其中士兵三十五人，其餘是各種雜官使役，包括一名醫生和兩名翻譯。

人員之外，是龐大的車馬隊，包括載雜物的車三輛、載雜物的駱駝十匹、大小馬匹十二匹。禮物則有御馬三匹，用塗有金銀的鞍轡裝飾；象牙、玳瑁鞭子各一條；塗金半鈒八角飲酒斛（帶勺和蓋）兩隻；塗金半鈒八角銀瓶（帶蓋）十個；塗金大渾銀香獅（帶座）三隻；著色繡衣三袋；果子十籠；蜜煎十甕；芽茶三斤。

使團從正月二十六日離開汴京，到八月初五回到京城，一共用了七個多月，單程四千二百七十里。其中在原來宋遼邊境以內一共一千一百五十里，行走了二十二程。使團到達宋遼舊土白溝之後，在新得到的燕京地區和金國境內又走了三千一百二十里，一共三十九程，最終到達位於金國上京（現黑龍江阿城）附近的冒離捺缽，見到了金國新皇帝吳乞買。即便中間不休息，使團也需要六十一天才能到上京，計算來回，在路上就需要四個月時間。

許亢宗離開了白溝之後，經過新城、涿州，在第三程到達良鄉。良鄉的老房子曾因戰火蔓延損失殆盡，但已經有數千戶人家重新回來建設家園，又有了繁榮景象。

第四程，許亢宗渡過盧溝河進入燕京。當時還沒有著名的盧溝橋，只有一座浮橋連接兩岸。燕京城內早已恢復了繁華，市場裡百貨豐富，廟宇繁盛，欣欣向榮。

但是，從第五程（當天到達潞縣，位於現在的北京通州）開始，許亢宗看到的則是另一番景象。由於當年燕山大饑荒，竟然有人在死人身上插杆簽，當作可以吃的肉來售賣。郭藥師的常勝軍吃得還不錯，但是其他雜牌軍（牙兵）就形銷骨立了，按照許亢宗誇張的說法，戍兵已經死了十分之八左右。由於上下互相欺騙，皇帝無從知曉這裡的慘狀。

不過，許亢宗也提到，朝廷已經開始想辦法利用漕運解決當地的饑荒問題。

回程時，饑荒問題已經得到緩解。

第六、第七、第八程，經過三河市、薊州到達玉田縣。玉田縣剛剛在四個月內遭受了三次劫掠，軍民被屠殺，守燕山的王安中只好建一座新城。

到第十程時，許亢宗經過了韓城鎮向北到了清州。宋金的邊境就在韓城以東十餘里的地方。金人在這裡立的邊界並不在溝塹上，只有高兩、三尺的兩個小土坎。兩界中間有一里寬的空地，不准人耕種。金人的接伴使就在邊界上等待，宋使先投牒過去，接伴使再投牒回來，然後請宋使過界，必須邀請三次才上馬。上馬之後，立於界上，兩個使者互相換牒，拿著鞭子作揖，這才算結束禮節。

中國古代從關內前往遼東地區向來走的是燕山山脈上的各個關口，如古北口、松亭關、居庸關等，很少經過山海關（榆關）這個靠海的關口。其原因是山海關的形成時間比較晚，一直是海邊泥濘的灘塗，並不適合行軍。但到了宋金時期，交通要塞山海關已經成型。

金代山海關稱為榆關。到第十四程時，許亢宗使團從營州出發，經過六十里行程，到了榆關，再從榆關北行四十里到達潤州（今秦皇島海陽鎮）。在榆關許亢宗感慨萬分，他感慨的是，從關外進入關內一共有五條路，其中居庸關可以通大車，松亭（通往遼中京）、金坡（應該為易縣以西的紫荊關）、古北口只能通馬，榆關暢通後已經可以通車。其餘還有十八條小道只能走人，因此利用價值不大。

要想限制北方士兵進攻北宋，必須將所有的關口都佔據，但實際上，北宋只佔據了西面的三個，東面兩關丟失，特別是山南的營、平、灤三州丟失，幾乎註定了宋朝的悲劇。

從榆關過境，只十幾里就是一片塞外風光，表明已經出了漢文化區。山內五穀百草森林水果，無所不有，山外則是黃雲白草山黑水濁。

經過了三十九程，終於到達了位於黑龍江阿城境內的捺缽，許亢宗使團住在了國賓館。這個國賓館只是三十幾間的大茅舍，土炕上鋪著錦繡貂皮被子。

許亢宗待了兩天，才獲准朝見。

皇帝的行宮距離國賓館還有十里路，中間是一望無際的平原，只有數十家居民散落其間。接伴使說快到了，許亢宗竟然什麼也看不到。又向北走了百餘步，才發現一個土城堡，城堡高丈餘（三、四米），圍了三、四頃地，大約合二十萬平方米。這就是皇城了。

土城堡裡帳篷和房舍錯落其間，房舍都是新建的，有的還沒有蓋好。中間的大殿叫乾元殿，是木頭蓋成的七間房，連屋頂都沒有建好，只是蓋上了瓦片，用泥補上縫隙。不過大殿已經有了象徵皇家威儀的鴟吻（木頭做的）。大殿的臺階高四尺多，臺階前一個方闊數丈的土壇，叫作龍墀。

要想到達大殿，必須經過一個叫作山棚的建築群，山棚是用各種石頭壘砌的園林建築，做成了仙佛龍象的形狀，種有松柏，還弄了幾個會口技的人在附近學鳥叫。如果將山棚與宋徽宗的艮嶽做個對比，會讓人對金人的簡陋感到吃驚。雖然山棚簡陋，卻起了很不錯的名字，左面叫桃源洞，右面叫紫極洞，中間叫翠微宮。

這是金人學習漢文化的早期階段。金國人之所以要招攬燕京地區的人，就是為了尋找工匠。許亢宗在時，每天都有數千人在興修這個建築群。另外，金人對於禮節的癡迷簡直讓人感動，皇帝不斷請許亢宗大吃大喝。第一天請吃飯時使用了各種金銀酒器象牙玳瑁，也有從各地掠奪的教坊人士演奏作樂。第二天賜酒果錦帛。第三天是花宴，吃喝時夾雜著各種雜技表演助興。第四天是王公大臣們請客。第五天終於到了辭行時，但還是要吃喝賞賜。

第六天，宋使回程，仍然按照來時的路返回。

但是，回程時許亢宗卻發現了一個非常危險的跡象：金人似乎正在進行大規模的軍事調動，他們在向南部邊境轉運糧草，調撥兵馬。他找到漢人出身的居民詢問情況，對方也毫不隱瞞地告訴他，金人就要入侵宋朝了。

回到汴京，他想立刻將這個最具軍事價值的情報上奏給皇帝，卻聽說皇帝已經下達了命令：凡是敢妄言邊疆事務的，流徙三千里，罰款三千貫，遇到皇帝的大赦也不赦免。於是許亢宗的消息並沒有送到宋徽宗耳中[196]。

他八月初五回到汴京時，距離金國後來發兵已經不足四個月了。

在許亢宗去往金國的宣和七年（一一二五年）初，發生了一件大事，也預示著宋金兩國向戰爭更靠近了一步。

二月初，金國終於把遼國的末代皇帝天祚帝抓住了。關於抓捕過程，有不同的說法，但最典型的說法認為，天祚帝之所以被抓，和北宋的烏龍助攻有關[197]。

之前，天祚帝躲到西北的夾山之中不肯出來，由於山高水遠，金人也拿他沒有辦法。但宋徽宗接受了童貫的建議，決定招撫天祚帝，一開始只是寫信，後來改成了詔書，把天祚帝當成弟弟對待。天祚帝雖然願意投靠北宋，但在夾山與北宋邊境之間，橫亙著金國的疆土。金國在西北的元帥是粘罕，善於用兵，只要他在，天祚帝就躲在夾山不敢出來。

正月，粘罕突然回東北述職去了，代理元帥是兀室。天祚帝認為這是好時機，於是帶領他的契丹、韃靼人馬，以及后妃和兩個兒子秦王、趙王，大搖大擺，如入無人之境，向宋境趕來。

他們剛從夾山出來，來到雲中（大同附近），兀室立刻率軍斷掉了他們的歸路。天祚帝才知道這只是金人布的一個局。粘罕也突然回來了，率軍堵住前路，再追襲天祚帝，將他的部隊截住俘獲。只有少數人跟隨天祚帝逃到了一個叫作小斛祿的部族之中。小斛祿在去往西夏的路上，所以，天祚帝最終的目的地可能是西夏。

另一種說法則認為天祚帝被抓與北宋沒有關係，是天祚帝想趁粘罕不在，率領三萬到五萬人馬發動一次突襲，失敗了逃亡到小斛祿[198]。

不管哪種說法，天祚帝最後都來到了小斛祿這個部族中。

在小斛祿，天祚帝的命運又有不同說法。有的說，小斛祿非常忠誠於遼國，因為兒子和妃子都被金人抓住，為了保護天祚帝不被金人俘獲，天祚帝率領少數人馬繼續逃亡[199]。另一種說法則認為是小斛祿出賣了天祚帝，將他的行蹤報告給了金軍[200]。

天祚帝離開小斛祿之後，繼續向西夏逃亡。為了防止他向北宋逃，金軍在宋金邊境地區駐紮大軍，每三十里設一百騎，防止他穿過火線[201]。同時，金軍派人到童貫處，威脅說，知道宋軍和天祚帝是勾結的，如果天祚帝去了北宋，兩國和約立刻失效。童貫當初是招撫天祚帝的推手，現在害怕了，只好偷偷下令，一旦有契丹人過境，不管是皇帝還是士兵，立刻殺死，再送給金國[202]。所幸的是天祚帝沒有進入宋境，否則連命都保不住了。

天祚帝想投奔西夏，但西夏卻不敢收留他[203]。他最後被金軍婁宿的部隊追上。關於抓住天祚帝的場景也有不同的說法，有人說他已經形單影隻，騎著一匹馬，帶著兩匹輪替馬，單身逃亡，被金軍圍住，只好下馬說：「我就是遼國皇帝！」金軍將他捆起來時，他還呵斥說：「你們竟敢捆綁皇帝[204]！」另一種說法是婁宿騎馬來到天祚帝面前，跪下請求皇帝原諒，請他喝酒，讓他以為不會被殺，這才投降[205]。

不管哪種說法符合真相，天祚帝的被俘都意味著殘遼勢力的徹底瓦解，也讓金國騰出手來面對北宋問題[206]。

由於獲得了天祚帝的殘餘地盤，金國的國境已經遍佈中國北方，它已經不像當初那樣只是一個東北的小部族了，看待問題也不再站在東北本位上，雲州也不再被看作是遙遠的地方。到這時，北宋就危險了。

風雨前夜

在北宋，最著急的人是馬擴，他不斷呼籲要重視金國問題，趕快建立強大的防禦體系，以應付金國的進攻。

作為北方防線負責人，童貫並非不著急。他的苦惱比馬擴知道的還多得多。除了金人問題，郭藥師的常勝軍也成了隱患。自從張覺死後，郭藥師總是擔心自己也會被北宋朝廷出賣，也變得不可靠了。常勝軍作為一支特殊部隊，花費的錢財比普通部隊高得多，他們驕橫跋扈看不起其他軍隊，也看不起朝廷。可是北宋又必須依賴這支軍隊，因為它幾乎是北宋唯一能夠打仗的部隊。山西雖然建立了義勝軍，但在與金人的對抗中並沒有顯出能力。

前一年十一月時，童貫詢問馬擴應該怎樣對付常勝軍，馬擴回答，在河北方面，只有常勝軍能打仗，一旦朝廷離開常勝軍，河北就守不住了。可常勝軍卻不再可靠，萬一造反，沒有其他軍隊能夠反制它。考慮到常勝軍只有三萬人，現在唯一的辦法，就是在陝西、山西、河北地區挑選十萬人，由三個驍勇善戰的將領率領，分別駐紮在河北地區的燕京、廣信軍（或中山府）和雄州（或河間府）。打仗時，四軍（三軍加常勝軍）一起行動可以增加戰鬥力，平常又可以用三倍的兵力防範郭藥師叛亂[207]。

童貫認為這是好辦法，但是十萬人太難找了。

他最終還是採納了馬擴的提議。宣和七年三月二十九日，童貫從山西地區前往河北地區，名義上是犒勞常勝軍，實際卻將河北地區分成了四大戰區，中山府由辛興宗負責，真定府（現河北正定）交給了任元，河中府楊惟忠負責，大名府王育負責。但在士兵上，只能招募逃兵和流民，其戰鬥力仍然不可知。

童貫犒勞常勝軍時，郭藥師也恩威並施。童貫還沒有進入燕京界，郭藥師已經率領數騎在易州邊界等待，見到童貫，倒頭就拜。童貫連忙說：「你現在的官職也是太尉，和我的官職平級，不用拜。」郭藥師卻回答：「太師如父，我只是在拜父親。」

雖然對童貫很敬重，郭藥師卻想讓童貫知道只有他的軍隊才是有戰鬥力的。他們騎馬來到一片荒地，童貫正在遲疑，郭藥師一揮大旗，突然從漫山遍野間冒出許多士兵，鐵甲反射著日光，不知到底有多少。這件事讓童貫清楚，以後還是必須依靠郭藥師的部隊[208]。

整個下半年北宋境內都瀰漫著一種山雨欲來的感覺，不管是馬擴、童貫，還是其他人都預感金人還會再來，又無可奈何地做著註定不夠充分的準備，自欺欺人地希望還有時間。

九月二十四日，一個好消息傳來：金人又派出了一個使團來到汴京，這個使團名義上是向大宋皇帝彙報，遼國天祚帝已經被抓住了。雖然天祚帝在二月份被俘，但由於準備出使需要時間，現在才來告捷也並不算晚。也許，只要對方還願意派使節來，就不算壞事[209]。

這個使團從六月份[210]出發，九月底才到汴京，速度並不快。皇帝還是好好地招待了使團，直到十一月初八，才將使團送回。

北宋君臣鬆了一口氣，卻不知道，這已經是金國在和平時期最後的使團，目的就是在刺探情報的同時，穩住北宋君臣的心。

與此同時，金軍的大調動仍然在進行中。在北宋的邊境地區，已經可以看到金人的軍隊。警報接連不斷地傳來：九月二十四日，位於山西的河東地區奏報，粘罕軍隊正在調動南下；十月初五，位於河北的中山府探報，金國國相粘罕與副都統耶律余睹帶兵來到蔚州柳甸，在這裡舉行了閱兵儀式；十月十八日，金國軍馬一萬五千人，加上從河東、遼東選派的其他民族士兵一萬人，來到平州和雲中府兩地駐紮，這兩地在宋金邊界的最東端和最西端；十月二十一日，中山府繼續奏報，除了在雲中府等處，在更近的蔚州和飛狐縣等地，也出現了女真軍隊在徵集糧草[211]。**關於金人入寇的奏章一共一百七十餘通，卻都沒有引起重視**[212]。

一切都表明，一場大規模的入侵一觸即發。

但此時的宋徽宗一面接待著金國的使者，一面在準備十一月十九日盛大的南郊祭祀活動，沒有人敢告訴皇帝正在發生什麼[213]。

最後關頭，童貫仍然抓不準金人的意圖，十一月十一日[214]，他派馬擴和辛興宗兩人前往雲中去見金國元帥粘罕，探查一下金人是否有意南侵。作為掩護，兩位使者名義上是去協商山後諸州的歸還，童貫建議金國只用歸還蔚州和應州，其餘的州縣北宋就不要了。

當時山西隆德府的義勝軍有三千多人投降了金軍，還有不少人逃亡。北宋花了很大的力氣培養的這支隊伍，曾以為可以與常勝軍匹敵，實際卻沒什麼用處，甚至還給北宋製造麻煩。馬擴等人一路上逆行於義勝軍的潰軍之中，於十一月二十一日到達邊境，又待了幾天，才被允許見粘罕。

當馬擴等人提出童貫的建議時，粘罕笑著說：「山前山後都是我家的地盤，不僅不會歸還，你們還需要再割幾座城池才能贖罪。」

此時，粘罕已經下決心入侵北宋了。馬擴猜測，在擒拿了天祚帝之後，粘罕還在猶豫不決。但義勝軍的叛變，以及常勝軍中的幾個叛徒讓金國看清了北宋的底細[215]。除了隆德府的義勝軍之外，在易州，有一個常勝軍首領叫韓民義，由於和上級搞不好關係，率領五百人投靠了金國。韓民義告訴粘罕，在常勝軍中，只有最大的首領郭藥師還忠於宋朝，其餘的人由於張覺事件的影響，已經對北宋離心離德了。

在宋軍的部隊裡，金軍最忌憚的就是常勝軍。得到了這個情報，加上部下的勸說，粘罕終於下定了決心。

另外，在金國還有一個龐大的遼國降臣群體，他們是勸說金國皇帝征宋的死硬派。由於女真長期地處偏遠，對中原地區還不夠瞭解，地理知識很多要靠遼國人（包括契丹人和漢人）給他們補充。遼國自從被征服之後，降臣竟然迅速地上升為金國的另一個貴族群體，他們以統治者的心態看待北宋，他們曾經的土地、莊園等也已經併入北宋，只有攻宋才能拿回屬於自己的東西。

在這些人中，最突出的是早期投降女真的契丹人耶律余睹，其次則是兩位在金國擔任了宰相的漢人高官劉彥宗和時立愛。再次是低一級的官員締里、稿里、特離不、王芮、鐸剌、乙信、特可、九哥、馬五、耶律暉、毛曷魯、三寶奴、楊天吉、蕭庭珪等。

在游牧民族的文化觀念中，將被征服者的妻女搶去當老婆也不是什麼見不得人的事情，還被當作一種快速實現血緣融合的最好辦法，也是消除敵對的手段。遼國天祚帝被俘後，金人的兩大元帥（他們兵分兩路進攻北宋）都用這種方法和天祚帝結了親。東路元帥斡離不娶了天祚帝的女兒金輦公主，西路元帥粘罕娶了天祚帝的妃子元妃。

當兩大民族在血緣、君臣關係上都在融合時，遼國的降將們就成了金人攻宋的最佳推手和幫手[216]。

馬擴應該感到幸運，由於他與金國將領的關係不錯，粘罕派人將他護送回宋境。而另幾位北宋的使者就沒有那麼幸運了。就在馬擴出使的同時，還有兩撥宋朝使者在去往金國的路上。一撥是北宋派去的接伴使傅察和蔣噩，他們本來是去接金國的賀正旦使的。每年春節，兩國都要互派的使者叫作賀正旦使，對方使節一入境，就必須派本方使節去接待，這就是接伴使。在宋金戰爭沒開始時，傅察等人按照規矩早早地在邊境地區的薊州玉田縣韓成鎮等待對方的賀正旦使。但對方使節並沒有來，反而是十一月二十八日，從河北進攻的金軍元帥斡離不攻破薊州時，將使團抓獲。蔣噩投降了金軍，傅察卻由於不肯向金人參拜而被殺。

另一撥宋使是回慶使賀允中和武漢英。當金軍告擒天祚帝的使節離開時，宋徽宗派人前往祝賀，就是回慶使。金軍使節完成了任務之後，於十一月初八離開汴京，恰好在金軍入侵之前出境了。但與他們同行的回慶使卻在十一月二十八日被斡離不抓住，那時斡離不剛好攻下薊州。賀允中被關了起來，而武漢英則乾脆投降。

馬擴等人回去時，粘罕連書信都沒有給他，而是告訴馬擴，金軍給童貫寫的信已經在路上了。

粘罕給童貫的信寫於宣和七年十一月三十日，語氣非常不遜，直言不諱地說：「兩朝之事，若不互相融會，須至戰爭[217]。」

在另一封給北宋宣撫司的信中，更是列舉了北宋多次違背誓言的事實，拖延下去講道理已經沒有意義，只有動用軍隊一條路[218]。

在另一封出兵檄文中，更是直截了當地提出，當初北宋迎接平州的張覺，是圖金國的土地，而現在金國伐宋，是以其人之道還治其人之身，圖北宋的土地。

宋徽宗如果想講和，只有一條路，就是以黃河為界重新劃定領土[219]。如果北宋接受這個條件，相當於不僅沒有得到所謂的燕雲十六州，就連整個河北、山西地區也會失去，只留下無法守衛的黃河南岸廣大平原。

這些信件由使者王介儒與撒盧母帶給童貫。在金使到達之前，馬擴已經回到了太原，他告訴童貫，應該放棄幻想，準備戰鬥了。就算到了這時，童貫仍然不肯相信戰爭已經開展。直到第二天金國使者到來，他還要好好地招待金國使者。

看完信之後，他問使者：「為什麼不早點告訴我啊！」

使者撒盧母回答：「軍已興，何告為？」[220]

宋金之戰就在北宋君臣的手忙腳亂和金國將領的精心準備中展開了。

註解

174 關於張覺的名字，有兩種說法，《三朝北盟會編》、《宋史》等寫作張覺，《續資治通鑑長編拾補》寫作張瑴。但兩者讀音相同。

175 參考《續資治通鑑長編拾補》。

176 參考《三朝北盟會編》。

177 參考《宋史．趙良嗣傳》。

178 《三朝北盟會編》記為六月初二。

179 根據《三朝北盟會編》。

180 宋．蔡絛《北征紀實》。

181 《大金弔伐錄校補》第二十七篇。

182 根據南宋．王稱《東都事略》。

183 參考《契丹國志》。

184 根據《三朝北盟會編》。

185 日期根據《續資治通鑑長編拾補》，《三朝北盟會編》將金使的離開定為正月二十九日，相差甚遠。

186 校書郎連達夫為正使，武略大夫張撝為副使。

187 見《大金弔伐錄校補》第二十六篇。

188 參考《續宋編年資治通鑑》。

189 根據《三朝北盟會編》。《宋史》記載是八月十一日。

190 參考《續宋編年資治通鑑》。

191 根據《三朝北盟會編》。

192 參考《茅齋自敘》。

193 參考《續資治通鑑長編拾補》。

194 宋．許亢宗《宣和乙巳奉使金國行程錄》。

195 根據《續宋編年資治通鑑》。

196 參考《宣和乙巳奉使金國行程錄》。

197 參考《續資治通鑑長編拾補》。

198 參考《茅齋自敘》。

199 宋．蔡絛《北征紀實》。

200 參考《契丹國志》。

201 參考《北征紀實》。

202 參考《續資治通鑑長編拾補》。

203 參考宋．洪皓《松漠紀聞》。

204 參考《北征紀實》。

205 參考《契丹國志》。

206 天祚帝被封為海濱王，送長白山，一年後死亡。

207 參考《茅齋自敘》。

208 參考《北征紀實》。

209 根據《續宋編年資治通鑑》，為了迷惑北宋，金軍在前後還派出了兩個使團（一共三個），第一個是報謝通好使團，第二個是告慶得天祚帝使團，第三個是賀天寧節（宋徽宗生日）使團。三個使團一撤，戰爭隨即開始。

210 參考《大金弔伐錄校補》。

211 參考《三朝北盟會編》。

212 參考《續資治通鑑長編拾補》。

213 參考《文獻通考》卷三百一十。

214 參考《續資治通鑑長編拾補》。

215 參考《茅齋自敘》。

216 參考《大金國志》。

217 《大金弔伐錄校補》第二十九篇。

218 《大金弔伐錄校補》第三十篇。

219 《大金弔伐錄校補》第三十一篇：昔彼納平山，是圖我疆，今伐汴宋，是圖彼地。茲所謂出乎爾，反乎爾者也。若趙佶深悔前非，聽命不違，則雖云無外，且未深圖，止以黃河為界，聊報納叛之由。是知自黃河以來，皆係我民。

220 參考《茅齋自敘》。

第七章、閃擊戰

鉗形攻勢與制敵之道

宋金邊境從山西延伸到河北，大致以燕山劃界，分別稱為山前和山後地區。河北地區，由於金軍佔領了營、平、灤三州，已經進入了山前的地界。

在宋代，從山後進入中原，一般有兩條路可以走。第一條路（西線）是從塞外經過山西的大同（雲州，雲中）南下，從雁門關穿越句注山之後進入太原盆地，然後從太原盆地繼續南下，穿越太嶽山的南北關，進入上黨地區，如今的上黨地區最著名的城市叫長治，在宋代稱為隆德府。再從上黨經過現在的晉城以南的天井關翻越太行山餘脈，到達黃河北岸的濟源、沁陽（宋代稱懷州）一帶，然後渡過黃河，向汴京進攻。這條路需要翻越一系列的山脈和高地，行軍並不容易，對於防守方非常有利[221]。

第二條路（東線）則是從河北地區南下，經過華北平原，渡過黃河，向汴京進攻。因為它主要在一望無際的大平原上，這條路對於金人相對容易。由於缺乏地理上的防禦屏障，宋軍的防線主要靠平原上一個個城市之間互相支持。不過，金人如果想要從這條路進攻，首先必須翻越燕山山脈佔領燕京，才能進入華北平原。另外，營、平、灤三州也給金人提供了另一條出兵路線。但不管是佔領燕京，還是從營州出兵，難度都比第一條線路低很多。

兩條線路之間隔著巨大的太行山脈。太行山脈之間有八條孔道，稱為太行八陘，其中主要有三條孔道可以溝通兩條進攻線路。

金人的進攻策略也是圍繞著這兩條線路展開。具體安排是：

金太祖完顏阿骨打的次子斡離不掌管東路軍。攻克燕京後，斡離不把樞密院建在燕京，由遼國的投降官員劉彥宗擔任書記官，劉彥宗對北宋非常瞭解，是金國內部最強力的主戰派之一。

金國元帥粘罕掌管西路軍，樞密院設在了雲中府（金人佔領西京後設立雲中府），由時立愛掌管書記事務[222]。

當時金人內部稱這兩個分別位於燕京和雲中的樞密院為「東朝廷」和「西朝廷」。

負責東路的二太子斡離不是晚輩，軍事經驗相對不足，性格也較為和善，又很好色，與西路的國相粘罕比起來更好打交道。國相在和遼國作戰時積累了豐富的戰爭經驗，他也曾經對北宋友善，但在和北宋打交道的過程中，卻逐漸變成了強硬派，同時，他對地理非常熟悉，知道金國必須控制哪些地理樞紐，才有利於未來的擴張。

在進攻線路上，友善的二太子選擇了容易進軍的東路，而經驗豐富的國相要啃西路的硬骨頭。這對於宋軍是一種幸運，他們只要借助地理優勢抵禦老辣的國相，就容易對付二太子的兵馬。因此，宋軍在戰爭中並非毫無勝算。

除此之外，東路既然是宋軍地理戰略上的薄弱環節，就應該加強東路的防禦，避免被金軍利用。在戰爭剛開展時，還在童貫營中的馬擴就提出了一個策略。

他的策略強調：河東（即西路，山西通道）路險，地多關隘，士兵熟悉戰鬥，金軍很難長驅直入。但河北（東路）就不同了，在雄州、霸州旁邊還有水塘保護側翼，在廣信軍、中山、保州（現河北保定）一帶，全是平原坦途，金人最怕的是位於燕京的常勝軍，可一旦常勝軍出了意外，金人一定順著大平原長驅直入，直達黃河，並與西路形成策應。

在兵法中，進攻的最佳策略就是形成多路協同的鉗形攻勢。進攻方很少會選擇單路冒進，總是選擇兩條或者多條通路，齊頭並進，如同一個鉗子的兩條或多條腿，將目標緊緊夾住。但要做到鉗形攻勢，必須兩個鉗腿形成策應，互相減輕壓力，又共同打擊敵人。如果沒有策應，這樣的鉗形攻勢就是死的。

金人進攻的東西兩路就是鉗形攻勢的典型應用，而太行山上的通道，就是兩個鉗腿的策應點。馬擴意識到，關鍵點正是河北的真定，真定距離太行山道的紫荊關通道和井陘通道都不算遠，這裡城池堅固、糧草充足，只要長期堅守，就可以防止金人的兩路取得聯繫，又可以牽制敵人的東路軍。敵人只要佔領不了真定，就不敢輕易南下，即便南下，也要面臨被側翼襲擊的風險[223]。

馬擴的意思是，請童貫一方面死守山西（西線），另一方面將主戰場放在河北（東線），以真定為基地防止敵人東路軍的推進，並乘機決戰。

事實上，不見得一定是真定，只要宋軍能夠進行有效組織，實施守土抗戰，不輕易放棄一城一池，那麼敵人雖然可以佔領一部分城池，但總會有城池沒有被攻克。金軍必須繞過這些堅固據點繼續前進，當他們的戰線拉得足夠長時，後勤就必然會出問題。另外，金軍要守住已經佔領的城池，也需要花費兵力，經過一段時間後，金軍的兵力必然不夠用了。後勤出問題，兵力又不足，到時宋軍反擊，金軍必敗無疑。

對於宋軍來說，要想熬到反擊，最關鍵的是下定抗戰的決心。

童貫雖然贊同馬擴的計謀，卻不打算由他本人親自執行。身在太原的他想的唯一事情就是儘快回到汴京。他認為汴京才是安全的地方。

於是，北宋就在童貫的心猿意馬中迎來了金軍的進攻。

長驅直入

宣和七年十二月初一[224]，金軍的東路軍攻破檀州。檀州位於現北京密雲一帶，已經到了北京盆地，越過了燕山。

十二月初二[225]，金人東路軍攻克薊州。

十二月初五，西路軍金國使者到達太原，向童貫下戰書。

十二月初七，宋軍統帥童貫決定從太原回汴京。童貫是宋徽宗防禦金國最依賴的人，之前幾乎所有的策略都和他有關，如果他留在山西或者河北指揮抵抗，北宋的軍心會很快穩定下來，但他決定離開，軍心渙散就一發不可收了。在他走之前，太原守衛張孝純和兒子張浹曾經勸說他留下，他回答：「我只是受命宣撫，不負有守土的責任，如果要宣撫司守土，還要你們幹什麼？」

他鼓勵張孝純好好堅守，等他到了京城，會立刻派兵馬來策應。言外之意是如果他童貫留在這裡，反而對整個戰局是沒有好處的[226]。

張孝純只好感歎童貫平常耀武揚威，關鍵時期卻膽小如鼠。他對兒子說：「罷了罷了，咱們父子死守吧！」

就在童貫決定南逃的當天，東路的郭藥師卻和金人打了一場生死大戰。由於金軍已經獲得了檀州和薊州，距離燕京已經很近，郭藥師屯兵燕京東郊已經二十餘天。他在十二月初二準備出戰，可宋軍中有人對他不放心，讓他不要單兵突進，等待另兩位將軍張令徽和劉舜仁，然後三軍一起出擊。

十二月初六，三路軍馬集結完畢，並進到燕京東面的三河一帶，三河附近有一條河叫白河，宋軍在西岸，金軍在東岸。郭藥師的兵馬戈甲鋥亮，隊伍整肅，連金軍都感到有些發怵。

半夜裡，郭藥師率軍渡過白河。金軍立刻迎上，阻止他們繼續前進。第二天一早宋軍與金軍擺開了戰陣。宋軍在西面，北翼是張令徽和劉舜仁的軍隊，南翼是郭藥師。金軍在東面，北翼是二太子斡離不，南翼是其他人的部隊。

郭藥師的軍隊不愧為常勝軍，鏖戰三十餘里，將面前的金軍擊退，他們到達了金軍的寨子，卻發現沒有帶火種無法將對方的營壘燒毀。

就在這時，傳來了宋軍北翼敗退的消息。張令徽首先被擊敗逃走，接著劉舜仁也被擊退了。郭藥師聽說後，只好率軍撤回，失去了全勝的機會。

雙方戰鬥的煙塵遠在燕京城都可以看到，白河距離燕京大約有八十里，據當時在城上的許采[227]記載，站在城東城牆上，向著白河方向望去，塵埃如同雲氣遮蔽天空。很久之後，張令徽首先逃回，過了一會兒，劉舜仁也到了。直到晚上，郭藥師才回到了城內，三人互相詆毀，爭吵不休。根據統計，郭藥師最核心的所謂「硬軍」三百人，只剩下一百二十人活著回來。

但不管怎麼說，金軍也損失慘重。這場戰鬥以雙方勢均力敵，各遭遇損失而告終。這至少表明，宋軍的戰鬥力並不比金軍差，只要組織得當，燕京是可以保住的。接下來就看雙方怎樣部署了。

十二月初八，童貫按計劃離開太原南逃。與他一同離開的還有參議宇文虛中，機宜范訥、王雲、宋彥通等人。

同日，馬擴離開太原，前往真定參與防守。他從童貫處要來了一個命令，允許他在中山、真定一帶招納三萬人，在真定參與防守[228]。

到這時為止，事情還都在意料之中。但突然之間，傳來了令人震驚的消息：

郭藥師投降了！

不過，回頭復盤，會發現整個事件中，郭藥師可以被人指責的地方並不多。反而是如果他不投降，就擺脫不了死於非命的命運，而且很可能不是死於敵人之手，而是死於己方叛徒之手。

就在戰鬥結束後的當天夜裡，駐守燕京城東北門的守將決定投降。他想拿郭藥師當作見面禮，還專門詢問：「你們是要活的郭藥師，還是死的郭藥師[229]？」這件事被郭藥師發現了，他隨後還發現，事情並不是一個小小的城門官投降這麼簡單，背後的大頭目實際上是當天吃了敗仗的張令徽和劉舜仁。也就是說，當天的敗仗是已經註定的，不管常勝軍死多少人，花多少力氣，都不可能取得勝利。

宋軍中複雜的關係讓這個只懂打仗的漢子感到無助。他的性格的確有很多問題，比如過於縱容他的軍隊、與別人無法相處、雖然投降北宋，卻保留了很多遼國的習俗，不肯被宋軍同化……等等。但他在投降之前，至少打仗從來沒有懈怠，可是從北宋的皇帝到將軍，無一不對他充滿了防範，還不斷地預言他會惹麻煩，或者搞叛亂。即便這樣，他還是在盡全力與金人打仗。

當宋軍內的叛軍要將他的人頭送給金人時，事情終於起了變化。郭藥師決定，與其讓別人將自己的人頭送過去，不如自己將個人和整支軍隊都送過去。

他給金人寫了降表，又召集燕京城的官員蔡靖、呂頤浩、李興權、沈琯在家開會，人來後，他宣佈投降，將眾人軟禁。蔡靖想要自殺，被人攔下。郭藥師表示投降實在是迫不得已，不能和在座之人一樣保全節操了，說完痛哭流涕。

當晚，燕京四處起火，士兵們開始劫掠。這座以巨大代價換回的城池，在宋軍手中只保留了兩年，就再次，也是永久性易主了。

第三天，金軍進入燕京城，休息四日後，斡離不離開燕京，繼續南進。蔡靖被留在了燕京，幫助維持燕京秩序，其餘官員中呂頤浩、李興權、沈琯、杜時亮、陳傑五人被帶在軍中，以便隨時起用。郭藥師也率軍跟隨斡離不離開，成了金軍入侵的幫手。

由於燕京失守，整個河北地區一片亂象[230]。涇州[231]守將郁中正被金人囚禁，景州守將吳震從海道逃走，薊州守將高公乾率領衛隊南逃，檀州守將徐傑也在逃竄之中，順州守將林良肱還在向燕京方向移動，涿州守將葛逢更是在這之前就逃亡了。易州守將黃烈在逃出城時，從城牆墜下摔斷了左腳，人們就把他的右腳也折斷，死了。

就在河北地區亂套時，山西地區形勢也變得嚴峻起來。童貫逃走前後，金軍已經開始針對北宋邊境地區展開了行動。

北宋山西地區的中心在太原，金國的西部中心在雲中（大同）。太原和雲中之間分佈著北宋的北方防線，而又以四個州最為重要，它們是朔州、武州、代州和忻州。朔州與大同在同一個盆地之中，是對雲中最好的牽制，武州位於朔州的西南山區之中，地理位置居高臨下，構成朔州防線必不可少的高地。過了朔州，就到了中國歷史上一道著名的關口——雁門關。雁門關之南是代州和忻州，這兩個州也是太原的北方門戶，一旦北方入侵者佔領了這兩個州，順著一條谷地就可以到達太原城的最後一個防守點石嶺關。過了石嶺關，就是太原城了。

這四個州中除了宋朝的軍隊之外，還有一支特殊的部隊——義勝軍，是當初譚稹駐守山西時，利用原來遼國地區的漢人建立的部隊。這支部隊本來應該戰鬥力更強，其裝備好到甚至讓常勝軍的統領郭藥師都羨慕。但隨著時間推移，土著漢人與宋朝官軍之間的矛盾越來越深，義勝軍除了消耗大量物資，找了不少麻煩之外，並沒有幫上忙，甚至還成了禍害。

金軍首先進攻的是距離大同最近的朔州，朔州守將孫翊是一位既忠誠又有勇氣的官員，但當他出戰時，城內的義勝軍立刻開城投降，朔州失守。隨後，武州也因為義勝軍的投誠而丟失[232]。

拿到了朔州和武州之後，金軍通過雁門關，於十二月初七來到了代州城下。與代州同時被圍困的還有代州南邊位於代州與忻州之間的崞縣。

代州守將李嗣本和崞縣守將李翼都選擇了死守。這一次，就連金軍也認為不會再像前兩次那麼順利，一定會有一場大戰。但不料三天後，代州城內的義勝軍故技重施，將李嗣本抓獲，舉城投降。

十二月十一日，金軍派遣李嗣本到崞縣勸降，被李翼射走。金軍意識到暫時無法攻克崞縣，率兵繞過崞縣，繼續南下。

宋軍方面，隨著金軍南下，也開始準備加強防守。

宋軍的防禦策略是這樣的：在崞縣以南的盆地中，還有一個重要城市忻州，忻州南面有一座小山，山上有通往太原的最後一個關口——石嶺關。整個太原以北的防禦由位於太原的大元帥張孝純負責。張孝純決定讓各個城市各自為戰，但首先必須保衛住石嶺關，只有這樣，太原才不會受衝擊。一旦石嶺關安全了，再派兵北上，尋找合適的機會與金軍決戰。

十二月初九，宋金兩軍在代州和崞縣還沒有決出勝負時，張孝純就已經佈置好了石嶺關附近的人馬。把守關口的守將叫王宗尹，張孝純一面讓王宗尹死守，一面派人去增援他，並做好反擊的準備。

張孝純派去增援石嶺關的將軍叫冀景，但冀景擔心危險，不願意北上。張孝純為了讓冀景同意，又派遣了八千義勝軍增援。義勝軍的首領叫耿守忠。張孝純以為這樣冀景就會同意了，不料冀景還是拒絕。但這一次，張孝純強迫他動身了。

冀景心不甘情不願地到了石嶺關，他信不過耿守忠的義勝軍，於是將義勝軍繼續派往石嶺關以北，去與金軍決戰。他的策略是：自己的部隊必須處在義勝軍的後方，否則，義勝軍萬一投降金軍，自己就被包圍了。耿守忠率領義勝軍來到了忻州以北的忻口，尋找與金軍的作戰機會。但這時，他又回頭來找冀景，表示自己的部隊都是步兵，希望冀景撥出一部分騎兵給自己。冀景雖然不情願，但還是撥了一半騎兵給他，不敢把另一半也交出去。

耿守忠獲得了騎兵之後，並沒有繼續向北尋找金軍，這個缺乏紀律的部隊已經失控了，人馬亂七八糟向石嶺關趕來。冀景一看大事不好，立刻棄關逃走了。耿守忠佔領了關口，隨即投降了金軍。石嶺關失守了[233]。

金兵長驅直入，趕去搶佔石嶺關。經過忻州時，忻州守將賀權一看大事不好，立刻大開城門，奏樂歡迎金軍的到來。金軍大喜，決定不進城，繼續趕路到了石嶺關。

十二月十七日，石嶺關以北的最後一個北宋據點崞縣也失守了。這一次，仍然是義勝軍幹的，義勝軍在崞縣的首領崔忠發動叛亂，引賊入城，李翼被俘殉節。金軍長驅直入，來到了太原城下。太原以北的土地永久性失守了。

石嶺關失守時，北宋汴京的大臣們竟然還不知道金兵入寇的消息。至於消息後來如何傳到汴京，也是很值得研究的問題。

最初，**燕京的蔡靖曾經發了一百七十多篇告警，但這些告警傳入宋徽宗手中就斷掉了，皇帝並沒有把它們拿給外廷官員去討論**。他這麼做，一是對郭藥師和守衛部隊有足夠的信心，二是害怕影響了盛大的南郊祭祀活動。

活動結束後，宋徽宗繼續將所有的警報消息捂住。但隨著金人入寇，零零星星的消息終於開始在汴京的官場和民間散佈開來。

十二月初九，北宋的兩位宰相白時中和李邦彥終於坐不住了，他們面見皇帝，請求皇帝將報警信交給外朝討論[234]。兩位宰相拿到報警信，都倒吸一口涼氣，但隨即決定不能告訴外人，而是在高級官員中先討論出結果，再通報其他官員。人們每天看著高級官員心事重重地去開會，到了夜裡才回來，都知道出了大事，猜測紛紛，又沒有確定的消息。

十二月十二日，中山府知府詹度接連發了三封報警信，傳入汴京後，人心惶惶，朝野大驚失色[235]。可是，皇帝和宰相們仍然沒有正式通報，繼續每天開會討論。

十二月十六日，童貫從太原歸來，事情終於捂不住了。可是朝廷仍然沒有拿出像樣的決策。到底應該怎麼辦？是痛擊，還是服軟？郭藥師投降的消息傳來，甚至沒有人敢相信，官員們都順從皇帝的意思，繼續討論封郭藥師為燕王，擁有世襲的權力[236]，彷彿這樣掩耳盜鈴，就可以抵禦金人的入侵了。

不管北宋君臣如何慌亂，金軍的入侵步伐從沒有停止。斡離不的軍隊最初的目標是收復燕京地區，並入侵河北地區。可自從郭藥師投降後，這位降將為了證明自己的價值，立刻將北宋的虛實都告訴了二太子，於是從這時開始，金軍就變得更加危險了。

十二月十四日，斡離不決定以汴京為目標，發動長途奔襲，郭藥師率領兩千人馬為先鋒。同時規定，途中路過的州縣一律不得隨便殺戮。

在前期，金軍的攻擊是面狀的，也就是一路掃過所有的州縣，以奪取土地為原則。從這時開始，金軍開始了線狀攻擊，如果某個州縣暫時拿不下來，就繞過去繼續前進，以最快的速度趕往北宋首都。

十二月十八日，斡離不的軍隊已經到達保州、安肅軍，但沒有攻克。十二月二十一日，金軍兵圍中山府，中山府守將詹度進行了防禦，保住了這個重要據點。

臨陣換帥

在與群臣商量對策的日子裡，宋徽宗確實想出了一個辦法，這個辦法也是取經自遼國的末代皇帝天祚帝，那就是——逃跑。

十二月二十日，宋徽宗封他二十六歲的太子趙桓為開封牧。在宋代，開封牧是一個不常封的職位[237]，宋代早期的太宗、真宗都曾經當過開封牧，之後就長期空缺了。首都行政職能歸於一個叫作開封知府的職位，即便是知府，也必須加一個「權」字，稱為開封權知府，也就是暫且充任知府的意思。

宋徽宗這次拾起開封牧的職位，實際上是想讓他的兒子趙桓守衛汴京，自己已經做好了溜走的準備。如果皇帝溜走，把守衛首都的重任留給太子，肯定會引起巨大的恐慌，也向人們表明朝廷並沒有信心守住這裡。這等於是在金軍沒有到來之前就擾亂了軍心。

此時，一位叫李綱的人出場了。

李綱在汴京保衛戰之前並不出名，由於性格原因長期得不到重用，還曾因言論被貶七年。宋徽宗封兒子為開封牧時，李綱的職位是太常少卿[238]。他在十二月二十二日[239]夜晚去拜訪給事中吳敏，詢問吳敏接下來的情況。他憂心忡忡地表示：「如果皇帝走了，事情就麻煩了。當然，皇帝要走，別人是攔不住的，唯一的機會就是他離開前將皇位禪讓給太子，而不僅僅是讓太子當開封牧。這就像當年唐明皇被安祿山逼到了四川，太子卻北上靈武繼續抗戰。唐明皇退位給太子，讓他有了足夠的號召力，否則，僅僅以太子的身份，是不足以讓天下感到安心的。」

吳敏同意李綱的看法，第二天立刻求見宋徽宗。

就在吳敏求見宋徽宗之前，皇帝本人似乎也覺察到了問題所在，已經走出了第二步。十二月二十一日，皇太子入朝時，宋徽宗將只有皇帝能夠使用的排方玉帶送給了太子，這可以視為他要讓太子負全責的標誌[240]。

十二月二十二日，宋徽宗發出了著名的罪己詔。在中國歷史上，從漢代就形成的儒教哲學是建立在「皇帝是天之子」的基礎上的。作為天之子，皇帝不會輕易承認自己犯錯了，因為一旦承認，就意味著天罰，甚至改朝換代。但在歷史上又有幾次著名的罪己詔，比如漢武帝末年對自己濫用兵戈的罪己詔[241]，以及唐德宗在涇原兵變中被趕出長安後發出的令人心酸的罪己詔[242]。宋徽宗的罪己詔和唐德宗的一樣，將自己說得一無是處，請求人民原諒，並懇求各地趕快來勤王，以免社稷不保。

罪己詔並非宋徽宗本人所寫，而是大臣宇文虛中寫的。宇文虛中當初是海上之盟的重要反對者，當初主推海上之盟的是宰相王黼和樞密使童貫，反對的人數眾多，宇文虛中是其中反對聲音最大的一個。他因此惹怒了王黼，從中書舍人被降為集英殿修撰。後來童貫選擇宇文虛中當參議官，跟隨他前往太原。這次童貫逃回，又把宇文虛中帶了回來。

此時，宋徽宗向宇文虛中道歉，後悔沒有聽他的話，並詢問應該怎麼辦。宇文虛中表示，首先應該發罪己詔，將所有弊端革除，等人心回轉，才能勝得了金軍。宋徽宗連忙叫他去寫罪己詔。宇文虛中從袖中抽出早已經準備好的草稿，原來他沒有等皇帝的命令，就私下裡先寫了個草稿[243]。皇帝也來不及提出質疑，立刻叫人在京城四處張掛。

在罪己詔中，宇文虛中將皇帝罵得淋漓盡致，似乎將幾十年的積怨都發洩了出來。其中將皇帝形容為：

> 言路壅蔽，導諛日聞；恩倖持權，貪饕得志。縉紳賢能，陷於黨籍；政事興廢，拘於紀年。賦斂竭生民之財，戍役困軍伍之力，多作無益，靡侈成風。利源酤榷已盡，而牟利者尚肆誅求；諸軍衣糧不時，而冗食

者坐享富貴。災異謫見而朕不悟，眾庶怨懟而朕不知。追惟己愆，悔之何及！[244]

另外，罪己詔中提出了十項整改措施，大多是減少奢侈的做法，並沒有涉及具體如何抵禦金人。只是希望大家廣開言路，獻計獻策，同時號召天下方鎮都趕往京師，勤王驅敵，皇帝給大家準備了賞賜和職位。

十二月二十三日，火上澆油的是，群臣此時才把金國的伐宋檄文給皇帝過目。檄文是金國使臣交給童貫的，但童貫一直不敢給皇帝看。直到這一天，宰相李邦彥才決定給皇帝過目。

這時人們也想起來，金人在發兵之後，派了兩位使臣前來宣戰，大臣們卻不敢引見給皇帝。宋徽宗知道使者來了，也不敢見，只好讓大臣們接待。使者見到大臣，立刻表示金軍已經兵分兩路前來討伐，宰相白時中、李邦彥，以及大臣蔡攸等都目瞪口呆不敢發話。當他們問，北宋應該怎樣做，金國才肯息兵時，使者答道只有割地稱臣一條路。大臣們不敢做主，好言好語將使者勸走[245]。

皇帝看過檄文，又聯想起使者的宣戰，終於決定退位。他派遣陝西轉運判官李鄴出使金軍，將自己退位的消息帶過去，向金軍求和。李鄴要求帶三萬兩黃金前往，朝廷已經拿不出這麼多錢來，只好將祖傳的兩個金甕（各五千兩）熔化掉，製成金牌讓李鄴帶走[246]。

就在十二月二十三日當天，宋徽宗在一片亂哄哄中完成了傳位。宋徽宗由於積勞成疾，突然間病倒，於是把太子召到了病榻之前，命人給毫無準備的太子穿上御衣。太子嚇得連忙躲避，哭著不敢接受。宋徽宗表示，如果他不接受，就是不孝。太子反駁說如果接受了更是不孝。

就連皇后也來勸說，太子還是不幹。眾人挾持著太子前往福寧殿即位，一路上太子抗拒著不肯走，幾至氣絕，於是人們連忙找太醫來，等他醒了又拖著他走。太子來到了福寧殿，宰相高官們都已經在等候，將他強拉入殿完成了即位儀式[247]。

人們將這個二十多歲的年輕人強拉上大位時，整個帝國正處於危機之中。他的父親隨時準備逃走，大臣們議論紛紛，不知道怎麼辦。宋徽宗時期，指導皇帝的是變了味的主戰派，比如童貫決定與遼國開戰，收復燕雲十六州，只是由於戰鬥力不強，這些主戰派不得不採取了坑蒙拐騙的手段，以贖買方式從金國手中收復了燕京。反對童貫等人的大都是主和派，認為不應該與遼國為敵，而應該遵守長期的和平協定。

現在，隨著宋徽宗的倒臺，主戰派已經失勢了。事實證明，當初主和派的建議更加可靠。可宋徽宗下臺時已經是大敵當前，又如何才能恢復和平呢？

到底是靠戰爭將金人趕走，還是通過議和祈求新的和平？事實上，皇帝的班子裡一直不乏祈求和平的人。比如，宋徽宗最後派去的使節李鄴就是個典型的例子。靖康元年（一一二六年）正月初七，李鄴歸來並對金軍的戰鬥力讚不絕口，表示金軍「入水如蛟，入山如虎，登城如猿，不可敵也[248]」。可是如果不抵禦金人的進攻，和平已經不可能了，經過形勢的轉換，更加積極的主戰派反而更能拯救北宋。

讓一個剛上位的青年人決定是戰爭還是和平，恐怕已經超出了他的能力。

唯一能夠依靠的，就是他的大臣班子了。

幸運的是，在宋徽宗下臺前任命的幾個官員都主張抵抗。宇文虛中雖然當初批評朝廷不該破壞與遼國的和約，但此刻卻主張抵抗。在他的堅持下，皇帝下令召集西北方向熙河路經略使姚古，以及秦鳳路經略使种師中前來勤王。西北的士兵由於長期與西夏對峙，是宋軍之中最有戰鬥經驗的，如果北宋還有人能夠抵禦金兵，必然出自西北[249]。

皇帝還任命了吳敏擔任門下侍郎，讓他和宇文虛中共同負責召集勤王軍隊。吳敏立刻行動，召集被貶斥但是經驗豐富的种師道前來勤王，同時還召集了一位叫何灌的將領。又由於吳敏與李綱的關係較好，他向皇帝推薦了李綱。這就給後來李綱的上臺打下了基礎。

北宋更換皇帝時，金軍的進攻仍然在持續。十二月二十五日，金軍攻佔慶源府（現河北省趙縣）。十二月二十七日，金軍佔領信德府（現河北省邢臺市）。在兩次進攻中，郭藥師的常勝軍都起到了非常重要的作用。

金軍是傳統部落制的，每一次打完，都要進行一番劫掠，士兵們要靠搶劫戰敗者獲得生活所需。郭藥師的軍隊卻已經職業化，他們紀律嚴明，不濫殺無辜，最多只是取點財物。

郭藥師對平民仁慈，對他的前主子卻足夠心狠。十二月二十九日，更換皇帝的消息傳到了金軍營中，二太子斡離不聽說後，擔心宋朝有了防備，猶豫不決。郭藥師卻勸說二太子繼續進軍，表示南朝未必有防備[250]。

在西路，金軍也於十二月二十七日完成了對太原的包圍。北宋對西路的防禦錯漏百出。不僅前期朔州、武州、代州、忻州和石嶺關迅速丟失，到了金軍合圍太原後，又錯失兩路救援人馬，分別是朔州守將孫翊，以及府州守將折可求的兵馬[251]。

孫翊前來太原，是因為他所在的朔州已經投降，把他關在了城門外，他只好帶領兩千兵馬前往太原。來到太原後，由於守將張孝純不敢開門，孫翊在城外與金軍鏖戰兩日，全軍覆沒[252]。折可求則是率領兩萬兵馬從與西夏接壤的麟州、府州趕來，在交城被金軍擊敗。

如果北宋有一個好的將領統籌全域，在粘罕進軍太原時，守將折可求和孫翊等人的部隊集中起來，直搗粘罕在雲中的老巢，採用圍魏救趙的計策，是有可能逼迫粘罕回軍的。

雖然沒有擊退粘罕，但幸運的是，張孝純守住了太原，並沒有讓粘罕的西路軍更進一步。這也減輕了汴京的壓力，在京城的宋軍只需要對付河北的金軍東路軍就可以了。

宋欽宗上臺後，首先要做的是改元，徽宗的年號宣和已經用了七年，欽宗與大臣們經過商議，取「日靖四方，永康兆民」的意思，定年號為「靖康」[253]。於是，中國歷史上短暫而激烈的靖康之年到來了。

逃亡的皇帝

靖康元年（一一二六年）正月初一，金兵來到了黃河北岸的浚州。在十二月二十六日，皇帝曾派威武軍節度使梁方平率領七千兵馬守衛浚州，步軍都指揮使何灌率軍三萬守衛黃河[254]。當時何灌就想盡辦法留在後方，他勸說宰相白時中，汴京才是更需要他的地方，不要把他派往前線。但白時中還是讓他出發了[255]。

正月初一[256]，金軍在郭藥師的先導下到達浚州城外，梁方平並沒有想抵抗，而是率軍向黃河南岸撤去。一旦過了橋，他立刻下令將黃河上的浮橋燒掉。由於倉促放火，數千宋軍沒有來得及過橋就淹沒在河中。

在黃河南岸陳軍三萬的何灌一看梁方平逃走，也立刻開始逃竄，黃河南岸的宋軍也逃得一個不剩。

正月初三[257]，在沒有宋軍抵抗的情況下，金軍開始從容不迫地用找到的十幾艘小船渡過黃河，到初六才渡河完畢[258]。在此期間，如果南岸有宋軍把守，完全可以擊敗渡河的金軍。何灌的逃跑，讓宋軍丟失了最佳獲勝的時機。這和宋徽宗長期不設防政策有關，他把燕京交給郭藥師的常勝軍、山西交給童貫後，在首都地區找不到一個有作戰經驗的將領，貪生怕死的人佔據了高位，導致了黃河失守。

黃河失守的消息傳到了京城，當天夜裡（初三），宋徽宗開始了他的逃亡之旅。夜間二更左右，宋徽宗的車駕從通津門水路出城，跟隨他的有皇后、皇子、帝妃等人，護駕的士兵由平涼軍節度使范訥掌管。

最初皇帝乘船，後來感覺船太慢，改乘肩輿，又嫌肩輿太慢，臨時徵用了幾艘搬運磚瓦的快船由皇帝乘坐[259]。路上餓了，只好跟開船的要個餅，分著充饑。一夜行走了上百里，到了南京（現河南省商丘市），才進州府休息，找到了被子，換來了驢騾。

從南京到符離後，宋徽宗再次坐船順泗水而下。在這裡，宋徽宗碰到了也跟著逃亡的宇文粹中（宇文虛中的哥哥）、童貫、高俅等人，這才有了伴。童貫率領三千兵馬護駕，一路到了揚州，各種皇子皇孫在路上被安置了一批，並沒有都跟著他到揚州。

高俅以三千兵馬扼守淮河，防止金兵趕來。揚州父老們懇求宋徽宗不要渡過長江，可是太上皇早已嚇破了膽，將皇后留在揚州，自己渡江到了鎮江。

宋徽宗逃亡之後，北宋首都汴京上下已經成了驚弓之鳥。主張海上之盟的前宰相王黼也暗地裡載上家產老婆孩子開始逃亡。文武百官中也有很多人偷偷地逃走。此時，年輕的新皇帝的動向成了人們關注的焦點。許多人勸說皇帝也學他的父親，逃到江南去避難，有的建議他去往關中[260]，而新皇帝想的則是如何穩定人心，懲罰那些逃亡的大臣。

在新皇帝剛即位時，他的確做了兩件大快人心的事情，讓人們看到了希望。第一，懲罰之前的那些主政者，也就是所謂的「六賊」；第二，任命主戰派開始防衛。

在宋徽宗時代是不可能懲罰官員的。由於一切政策最終都出自皇帝，如果懲罰當時的大臣，就是否認皇帝自己，所以，宋徽宗即便知道他的大臣不好，也不可能懲罰他們。但他一下臺，他的兒子沒有這樣的包袱。除了父親本人不能懲罰之外，其餘的人都是可以追究責任的。

宣和七年十二月二十七日，就在欽宗皇帝剛上臺不久，一位叫作陳東的太學生就已經開始發難[261]。他將宋徽宗時期的寵臣蔡京、王黼、童貫、梁師成、李彥、朱勔等六人稱為「六賊」，上書請求皇帝將「六賊」誅殺。

在陳東所列的六人中，地位和作用各不相同。其中蔡京執政最長，曾經數次出任宰相。他最大的功勞是幫助皇帝解決財政問題，由於北宋財政花費很高，政府常常缺錢，別人都無法幫助皇帝找到足夠的錢，只有蔡京能夠完成任務。他進行了許多財政和金融改革，直到現代，各級政府仍然在學習這些經驗。蔡京最令人憤恨之處是他遵從皇帝的意思，迫害那些元祐派（舊黨）的大臣。加上執政時間太長，黨爭不斷，蔡京成了皇帝要處理的首要目標。

王黼和大宦官童貫被列入「六賊」，主要是因為與金人結盟的政策失誤。朱勔是一個典型的寵臣，以運送和搜刮花石綱出名，從而導致整個東南方的疲敝，造成了方臘叛亂，讓北宋的財政更加捉襟見肘。

大宦官李彥以在西北地方搜刮田產出名。事實上，這也是宋徽宗的財政需要，要將更多的土地從民間搜刮出來，好收稅。

另一個大宦官梁師成並沒有做太多的惡，他自稱是蘇東坡的兒子，因為他的母親曾經是蘇東坡的侍婢，送給別人後生下了他[262]。作為宋徽宗的寵臣，他的地位很高，蔡京尊重他，童貫和他互為攻守，王黼當初被提拔也多虧了他，他自然被列入了「六賊」之中。

陳東在上書中痛斥「六賊」，實際上是要將宋徽宗所有的惡政都歸咎於他們[263]。除掉他們，會產生人心大快的感覺，從而把官員團結在新皇帝周圍。

陳東上書時，宋徽宗還在汴京，大家心裡有數，卻並沒有附和。可宋徽宗一上路，陳東再次上書，就到處理「六賊」的時候了。

首先倒楣的是逃跑的王黼，他被剝奪了家產，搜出了數萬億的寶貝，最後貶斥永州，在路上被殺死。其次是李彥，由於背景不深，也被抄沒家產賜死。梁師成因為立太子有功，暫時被欽宗保護，但沒出一個月，也被賜死了。

幫助皇帝運送花石綱的朱勔被放歸田里。蔡京和童貫撐得時間久一些，但一年之內，「六賊」都死了，算是給群臣一個交代[264]。

陳東這樣的太學生義氣方剛，年輕氣盛，放在現代的政治分野中可以算是年輕左派。這樣的人可以去摧毀，卻無法去創建。在靖康元年正月，最現實的問題是，怎樣組織防禦才能夠擊退金軍的入侵？這個問題就不能靠太學生去完成了。

所幸的是，宋徽宗臨走前留給宋欽宗一個優秀的大臣李綱登場的時候到了。

註解

221 馬擴曾經談到兩條路的優缺點，參見下文他的建議。
222 參考《續宋編年資治通鑑》。
223 參考《茅齋自敘》。
224 根據《續資治通鑑長編拾補》，《三朝北盟會編》、遼・許採《陷燕錄》記載為十一月二十六日。
225 根據《續資治通鑑長編拾補》，《三朝北盟會編》認為是十一月二十八日。
226 參考《三朝北盟會編》。
227 參考《陷燕錄》。
228 參考《茅齋自敘》。
229 參考《陷燕錄》。
230 以下記述根據《陷燕錄》。
231 根據《陷燕錄》，涇州在西北地方，不知為什麼竄入此處。
232 河東戰鬥過程見《三朝北盟會編》。
233 根據《三朝北盟會編》、《續宋編年資治通鑑》。
234 參考《北征紀實》。
235 參考《續資治通鑑長編拾補》。
236 參考《北征紀實》。
237 參考南宋・馬端臨《文獻通考》。
238 參考宋・李綱《靖康傳信錄》。
239 根據《靖康傳信錄》推知，因李綱自述吳敏見皇帝為二十三日。
240 參考《續資治通鑑長編拾補》。
241 征和四年（西元前八十九年）。
242 建中四年（西元七八三年）。
243 《續資治通鑑長編拾補》引宋・宇文粹中《承訓錄》。
244 參考《三朝北盟會編》。
245 參考《續資治通鑑長編拾補》。
246 參考《三朝北盟會編》。
247 《續資治通鑑長編拾補》引《靖康要錄》，以及《北征紀實》，綜合之。
248 參考《三朝北盟會編》。

249 參考《宋史紀事本末》。

250 參考《三朝北盟會編》。

251 《續資治通鑑長編拾補》引宋．張匯《金虜節要》。

252 參考《續宋編年資治通鑑》。

253 參考《鐵圍山叢談》。另《三朝北盟會編》載詔書中有「發施仁政，懷日靖四方之志；經文緯武，圖永康兆民之功」語。

254 參考《三朝北盟會編》。

255 參考《宋史．何灌傳》。

256 根據《續資治通鑑長編拾補》。《三朝北盟會編》定於正月初二。

257 參考《金史．太宗紀》。

258 《續資治通鑑長編拾補》引宋．沈琯《南歸錄》。

259 李綱《靖康傳信錄》。

260 《續資治通鑑長編拾補》引宋．封有功《編年》。

261 參考《宋史．忠義傳》。

262 參考《續宋編年資治通鑑》。另一個大臣高俅則自稱蘇東坡的小史，見宋．王明清《揮塵錄》。

263 《續資治通鑑長編拾補》卷五十一。徽宗宣和七年：「今日之事，蔡京壞亂於前，梁師成陰敗於內，李彥結怨於西北，朱勔結怨於東南，王黼、童貫又從而結怨於二虜，敗祖宗之盟，失中國之信，創開邊隙，使天下勢危如絲髮。此六賊者，異名同罪。」

264 參考《宋史紀事本末．群奸之竄》。

第八章、遺患無窮

孤城守將

宣和七年十二月二十八日，宋欽宗在吳敏的推薦下見到了李綱。在奏對中，李綱總結了金軍出兵的五大欲求，認為他們的軍事行動要達到的目的是：第一，稱尊號，獲得北宋的尊重；第二，索還逃亡者，加強人口；第三，要求增加歲幣，獲得更多收入；第四，要求犒師，即一次性的物資賠償；第五，割地。

他認為第一、第二項，對於北宋並沒有什麼實質性影響，應該滿足對方；第四項一次性賠償，對北宋來說只是一次性支出，也可以儘量滿足對方。

但第三項，由於宋徽宗許諾的歲幣已經很高，加上是持續性支出，每年都要交，所以不能輕易許諾再增加歲幣。至於第五項，更是萬萬不可，這不僅是土地丟失的問題，而是意味著北宋將失去屏障，未來守不住。

李綱建議皇帝在這個指導原則下與金軍展開較量，同時不要懈怠軍事上的準備[265]。

第二天，宋欽宗任命李綱為兵部侍郎。這是李綱第一次躋身於北宋重要官僚行列，但仍然不是宰執級官員，沒有資格參加國務會議。宋代官階最高的幾位官員稱宰相，還有幾個副宰相稱為執政，共同組成最高官員群體。

正月初四，金軍正在渡河的消息傳到京城，宋徽宗已經離開，宰執級的官員都在勸說宋欽宗趕快逃走。他們大都認為[266]，宋欽宗離京之後的第一選擇應該在襄陽一帶。

為什麼是襄陽？這就要從中國的地理結構談起。在中國，秦嶺—淮河將國家分成了南北兩部分，溝通這南北兩部分的道路主要有三條，分別是從陝西入四川的西路（也叫蜀道），從淮河到長江流域的東道（宋徽宗逃亡時所走的道路，運河也修建在這條路上），以及從河南中部經過南陽、襄陽到達湖北、湖南的中路。中路位於三條路中間，而襄陽又在中路的中間，所以被認為是中華的地理中心，也是歷代兵家的必爭之地。如果宋欽宗逃到這裡，比起宋徽宗逃到江南要好看一些，同時也可以說是為反攻做準備[267]。

除了襄陽，也有人建議西去長安組織反攻[268]，也就是選擇西路。

如果能重整組織結構，皇帝撤離首都也不算是錯誤的選擇。在全面性戰爭中，首先要保證皇帝的安全，因為皇帝是指揮系統的最高首腦。其次，等皇帝撤離了，還要有秩序地疏散整個首都的平民。平民撤離完畢，軍隊再入駐，展開頑強的防守，守住都城，並在合適的時機進行反攻。

由於金軍兵馬並不算多，只要組織得當，是可以利用上述策略將他們擊敗的。但這樣的策略只存在於人們的理想之中，現實卻是，由於金軍來得太快，朝廷倉促準備，一旦皇帝出走，不僅無法組織有效的平民撤離和軍事防禦，反而會導致後方的大混亂和戰線的崩潰。可以想像，只要皇帝一離開，潰兵就會立刻逃離，把平民丟下不管，而平民由於缺乏有效疏散，很可能會出現一次踩踏式的大悲劇。潰軍和難民還會衝擊其他區域，北宋的軍事將徹底癱瘓。

因此，考慮到實際情況，要想組織有效反擊，皇帝不僅不能離開首都，還必須負起責任，鼓勵士兵，防止譁變。

李綱作為兵部侍郎，在宰執們開會時並沒有資格參加。但他越級來到了開會現場與宰執們辯論。他慷慨激昂地表示，如果皇帝逃走，哪怕是去襄陽，整個大宋江山也就完蛋了。在他的鼓勵下，皇帝終於決定留下。

為了讓李綱在未來可以參加國務會議，皇帝問下屬，宰執級官員中是否還有空缺？恰好尚書右丞有缺，皇帝就現場任命李綱為尚書右丞。尚書右丞雖是執政級官員的最低一檔，卻讓李綱有權參加國務會議了。

直到正月初五，皇帝仍然處於搖擺之中。他的日常用品甚至都已經裝車。李綱煽動了禁衛軍，讓他們表示堅決不走，再以此脅迫皇帝，讓他明白即便上了路，也有可能被軍隊拋棄。皇帝決定不走之後，李綱又用皇帝的名義去強迫大臣留下[269]。他幾乎是憑藉個人的力量威逼利誘，才將整個朝廷留在了京城。

當天，皇帝在李綱的半強迫半說服下來到了宣德門慰問士兵。皇帝只是象徵性地露一下面，李綱與吳敏卻藉機大做文章。他們在士兵面前大聲朗讀著事先準備的檄文，每讀一句，下面都激動地應和著，直到所有人感慨淚下。

汴京被棄城的危險暫時過去了，但接下來，是怎麼守城的問題。由於承平日久，人們不僅忘記了怎麼守城，甚至連守城的工具都沒有了。我們不妨看一下李綱時代的北宋汴京城是什麼樣子的。

北宋汴京城包括內城和外城兩座城牆，內城（也稱舊城），周長二十里一百五十五步，修建於唐朝建中二年（七八一年）；外城（也稱新城，羅城）修建於五代時期的後周世宗顯德二年（九五五年）四月，周長四十八里二百三十三步[270]。

根據傳說，宋太祖趙匡胤決定定都汴京時，曾經對城牆進行過一次改造。這次改造的圖紙最初是由宰相趙普設計，設計方案頗有唐代風範，城市街道橫平豎直，坊市燕然，但宋太祖看了大怒，立刻讓趙普重新畫了一張圖，圖上曲曲彎彎，到處是不合幾何學的地方。於是，北宋的首都看上去如同一個委屈的古怪城市，一直持續了一百多年。

到了宋神宗時期，曾經試圖對城市進行改造，但最後也沒有改成，只是增加了一圈女牆作為保護。

宋徽宗大建宮室的時期，終於有機會將首都美化一番。政和六年（一一一六年），改造工程開始，將原來不平的地方都拉直，並擴大了一部分，於是首都外城的周長擴大到了五十里一百六十五步。重修之後，首都的確漂亮了很多，但由於城牆過於筆直，反而容易受到攻擊。金人的大炮在四面轟擊時，會引起大規模倒塌[271]。

汴京城牆的內城牆一共開了十二個門，東城牆三門：靠北的叫望春門（舊曹門），往南分別是麗景門（舊宋門）、角門子；南城牆三門：中間的叫朱雀門，東面的叫保康門，西面崇明門（新門）；西城牆三門：從南往北分別是宜秋門（舊鄭門）、角門子、閶闔門（梁門）；北城牆三門：中間景龍門，西面天波門（也叫金水門，傳說中的楊家將的府邸號稱天波楊府，就在這個門旁），東面安遠門（舊封丘門）。

汴京城的外城牆更加複雜，一共十二個陸城門和八個水門，陸門分別是：東城牆兩門，南朝陽門（新宋門），北含輝門（新曹門）；西城牆三門，南順天門（新鄭門），中開遠門（萬勝門），北金耀門（固子門）；南城牆三門，中南薰門，東宣化門（陳州門），西安上門（戴樓門）；北城牆四門，從東往西分別是長景門（陳橋門）、永泰門（新封丘門）、通天門（新酸棗門）、安肅門（衛州門）。

外城由於有三條大的河流貫穿，又形成了八個水門，供貨物進出，每個水門裡都有鐵閘，隨時可以放下，防止外面的敵人偷襲。其中汴河上水門分成南北兩個，稱為大通門和宣澤門，下水門南北分別稱為上善門和通津門，惠民河上水門叫普濟門，下水門叫廣利門，廣濟河上水門叫咸豐門，下水門叫善利門[272]。

為了禦敵，外城的城門大都帶有三層甕城，扭頭開門。所謂甕城，指的是在城門位置外修建一個與城牆同高的半圓形外城，因為形狀如甕，故名甕城。人們要從城內出到城外，要先經過內門進入甕城，再經過甕城外門到達城外。敵人進攻，即便攻破了外門，也只是進入甕城，反而更容易被守軍從城牆上甕中捉鱉發動攻擊。汴京的甕城是三層，意味著有三個門，更加穩固。

所謂扭頭開門，是指甕城的內外門不是正對著的，人們從城內的街道經過內門進入甕城，在甕城裡要轉九十度的彎，才通向外門。這種扭頭門的設計是為了避免攻城方的大炮直射，也是增加攻城方的難度，加強守衛實力。

不過，御道上的四個門——南薰門、新鄭門、新宋門、封丘門，由於皇帝經常使用，都修成直門兩重，這四個門就成了防守方最薄弱的環節。

在城牆外，有一條寬十餘丈的護城河，名叫護龍河。河兩岸遍植楊柳，粉牆朱戶，禁止行人往來[273]。城牆上每隔百步就設一個馬面（又名敵臺），所謂馬面，是比城牆更寬，向城外突出的牆體，由於更厚，不僅可以抵禦炮火的攻擊，也更容易對付城下的敵人，避免形成死角。馬面上有戰棚，以及躲避弓箭的女牆。城牆內有專門的牙道種植了樹木，每兩百步有一個武器庫。在首都有一個機構叫京城所，專門負責武器與城牆的維修。

這種看似非常專業的設置，還是只存在於理想之中，現實卻是另一副模樣。當李綱和宰執們爭吵時，京城所負責人陳良弼立刻跑了過來，向皇帝報告，因為宋徽宗修築城牆時只考慮了美觀，沒有想過京城會遭受攻擊，因此將城牆的防禦功能減弱了，首都是守不住的[274]。

改造時拆掉了用於防禦的木制塔樓（樓櫓）[275]，考慮到天下太平的局面，樓櫓遲遲沒有修復，就算有一些舊樓櫓，也由於改造工程採取了新式牆面，和舊樓櫓的制式已經不合拍了。舊樓櫓比較大，在城牆上無法放置，可如果截成兩個，又太小了。雖然京城還存著不少木料，但需要五千木匠一個月才能建好[276]。

更麻煩的是，在城東的新宋門外，有一個叫作樊家岡的地方，這裡由於接近皇家禁地，在開挖護城河時深度不夠，成了防守的最大薄弱點，再補挖已經來不及了。

京城所的人都沒有信心，李綱又該如何處理呢？

短兵相接

從正月初五皇帝決定留守，到正月初八金軍到來的這幾天，成了李綱唯一能利用的空檔期。他立刻將全城動員起來，由於汴京已經一百多年沒有遇過戰爭，市民早已適應了和平的生活，動員起來可以，但要教會他們幹什麼，卻不容易。

在人員上，李綱給每一面城牆配備了一萬兩千名正規軍，同時有大量的保甲、居民和廂兵來為正規軍服務。正規軍按照每百步配置在城牆上。為了避免人多雜亂，他還專門安排了宗室、武臣、從官等為提舉官，負責協調指揮，避免混亂。由於城門是最難防守的地方，就由中貴、大小使臣分別領兵把守。

由於防禦器械缺乏，製造器械也成了重要工作，汴京城準備的器械包括多種，除了馬面上的戰棚之外，還有保護城牆的毯子，重新給城牆裝上大炮和弓弩，運送大量的磚石做炮彈，磚石也可以用於修補城牆缺口。當敵人爬牆時，必須放下櫑木將他們滾下地面，同時還要預備火油和火炬燒他們的雲梯。

除了城牆防禦系統，李綱又準備了四萬兵馬分成前後左右中五個軍，每軍八千人。軍隊內部設立大小官員（統制、統領、將領、步隊將），層層負責，抓好部隊的訓練工作。

在城外，也有兩個戰略性地點必須加以防禦，它們是位於城東新宋門外的樊家岡，以及同樣在城東的東水門外的延豐倉。

樊家岡之所以重要，是因為它是城外的一片高地，同時又是護城河最窄的地方，李綱派遣了五軍中的後軍駐紮在樊家岡，防止敵人靠近。

延豐倉是汴河邊的一個大倉庫。汴河上的漕船從南方來到，首先經過東水門，所以東水門一帶就成了倉庫最密集地所在。從南方來的漕糧許多就儲存在這些倉庫中。比如城外的延豐倉[277]、順成倉，東水門內的廣濟倉、富國倉、廣盈倉、萬盈倉、永豐倉、濟遠倉。除了東水門內外，在整個汴京城的倉庫一共有五十多處[278]。

作為城外最重要的倉庫之一，延豐倉裡存糧（粟豆）還有四十萬石，考慮到四處勤王的軍隊正在趕來，當他們來到城外時，要從這裡獲取糧食，所以必須派兵把守[279]。李綱派遣了五軍中的前軍專門把守延豐倉。剩下的三支軍馬則放在城中，作為機動部隊使用。

正月初七，金人已經來到了汴京城外，他們首先向著城西北方的牟駝岡撲去。牟駝岡是城西北角一片如同沙堆的高地，三面環水，靠著一個叫作霧澤陂的水塘[280]。

牟駝岡是皇家御用馬匹的馬廄，養著兩萬多匹馬[281]。郭藥師曾經受邀在牟駝岡打過球，知道一旦獲得了牟駝岡，不僅解決了馬匹問題，還解決了飼料問題。在郭藥師的帶領下，金軍將北宋的皇家馬匹一網打盡。斡離不興奮地對帶路的宋降臣沈琯說：「南朝真是沒有人，如果他們有一兩千人守衛黃河，都不可能放我們過來。」

從這一天傍晚開始，金軍發動了對汴京城的攻擊。由於他們佔領的牟駝岡位於京城西北部，因此城牆的西面和北面成了最主要的進攻區域。

首先被進攻的是位於西面的水門宣澤門，俗稱西水門。這道門建在汴河的上水方向。在一個城市裡，除了陸路城門之外，水城門往往是防禦最薄弱的環節。陸門大都有甕城和幾道門，但水城門只有一個水閘，平常將水閘拉起，就可以通船，到了夜裡（或者需要防禦時）將水閘放下來。

如果外面進攻的人將水閘破壞掉，就可以通過水道入城了。

當然，守城者知道水門比較薄弱，也會採取反制手段。比如，為了給水門提供額外的保護，在水門兩側建了兩條與城牆垂直的牆，將河岸夾住，這就是所謂的拐子城。需要時，守城的士兵可以站在拐子城上向下射箭，這樣就擴大了防禦縱深，不用等到對方攻到城下再防禦了。

針對宣澤門，金軍派出了數十艘小船，順著汴河水而下，在船上放火，試圖將閘門燒毀。李綱聽說後，立刻派遣了兩千人的敢死隊，登上拐子城，一旦火船順流來到拐子城區域，士兵就用長鉤把火船鉤到岸上，再用石頭將船砸毀，避免它們靠近水閘。

為了進一步減緩火船的速度，他們還在水中安置了杈木，火船受杈木阻擋，就失去了前進的動力。如果火船能夠突破杈木，又避開了長鉤，阻攔它們的最後一道關卡是——蔡京家的假山。由於缺乏石頭，李綱下令將蔡京家的假山都搬來，扔在水門前的水裡，作為最後的阻擋。火船撞上假山，就無法靠近閘門了[282]。

經過李綱的固守，金軍損失了百餘人，卻無法攻克水門。

但敵人的撤退只是暫時的。正月初九那一天，李綱去向宋欽宗彙報時，突然又傳來金軍進攻北面四門的消息。汴京北面四門從東往西俗稱陳橋門、封丘門、酸棗門和衛州門。由於距離牟駝岡最近，成了下一個襲擊目標。

當天早上六、七點鐘，敵人就開始集結，發動進攻，其中酸棗門受到的攻擊是最多的。

李綱立刻向皇帝請求派一些禁衛軍中的神射手，跟隨他一同去守城。由於汴京太龐大，從大內到酸棗門，竟然有近二十里，路上街巷縱橫，李綱生怕自己還沒有趕到，城門就已經失陷。所幸當他趕到時，金軍剛渡過護城河，用雲梯攻城。李綱立刻命令援軍上城，用弓弩射殺攻城者。

當他在酸棗門內時，突然發生了一幕令人恐慌的情景。從城門樓上突然間扔下了六、七顆人頭，這些人頭都是宋軍的，不是進攻的金軍的。

李綱立刻詢問這是怎麼回事，得到的回答是：這些人都是奸細。

如果是沒有經驗的指揮官，會認為殺得好，但李綱卻敏銳地意識到壞事了。城內的守軍開始濫殺，往往不是真的有奸細，而是恐慌的表現。戰爭中，士兵們往往也非常害怕，他們擔心自己的生命，開始防範一切人，由於過分疑神疑鬼，到最後都會信不過身邊的人，將殺戮擴大化。

如果不制止這種行為，謠言很快就會散佈開來，人們會以為處處都是奸細，那時就要開始逃跑了。到了這一步，事情就必然失控，也意味著城池無法守住。

李綱知道這個道理，他上了城門，將幾個殺人的士兵抓住斬首，並下令：凡是聲稱抓到奸細的，必須親自帶著人到長官處，說清楚為什麼指證他是奸細。如果不經過審判，擅自殺人，就是濫殺無辜，要立刻斬首。

控制住守城者的恐慌，李綱率領官屬登城督戰，激勵將士。此時宋軍士兵的士氣已經扭轉，越戰越勇。針對攻城者的不同手段，守軍也採取了不同的防禦層次，分成遠、中、近三個層次。對遠方的金軍，用威力巨大的床子弩和坐炮對付；對中間的金軍，用神臂弓和強弩射擊；已經開始登城的，用普通的手炮和檑木將他們滾下。

由於登城最需要的是雲梯，李綱針對對方的雲梯也做了安排，派了敢死隊縋城而下，將對方的雲梯燒毀了十幾座，又斬殺了負責指揮的十幾個金軍將領。

宋軍透過耳朵上的裝飾來區分金軍到底是士兵還是將領：將領大都有金耳環，而普通士兵沒有。進攻持續到下午五點多，金軍死亡數千人，才陸續撤了回去。酸棗門已經被射成了刺蝟，守城的士兵也有傷亡。

最大的傷亡是何灌，這位將軍從黃河南岸逃回後，參與了汴京守城，死在城下。

經過這次戰鬥，防守一方的信心大大增強。金軍號稱三十萬人[283]，但根據宋軍的估計，最多也就六萬人，其中一半左右還是其他部族的友軍，女真軍隊不超過三萬[284]。按照這樣的消耗，對方是不可能支撐長久的。

同時，各地勤王的部隊遲早會趕來，也就是說，只要再支撐一兩個月，金軍就必然要撤退。

當晚，皇帝大行犒賞，從內庫中送來酒、絹、銀等物品，受傷的人賞賜更加豐厚。守城者的士氣已經達到了最高。

但就在這時，戰爭卻戛然而止，正月之內再也沒有進行過一次像樣的攻防戰，士兵們再次懈怠了下來。原來，戰爭只是讓金軍感到了困難，卻讓宋欽宗感到了恐慌。他決定不惜一切代價進行議和，於是，汴京圍城戰變成了一場外交活動……

外交大潰敗

就在金軍剛到城下的那一天，正月初七，李綱率領軍民守衛水門時，城內的宰相李邦彥和少宰張邦昌準備派使節去見斡離不元帥，名義上是犒軍，實際上是打探消息。

他們選擇了鄭望之，鄭望之擔任尚書駕部員外郎，正在去選馬的路上，突然被人叫住。原來是兵部尚書路允迪派人來找他，讓他到開國務會議的都堂去商議事情。

都堂裡一片混亂，鄭望之徑直走到宰相李邦彥的辦公室，發現除了李邦彥，其他的閣僚也在。當場，李邦彥任命鄭望之為出使金軍的大使，副使則由一位叫作高世則的人擔任。

鄭望之還想推辭，但眾人不由分說將他們推上馬，送到西面的開遠門[285]，把他們放在筐子裡縋下城牆。城外，何灌的軍隊正在佈陣，聽說使者來了，立刻找了個嗓門大的，渡過護城河，對著金軍陣營大喊，讓對方也派人來談判。

很快金軍陣營裡走出一個紫袍人、一個白袍人。紫袍自稱太師，名叫吳孝民，是個北方漢人；白袍自稱防禦，是個金人。於是談判在陣前進行了一夜。

原來斡離不也在等待著談判的機會。自從宋徽宗剛退位時派李鄴前往金軍，在邯鄲遇上斡離不之後，北宋再也沒有派過其他使節。與西路的粘罕不同，斡離不在軍事經驗上不足，一路上還曾經猶豫是否要回師。幸運的是他碰上了郭藥師，才在對方的勸說下一路來到了北宋首都。但到底能不能打下來，還是個未知數，一旦打不下來，孤軍深入可能遭受最嚴峻的發展。最好的辦法是不戰而屈人之兵，逼迫北宋皇帝簽一個新和約。

正是在這種形勢下，斡離不到達城外的第一天就派出了吳孝民使團，不料卻正好和北宋的鄭望之使團遇上。

吳孝民與鄭望之談判時，首先安慰對手，表示斡離不聽說宋徽宗退位了，就已經做好要和平的打算，就當是雙方做一場買賣，之後就各自回家。

經過鄭望之詢問，吳孝民說出了買賣的實質：北宋割讓河北和山西，以黃河為界，並支付一定的犒軍金帛。

鄭望之答道這哪是買賣。他舉了個例子：有人想賣一匹絹，要價三貫，買家願意出兩貫五六百文，賣家讓再加一兩百文，最後成交。這叫買賣。金軍又要金帛，又要割地，卻沒有任何回報給北宋，這不叫買賣，叫強取[286]。

雙方爭來爭去沒有結果，只好進城再談。吳孝民等人住進城內接待外國使團的都亭驛，已經是四更天。

第二天，皇帝見到了吳孝民使團。吳孝民表達了金軍的主張，並請求派使臣前往金軍軍營逐條談判。李綱擔心派去的人太軟弱，立刻表示他願意前往[287]，但皇帝拒絕了，派遣了同知樞密院卿李梲擔任正使，鄭望之和高世則擔任副使，與吳孝民一道前往金軍營地。

臨行前，皇帝囑咐連連，又派人帶了一萬兩黃金和酒果，吳孝民不斷地催促啟程，但上馬時，已經日落多時，從開遠門（萬勝門）出去走了一兩里就天黑了，到金軍營地已經是一更多。斡離不短暫地接見了使者，使者跪地膝行到了他的面前[288]。他只是不斷地指責宋人敗盟，沒有談正事就讓使者先休息，第二天再說。

正月初九，談判與戰鬥同時進行，李綱在戰場上擊退了金軍，但使團卻在談判桌上淪陷了。

當初，李綱想要親自出使的意思是：他知道由於勤王軍隊沒有來到，必須與金人談判，但他希望使者知道什麼地方可以讓步，什麼地方不要輕易讓步。比如，上尊號、一次性賠償、邊民問題都可以讓，但領土與歲幣問題都是千秋萬代的大事，不能輕易鬆口。金人正處於虛張聲勢的訛詐期，如果全部滿足他們的要求，只會讓他們更加看不起，在未來變本加厲，也不利於勤王軍隊到來之後的行動。

皇帝不讓李綱出使也是有理由的，他認為李綱過於剛烈，擔心他出事[289]。但李綱又擔心李棁過於軟弱，會吃大虧。

皇帝與李棁等人談時，也給出了自己的底線。在他所列的事目中，包括了如下的建議：第一，金國境內過來的人口一律返還金國；第二，金軍撤兵；第三，不能以黃河為界，但可以考慮給金人一定的租稅，也就是增加歲幣，在與鄭望之等人商量時，他認為可以增加三、五百萬（之前的規模是一百五十萬，包括錢一百萬貫、銀二十萬兩、絹三十萬匹，而遼國時期的歲幣是五十萬），但在列事目時，他寫的是最多可以增加七百萬；第四，一次性的賞軍錢銀五百萬兩（歲銀的二十五倍），絹五百萬匹，金五十萬兩（與大臣商量時他提的也是三、五百萬銀，事目上實際已經提高了很多，也已經接近他能夠籌措的極限）[290]。事實證明，李綱的擔心是正確的，李棁果然過於軟弱。

正月初九，金軍參與談判的是契丹人蕭三寶奴、耶律忠和漢人張願恭。雙方引經據典，打了半天嘴仗。最後，蕭三寶奴提出了要求：金軍士兵不像宋軍，他們還採取部族制的做法，金國皇帝需要打仗，就從部族徵兵，他們可以在戰爭中依靠搶劫，來獲得收入。如果要息兵，必須讓所有的士兵獲得一份犒賞，才有可能。

到底犒賞多少呢？蕭三寶奴計算：粘罕的西路軍一共動用了二十萬人，斡離不的東路軍三十萬人，一共五十萬人。每個人兩錠銀、一錠金才能打發。他們都聽說汴京是世界上最富有的城市，錢多得花不完，認為這點錢算不了什麼。

但如果換算一下就知道這個數目是多麼龐大，五十萬錠金、一百萬錠銀，換算成兩，則是五百萬兩金、五千萬兩銀（相當於歲銀的二百五十倍），也就是宋欽宗設立上限的十倍。宋欽宗的上限，已經是能夠搜刮的極限，提高十倍，基本上是不可能完成的任務了。

作為副使的鄭望之還敢與金人爭論幾句，而作為正使的李梲卻唯唯諾諾，不敢說話，被金人嘲笑為女人[291]。

當天，金人再派使節[292]與鄭望之、李梲等人回到汴京城內。他們帶回來的要求有好有壞：第一，不再要求以黃河為界，改為只割河北、山西地區的三個鎮——太原、中山、河間；當然，更北方的燕京地區已經被金軍佔領，也不會還給宋朝。第二，宋欽宗許諾加歲幣七百萬貫，金軍只要求加兩百萬貫——含之前宋金和約中規定的一百萬貫，此次只有再增加一百萬貫。第三，金軍將釋放一批燕山等地被俘的將領。第四，除了金五百萬兩、銀五千萬兩之外，還包括馬、牛、騾各一萬頭，駱駝一千頭，雜色表緞一百萬匹，裡絹一百萬匹，書五監[293]。第五，由於宋朝在以往的和約中信用不良，要求提供親王作抵押，跟隨金軍過了黃河就放回，再要求提供一名宰相執政級（宰執）官員，等三鎮交割完畢再放回。前三點是金軍的讓步，但同時，犒軍物品卻大大增加。

正月初十，蕭三寶奴等使節見到了宋欽宗，將書信交給皇帝。皇帝讀罷，看了一眼身邊的吳敏，問道：「如何？」吳敏回答：「事無可奈何，再商量吧」[294]。

在除了李綱之外的宰執的要求下，宋欽宗答應了所有條件。幾乎所有的人都沒有意識到，金人所要求的金銀是無法完成的任務。

由於交割需要時間，政府首先要做的是將金軍要求的人質送往金軍營地。宋欽宗的弟弟康王趙構自告奮勇，願意去金軍大營做押，同時選派了少宰張邦昌作為宰執級別的官員做押。

在北宋君臣一絲不苟地執行金人的要求時，只有一個人質疑是否有必要這麼做。李綱反對說，金人要的金銀根本沒辦法湊齊，更重要的是，失去了燕雲地區後，太原、中山、河間三鎮是中原地區的門戶，雖然叫三鎮，但大小實際上已經是十幾個郡，只要三鎮丟失，就意味著整個河北、山西地區不可守了。一旦山西、河北丟失，整個中原就不復存在。割掉三鎮，等於是間接地滅了國家。

這一點，那些宰相難道看不到嗎？不是看不到，是不在乎了，他們只在乎這幾天的危險，不管付出什麼代價，只想先度過眼前的事，沒有一個人有更遠的打算。

李綱的建議是：不要著急湊錢，割讓三鎮的詔書也不要著急發，先和金軍拖延，不要留把柄。再拖個十幾天，等勤王大軍一到，不管是否湊齊，三鎮是否割讓，金軍會為了自身安危撤離。

但宋欽宗已經聽不進去了，他只想快點擺脫。他不讓李綱辭職，但又只讓李綱負責守城事務，更重要的和談則交給了幾位主和派的大臣。

正月十二日[295]，康王趙構和少宰張邦昌等人在正午時分離開首都，前往金軍大營。他們是去做人質的，趙構是親王，張邦昌的少宰已經屬於宰相級，符合金軍的要求。隨從有北宋使節李鄴、高世則，他們持皇帝的新和約（誓書）前往。

康王作為人質期間表現得不卑不亢，金人對他也以禮相待，斡離不表示如同見到兄弟一般[296]。斡離不經驗不夠豐富，也不夠兇狠，年輕且有些好色，當北宋幾乎完全答應他的條件，他也立刻做出一定的讓步。他更看重能立刻到手的財富，對歲幣倒不那麼在乎，於是決定將北宋的歲幣減去一百萬貫，恢復到出兵之前的銀二十萬兩、絹三十萬匹、錢一百萬貫[297]。這相當減去歲幣這一塊，剩下的只是高額的一次性賠償費用，以及割讓三鎮。

但這兩點都不容易完成。

首先，在三鎮交割上，皇帝催促中書省向山西、河北地區下令，由三鎮的官員向金軍交割，不得延誤。李綱數次爭辯，但皇帝和其他大臣一心想著讓金軍趕快撤離，希望儘快完成。

直到皇帝的誓書發出，李綱才確信無法挽回了。不過他最後還是留了一手，利用手中的軍權，將發往三鎮的交割命令扣下了。只要接不到命令，三鎮不知道自己已經被皇帝賣了，就會繼續抵抗下去，只要抵抗，就有希望[298]。

官家議和，百姓遭殃

宋欽宗與金國的東路軍談判時，金國的西路軍還在圍困太原，甚至越過太原南下，希望打通西線。宋欽宗給西路軍統帥粘罕寫了信，請求他停止進軍。皇帝派出使者宋彥通和郝抃，讓他們帶著給粘罕的信，首先前往斡離不的營地，請求斡離不派人跟隨他們一同去往山西，把書信交給粘罕。

斡離不同意了，在信使往來間，又免去了北宋賠償的一萬頭牛[299]。作為回報，宋欽宗寫信敦促太原守軍不要抵抗。因此，雖然李綱按住了交割三鎮的命令，但交割太原的詔令還是通過金人發出了，其餘兩鎮被擱置了起來。

金人最看重的仍然是戰爭賠償問題。雖然免去了一部分歲幣和一萬頭牛，但剩下的還是要儘快交割。由於金人軍隊需要靠北宋的賠償作為工資，他們規定了高昂的軍事費用，不說其他小項，最大的兩項是金五百萬兩和銀五千萬兩。

就在宋欽宗決定答應金人要求的當天（正月初十），皇帝先下了一道詔書，表示要臥薪嘗膽，避正殿、減常膳，做出表率。接著第二封詔書就是針對官員和人民的了，皇帝表示為了湊夠給金軍的犒軍錢，已經連宗廟裡的器具都拿出來了，為此，王侯和官員也必須以皇帝為榜樣，將家裡的金銀器皿交出來。如果仍然不夠，就號召普通民眾上交國家，幫助皇帝渡過難關。

第二封詔書還只是號召性的，第三封詔書就是強迫性和義務性的了，其中詳細規定，要求諸王的金銀絹帛，各種內官（道官、樂官、伎術、五司）的金銀，都必須儘快繳納到元豐庫。元豐庫是平常放置帝國閒錢和雜錢的倉庫，如果皇帝有一些非常性的項目，就從這裡開支[300]。其餘的機構，包括各種宮觀寺廟、負責皇帝吃喝的六尚局，以及開封府的公用金銀都送到日常開支的左藏庫[301]。如果有隱藏或者轉移的，都要受到相應的制裁。等兩庫的金銀收集完成後，再一併轉交給金軍。

到這時，皇帝對人民還算客氣。宮廷機構、內官上繳金銀是強迫性的，而對人民只是號召性的，並沒有強迫性質。

隨著官方金銀的上繳，宋欽宗立刻意識到他犯了個錯誤。關於這個錯誤有多大，會反映在幾天後的資料中，這裡先設一個疑問。

當皇帝和官員的金銀上繳後，宮廷第一次發出了強迫民間繳納銀兩的詔書[302]。詔書中表示，朝廷議和，只是為了讓金軍不燒殺擄掠，為此需要付出大筆的金銀。在皇帝和官員上繳後，數額差距仍然較大，因此，皇帝權且「借用」京城內所有金銀。城內持有金銀的人，限於當日將金銀繳納入左藏庫，如有隱瞞，朝廷可沒收家產。人民可以互相告發，並獲得告發財產的一半。

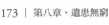

另外，賣官措施也出臺了。在漢代，賣官鬻爵是一種皇帝增收的正常手段，但自從科舉制成了主流，賣官已經逐漸退出了市場。但為了解決財政問題，皇帝不得不祭出了法寶，表示繳納金銀多的人，可以酌情安排成為官員。

正月十二日，由於金銀相差太多，宋欽宗開始定點處理。首先是皇帝的內官，內官承擔的額度是金一百萬兩、銀五百萬兩，由專人負責監管。

其次是對貪官開刀。宋欽宗繼任後，一直對如何處理父親留下的大批寵臣猶豫不決，找出各種理由敷衍，在財政的壓力下，終於不得不動手了。皇帝下令將蔡京、童貫、何執中、鄭伸、高俅、王憲、彭端、劉宗元等人抄家，將各家儲藏的金銀全部拿走，繳入元豐庫。敢於隱藏的軍法處置，勇於告發的獲得一半財產。

在皇帝的政策下，從官府到民間都掀起了一波反腐熱潮。

除了內官和貪官之外，社會上的金銀大戶，也成了皇帝定點處理的目標。汴京內有大量的聲色場所，皇宮大內的東北角，就是妓女雲集的雞兒巷，皇帝在寢宮裡都能聽見外面賣唱賣笑的嘈雜聲。整個汴京城還分佈著幾十處紅燈區。紅燈區的老鴇和頭牌們都積攢了不少金銀，因此也成了皇帝的目標。

這些人中，最大的目標就是與宋徽宗傳出緋聞（很可能只是後人的杜撰）的李師師，其次則是數位同等規模的經營戶。她們的財產也一併被抄收，充當了金人的犒軍錢。

除了紅燈區，另一個金銀大戶是金銀匠，以及曾經為皇帝服務、得過賞賜的僧道醫藥群體，皇帝也下令將他們的財產全部充公（正月十五日更是要求所有得過金玉賞賜的人都返還，不限於僧道醫藥群體）。

正月十七日，由於擔心民間繳納不夠踴躍，皇帝特別任命了一批踴躍繳納金銀的民間人士為官員。

經過了多日的搜刮，到了正月二十日，繳納的金銀終於有了一個數目。到這一天為止，北宋政府總共得到金三十餘萬兩、銀一千二百餘萬兩。金人要求是金五百萬兩、銀五千萬兩。也就是說，經過多日勞動，北宋大大小小官員和民間一共完成了黃金任務的百分之六、白銀任務的百分之二十四[303]。

由於缺乏經濟統計，金軍對於北宋首都有多少黃金根本沒有概念，宋欽宗也不知道到底能獲得多少黃金，雙方達成的協議完全脫離了現實，是不可能完成的任務。

宋欽宗和大臣們慌成一團。他們把這次失誤怪罪於那些商談和約的大臣：當初出使金軍營地的李梲和鄭望之，於是兩人成了替罪羊，被罷了官[304]。替罪羊可以找，事情還是要做，皇帝唯一能做的，是出臺更加苛刻的搜刮令。

當民間的富裕團體被搜刮一空，剩下的就是普通民眾了。正月二十日，宋欽宗下詔，這篇「著名」的詔書首先描繪了民眾湊不夠金銀的可悲下場：如果湊不夠數，金兵必然攻城，將男人全都殺光，女人全都抓走，房子全都燒光，金銀財物全都拿走[305]。很難想像一個皇帝竟然會在自己的首都這樣嚇唬老百姓，這也說明皇帝實在沒有辦法了。

接著，皇帝提出要求，為了避免進入詔書中描繪的地獄場景，大家必須把金銀全都貢獻出來，如果有隱瞞，就抄家、懲罰；如果上繳，可以當官；如果告發，就獲得財產的三分之一；如果知情不告，按照隱瞞一併處罰。

正月二十二日，皇帝又想出一招：派出使節前往金營說明情況，由於金銀數量不足，希望用其他寶物折納，交給金軍。但是前面的使節已經被罷官了，誰還敢步他們後塵？不得已，皇帝在時隔五天後，再次找來李梲、鄭望之，讓他們出使金軍營地。

鄭望之等人進了金軍營地，兩天後才被送到了牟駝岡。斡離不由於打球著了涼，不肯見他們，是王汭接待了他們。在和王汭的談判中，鄭望之提出金銀是湊不夠了，只能用寶物充數。王汭覺得可以，讓北宋去準備各種宮廷寶貝[306]。但這並不是來自斡離不的答覆，只是王汭的個人決定。

斡離不雖然沒有見宋使，但還是給了個回答，他並沒有提是否可以用寶物折納，但表示可以減少一定的犒軍錢。減少量是：金減少五十萬兩（總數五百萬兩減少到四百五十萬兩），銀減少五十萬兩（總數五千萬兩減少到四千九百五十萬兩），表緞和裡絹一共減少十萬匹（總數二百萬匹減少到一百九十萬匹）[307]。宋欽宗只能在一片模糊之中，一面搜刮民間金銀，另一面準備宮廷財寶。

經過這一輪的催繳，皇帝終於又湊了金二十餘萬兩、銀二百餘萬兩。到正月二十八日時，一共搜刮到金五十一萬七千餘兩，銀一千四百三十萬二千餘兩，表緞等四十餘萬匹[308]。到這時，皇帝已經確定不可能再完成金銀任務了，就只有依靠那些其他的寶物充數。在李綱的勸說下，皇帝也將搜刮金銀的詔書撤了下來[309]。

正月二十九日，皇帝帶領鄭望之等人於宣和殿查看寶物。所有的珠玉都已經放在了籠匣中。作為「六賊」之一的梁師成還沒有被賜死，留在皇帝的身邊，舉著一個螭龍玉杯感慨：「這一個玉杯工價就是幾千緡！」皇帝回答：「這種東西不知有什麼用，留不得了。」

二月初一，皇帝派遣李梲和鄭望之押著寶貝前往金軍營地。這些罕見的珠玉、犀角、象牙平時深藏於深宮之中，現在都被擺在了野地裡。金軍太師耶律忠前來交割。他們在野地裡拿出帳冊，有人將珠寶一件一件抬過來，一一核對。

耶律忠詢問每一件寶貝的價格。鄭望之回答：「這都是無價之寶，沒法估價。」一位遼國降官提醒鄭望之，價格是折納金銀的基礎，現在就應該儘量往高裡估價。於是鄭望之儘量將價格估高，報告給金人。估價完畢，耶律忠回去與斡離不商量後，斡離不決定第二天接見北宋使節，並宣佈新的優惠政策[310]。

李梲和鄭望之等人住了一晚，他們與在金軍營地做人質的康王和張邦昌住在了一起。

但突然間，事情又起了重大變化：就在當天晚上，宋軍突然向金軍營地發動了襲擊，這場襲擊，也標誌著宋營中的另一股力量正在做最後的努力。

但他們的努力卻可能產生兩種結果：如果成功，將金人全殲於黃河南岸；如果失敗，讓皇帝的寶貝一去不復返的同時，宋金和約也毀於一旦。

但宋軍的進攻將走向哪個結局呢？

註解

265 參考《靖康傳信錄》。
266 以張邦昌與白時中為首。《續資治通鑑長編拾補》引《靖康前錄》。
267 關於襄陽的地理位置，可以參考本書作者郭建龍的另一本書《中央帝國的軍事密碼》。
268 指蔡條。見《北征紀實》。
269 參考《靖康傳信錄》。
270 宋．趙令畤《侯鯖錄》。
271 宋．岳珂《桯史》。
272 根據《宋史．地理志》、明．李濂《汴京遺跡志》、宋．孟元老《東京夢華錄》綜合。
273 參考《東京夢華錄》。
274 參考《靖康傳信錄》。
275 這裡所謂的樓櫓，應該就是戰棚，即放置在城牆馬面上的塔樓，可以覆蓋更遠，並抵禦敵人的木製塔樓的攻擊。
276 參考《續資治通鑑長編拾補》。
277 《東京夢華錄》記為元豐倉，應該就是李綱所記的延豐倉。城外還有一個大倉庫順成倉，順成倉橋就是以這個倉庫命名。
278 參考《東京夢華錄》。
279 參考《靖康傳信錄》。
280 參考《靖康傳信錄》。
281 參考《續資治通鑑長編拾補》。
282 參考《靖康傳信錄》。
283 宋．鄭望之《靖康城下奉使錄》。
284 參考《靖康傳信錄》。
285 《靖康城下奉使錄》為安遠門，安遠門是內城的城門，在北牆東側，使節出的應該是外城門，酌情改為外城西面的正門開遠門。
286 參考《靖康城下奉使錄》。
287 李綱的回憶錄和其餘的書有矛盾，他記述金人使者前來發生在初九的戰事之後，但其餘書記載發生在初七戰事之後，初九戰事之前。
288 李綱語。

289 參考《靖康傳信錄》。
290 《大金弔伐錄校補》第三十六篇。
291 參考《靖康傳信錄》。
292 《宋史》記載為蕭三寶奴、耶律忠、王汭，《三朝北盟會編》記載為高永、張願恭、蕭三寶奴，《大金弔伐錄》記載為高永義、張願恭、伯哩（應當是蕭三寶奴）。
293 《大金弔伐錄校補》第三十八篇。
294 參考《靖康城下奉使錄》。
295 《三朝北盟會編》等書記載為正月十四日。但根據《大金弔伐錄校補》中的記載，正月十二日是更加可能的日期。
296 《大金弔伐錄校補》第四十二篇。
297 《大金弔伐錄校補》第四十一篇。
298 參考《靖康傳信錄》。
299 《大金弔伐錄校補》第四十六篇到第五十三篇。
300 參考《宋史．食貨志》。
301 參考《續資治通鑑長編拾補》。
302 本篇及下面幾篇詔書出自《靖康要錄》。
303 參考《靖康要錄》。李綱記載為金三十萬兩、銀八百萬兩，可能有誤。
304 使節被罷官發生在正月十七日。
305 大金為見其數未足，復遣使臣諭意，難為退軍，兼恐兵眾犒賞不均，必至怨怒，卻來攻城，男子盡殺，婦人驅虜，屋宇焚燒，金銀錢物，竭底將去。
306 參考《靖康城下奉使錄》。
307 正月二十四日，見《大金弔伐錄校補》、《三朝北盟會編》。
308 《大金弔伐錄校補》第五十五篇。
309 參考《靖康傳信錄》。
310 參考《靖康城下奉使錄》。

第九章、戰爭無厘頭

主戰派得勢

就在宋欽宗拚命搜刮金銀，試圖滿足金人要求時，各地勤王兵馬陸續趕來。正月十五日之後，就已經有小股兵馬來到汴京，每天到達萬人以上。作為汴京城防主官的李綱每天都要派遣統制官召集隊伍，劃分營地，撥給糧草兵器。

一方面文官斂財斂得精疲力竭，另一方面武將也忙忙碌碌地應付援軍問題。

正月十六日[311]來了一支規模大一些的部隊，統制官馬忠從京西招募的士兵趕到了。他們在西城牆最南側的順天門（新鄭門）外[312]遇到了一支金軍，將他們殺敗。與此同時，北宋將軍范瓊也從京東方向過來，駐紮在了距離金軍大營不遠的地方。

在援軍到來之前，金軍四處擄掠，肆無忌憚。自從吃了馬忠的敗仗，才開始收斂一些，不敢單獨行動了。

正月二十一日[313]，最重要的援軍到了。這一日到了幾位經歷過戰陣的將軍：檢校少保、靜難軍節度使、河北河東路制置使种師道，以及武安軍承宣使姚平仲。他們率領著西北地方涇原路、秦鳳路的軍隊趕到。除此之外，陸續到來的還有鄜延路的張俊、韓時中，環慶路的汪洋、馬遷，以及折彥質、折可求等。熙河路的姚古、秦鳳路的种師中也在趕來。

援軍兵馬號稱達到了二十萬[314]。這時的軍事形勢也就起了變化。金軍主要駐紮在城西北方向的牟駝岡，而勤王軍馬大都也駐紮在城外，各個方位都有，最近的就在金軍營寨的不遠處。

大批兵馬到來後，宋軍首先面對的是指揮問題。之前的防禦指揮權交給了城內的李綱，既然大部分軍馬在城外駐紮，那麼到底如何統御這些人馬，誰來負總責？

李綱的意思是，應該由原來的指揮機構，即他指揮的行營使來統一管理，种師道是將軍中經驗最豐富也最能打仗的，就讓他當行營副使，掌管城外兵馬。這樣，一旦戰爭發生，決策和資訊傳遞的順序是：從皇帝到李綱，從李綱到种師道，從种師道再到城外其餘將領。

但由於李綱升遷太快，宰執們大都不服他，於是皇帝與眾位大臣商量過後，決定另立一個宣撫司，叫京畿河北河東路宣撫司，所有城外兵馬都交給這個宣撫司領導。由种師道擔任宣撫使，姚平仲充任副手（都統制）。不僅新來的勤王軍隊由這個宣撫司領導，就連李綱在城外的部隊也劃歸宣撫司統領。李綱曾經設立了前後左右中五軍，其中前軍和後軍駐紮在城外的東面，這兩軍歸屬宣撫司節制之後，李綱的行營司所能指揮的就只有左中右三軍而已。

這樣的做法，好處是給了城外的宣撫司足夠的靈活性，壞處是，由於指揮權的不集中，在戰鬥中容易出現混亂。事實上，李綱已經被架空了，在未來的戰爭中所起的作用微不足道。但城外宣撫司也並非是鐵板一塊，各個將領時常各自為政，給指揮帶來麻煩。

不談指揮問題，援兵一到，首先展現的還是強大的震懾力。种師道決定對金軍形成壓迫態勢，他將勤王軍主要駐紮在城市東北面和西南面的兩個軍寨中，對位於西北的金軍形成圍堵之勢。

由於兩寨的修建，汴京的東南角成了最安全的角落。有了軍隊的保護，种師道命令將東城牆南側的新宋門和南城牆東側的陳州門打開，作為軍事和民用的通道。從此首都不再是封閉的，恢復了與外界的聯繫，這是生活正常化的表現。

雖然皇帝已經祈求和平，但對金軍的軍事行動並沒有停止。种師道在後兩天（正月二十三日）[315]，立刻在板橋組織了一次戰鬥，將金軍擊敗，並乘夜間焚毀了馬監的東廓，接近了金軍營地。這次戰鬥讓金軍更加憂心，西路軍遲遲打不通通道，孤軍深入的東路軍如果堅持下去，會不會被宋軍的勤王部隊消滅？

顯然，如果長期駐紮，一定會有新的軍事衝突。李綱曾經估計金軍不過六萬人，而勤王軍隊人數已經達到了二十多萬，到最後，金軍會淹沒在宋軍的人海戰術之中。最好的策略，莫過於見好就收，金軍已經獲得了大量的賠償，又簽署了極其有利的和約，只要能夠安全退回北方就是勝利。

從這時開始，金軍對金銀和寶物的移交越來越重視。

在北宋的朝廷內，隨著勤王軍隊的到來，那些求和的大臣也在加緊行動。如果金軍最終被勤王軍擊潰，就意味著他們主持的求和工作是錯誤的，這些大臣很可能被憤怒的群眾撕成碎片。只有讓金軍儘早離開，才能證明他們的求和是正確的，不需要承擔責任。因此，北宋君臣也越來越配合金軍的賠款移交工作。

於是產生了奇怪的一幕，一方面，軍事將領們變得越來越高調，另一方面，北宋的搜刮工作也在加速，皇帝由於參與了求和，甚至眼都不眨就將祖宗傳下的財寶盡數獻出，換取金軍趕快離開。當皇帝捨棄的東西越多，求和的大臣們越讚賞皇帝的大公無私。接下來皇帝更是將各種美食、珍禽、馴象送給金軍，甚至女人都送過去為金軍服務。在一封信裡，斡離不甚至感謝皇帝送了百餘個歌舞伎給他，並表示不忍心讓這些人離開父母之邦，等用過後，離開時會還回來的[316]。

但皇帝和大臣不一樣。江山是皇帝的，大臣永遠只是職員，不管送什麼，大臣都不會眨一下眼。可皇帝雖然接受了大臣的恭維，卻會偷偷心疼丟失了那麼多珍寶和土地。

與此同時，金軍犯了一個最不可原諒的錯誤：他們對於金銀的渴求過於強烈，將位於城外的后妃、皇子和帝姬（公主）的墓葬都刨開，把殉葬品洗劫一空[317]。這終於觸怒了皇帝，加上勤王軍隊給了他勇氣，他變得偏向鷹派了。

主戰派的看法也逐漸左右了皇帝。种師道一到京城，就感到出乎意料。他說，京城周長八十餘里，金軍怎麼能圍得住？城高數十丈，糧食可以支撐數年，哪能攻下來？只要城內紮寨，城外嚴兵據守，勤王之師都來了之後，幾個月就讓金軍困頓了。到時候只要他退，就和他打，和議幹什麼？三鎮和燕京都不用割讓。

主和派的李邦彥反駁說，當初講和不是因為沒有兵嗎？

种師道說，「戰」和「守」是兩種概念，「戰」需要真正的士兵，但「守」就不一樣了。京師有數百萬老百姓，他們不能「戰」，卻可以參與「守」，從這個意義上說，他們都是兵，怎麼說沒有兵[318]？

正月二十七日是一個大霧天，這一天宋欽宗召集了李邦彥、吳敏、种師道、折彥質、李綱等人開會。李綱更是提出了完整的戰略，他認為現在宋軍與金軍數量的比例已經是十比三。金軍孤軍深入，應該採取當年周亞夫平定七國之亂的辦法，將黃河渡口等要道守住，再斷絕敵人的糧道，用重兵把敵人圍起來。宋軍甚至不用主動出擊，金軍如果有遊騎出來，就襲擊一下，但如果他們主部隊出來求戰，宋軍就堅壁不戰。在都城堅壁不戰時，宋軍卻可以分兵去收復河北地區丟失的土地，斷絕金軍的歸路。等金軍主力疲憊了，糧草殆盡，再逼迫金軍將三鎮和誓書歸還，給他們留一條活路北歸。等他們渡黃河到中途時，再動用所有力量給予致命打擊[319]。

李綱的說法得到了大家的認同，但由於還有兩路兵馬姚古和种師中沒有到，決定再等一等他們。綜合考慮，宋軍決定選擇一個吉日——二月初六——發起行動。

雖然大計已定，但到了二月初一晚上，突然一支宋軍出現在了金軍營地前。

難道進攻提前了嗎？這要從一位叫作姚平仲的將領說起。

劫營

宣撫司都統制姚平仲是北宋著名將領姚古的養子。從西北出發的姚古也響應了勤王號召，但由於路途遙遠，當時還沒有趕到。

姚平仲曾經跟隨童貫參與了平定方臘叛亂的戰爭，他自認為功勞很大，卻被童貫壓制。這次到京後他又提起了當年的戰功，宋欽宗對他刮目相看，屢次單獨找他談話，並許諾他一旦立功，立刻給予重重賞賜[320]。

當眾人定下二月初六發動進攻的策略，姚平仲卻擔心自己在眾人的行動中顯現不出來，如果能夠提早單獨行動，擒獲了斡離不，那麼他就成了穩定北宋的最大功臣。

姚平仲與步將楊可勝兩人將想法告訴了宋欽宗，竟然得到了皇帝的支持。於是他們議定，於二月初一夜間率先發動進攻。這件事不僅瞞著李綱，就連城外的指揮官种師道也並不知曉。

雖然指揮官不知曉，但民間卻早就知道了。

劫營的日期是由一位術士楚天覺通過占卦決定的，占卦時消息就已經洩露。京城家家戶戶都知道皇帝要在二月初一打仗了。另外，皇帝還在開寶寺樹立了三根大旗，上面寫有御前報捷的字樣，這是為了勝利後慶功準備的。外城北面的正門是封丘門，這裡距離金軍營地最近，門上提前搭建了皇帝駕臨的閣樓，是為了檢閱俘虜用的。這些準備讓京城的人們充滿了期待，人們紛紛等待著勝利的消息[321]。

到了晚上，劫營開始，姚平仲和楊可勝率領七千兵馬，向著六萬金軍的大營衝去。到了大寨，卻發現寨子大半是空的。金軍從寨外將宋軍包圍，於是劫營變成了突圍。姚平仲比較幸運，突圍而去，楊可勝卻被俘了。

姚平仲劫營時，在金軍做人質的康王、張邦昌，以及出使未回的李梲、鄭望之等人正在寨子的某處睡覺，突然間外面人嘶馬鳴，四處火起，有人來報宋軍劫營。康王立刻意識到自己的死期到了，金人會將人質殺掉以報復宋軍。

在旁邊的鄭望之反而勸說康王不要緊，不須恐慌。如果宋軍贏了，金人不敢隨便殺人質，如果宋軍敗了，康王作為人質已經半個多月，自然不可能知道劫營的事兒。康王聽他說得有道理，才放心一些[322]。

當天晚上，鎮守城內的李綱正好有病，請假在行營司休息。到了半夜，皇帝的親筆信突然到了，信裡說，姚平仲已經起事，大功就要告成，請李綱率兵到封丘門策應。李綱吃驚的同時寫了個劄子，表示自己在生病，況且大家都在按照原定日期做準備，現在突然發生戰鬥，都措手不及，拿不出兵來。

不料短短一會兒，皇帝的傳令官竟然來了三次，越來越急。李綱才意識到大事不好，連忙帶著他僅剩的三個軍出城。此時，參與了劫營的范瓊、王師古等人正在北門外被圍困，李綱連忙加入戰團，在幕天坡鏖戰，擊退了金軍。當金軍再次進攻時，他又用神臂弓將金軍擊退[323]。

第二天早上，斡離不緊急召見康王等人質。在召見地放了數百面宋軍旗幟，都是劫營者留下的，還有被俘的數十名宋軍。張邦昌趕快聲明，這可能是某一支勤王的軍隊，為了向皇帝邀功才這麼做的，皇帝可能並不知情。

恰好，被俘的楊可勝在準備劫營時，與皇帝商量做了安排，他寫了一封給皇帝的信揣在身上，信上表示他瞞著皇帝出擊是為了立大功，等勝利後請求皇帝給予封賞。如果他死了或者被俘，金人從他身上搜到信，會以為皇帝是不知情的。現在這封信與張邦昌的說法吻合，竟然真起到了作用。

康王和張邦昌擺脫了嫌疑，但出使的鄭望之卻沒有這麼容易了。斡離不接見他們後，將鄭望之單獨留下，送去了一位叫作「都統國主」的將領處。康王和張邦昌都意識到再也見不到他了，紛紛向他告別。

鄭望之跟隨著嚮導在金軍大營的營柵裡穿梭，營地裡的道路曲曲彎彎，直線距離十幾里，曲線距離卻走了六、七十里。

鄭望之到了都統的營地，穿過兩邊衛士的刀槍叢林，才見到了都統。將軍直截了當地說：「北宋求和，你是首來談判之人，既然今天以兵相加，你也免不了一死。」他以為鄭望之參與了劫營陰謀，強迫他將整個策劃過程說出來。

鄭望之竭力辯白，表示自己不會自尋死路，如果事先知道，又怎麼會在劫營當天還留下？既然他沒有參與陰謀，又能說出什麼？

都統將鄭望之留了一夜，第二天才放了回去。鄭望之重新見到康王和張邦昌，才知道康王為他流了不少淚，以為他死了。即便在金軍內部也傳言，都統叫他過去不是善意[324]。

擊退了金軍的進攻，李綱回到行營司，才知道自己已經被罷官了。皇帝下令，將李綱尚書右丞、親征行營使的職位罷免，甚至連行營司都撤銷了。只是任命蔡懋擔任守禦的職位，接收李綱的軍隊。

慫恿皇帝罷免李綱的是宰相李邦彥。主和派將姚平仲全軍覆沒的消息帶給皇帝，李邦彥乘機向皇帝表示，現在只有一個辦法，就是推說皇帝並不知情，是主戰派的李綱和种師道等人擅自行動。他甚至主張將李綱和种師道等人綁了送給金軍[325]。

皇帝也慌了神，雖然他否決了將李綱和种師道送給金人的提議，但還是罷免了李綱[326]。

二月初三，李綱正要進崇政殿見皇帝，在殿門口聽說自己被罷免了，於是來到浴室院等待自己的處罰。對李綱進行訊問的是他的後繼者蔡懋。經過訊問，蔡懋才知道原來姚平仲並沒有全軍覆沒，劫營的士兵一共損失了千把人，而李綱的救援部隊損失更小，只有百餘人。姚平仲本人也並沒有死亡，而是突圍後擔心种師道治他偷偷行動的罪，所以溜走了。所謂全軍覆沒的消息是不準確的，皇帝由於被嚇破了膽，沒有加以核實就相信了，匆匆做出了免職李綱的決定。

蔡懋把消息帶給皇帝，皇帝也覺得是自己對不起李綱。畢竟皇帝對姚平仲劫營是知情、鼓勵甚至參與的，李綱和种師道等人反而不知道。現在出了事，還必須由他們承擔責任。

於是皇帝賞賜了李綱白銀五百兩、錢五十貫。能夠賞賜這麼多，在缺金少銀的時代已屬不易。按照皇帝的意思，先讓李綱下野一段時間避避風頭，等金軍一走再重新用他[327]。

除了面對大臣的壓力之外，宋欽宗要處理的還有金人的憤怒。

二月初三，出使金國的使者鄭望之等人被放回來了。跟他們一起來的，還有金國的使臣張恭禮，他帶來了一封充斥著嘲笑口吻的信，信中故作不知情地談到遭到一支情況不明的軍隊的襲擊，這支軍隊氣勢洶洶前來，戰敗後又灰溜溜逃走，金軍請求宋欽宗解釋這到底是怎麼回事[328]。

宋欽宗接待金國使節之外，還會見了鄭望之。他聽了鄭望之的敘述，不斷地說「錯了，錯了」[329]。

主戰派和主和派之間，就如何處理這件事也有不同的看法。按照种師道的意見，姚平仲劫營的確是錯誤的做法，但這個錯不是選擇了軍事對抗，而是沒有做好準備就倉促行動。既然前面錯了，金軍以為宋欽宗會服軟，那麼繼續進攻就成了另一種出其不意。再說姚平仲的損失也不大，宋軍實力並沒有被削弱，所以不如發動兵馬對金開戰，將他們打服再說。

而另一種意見，也是大多數主和派的意見，認為既然已經與金軍講和，花了這麼大力氣，就不好再反悔。

當金人使節質問時，宋欽宗立刻選擇了和談，他屈服了，停止了一切軍事行動，全力講和。他回書承認了姚平仲事件，並聲稱自己毫不知情，是姚平仲本人以及一些與他關係不錯的宰執（暗指李綱）發動的，姚平仲已經逃走，宰執已經被免，事情過去了。

皇帝寫好了回信，卻發現找不到人當使者了。由於出了這麼多事兒，擔心去往金軍營地遇到危險，北宋的大臣們都不願意當使者。

此刻，資政殿大學士宇文虛中正在城外的汴河邊帶兵，由於勤王之師太多，有許多小分隊無法安置，特別是東南來的兵。由於太上皇的干擾，東南兵沒有大規模集結，只有一些小部隊零零星星到來。宇文虛中出城集合了兩萬左右的東南兵。他聽說朝廷有難，將軍隊交給別人帶領，自己坐在筐裡吊入城內，接受了前往金軍營地出使的任務[330]。

宇文虛中到達金軍營地後，發現這裡的氣氛劍拔弩張，他在金兵的包圍下坐了四個時辰才見到了康王等人，第二天才見到斡離不。他來回於宋金兩營達三次之多，金人一定要北宋割讓三鎮才肯退兵，宇文虛中甚至痛哭流涕，都沒有爭回三鎮[331]。

在他最後一次出訪金軍營地時，除了攜帶常規文書之外，還帶上了割讓三鎮的詔書和地圖。這些詔書曾經被李綱扣押，但由於李綱已經離職，沒有人能阻止這些詔書發出了[332]。當初李綱扣留它們，是希望等勤王大軍到來後，逼迫金人同意不要交割三鎮。現在勤王大軍已經到達，但割讓詔書和地圖不僅無法扣下，反而更加輕易地送了出去。

到這時，意味著金軍所有目標都已達成。他們需要三鎮，現在已經拿到了割地詔書和地圖；他們需要大量的賠償，汴京城已經被搜刮一空，不可能獲得更多的財物了。現在唯一需要的就是安全地撤離。

宋欽宗不知道的是，他一直害怕強大的金軍，但金軍卻對宋軍的勤王部隊感到忌憚。如果繼續駐紮下去，即便雙方再有誠意和談，宋金軍隊之間早晚還是會有衝突。只要金軍失敗一次，就可能再無翻身之地。姚平仲的劫營是給金軍提了個醒，讓他們意識到該離開了。

但問題是，即便要離開，也必須防範宋軍的襲擊。事實證明，康王和張邦昌並不足以讓宋軍放棄抵抗，需要有更大的抵押品，才能讓宋軍不敢行動。

在二月初五的回書中，金軍元帥要求宋軍更換抵押品。把康王和張邦昌領回，換成皇帝的親叔叔越王，並在太宰李邦彥和樞密吳敏中選一人來抵押。李邦彥是最高文官，吳敏是最高武官，以前抵押的張邦昌只是少宰，顯然級別還不夠[333]。金人認為，以越王和最高級別的官員作保，金軍可以安然渡河回軍，不至於被掩殺。

李邦彥是最大的主和派，如果他能被抵押出去，也算是得償所願。但就在斡離不寫文書時，李邦彥還是宰相，當文書送達宋廷時，李邦彥已經不是宰相了。

群眾抗爭

北宋朝廷本來已經焦頭爛額，二月初五，汴京城內又發動了一場底層士大夫和民眾的動亂，讓宋欽宗更加手足無措。

這場動亂的原因是李綱被罷職。雖然种師道可能沒有被罷職，但當時都城內的傳言大都指种師道和李綱一塊兒被罷免，主戰派已經全部下臺。

就在幾天前，人們還盼著皇家軍隊打勝仗，但突然之間就變成了這樣的局面。加上之前皇帝對民間搜刮金銀的做法已經引起了民憤，而勸說皇帝停止搜刮的恰巧是李綱，這給他積累了足夠的名望。

動亂的導火索是一名太學生的上書。這名太學生叫陳東，當初也是他不斷地上書要求懲治「六賊」，導致宋徽宗的親近大臣下臺。陳東的做法很有宋朝士大夫的特點，由於宋朝皇帝不殺諫官，於是士人們對多大的官都沒有敬畏之心，該罵就罵。從政治譜系上說，他們屬於實務經驗不足的年輕左派，在當權者看來，是找麻煩的，但在某些關鍵時刻，他們的理想主義又的確能夠逼迫皇帝做出某種程度的改變，避免社會徹底固化。

二月初五，陳東聯合在京城的數百位學生來到了宣德門外，跪在地上，要求將一封信傳給宋欽宗[334]。信中的要點是：第一，他們把皇帝的大臣分成社稷之臣和社稷之賊兩類，社稷之臣主要指的是李綱，而社稷之賊則包括了當時大部分宰輔，比如李邦彥、白時中、張邦昌、趙野、王孝迪、蔡懋、李棁等人。第二，指出一場小敗說明不了什麼。雖然敗仗與李綱無關，但在當時的宣傳下，大都認為是李綱的策略導致敗仗，太學生顯然也是這麼認為的。但太學生已經意識到李綱是受人陷害，更何況，像童貫等人闖的驚天巨禍，皇帝都還沒有完全追究，反而對李綱痛貶，這說不過去。第三，希望皇帝重新起用李綱、种師道等人，貶斥李邦彥等人。讓李綱繼續守衛京城，讓种師道率兵進攻金軍，獲得完全的勝利。

太學生上書的消息驚動了京城，於是更多的人來到宣德門外。當天，在皇帝宮前已經聚集了數萬人，他們鼓噪著不肯離開，表示除非見到李綱和种師道復職，否則不走。

騷動正在進行中，大臣們散朝的時間到了。群臣從東華門恰好走到了現場，李邦彥也在內。眾人立刻圍了上去，對著他大罵，直斥他的罪過，更有人衝上去脫掉了他的靴子。眼看自己就要挨揍，李邦彥嚇得趕快逃走了。

皇帝命人將陳東等人的上書收進去，過了一會兒傳來旨意，表示眾人的話很好，一定會施行的。既然皇帝答應了，有的人就準備散夥。但另外的人立刻意識到，政府的許諾除非當場辦，否則一定做不到。他們鼓動大家留下，要親眼見到李綱和种師道，確信他們已經復職了才走。一會兒，掌管軍事的吳敏走了出來，告訴大家，李綱因為用兵失利，暫時罷免。但這只是非常時期，等金兵一走就立刻復職。

從朝廷的安排看得出來，宰執們已經傾向於不折不扣地接受金軍的要求，先把金軍糊弄走了再說。在金軍走之前，李綱是不能復職的。

這種回答讓眾人不滿意。天色漸晚，人們把開封府的登聞鼓也搬來了，放在東華門外不斷地敲，鼓敲壞了，就用聲音代替，山呼震地。

開封府尹王時雍是負責首都治安的官員，也來勸說太學生們，說他們這麼做是脅迫天子。太學生回答，以忠義脅迫天子，比用奸佞脅迫不是好多了？

眾人想揍王時雍，他只好也逃走了。

守衛宮殿的殿帥王宗濋只好向皇帝彙報，告訴他如果不聽從民眾的呼聲，今天就要發生民變了。

簽書樞密院事耿南仲來了，太學生和民眾拉住他不讓走，除非他去向皇帝彙報給李綱復職。耿南仲只好答應下來，眾人怕他說假話，便圍住他，只給他留出一條路，就是進宮廷去的路[335]。耿南仲見到皇帝，皇帝讓他傳旨召李綱來。

李綱在浴室院，一千多人前去迎接他。皇帝不得已，只好寫詔書給李綱復職。李綱還沒有趕到，皇帝派遣了一位內官朱拱之前去宣諭。由於詔書還沒有寫好，就讓朱拱之人先走，詔書隨後送去。但朱拱之剛剛到民眾前，有人立刻將他圍住撕成了碎片，他成了民變的第一個受害者[336]。

這時情況更亂了，有人已經大聲喊「殺死內臣無罪」。於是人們不知道從哪裡拉來了十幾個人，將他們殺死，肝腸取出，腦袋砍掉掛在竿子上。到這時，民變已經到了最危險的階段，一旦見了血，人們就會失去理智，事情也很難用和平方法收場了。

這時，李綱已經趕到了皇帝面前，向皇帝請罪。宋欽宗已經顧不上許多，連忙給他復職，擔任尚書右丞，兼京西四壁守禦使。李綱立刻前往東華門至右掖門一帶安撫民眾，這才平息了一場民變[337]。

李綱上臺之後，立刻改變了前任（只在任了幾天）蔡懋的做法。因為金軍又在西面的水門咸豐門附近集結，準備攻城器械，他當晚便睡在咸豐門上。城內雖然也有炮和床子弩，但蔡懋下令，誰敢開炮就懲罰誰，軍隊的士氣十分低落。李綱反其道而行，規定將士們自行決定開炮，只要打中就是重賞。將士們的積極性一下子提了起來。第二天，金軍來試探攻城，被將士們擊退。由於民變，除了對外不利，京城內部關係也變得越來越脆弱。比如，那些在民變中殺死內官的並不是普通民眾，本來就是當地的流氓頭目，在社會混亂中，這些流氓變得更加猖獗，殺人、搶劫層出不窮。士兵們也不好好守城，反而藉機報復平常對他們不好的官長，甚至殺死他們。軍隊紀律也不好，士兵偷拿老百姓東西，看哪個平民不順眼就當奸細濫殺。這些罪行中有的不可原諒，有的卻是亂世時期的表現，但如果不及時處理，遲早會釀成大禍。

李綱也毫不手軟，以誅首惡的方法將社會上的流氓頭子幹掉，對軍隊的不法現象更加嚴厲，一旦發現立刻處理[338]。在李綱的努力下，汴京的社會秩序開始恢復。

金人撤離

李綱重新得勢，宋欽宗的心情卻是無可奈何。這是北宋建政以來第一次民間將權力從皇帝和大臣手中抽走，由民眾決定誰來做官。皇帝此時已經完全放棄了抵抗，只想表現得軟一點，將金人哄走，卻又不得不任命一批主戰派的大臣上臺。

他的矛盾心情，在給斡離不的書信中反映得淋漓盡致[339]。由於金國索要李邦彥和吳敏兩人之一，皇帝二月初六回信時順便發了牢騷，他說，昨天城中數萬軍民鬧事，痛罵宰執，殺了好幾個宦官。許多宰執都離職了，太宰李邦彥請求退休，門下侍郎趙野請假不來上班了，中書侍郎王孝迪、左丞蔡懋都已經被罷免了執政的職位，樞密李綱貶到了大名府（這裡他撒謊了）。現在大半官員都缺位，宰執之中只剩下樞密吳敏、新任左丞耿南仲、新任樞密宇文虛中，以及李棁四人還在任了。

一個皇帝對敵軍將領承認民變，並將高官的任免和盤托出，這也可以看作宋欽宗一種別樣的牢騷，表明這並非是他所願，也表明他已經無計可施，請敵人原諒。

關於斡離不要求將宋欽宗的親叔叔越王當作抵押品，宋欽宗表示這有違情理。他懇請用自己的同母弟弟肅王將康王替換回來。康王和皇帝雖然同父，卻並非同母所生。肅王作為同母兄弟，顯然與皇帝關係更加密切。但皇帝希望，肅王只送金軍渡過黃河，一旦過河安全了，金軍就遵守約定將他放回。

至此，金軍的所有戰略目的都已經達到，割讓三鎮的詔書和地圖、大量的犒軍錢，以及安全的回軍通道。李綱和种師道雖然復職，卻並沒有起到任何作用。

但也不能否定，主戰派的威懾是金軍退軍的必要條件。姚平仲劫營雖然以失敗告終，卻加速了金軍的撤離。之前的斡離不仍然慢條斯理地與北宋談著條件，時不時免一點賠償金作為恩惠。但劫營之後，斡離不已經不再糾纏於賠償金了，北宋也沒有交付給他更多的錢。二月份，斡離不最關注的是怎麼安全地回去，因此人質問題成了最主要的談判點。

姚平仲劫營八天後的二月初八，金軍開始撤回。由於擔心大軍的安危，金軍的撤離非常迅速，初八當日，斡離不寫文書告別宋欽宗，二月初九便將康王送回[340]，二月初十就已經拔營離開[341]。原本以為他們在渡過黃河時會遇到困難，但金軍早已做了準備——架好了浮橋，一天之內就渡河完畢了。

金軍的離開也激化了宋軍主戰派與主和派之間的矛盾。在主和派看來，金軍離開是他們充分斡旋的結果，也是一場重大的外交勝利，如果不是主和派堅持和平方針，也許汴京城就會血流成河，如果不是主戰派從中作梗，事情還會順利得多。

但在主戰派看來，各地勤王軍隊已經二十多萬人，這些軍隊只有少數人參與了一點點抗金作戰，其餘的人雖然滿懷熱情，卻還沒有動手，就聽說皇帝選擇了和平，付出了巨大的代價。他們認為，僅僅因為姚平仲的一次小小的失利，就徹底放棄武力解決，的確是太窩囊了。

持這種觀點的不僅僅是李綱，還包括許多其他的人。比如，在燕京被俘的沈琯被金人放回之後，在二月初十見到李綱，立刻提出建議。由於他在金軍大營裡待過，對金軍的實力知根知底，他說，金軍不過只有五萬人（比李綱預計的還低），能打仗的只有萬把人，其中二太子斡離不營只有兩千騎兵，郭藥師的常勝軍有三千騎兵，諸營的步兵也只有三萬多人。這些人還並沒有都過河，只有一多半的人在河南地區。總體上金軍與宋軍相差懸殊，完全應該立刻襲擊金軍[342]。

李綱接納了沈琯的提議，向皇帝報告。與此同時，种師道也要求在金軍渡河的時候發動襲擊[343]。但他們的建議都被主和派給擋了回來。

李綱還不甘心，又拐彎抹角提出了另一個建議：在北宋初期與遼國締結澶淵之盟時，遼國侵入北宋的領土，雖然雙方簽訂了和平協議，但在遼軍離開時，北宋仍然用大部隊「護送」他們離境。在宋軍的護送下，遼軍走得特別快，也沒有辦法進行掠奪。李綱提出應該按照澶淵之盟時期的規矩，派大軍將金軍護送出境[344]。這次他的提議終於得到了答覆。

李綱得到了皇帝的許可令，立刻派兵十餘萬，分數路出擊，他下的命令不是防禦性的，而是進攻性的，只要各路將帥找到時機，就毫不猶豫地進攻金軍。宋軍急不可待地行動了，他們在邢州和洺州之間追上了敵人，雙方相差只有二十餘里。

就在宋軍摩拳擦掌準備撲向敵人時，事情突然又出現了變化。原來，金軍的西路軍有消息了。

粘罕率領的西路軍在前期勢同破竹，但到了太原就被張孝純阻擋住了，遲遲不能南下，使得金軍的鉗形攻勢難以形成，只有東路軍到了汴京城下，西路軍一直無法配合。但到了正月十九日，一位義勝軍的首領劉嗣初卻投降了金軍，幫助金軍奪取了太原以南的平陽府（現山西省臨汾市）[345]。粘罕決定繞過太原，先向南進軍，攻陷了威勝軍（現山西省沁縣南），控制了重要關口南北關（現山西省靈石境內），進軍並攻克了位於上黨高原的隆德府（現山西省長治市），最後圍攻了曾經發生過著名的長平之戰的高平。一旦高平失陷，粘罕就可以衝過天井關關口，從山西高原下到黃河邊的平原，有可能再次發動對汴京的攻擊[346]。

被嚇破了膽的宋欽宗立刻下令將那些圍堵東路軍的宋軍召回，讓他們趕快想辦法對付粘罕。

但事實上，宋欽宗並不用擔心粘罕的進攻。由於粘罕並沒有攻破太原，太原就如同在他背後的一枚釘子，只要粘罕繼續孤軍深入，太原就可以在後面打擊他的後勤、輜重和援軍，切斷他的歸路。

种師中還提到，其實並不用把軍隊召回到黃河邊，而是從河北地區越過太行山，從側翼包抄粘罕，將其包圍起來進行全殲[347]。

指揮對東路軍追擊的李綱也大不以為然，他認為既然東路軍已經撤退，西路軍就不會冒險，必然會自動撤退，根本不用管[348]。

在眾人的勸說下，宋欽宗終於決定不撤回追擊東路軍的宋軍。但在這一來一回之間，金軍已經走遠了，宋軍將士也明白了皇帝的意思，懶得繼續賣命。

果然，不久之後，金軍的西路軍也撤退了。

皇帝任命种師道為河北河東宣撫使，駐紮在滑州；姚古為制置使，兵援太原；种師中為制置副使，駐軍河北、山西之間，援助中山、河中地區。雙方的對峙線回到了燕京以南的河北地區，以及太原以北的山西地區。

到這時，金軍通過這次戰爭得到了太原以北的所有領土，以及河北地區的燕京地區。另外，二太子斡離不通過協議在名義上得到了太原、中山、河間三府。只是撤退時，這三個府還都掌握在北宋手中。如果北宋願意遵守協議，就必須派人去把三鎮交割給金軍，這也意味著金國已經深入到河北平原和山西中部。

但是，既然金軍已經撤退了，宋欽宗還真的願意交割嗎？到底是遵守和約，還是放棄和約準備戰爭，這位年輕的皇帝該怎麼選擇呢？

註解

311 根據《續資治通鑑長編拾補》。《靖康傳信錄》記為正月十七、八日到達。《皇宋十朝綱要》、《宋史》記為正月十八日。《三朝北盟會編》記在正月二十日。

312 根據《續資治通鑑長編拾補》。《靖康傳信錄》作鄭州南門外。

313 根據《續資治通鑑長編拾補》。《靖康傳信錄》作正月二十日。

314 參考《續宋編年資治通鑑》。

315 參考宋．王稱《東都事略》。

316 《大金弔伐錄校補》第五十四篇。

317 參考《靖康傳信錄》。

318 參考《三朝北盟會編》與《續資治通鑑長編拾補》。

319 參考《靖康傳信錄》。

320 參考《靖康傳信錄》。

321 宋．趙甡之《中興遺史》。

322 參考宋．鄭望之《靖康城下奉使錄》。

323 參考《靖康傳信錄》。

324 參考《續資治通鑑長編拾補》。

325 參考《靖康傳信錄》。

326 李綱被罷免，种師道有沒有被罷免卻有爭議。《三朝北盟會編》、《靖康傳信錄》等書記載，种師道也遭到了罷免，但宋．汪藻《靖康要錄》、宋．折彥質〈种師道行狀〉、《宋史》等書記載种師道沒有被罷免。現取後者。但外界傳聞种師道也一同被罷免，因此才有後來汴京人民要求李綱和种師道復職事件。

327 參考《靖康傳信錄》。

328 《大金弔伐錄校補》第五十八篇。

329 參考《靖康城下奉使錄》。

330 參考明．馮琦《宋史紀事本末》。

331 參考宋．汪藻《靖康要錄》。

332 《大金弔伐錄校補》第五十九篇，《靖康傳信錄》。

333 《大金弔伐錄校補》第六十一篇。

334 參考《三朝北盟會編》。

335 參考《靖康要錄》。

336 參考《續資治通鑑長編拾補》。

337 參考《靖康傳信錄》。

338 參考《靖康傳信錄》。

339 《大金弔伐錄校補》第六十二篇。

340 參考《東都紀略》、《宋史》等。

341 參考《三朝北盟會編》。

342 參考《南歸錄》。

343 參考《續宋編年資治通鑑》。

344 參考《靖康傳信錄》。

345 《續資治通鑑長編拾補》引《靖康要錄》。

346 參考《靖康傳信錄》。

347 《續資治通鑑長編拾補》引《中興姓氏錄》。

348 參考《靖康傳信錄》。

第三部

汴京失陷

第十章、再起波瀾

太上回鑾

金軍撤離，卻給宋欽宗留下了三個問題。其中兩個和人相關，一個和地相關。

和人相關的第一個問題是作為人質的肅王趙樞的安全問題。肅王本來是替代康王前往金軍營地做人質的，按照雙方約定，一旦金軍退兵，就會將肅王送回。

二月十二日，當金軍渡黃河時，皇帝派出使臣王俅前往金軍營地迎接肅王，但考慮當時情況危險，金軍並沒有答應。

金軍在河北地區時，皇帝第二次試圖要回肅王[349]。但由於李綱、种師道等人堅持軍事打擊，斡離不更不敢將肅王放回。於是，肅王就成了靖康年間第一個被金軍帶走的親王，再也沒有回到中原故土。

肅王最初被扣押在燕京的憫忠寺[350]，一年後，徽、欽二帝作為俘虜也開始了屈辱的北行，肅王在燕京加入了他們，被送到了五國城。

建炎四年（一一三〇年）十月，肅王死在了五國城。

肅王北狩最大的受益者是康王。如果不是姚平仲劫營，很可能康王會作為人質被金軍帶走，也就沒有了後來的南宋高宗。在肅王愴然離去時，康王卻接受了一系列的榮譽，就在二月初十金軍退兵的當天，康王被封為太傅、靜江奉寧軍節度使、桂州牧兼鄭州牧、康王[351]。

肅王離開的同時，還有另一個更重量級的人物需要回來，他就是宋徽宗[352]。金軍來到時，滿懷藝術天賦的宋徽宗躲到了南方。最初的恐慌驅散後，他將揚州作為自己的駐地安定下來。太上皇一到揚州，東南方立刻亂了套。援助汴京的勤王軍大都來自西部，東南部的軍隊沒有一支到達，其原因正在於太上皇在揚州斷掉了與首都的聯繫，截留了通往首都的租稅，並阻止了東南的勤王之師。他的做派並不像一個退位的皇帝，竟有將北宋政權一分為二之勢。

既然金軍走了，按道理，他應該回來。但對宋徽宗來說卻有一個亟待解決的問題：他的兒子到底會怎樣對待他？

在歷史上，太上皇都擺脫不了孤獨的命運。在北魏時期獻文帝拓跋弘（年僅十七歲）被文成文明太后逼迫退位，將皇位讓給了他兒子元宏（孝文帝）。但由於年輕的太上皇不肯完全放棄權力，最後被太后毒殺了。唐太宗逼迫父親唐高祖退位，因為他殺死了哥哥和弟弟，成了不二的接班人。唐高祖鬱鬱退位，度過了九年的孤獨光景，但至少還是個善終。唐玄宗與宋徽宗的情況最像，都是在大敵當前時逃跑，將禦敵的責任留給了兒子，唐玄宗退位後也脫離了社會中心，變成了寂寞老人。

宋徽宗意識到，回到首都汴京，等待他的一定不是鮮花和讚美，而是恥辱的指指點點和冷嘲熱諷。但他一天不回汴京，宋朝的權力中樞就會紊亂一天。首先，太上皇身邊還跟著童貫、蔡京等大臣，如果太上皇不回來，皇帝甚至擔心他會被這群人挾持在南方另立中央，北宋分裂成南北兩部分。

其次，太上皇本人也不想回來，而是想到西京洛陽去，在那兒不受兒子的管制，可以繼續自由自在，這也意味著北宋將分裂成東西兩部分。

然而，若太上皇回去，卻不肯安分守己當一個無所事事的老頭兒，總在背後對兒子的決策指指點點，那麼北宋的朝廷同樣是分裂的。

如何解決太上皇的問題，成了皇帝和大臣們關注的焦點。按照開封府尹聶昌的看法，不如帶兵去把太上皇周圍的奸臣都處理掉，太上皇就不能不回來了，這等於是強迫他回來。聶昌的提議被李綱阻止了。

李綱認為，給足太上皇面子，同時勸說他放棄權力，才是最優選項。於是，在北宋最需要加強防衛以免金人再來之時，作為主戰派的李綱卻首先被派去解決太上皇的問題。

李綱在與太上皇的商議中，提出讓太上皇讓出大內禁中，畢竟他已經不是皇帝，禁中是給現任皇帝居住的。但皇帝將皇家園林擷景園改為寧德宮，請太上皇居住。

為了讓太上皇感到受尊重，皇帝還要時時請安，並允許太上皇和太后在必要的時候進入大內。

太上皇在李綱的勸說下，終於回到了京城，讓所有的人都鬆了一口氣。這意味著北宋的朝政不會走向分裂，而是統一在年輕的皇帝手中。人們有理由期待皇帝能夠勵精圖治，重振宋朝的威望。

太上皇回鑾後，對寵臣的清理也到了最後階段。如果要讓太上皇徹底交出權力，必須將蔡京、童貫等太上皇的身邊人都處理乾淨。只有太上皇失去了這個圈子，才真正失去對政治的干預能力。

太上皇的寵臣包括兩類：第一類是滿足宋徽宗私欲和財政需要的能臣，比如蔡京在籌措帝國財政方面用盡了全力，而朱勔則負責替宋徽宗運送花石綱；第二類是那些宣導聯合金國打擊遼國的人，比如童貫一直是主戰派，卻由於打不了仗，變成了贖買派，也就是用金錢換取金軍幫助，這一派人可以稱為變質了的主戰派。

在前次的整頓中，失勢的官員都已經被處置了，比如王黼、梁師成等人；但跟隨宋徽宗去往南方的寵臣群體，包括蔡京、童貫、朱勔等人還沒有清理，這次就輪到了他們。蔡京、童貫、朱勔都是在這時被處置的，他們或者在流放時死亡，或者被殺。

在這些人中，有一個人是最冤枉的，那就是首先倡議聯金攻遼的趙良嗣。

趙良嗣於三月二十七日被誅殺[353]。本質上來說，如果宋軍足夠強大，那麼趙良嗣的計策是可以成功的，北宋能夠獲得燕雲十六州的控制權。但由於宋軍過於軟弱，作為使臣的趙良嗣只好一次又一次和金人周旋，才獲得了燕京。如果沒有他的努力，就不會有燕京的交割。

拿到燕京之後，如果宋軍加強防禦，也不至於再次丟失。趙良嗣曾經希望引退，不再參與政治，可是宋徽宗不同意，他只好留下來，不料風雲突變，功臣瞬間變罪人。

斡離不退兵後，趙良嗣承受了無盡的謾罵，在剷除奸臣的聲浪中被賜死。他還被《宋史》寫入了奸臣傳，留下了無盡的罵名[354]。近千年來，替趙良嗣說話的人不多，但也有人質疑他不僅不應該被列入奸臣傳，反而應該正名[355]。

和約遭遇執行難

除了兩個人事問題，最複雜的還是土地問題。直到金人離開，皇帝和大臣才意識到，他們為了贖買和平，到底付出了多大的代價！

金錢上的代價是巨大的，一下子給予過多的戰爭賠償，必然會導致下一場戰爭。宋欽宗付給二太子斡離不的賠償讓金人開了眼界，自然會讓另一路元帥，也就是粘罕和他的西路軍眼紅不已。就算斡離不已經滿足了，粘罕也必然會煽動另一場戰爭，來滿足自己的軍隊對於財富的渴求。

既然另一場戰爭必然到來，那麼決定勝負的關鍵，就要看北宋能否防禦得住。不幸的是，宋欽宗發現，如果要防止敵人的下一次進攻，就必然要佔有太原、中山、河間三鎮。太原是山西的門戶，粘罕之所以佔領了更靠南的隆德府和平陽府，卻又不得不退回北方，就是因為太原還在宋軍手裡，可以隨時襲擊金軍的後續部隊。河間是東路上最重要的據點之一，而中山位於河北與山西之間，是溝通兩地的要道，一旦中山丟失，也意味著金軍的東西兩路軍可以方便地溝通協調，形成策應，到時就不像前一次那樣東路軍孤軍冒進了。

宋欽宗雖然向金軍許諾了三鎮，但金軍卻遭遇了典型的執行難題。皇帝的割地使到了三鎮，請求他們配合交割，三鎮反而加緊了抵抗。

比如中山、河間兩鎮，當斡離不回師時經過這兩個地方，被抵押的肅王，以及割地使張邦昌等人親自到城下宣讀皇帝的詔書，請求他們遵守法令，但都被城上的士兵拒絕了，甚至用弓箭石塊將說客逐回[356]。

金兵離開後，宋欽宗身邊的大臣們也紛紛勸說他不要遵守條約。因為只要執行條約，就是宣判北宋王朝的死期將近；不執行，大不了是拚個你死我活。相比較而言，還是不執行更有好處。比如著名理學家、朱熹的祖師爺楊時就上書表示，三鎮「一旦棄之北庭，使敵騎疾驅，貫吾腹心，不數日可至京城」[357]。這樣的三鎮必須固守，不可丟棄。

其實大家心裡都明白，如果說問題出在哪兒，只能說皇帝被嚇破了膽，答應了根本無法執行的條件，現在只好反悔了。

就在金軍撤離不久的二月二十五日[358]，皇帝派遣工部尚書王雲等人出使金軍，就提出了另外的建議：希望金軍允許北宋保留三鎮，但同時，北宋增加一定的歲幣，作為三鎮的租稅交給金國[359]。

這件事金國沒有回覆。於是，北宋官員開始考慮另外的可能性：既然要違約，就必須首先證明是金人先違約的。斡離不回軍時曾經在磁州、相州、大名一帶擄掠，楊時認為金軍沒有和平撤離就是違約，他建議皇帝以此為藉口不執行協議。楊時還認定，金軍最初答應（是否答應是存疑的）到黃河就釋放肅王，但遲遲未放，也是違約[360]。

另外，皇帝還可以在西路軍找藉口。由於金軍的兩路存在協調問題，東路軍已經撤退，西路軍還在南下佔領隆德、平陽等地，這也是違約。

如果仔細琢磨這些藉口，不得不說，宋欽宗如果以此為藉口，確實有疑慮。關於釋放肅王問題，金軍從來沒有答應到黃河就釋放他，只是宋廷的一廂情願罷了；金軍在河北的擄掠是戰爭中無法避免的混亂，即便統帥想制止，也無法完全避免；西路軍南下更多是古代通信的時間差問題。粘罕向南進軍時，並不知道協定已經簽署，也就無法停止進軍。當然，如果說金軍徹底執行了協議，也不確切。

如果宋金雙方能相互諒解，這一切都不是大事。可一旦有一方不準備諒解，而是尋找機會推翻協議，那麼利用這些細枝末節的問題也就成了唯一的途徑。

三月十六日，皇帝向三鎮下發抵抗的詔書，他宣佈由於金軍首先擯棄盟約，宋軍不得不抵抗。皇帝採取主戰派的主張，首先罷黜那些參與了和談的官員，在本書中一度佔據了主要舞臺的李邦彥、李棁、李鄴、鄭望之等人同時丟了官，與趙良嗣的區別只是他們沒有被殺掉。可見，在宋朝從事外交工作也是危險的職業。

皇帝派遣种師道、姚古和种師中三員大將去支援三鎮。這一次他顯得信心十足，表示「祖宗之地，尺寸不可與人」[361]。

宋朝皇帝前後不同的態度首先給粘罕的西路軍帶來了混亂。粘罕佔據了隆德、平陽，但無法拿下太原，正在進退兩難之際，突然收到宋金議和的消息，協定中包括割讓太原，宋朝甚至派來了一個叫作路允迪的割地使。粘罕意識到這次進攻不可能更進一步了，撈到太原也不錯，於是下令退軍，北歸去接收太原。

到了太原城下，路允迪幫助金軍招降太原，但太原守將卻表示，他們收到了皇帝的最新詔書，與路允迪的說法恰恰相反，詔書不僅不是讓他們交割太原，反而是要求更加堅決地抵抗[362]。粘罕什麼便宜也沒有撈到，一面命人繼續圍攻太原，一面率軍北上休整。

四月，一個更好的機會似乎出現在了宋欽宗面前。這個機會是由一個金人的使團帶來的。

由於北宋不想交割三鎮，金國派遣了一個使團，由蕭仲恭與趙倫帶隊前往宋廷，催促交割事宜[363]。但宋欽宗並不想交割，將使團留置了下來，不放回金國了。

使團的首領蕭仲恭是一位遼國的降將，與遼國另一員大將耶律余睹很熟悉。耶律余睹在金軍中擔任監軍，是非常重要的武職官員。北宋的接待使瞭解到，蕭仲恭似乎對金國並不滿意，經過交談，更進一步知道耶律余睹也過得不順心，這兩人對金國並沒有太多忠心。

經過與蕭仲恭等人的商討，宋欽宗決定不再扣押蕭仲恭，放他回去。皇帝親筆在黃絹上寫了一封信，封在蠟丸中，交給蕭仲恭讓他轉交給耶律余睹，招降他反對金國。皇帝暗地將山西許諾給耶律余睹，只要他反金，他可以在山西建立一個與北宋友好的世襲政權，相當於宋金之間的一個屏障[364]。

北宋君臣滿懷期待地將蕭仲恭等人送走，等待耶律余睹的答覆。如果這兩個人決定反對金國，那麼山西一帶的壓力就會降下來，北宋可以對付河北一帶的金兵。

宋欽宗沒有想到，他犯了一個和他父親一樣的錯誤。宋徽宗曾經試圖招降遼國天祚帝，被金軍截獲了他的聖旨，成了金國攻宋的一個好藉口，這已經是很大的教訓。到了兒子宋欽宗，又試圖招降耶律余睹，還同樣留下了文字把柄。

在這之前，宋欽宗一直在金人面前與父親撇清關係，表示以前的錯誤都是老皇帝犯的，老皇帝已經退位，新皇帝不應該承擔以前的責任。但這件事之後，金人已經明白這父子兩人秉性是多麼相似，就連做事的風格都一樣。

蕭仲恭並沒有想到投靠北宋，他之所以答應，只是因為北宋不讓他回去，他需要找個策略離開[365]。耶律余睹更沒有謀反的意圖，他甚至不知道北宋皇帝會給他寫信。於是兩人共同將宋欽宗的蠟丸絹書上交給了金人。從這時開始，金軍基本上放棄了對北宋的指望，開始準備新的軍事行動。

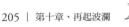

宋金之間的對決也就在這樣的氣氛中逼近了。

老將離去

既然宋欽宗也準備依靠軍事解決，除了招降耶律余睹之外，在自身軍事準備上又做了哪些工作呢？四月時，針對金軍可能再次南下的形勢，李綱向皇帝上書提出了八項建議。這八項建議都是針對北方戰備的，分別是：

第一，唐代藩鎮雖然導致了安史之亂和後期的地方割據，但由於北宋的最大問題是指揮權不統一，軍隊戰鬥力不強，因此可以考慮在北方邊境地區建立一批藩鎮，讓藩鎮負責帶兵，並徵集軍糧，給予世襲的權力，保衛邊疆。

第二，王安石時代建立了保甲制度來訓練民兵，但後來保甲制度時廢時興，名存實亡，作為非常時期，應該考慮恢復保甲制度，利用人民對家鄉的忠貞來保衛國土。

第三，戰爭中以軍隊最為重要，軍隊中又以戰馬最為重要，由於金軍幾乎將馬匹都擄掠一空，因此，養馬乃當務之急，需要政策扶持和指導。

第四，河北地區自古以來就是池塘沼澤遍佈，但到了北宋時期，由於人們開荒種地，將河北變成了一望無際的大華北平原。沒有池塘沼澤，河北就徹底喪失了防禦手段，因此，需要恢復一定的池塘沼澤，以備軍事防禦之需。

第五，河北、山西的城池壞了很多，需要大修。

第六，免除戰亂區的租稅，儘快恢復生產。

第七，儘快想辦法吸引商販，用市場經濟的做法解決河北、山西地區的糧草問題。

第八，之前朝廷籌措軍費，很大程度上依靠的是鹽稅和鹽鈔，北方地區的鹽主要出自山西解州的解池，但宋徽宗初年解池被水沖了，朝廷規定從南方海邊運鹽代替解鹽，從此北方軍費受到了影響，現在應該恢復從解州供鹽的制度，不要讓南方鹽運到北方來[366]。

這些措施有些關於軍事，有些關於經濟，但整體上都是為了戰爭做準備。如果用現在的眼光看，第二、第三、第五、第六、第七條都是非常必要的措施，第一、第八條雖然看上去會讓現代人產生抵觸，但仍然是很必要的，第四條工程太大，恐怕很難實行。

宋欽宗表面上答應了大部分改革，卻由於低落的行政效率，全都擱置了，沒有對戰爭產生任何的幫助。

五月，對宋軍的打擊來到了。金軍退師後，宋軍在河北、山西地帶的防禦主要依靠三個人，分別是种師道、种師中與姚古。五月初七[367]，由於种師道過於年邁，向皇帝上書請求退休，在三位戰將中，种師道經驗最豐富，他的離職讓宋軍少了一員統帥級的人物。

剩下兩員將領中，姚古負責山西地區的防務，粘罕退軍後，姚古收復了太原以南的大部分地區，但宋軍想要解圍太原，卻屢屢無法成功。

金軍對於太原的封鎖做得很好。太原雖然在張孝純等人的堅守下固若金湯，但金軍在城外卻築起了障礙，將整個城池困在了中央，徹底斷絕了城內與城外的聯繫。金軍圍困汴京時，雖然汴京防禦力量不足，卻一直是和外界保持聯繫的。金軍在汴京城外的西北角，外界的物資和人員卻利用東南角的城門進出。與汴京不同，太原完全和外界斷絕了聯繫，物資徹底中斷，糧草匱乏到了極點，這逼迫著宋軍必須趕快援救太原。

姚古從太原的西南方出發，去解救太原危機，沒有成功。宋軍不得不考慮利用种師中在河北的軍隊。种師中率軍護送斡離不離境之後，大軍停留在河北地區的大名府附近，皇帝給他的新任務是從河北穿越太行山的井陘關進入山西境內，從東南方進軍，與姚古的部隊形成鉗形攻勢，夾攻太原外的金軍，將他們趕走。

种師中穿越井陘後，到達了平定軍（現山西省平定縣），接著又克復了壽陽縣（現山西省壽陽縣）、榆次縣（現山西省晉中市），距離太原已經是咫尺之遙了。

但种師中並沒有急著進攻，而是選擇了佔領這些據點的同時，繼續以太行山以東的真定（現河北省正定縣）為基地駐紮。

种師中不急於進攻，北宋朝廷卻等不及了。恰好這時，傳來情報說金軍主部隊已經回北方度夏，只有一些散兵負責畜牧養馬。按照宋代的指揮制度，雖然种師中與姚古都是一方大將，但制定戰爭決策的機構卻是汴京的樞密院。當時負責樞密院的是知樞密院事許翰，他是個愛紙上談兵的人，聽說了這個消息之後，逼著种師中與姚古趕快進攻，如果不進攻，就治他們「逗撓」（怯陣不敢作戰）之罪[368]。

「逗撓」之罪在軍事上是嚴重的罪行，甚至可以判處死刑。种師中本來是希望穩紮穩打，既然已經接近了太原，就不妨停一停，制定一個更加可行的計畫再上陣。否則不僅無法打敗金軍解放太原，反而連已經獲得的城池都可能丟失。但在許翰的逼迫下，他不得不感慨著率兵前進。

按照許翰的策劃，除了种師中一道，姚古也要從西路進軍，形成夾擊[369]。由於夾擊講求速度和時間，种師中不能帶太多的輜重，儘量輕裝向太原前進。

种師中先到了壽陽縣境內一個叫作石坑的地方，遭到了金將完顏活女的襲擊。事實證明，金軍主力北歸的消息是錯誤的，他們留了足夠的人馬在南方，只是隱藏了起來，好吸引宋軍進攻，進行伏擊。

种師中與完顏活女打了五仗，其中贏了三場，敗了兩場。他突破了金軍，繼續經過榆次來到了距離太原只有百里之遙的殺熊嶺。

按照軍事規劃，當种師中來到榆次時，姚古也應該率領軍隊來到太原附近，雙方建立聯繫後共同進攻太原。但姚古手下有一位叫作焦安傑的統制，宣稱粘罕從北方回來了，進攻太原已經不可能了。聽到這個消息，姚古選擇了按兵不動，因此並沒有與种師中合兵。到這時，就只剩下种師中孤軍奮戰了。

更麻煩的是，出於速度的需要，种師中並沒有攜帶足夠的糧草，隊內已經發生了饑荒，每天每人只能分得一勺豆子，這樣持續了三天[370]。五月十二日[371]，金軍聽說這個消息後，立刻展開了進攻。

金軍首先進攻种師中右軍，將其擊潰，前軍也跟著逃走。种師中率領中軍奮戰，用神臂弓將敵人擊退。到這時，种師中還能穩住陣腳。

北宋的軍隊有一個習俗，打仗時為了讓士兵賣命，必須當場給予豐厚的賞賜。弓箭手擊退金軍後，向种師中要賞賜。但庫吏卻告訴种師中，由於輕裝上陣，沒有帶獎勵士兵的物品，數來數去，只有十幾個銀碗[372]。戰士們聽說這個消息，意識到宋軍已經既無糧草，也無財富，繼續打下去除了死亡什麼也得不到。他們紛紛逃走，將种師中拋棄了。

戰鬥打了一上午，最後只有百人左右的團隊跟隨著种師中，直到戰死。在死前，還有人勸說他突圍而去，但他拒絕了，力戰而死[373]，時年六十八歲。

种師中死後，金軍繼續進攻姚古的部隊，將姚古擊回了隆德府。

這場戰役以北宋損失一員大將、太原解圍失敗告終。當失敗的消息傳回京都，汴京的官員雖然無力幫助前線打仗，在追責上卻無比用力。瞎指揮的許翰被免了職[374]，謊報軍情的統制焦安傑也被李綱砍了頭。

作為山西一路統帥的姚古也承擔責任，被免去了軍職，送往廣州安置。到此為止，原本防衛北方邊界的三員大將最終以种師道辭職、种師中戰死、姚古免職為結局。最有戰爭經驗的三員大將都因為指揮系統的紊亂而去職，將防衛北方的重任留給了更加沒有經驗的人。

最無力的主戰派

种師道、种師中、姚古之後，在首都，主和派突然間又成了主流。此刻主和派的代表人物是大臣耿南仲。他表示老將死的死、退的退，朝廷已經沒有能打仗的將軍了，勸說皇帝交割三鎮才是上策。

此時首都主戰派的領袖是李綱。李綱是個典型的文臣，只是在汴京保衛戰時期依靠滿腔熱血臨時擔任了指揮角色。按照他的本意，知道自己不善於帶兵，一旦軍人接手防務，自己就退出武職。

但耿南仲等人對皇帝的喋喋不休讓李綱義憤填膺，他爭論說三鎮不能交割，必須守住。不料耿南仲立刻做了個順水人情，請李綱擔任武職，去北方幫助皇帝守住三鎮。

宋欽宗也在為沒有人能打仗感到發愁，聽了耿南仲的建議，立刻下令，任命李綱擔任兩河宣撫使，接替种師道的角色；同時任命劉韐作為李綱的副手，接替种師中的角色；解潛擔任制置副使，代替姚古的角色。防衛北方的三駕馬車換成了李綱、劉韐和解潛。後兩者都是有戰功的武將，只有李綱是個文臣。

李綱知道自己是政治鬥爭的犧牲品，這是政治對手要將他清洗出京都的策略，所以才想出這樣的辦法。在爭辯無果的情況下，他只好選擇上任[375]。

他上任時，宋軍已經越來越混亂。种師道時期，由於老將軍是武職出身，還有足夠的威信保持軍隊的穩定。李綱作為文人在首都有很高的威望，但在軍隊中卻說不上話。更複雜的是，宋欽宗曾經信誓旦旦要用武力解決問題，但种師中死後，皇帝在耿南仲等主和集團的勸說下，又沒有那麼堅決了。他讓李綱上任，並不是信任李綱，而是讓李綱嘗試最後一次武力保衛三鎮，如果還不行，就要徹底倒向主和派了。

朝廷中的主和派雖然暫時不敢完全反對武力，卻三心二意，出工不出力。全軍上下都知道朝廷的情況，對李綱等人更是陽奉陰違，使得軍隊指揮徹底失控了。

這一切，就註定了李綱只是一個過渡性的人物，他的任務就是戰敗並退出政治舞臺，他的戰敗會被圍繞在皇帝身邊的主和派屢屢提及，成為必須尋求和平的證據。

但在七月初，皇帝還沒有完全倒向主和派，還在嘗試著採取強硬主張。一方面，他繼續清理宋徽宗身邊的大臣（蔡京、童貫等人都是在這個月死亡[376]），另一方面，分別遣使前往金國皇帝、左副元帥粘罕（兩次）、右副元帥斡離不處，堅決要求用租稅代替割地，請求免於割讓三鎮[377]。

在戰爭準備方面，李綱進行得並不順利。皇帝讓他擔任宣撫使，是想讓他完成兩個任務：第一，解太原之圍；第二，守住北方防線。皇帝的目標明確，可是給了李綱多少資源呢？

首先，在李綱沒有離開汴京時，皇帝給他招募了兩萬兵，但由於金人已經將馬匹擄掠殆盡，士兵沒有馬可以騎。李綱請求皇帝從民眾手中買馬，估計可以搞到幾千匹，但剛發出文告，開封府就以騷擾民間為由請求終止了。

李綱將兩萬人分成五支軍隊，每軍四千人，恰好河北發生了叛亂，於是派左軍去鎮壓。右軍又撥給了副使劉韐，給李綱剩下的只有一萬兩千人。出征前，李綱請求銀、絹、錢各百萬作為軍費，朝廷最後總共只給了二十萬。

原本定在六月二十二日出發，但由於事情過於倉促，李綱請求延期。這被當作他害怕了的表現，於是，他只好倉促於六月二十五日出發。出發前皇帝倒是做足了功課，在紫宸殿和瓊林苑分別賜宴，期待這支一萬兩千人的兵馬凱旋。

七月初，李綱來到了河陽。河陽是連接山西和洛陽的黃河渡口，也是西路防衛的最關鍵地點之一。他在河陽停留了十餘日，為的是訓練士兵，讓這支倉促組建的隊伍有戰鬥能力。另外，由於宋軍軍紀敗壞，有逃跑的，有搶劫的，有偷竊的，李綱都採取嚴格的軍法加以懲戒，從而提高了士氣。

接著他進入懷州。懷州夾在太行山和黃河之間，戰略地位更是無可置疑。在懷州，李綱要解決的是缺馬問題。對於古代軍隊來說，再高的士氣也無法代替馬匹。這時有一個人叫張行忠，他提議說，整個國家都沒有馬了，但還有另一個辦法：人怕馬，但馬怕車。他設計了一種戰車來對抗金軍的騎兵。每一輛車由二十五人操控，配備有弓弩、刺槍和盾牌，組成車陣可以抵禦馬匹的衝擊。

李綱非常感興趣，叫人造了千餘輛車，在懷州練兵[378]。

李綱造車之舉是值得商榷的事件，這說明他知道宋軍的弱點在哪裡，也想去解決，但他的做法是否能解決，卻沒有結論。在大敵當前時，大規模推廣一個沒有經過檢驗的笨重器械，並不是一個令人放心的方法。

李綱造車的行為引起了皇帝極大的不滿，宋欽宗想要的是儘快解太原之圍，而李綱反而在後方遲遲不進。皇帝下詔將招募的士兵全部解散了。也就是說，李綱花費的所有心血都歸於流水。失去這支一萬兩千人的小軍隊後，他成了一個沒有兵的統帥，實際上被架空了。

接著皇帝開始越級指揮，他不斷地催促各地的將領集結，一同去解太原之圍。這些將領包括：宣撫副使劉韐，制置宣撫副使解潛，查訪使張灝（太原守將張孝純的兒子），勾當公事折彥質，都統制王淵、折可求等。他們制定計劃，於七月二十七日從各路進軍，其中劉韐、王淵負責平定軍和遼州（現山西省左權縣）兩路，解潛和折彥質負責威勝軍一路，張灝、折可求負責汾州（現山西省汾陽市）一路，范瓊屯南北關。

皇帝的思路還是和上一次种師中、姚古聯軍一樣，希望從不同方向同時進攻，壓迫敵人直至太原城下。上一次种師中雖然到了，姚古卻沒有趕到，其背後深層的原因，是指揮權的不統一，兩路軍是並列關係，互不隸屬，缺乏一個統領全域的統帥。這一次，宋欽宗自認為能夠擔當這個統帥，但由於距離遙遠，所有的將領都聽從皇帝的，就意味著所有的將領都自行其是，聽不進去別人的意見。

出師之後，劉韐最先遇敵，被金人擊潰。解潛是最積極的，他從山西南部向北到達南北關，與金軍相遇，雙方大戰了四天，不分勝負。但由於其他所率部隊各路都沒有跟上，無法牽制金軍，金軍得以調來援軍。解潛由於沒有後援部隊，所率部隊最終崩潰了[379]。

作為名義主帥的李綱由於沒有兵，也沒有指揮權，只能眼睜睜地看著宋軍失敗。

八月份，張灝、張思正、折可求等與金人輪番相遇，發生戰鬥，均以失敗告終。當宋軍戰敗的消息傳來，位於山西的威勝軍、隆德府、汾州、晉州、澤州（現山西省晉城市）、絳州的老百姓紛紛開始逃亡，他們不再信任宋軍的保護，擔心金人把黃河以北的土地和人民都割走，於是渡過了黃河，向南方撤離[380]。

這一系列失敗也成了皇帝再次轉向的節點，從這時開始，外交活動更加頻繁，軍事行動卻又擱置了下來，皇帝下令不得輕易進兵，從湖南來的援軍也被按下。

由於李綱無法指揮戰爭，他再次被免職，皇帝強迫已經退休的种師道出山接替他。李綱走上了他漫漫的貶職之路。他先是被封為揚州知州，但隨後又被安置到了建昌郡（現江西省南城縣），還沒有走到地方，又被發配到了更遠的寧江（現重慶市奉節縣）。當「靖康之恥」最後結局來臨之時，他已經脫離了舞臺的中央，無法起到鼓舞人心的作用了。

李綱是有一定優勢的，他擅於鼓動士氣，並有著堅決的信念，任何時候都不肯和金軍妥協。他在第一次汴京圍城中起到了關鍵作用，但這個作用又存在著一定的誇大。事實上，他只率軍抵抗了兩天，宋欽宗就和金軍講和了，並做出了無法挽回的巨大讓步。李綱既沒有機會繼續與金軍作戰，也沒有機會阻止皇帝讓步。後期等种師道等勤王軍到來後，李綱就被邊緣化了，起到的作用更加有限。

李綱在人民中間有極高的威信，但在軍人中間卻一直被看成是外來的生手。在宋代的軍事體制下，李綱不可能找到施展的舞臺。更何況他堅決主戰的態度也讓許多主和派看不慣，於是，主和派和軍人集團都不喜歡他，集體排斥他。他的離開是必然的，即便留下也會毫無作為。

接替李綱的种師道雖然是名將，但等他上任時，已經到了山窮水盡的地步。這個老司令沒有帶一兵一卒前往河陽。在那兒，他碰到了金國使節王汭。他從使節的言辭判斷，金軍又要進攻了，於是立即上奏皇帝。此時北方的軍隊已經指望不上了，形勢比前一年還要嚴峻，种師道上書請求皇帝移駕長安。長安位於關中的四塞之地，又是种師道的根據地，金軍很難進攻那兒。當汴京沒有了皇帝，反而更加容易保衛。

但他的建議被斥為逃跑主義，沒有被採納。十月初，病重的种師道交出了兵權，由劉鞈代替，劉鞈還沒有出發，又換成了范訥[381]。在這一系列的換人過程中，老將軍种師道撒手人寰，他享受了皇帝給予的最後哀榮，也不用再為風雨飄搖的北宋皇朝送葬了……

註解

349 根據《續資治通鑑長編拾補》，王俅在中山府望都縣追上了肅王，但金軍以還沒有交割三鎮為藉口拒絕放回。

350 宋．陸游《老學庵筆記》。

351 參考《續資治通鑑長編拾補》。

352 關於宋徽宗回鑾的描寫，最好的是李綱的《靖康傳信錄》，本部分就根據他的回憶錄整理。

353 參考《三朝北盟會編》。

354 參考《宋史．趙良嗣傳》。

355 如趙翼《廿二史箚記》中就試圖為趙良嗣正名。

356 參考《續宋編年資治通鑑》。

357 參考《宋史．楊時傳》。

358 參考《宋史．欽宗紀》。

359 《大金弔伐錄校補》第七十篇。

360 參考《宋史．楊時傳》。

361 《大金弔伐錄校補》第七十四篇。

362 《大金弔伐錄校補》第七十五、七十六篇。

363 參考《三朝北盟會編》。

364 《大金弔伐錄校補》第七十八篇。

365 參考《金史．蕭仲恭傳》。

366 參考《靖康傳信錄》。

367 參考宋．李埴《皇宋十朝綱要》。

368 參考宋．汪藻《靖康要錄》。

369 《宋史紀事本末》，還有一路叫張灝的也同時出擊。

370 《續資治通鑑長編拾補》引宋．佚名《靖康小雅》。

371 參考清．黃以周《續資治通鑑長編拾補》。

372 參考宋．劉時舉《續宋編年資治通鑑》。

373 參考《宋史紀事本末》。
374 參考《靖康要錄》。
375 參考《靖康傳信錄》。
376 參考《續資治通鑑長編拾補》。
377 《大金弔伐錄校補》第七十九到八十二篇。第八十三篇是粘罕拒絕的回書。
378 參考《靖康傳信錄》。
379 參考《靖康傳信錄》。
380 參考《宋史紀事本末》。
381 參考《續宋編年資治通鑑》。

第十一章、戰端重啟

太原失陷

宋欽宗還在為戰和問題而感到頭疼時，金人已經幫他做出了選擇。由於皇帝不肯割讓三鎮，加之試圖招降耶律余睹，被金人認定是比他父親更加頑固的皇帝，且言而無信，和約對他如同廢紙。

靖康元年（一一二六年）八月十四日，金國兩路元帥共同發出了問罪書[382]，隨即兵分兩路，向南方進攻。

此時的金國軍事組織架構已經有了調整。在第一次進攻中，由於缺乏一個協調者的角色，兩路元帥各自為政，缺乏溝通。這次，他們採納了遼國降臣劉彥宗的建議，設立了元帥府[383]，元帥府中分為都元帥、左右副元帥、左右監軍和左右都監，一共七人。

都元帥負責協調，真正出兵的仍然是左右副元帥。左右之分，仍然以山西、河北兩路劃分。其中都元帥由諳班勃極烈（即太子）斜也擔任，左副元帥粘罕，右副元帥斡離不，左監軍達懶，右監軍兀室，左都監闍母，右都監耶律余睹。金軍已經出發，在戰場上屢吃敗仗的宋欽宗卻更加依賴外交手段了。

他派出了一系列的使臣前往金軍各個大營繼續談判。在這些使臣中，著作佐郎劉岑臨時封了太常少卿的官職，擔任去往大金國皇帝處的國使，由閤門宣贊舍人馬識遠作為副手。宗正少卿宗澤前往右副元帥斡離不大營。秘書少監李若水前往左副元帥粘罕營地，相州觀察使王履是他的副手[384]。

在這些使者中，李若水的記錄被完整地保留了下來，讓我們可以看到當時的情況[385]。

李若水於八月二十四日出發，他經過河北，從井陘翻越太行山到達山西。在過井陘前，他先到了斡離不的營地。當時宋金之間的衝突有四方面：第一，三鎮交割問題；第二，上次沒有繳完的賠償金問題；第三，遼金地區叛逃北宋的官員處理問題；第四，歲幣問題。

斡離不和李若水見面時，沒有談歲幣問題（歲幣繳給金國國庫，跟他關係不大），就連三鎮問題都表示可以再討論，他關心的還是直接給他的錢，也就是沒有繳完的賠償金，另外對叛逃官員問題也有所關注。

到了九月初一，李若水等人翻過太行山，來到了粘罕所在的太原府榆次縣，這裡曾經是种師中收復過的地方，現在卻成了金軍西路軍的臨時大本營。李若水發現粘罕對於賠償金和叛逃官員不感興趣，對三鎮問題卻極其重視。

這也可以看出兩個副元帥的經驗，斡離不關注的是直接利益，而粘罕卻看重土地，知道只要有了土地，錢財是早晚的事情。

宋人一直分不清兩個元帥到底誰是老大，誰是老二。李若水在出使時也想弄明白，他發現宋人由於和斡離不打交道多，往往以為斡離不在粘罕之上，但實際上，雙方各有優勢和劣勢，又互相猜忌。斡離不在第一次進攻北宋中功勞更大，他擔心這次進攻粘罕會獲得更多的戰功，因此傾向於和談，但第一次沒有獲得足夠戰果的粘罕卻更渴望戰爭。

李若水在粘罕營地停留了五天，獲得了粘罕的四次接見。元帥對宋使的態度很好，賜酒賜肉，臨行前還給了不少禮物。他們甚至談起了粘罕的家庭，他的家人都被遼國害死了，現在只剩了一個小女兒。

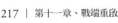

在暢談中，粘罕卻拒絕了李若水的談判請求。他不肯將三鎮還給北宋，而是寫了一封措辭嚴厲的信讓李若水帶回：他要的是戰爭。

其實，李若水的遭遇是不難理解的。就在李若水到達金軍營地的第三天，也就是他和粘罕第二次見面時，一件大事已經發生：粘罕攻克了太原，這座堅守了將近一年的城市陷落了。

太原之圍從前一年十二月開始，持續了二百六十天。太原城牆長四十里，異常堅固，在守將張孝純的帶領下，做到了全民皆兵。十五歲以上、六十歲以下的男性都參與了守城；有的為了構築工事，不惜把房舍拆掉。可以說太原是靖康之戰中最頑強的城市[386]。

金人用木頭構築的工事環繞城牆一圈，將城市圍住，斷絕了內外的交通。如果僅僅攻城，太原幾乎是牢不可破，可一旦缺糧，就成了大問題。從太原城內偶爾能跑出幾個去往朝廷求援的信使，他們往往都瘦得皮包骨頭。朝廷也接連兩次派軍隊救太原，卻都失敗了。於是，宋朝大軍只能眼睜睜看著太原一天天被圍困下去[387]。

為了攻打太原，金人也想盡了辦法，根據當時人們的回憶，金人動用了炮石、洞子、鵝車、編橋、雲梯、火梯等攻城器械，整體數量達到數千，但是都一一被太原守將化解[388]。

所謂炮石，實際上是體格巨大的發石車，金人將三十個發石車並列，每塊石頭大如斗，在統一號令下齊發入城，摧毀能力驚人。城內總管王稟命人在重要建築和樓櫓上覆蓋裝著糠的布袋，減少石頭的衝擊力，即便被擊破，由於損傷較小，修復起來也容易。

發石車不成，金人就改用另外的手段把城壕填平。金人做了如同特洛伊木馬的巨大架子車，名為洞子，上面覆蓋著厚厚的生牛皮，外面再裹上鐵葉，城上的弓弩不可能穿透。士兵躲在洞子裡面，帶上柴薪、土木等，推著洞子來到城壕邊。將大木板和柴薪放到城壕裡，上面再鋪草，最上面用土木填平，這樣就把護城河解決了。可是，由於草、柴薪、木頭都怕火，王稟就用火攻的方法阻止金人填滿城壕。

金人的鵝車是鵝形狀的大車，比城牆都高，人藏在裡面，推著車靠近城壕。由於鵝嘴是前傾的，正好可以越過城壕搭到城牆上。城內也做了類似的鵝狀樓宇，與敵人接戰。甚至把大石頭放在對方的鵝嘴上，由於鵝車重心不穩，就會被壓倒。

雲梯、火梯等是用來爬城和焚燒城上設施的工具，下面都有輪子，可以推到城牆下。但王稟都一一想辦法破解。

依靠這些工具，金人沒有打進去。

真正讓太原城防出現漏洞的是缺乏糧草。城內的人先殺牛馬騾驢，其次把所有的皮製品都吃光，接著將所有能找到的草根樹皮等都扒盡了。最後，人們開始吃人，先是吃死人，然後將羸弱老人吃掉。即便這樣，太原城裡的人還是損失了百分之八十。守城已經成了不可能完成的任務。

九月初三[389]，粘罕軍攻破了外城，而守軍早就在內部建了另一道內城城牆，於是守軍都退到了內城。但遺憾的是，由於士兵們餓得實在沒有力氣了，他們拿著武器倚在城牆上，竟然無力抵抗，只能眼睜睜看著敵人將自己殺死。

王稟率兵抵抗，突圍而出，金軍緊追不捨，他只好帶著太廟中的宋太宗畫像投汾河而死[390]。主帥張孝純和他的另一個兒子張浹被俘後，金人要求他們投降，張孝純拒絕了，等待被金人殺死。金人當著他們的面將三十多員副將殺掉，張孝純父子依然面不改色，等待著自己的命運。粘罕佩服張孝純是條漢子，沒有殺他，叫人把他押往了北方。

太原作為北方屏障的意義不亞於燕京，它的失守，意味著山西一路已經開放了，金軍隨時可以南下黃河，不管是西進洛陽還是東襲汴京，都不會再有大的障礙。

更可怕的是，太原是在宋軍的眼皮底下丟失的。宋軍還有十幾萬大軍在周圍救援，卻誰都過不去。如果說第一次汴京之圍的失利是因為援軍沒有到，那麼太原失守則意味著宋朝的軍事體制徹底落後於金朝，即便有援軍，也打不過金軍。

宋朝的軍事體制落後不在於將領的軍事素養，因為他們也有很好的將軍，如种師道、种師中、張孝純、劉韐、折可求等，當年的郭藥師也曾經全心全意幫助皇帝守衛燕京。但由於指揮系統的紊亂，將軍們很難有權力調動資源，來組織一場戰爭。

金軍的行動指揮由兩路元帥全權負責，他們可以調動一切資源戰鬥。但宋軍調動資源要得到皇帝的允許，而皇帝又是受身邊的宰執控制的，宰執還包括主戰派和主和派，在一系列的糾纏拉扯中，幾乎不可能做出及時的決策。

在戰爭中，每一位將軍都只是一路兵馬的將領，指揮不動其他的兵馬。就算設立了一個更高級的統帥，也幾乎所有的下級將軍都不把這個統帥當回事，因為他們除了受這個統帥領導之外，還有無數層級領導的限制。

一旦將軍打了敗仗，宋朝的言官立刻發動彈劾，不惜把他們逼上絕路。言官無罪，將軍不赦。當將軍打了勝仗，宋朝的宰執立刻考慮通過升官將他們的帶兵權剝奪掉，到最後仍然是樹大招風，難以自保。

總之，宋太祖設計的這個系統曾經和平運行了一百多年，直到遇到了金軍這個剋星，其中隱藏的千瘡百孔突然就暴露了出來。

太原丟失的連帶效應直到一個多月後還能看出來。在太原丟失之前，宋朝還派遣了王雲到金國皇帝處謝過[391]。王雲十月十八日才回到汴京，當時太原已經丟了一個半月。但王雲帶回來的卻是好消息：金國皇帝似乎鬆動了，不要求三鎮土地，只要三鎮的賦稅，並給金朝皇帝上尊號，表示臣服，再派康王前去議和，就可以了[392]。

這件事讓宋欽宗激動了一番，討論了半天如何上尊號。但事實上，金國皇帝許諾出自太原失陷之前，金國人也已經厭煩了戰爭，所以才會想拿一筆錢就算了。可是王雲回來後，太原失陷的消息傳到了金國皇帝耳中，他又改變了態度，因為金國已經看到了勝利的曙光。

等宋欽宗再次將王雲派遣去金國，金國人已經不認可前面的許諾，不可能再交還三鎮了。

這件事的誤會一直持續到十一月初，宋欽宗還真的要派康王去談判。康王甚至出了國門上了路，只是後來路上出變故，中途折回，才沒有白白地去當俘虜[393]。

另一件奇怪的事情是，太原失守半個月內，竟然沒有人敢告訴宋欽宗。群臣再次進入了事不關己的狀態，大家都裝作什麼也沒發生，希望拖下去[394]。金軍正好利用這段時間快速進軍。

金軍攻克太原時，李若水恰好從河北到山西，再從山西南部返回北宋控制區，一路上經過了兩個府，兩個府級建制的軍，七個縣，四個鎮或者塞。在這個區域內已經沒有了北宋的兵馬，金軍的營地倒是看到了數十處，這意味著金軍已經對山西北部地區實現了實質性控制。更讓人傷心的是老百姓，一路上大部分地區的官舍民宅都已經被燒毀，傢俱窗戶都沒有完整的了。只有井陘、百井、壽陽、榆次、徐溝、太谷等地還能看見百姓的身影，但已經是蕃漢雜居。老百姓對金人的勒索和稅賦疲於應付，如同乞丐一般。

還有一些人不甘心受奴役，他們上山紮寨，變成了山大王。但金軍的鎮壓也是嚴酷的，只要抓住這些人，必定殺掉[395]。

長驅直入

半個月後，宋欽宗終於收到了太原失守的消息。群臣們不得不討論下一步該怎麼辦，宋軍失敗的原因也在探討議題之中。指揮權不統一，將軍無法調動足夠的資源，這個問題一再被提及，以宰相何㮚為首的官員們都在思考如何解決。

九月二十三日，他們提出了一個解決辦法[396]。

這個辦法是這樣的：在之前，北宋以北京大名府、南京應天府（現河南省商丘市）、西京河南府（現河南省洛陽市），以及位於南襄盆地內的鄧州為中心，設立了四個總管，這四個總管雖有職銜，但負責的事項並不清晰。

何㮚等人提出，給這四個總管加上元帥的頭銜，將全國的領土都歸入到四個總管的管理之下。所有在總管府轄區內的軍隊都受總管的節制，同時，總管還有徵發物資、決定軍事財政的權力。

這相當於將全國劃成了四個節度使轄區，四大節度使既負責軍事，也負責財政養兵。這是對北宋原有政治結構的一種顛覆。北宋一直採取對官僚制約和限制的態度，將軍事、民政、財政等權力切割成小塊，分配給各級官員，而現在四大總管在轄區內幾乎擁有了一切權力，比當年安祿山在唐朝的權力還大（當然只是名義上）。

皇帝同意了何㮚的建議，在九月二十七日下達詔書，任命總管[397]。具體分配是這樣的：位於北京大名府的北道總管負責河北東路、京東東路，總管由趙野擔任，副總管是顏岐；位於南京應天府的東道總管負責京東西路、淮南東西路，總管是胡直孺，副總管是朱勝非；位於西京河南府的西道總管負責京西北路、陝西、京兆、秦鳳、環慶等路，總管是王襄，副總管是張杲；位於鄧州的南道總管負責河南道、京西西南路、荊湖北路等，總管是張叔夜，副總管是高公純。

我們可以把這個提議與李綱的提議做對比。在給皇帝上書時，李綱認為由於宋朝官僚權力太分散，根本沒有辦法抵抗金軍，因此建議在北方邊境地區設立世襲的節度使藩鎮，讓他們幫助北宋保衛邊境。這個建議有著極大的副作用，一旦趕走了金軍，節度使會壯大勢力，直至出現問題。當時皇帝覺得提議太極端，所以沒有採納。

但李綱被罷黜沒有多久，在全國設立四大區的提議就通過了。這個提議也帶有很大的副作用，因為這是在帝國內部（不是邊境）建立「節度使」制度。宋朝一直防範官員壯大勢力，採取這種做法，也說明是無奈之舉。

只可惜，這個制度實行太晚，人們還沒有來得及適應。反而是南宋初期各大將領們為了抵禦金軍，或多或少地借鑑了這個制度，才使得岳飛等將領有了足夠的權力組織戰鬥，將金軍趕離南方地區。

這樣看，這個制度是有威力的。當然，一旦金軍撤走，宋高宗立刻想辦法削弱將領們的權力，更不惜殺死岳飛求和，這也與宋朝一脈相承的制約官僚、防止他們壯大的政策有關。

北宋的制度變革正在進行中，金人的進攻也在繼續。

十月初五，金軍攻陷了真定府，吉州防禦使、本路兵馬都鈐轄劉翊戰死[398]，這是金軍的東路軍獲得的第一個重大勝利。真定府位於河北平原的西端，接近太行山脈，距離太行山道的紫荊關通道和井陘通道都不算遠，這裡城池堅固，糧草眾多，只要長期守衛住這裡，就可以防止金人的兩路取得聯繫，又可以牽制敵人的東路軍。

當初馬擴向童貫提出的意見，就是一定要守好真定。馬擴離開童貫後，還跑到真定參與防守，卻與真定的守將劉韐起了爭執，差一點被當作間諜殺死[399]。劉韐雖與馬擴發生爭執，在守城上卻是一員悍將。劉韐手下有總管王淵、鈐轄李質，三人的合作堅不可摧，將真定打造成了華北地區的堅固堡壘[400]。半年多以前斡離不第一次進攻時，就繞過了真定南下進攻汴京，如果宋欽宗不是那麼渴望和談，而是派遣勤王軍進攻斡離不，真定一定會成為敵人後方的一枚釘子，起到極大的牽制作用。但宋欽宗的軟弱最終讓金人安然撤離。

到了太原圍城時期，由於皇帝無將可用，任命李綱接替种師道的同時，也把劉韐調走擔任李綱的副帥。劉韐把他的兩個得力下屬也帶走了，真定交給了李邈，李邈的副手就是劉翊。

金人第二次出兵時，斡離不首先攻打廣信軍和保州，都沒有攻下。斡離不於是繞過了這兩座城，繼續南下，越過中山攻打真定。金軍最初攻打北城牆，被劉翊擊退，於是又移到東城牆攻打了兩天，還是不能攻下。夜裡，金軍將軍隊和攻城器械偷偷移回北城牆，乘守軍不注意，一擁而上。劉翊自殺身亡，李邈被捕。

斡離不抓住李邈後，並不打算殺他，金人有使用降將的傳統。金人讓他給斡離不下跪，他拒絕了，賜酒他也不喝。但斡離不一直對他很尊重。由於李邈拒絕跟隨金軍南下，斡離不把他送到了北方的燕京[401]。負責燕京的遼國降將劉彥宗已經成了高官，劉彥宗勸說李邈順從金國，又想給李邈按照金人的方式剃頭髮。李邈乾脆剃了個光頭表示要當和尚。劉彥宗見李邈不會投降，只好上報了另一位將帥粘罕，粘罕命令將李邈殺掉[402]。

在斡離不攻克真定時，粘罕的西路軍更是取得了重大突破。

得到太原後，接下來是汾州[403]。汾州本來就糧食短缺，兵力疲弱，知州張克戩盡力守城。朝廷派遣了兩支援軍從隆德府和平陽府兩個方向馳援汾州。但援兵還沒有到，汾州就在十月初十陷落[404]。張克戩南向焚香遙拜，引刀自殺，一家死者十八口。

汾州陷落後，金軍繼續沿著汾河谷地南下，接下來要攻打的就是平陽府了。按照估計，平陽府的北面有一道山嶺，叫作回牛嶺，這道嶺將臨汾盆地和太原盆地分開，如同一道牆壁一般筆直而上，是最佳防守據點。朝廷派遣了劉琬防守回牛嶺。但同樣是因為軍糧不足，回牛嶺的守軍每天只有兩升豌豆或者陳麥，士兵們私下裡抱怨說：「就這兩升麥子就想讓我們賣命[405]？」

金軍來到後，看到回牛嶺的地勢，感慨如果對方準備足夠的弓箭和石頭，這怎麼能攻打下來。不料金軍一到，回牛嶺的宋軍自動潰散，於是金軍乘勝追擊。

身在平陽府的劉琬一聽回牛嶺丟了，連忙逃走，平陽府也丟了。

金軍除了向南進攻之外，還有一個重要任務，就是打通兩路軍隊之間的聯繫。兩路軍之間隔著太行山，只有幾條孔道可供交通之用。最好的孔道是位於真定和太原之間的井陘，由於真定和太原都已經被金軍佔領，只要打通了井陘通道，兩軍之間就可以溝通，避免一年前那次進攻出現過的不協調。

為了打通井陘，粘罕從西面的太原首先進攻壽陽，在壽陽，他遭受激烈的抵抗，暫時無法攻克，於是移兵到東面的平定軍繼續攻城，不料平定軍也不投降，粘罕自己竟然打不下來，只好等東面的斡離不出兵，兩方夾擊才攻克了平定，打通了井陘。

這幾個地方雖然看上去不大，卻讓金軍遭受了重大損失。比如，金軍在攻打壽陽時，雖然城市很小，但由於守軍的死守，粘罕竟然損失了上萬人。粘罕攻打平定時損失了三千人馬，與斡離不合圍平定，又損失了兩三萬人。

小小的壽陽和平定竟然成了金軍損兵折將最厲害的地方，這件事引起了金軍的反思。他們在內部也有過一次討論：到底是掃平山西、河北重要，還是先進攻首都汴京重要？

右監軍兀室認為，既然已經獲得了太原和真定兩大重鎮，就應該乘機先掃平河北和山西（合稱兩河地區），然後再進攻汴京。如果不掃平兩河，萬一攻打汴京不力，兩河也都保不住。上次斡離不打到汴京，進不去，反而失去了河北，就是這個道理。

但粘罕認為汴京是天下的根本，得不到汴京，兩河怎麼都不可守，因此應該儘快進攻汴京。他舒展右手做抓東西狀，舉了個例子，說：「這就像運臂力取物，先抓住汴京，再往回一撈，就把兩河也抓住了[406]。」

經過討論，粘罕的策略得以採納，於是金軍加緊向南進攻，將威勝軍、隆德府、澤州一一拿下，距離黃河已經是一步之遙。

攻克隆德府是在十月十七日[407]。隆德府曾經在這年春天被粘罕攻克，後來被北宋收復。這一次，為了加快速度，粘罕並不想耗費太多的精力在隆德府，他兵臨城下，讓守城方派人出來談判。通判李諤出城，粘罕告訴李諤說：「我去攻打趙皇帝，這次就不攻你的城了，回去派人貢獻點犒軍的酒肉馬料來，我們就乘夜趕路。」

李諤同意了粘罕的條件，回到了城裡和眾人商量。知府張有極招來了百姓代表，沒想到代表們卻反對這樣做，表示如果犒軍，就跟拜降沒有什麼區別，他們更願意抵抗金軍。第二天一早粘罕又喊話要求李諤履行協議，被守城的人罵了回去。李諤試圖勸說眾人不要這樣，卻被砍傷了面部。

粘罕當即下令攻城，當日城陷，金軍入城燒殺擄掠一番，乘興繼續前進。他們繼續攻克了澤州，澤州之南就是太行山通道，也就是天井關的所在地，出了天井關，就下太行。翻過太行山，就到了黃河岸邊，渡河既可以去洛陽，也可以下開封了。

康王單飛

十一月初八，宋欽宗在延和殿主持了一次考試。考試的參加者是帝國最高級的文武官員，一百多人，每人發了紙筆要求筆試作答，題目是，到底要不要交割三鎮？

這次考試的背景是，出使金國的李若水等人回來了，帶回的消息並不好，金人不同意只收賦稅免除交割土地，堅決要求土地交割三鎮。與此同時，太原和真定（屬於中山）都已經被金軍佔領了，即便抵制交割，也必須從金人手中奪回來。

考試結束，根據統計，梅執禮、孫傅、呂好問、洪芻、秦檜、陳國材等三十六人認為不應該交割，剩下以范宗尹為首的七十人贊同交割。雙方的理由都很明確，一邊認為是祖宗之地不可丟，另一邊則強調眼前形勢[408]。

雖然人少，但在何㮚等人的堅持下，宋欽宗決定不交割三鎮，任事態自由發展。隨後唐恪請求皇帝以御駕親征的名義偷偷逃到西京去，前往陝西等地避難，將太子留下守城。宋欽宗沒有學他父親逃走，決定以死捍衛社稷。這一次，就連退休的宋徽宗也沒有離開，由於離政權中心較遠，宋徽宗已經失去了當初靈敏的政治判斷，動員力也不如前，只能隨兒子留在京城。

但宋欽宗的放任策略並不能阻止事態的惡化。十一月十二日，粘罕的西路軍經過山西來到了黃河北岸。宣撫副使折彥質領兵十二萬與之隔河對壘[409]。另外，還有簽書李回率領的一萬人巡視黃河[410]。

金軍派出了數十騎兵前來探查，探子們發現黃河南岸有大量的宋軍，連忙回報說，由於宋軍有準備，很難短時間內渡河。

金軍統帥完顏婁室卻認為宋軍雖多，但不一定非需要打仗才能定勝負。他決定採取威懾戰略，通宵達旦地在北岸敲擊戰鼓，敲了一晚上，第二天再派人去探查時，發現南岸的宋軍已經徹底消失了。

十一月十三日，金軍西路軍渡河完畢，才發現原來不僅是黃河岸邊的兵逃走了，就連守城的兵都沒了蹤跡。最大的逃兵是北宋的西道總管王襄（駐地在洛陽），這位被皇帝賦予極大權力，號稱守衛全國四分之一土地的封疆大吏不僅沒有守城，反而逃走了。另外，在黃河北岸最重要的防禦城市是河陽城，這座城就在黃河邊，守將也已經不見了蹤影。就這樣，金軍幾乎兵不血刃，就佔領了河陽和西京洛陽。幾天前，唐恪勸說宋欽宗經過洛陽逃往陝西，現在這條路已經被斷掉了，就算皇帝想逃，也只能向南逃走。

幾乎與西路軍同時，斡離不率領的東路軍也在尋找渡河地點。最初他屯兵慶源府城下，慶源府的都統叫王淵，王淵手下有一位叫作韓世忠的統制官，王淵派遣韓世忠從西北門出去襲擊敵人，殺死了數百人[411]。這是韓世忠脫穎而出的一次戰鬥。

斡離不繞過慶源府向南移動，宣撫使范訥率領五萬兵馬駐守滑州和浚州，斡離不看到宋軍有防備，於是從恩州（現河北省清河縣）經過古榆渡前往大名府，從李固渡這個渡口過了黃河[412]。渡河時，金軍甚至找了一船官伎，在月下奏樂鼓勵士兵[413]。

十一月十四日，皇帝收到了金軍兩路大軍渡過黃河的消息，曾經堅定的心又動搖了。他決定派遣康王出使斡離不軍，這一次不再矜持，許諾割讓三鎮，並給金國皇帝上尊號。

由於康王出行需要時間來準備，皇帝害怕夜長夢多，先派遣李若水、王雲、馬識遠等人前往粘罕軍前報信，將情況儘快說明。李若水更是比其他人早出發。

李若水馬不停蹄來到了黃河北岸的懷州，遇到了金人大軍。金人派遣蕭慶、劉思接待他。他告訴對方，皇帝已經同意割讓三鎮，負責交割的工部侍郎王雲、武功大夫馬識遠已經在路上了，他是先來報信的。

當天，粘罕接見李若水，責備他早知如此，何必當初。他得知王雲還有幾天就到，表示讓李若水安心等幾天，並讓人送來了羊肉和酒。一切看上去還有轉圜的餘地。

但第二天，粘罕再次見到李若水時，情況出現了變化。他告訴李若水，已經派出使者去往宋廷，這一次不是要求割讓三鎮，而是要求北宋必須把河北、山西全境割讓給金國，雙方以黃河為界，簽訂新的條約[414]。

李若水還在爭取以交割三鎮為限，但談話間，突然傳來了可怕的消息：割地使王雲到達磁州時，當地百姓把他當作奸臣打死了！

關於王雲如何被殺，情況是這樣的。

其實李若水前腳離開首都，第二天（十一月十五日）金人的使者就已經到了汴京。他們提出的要求已經不是割三鎮，而是以黃河為界了[415]。這說明粘罕是早在李若水到達金軍營地以前，就已經下定決心了。

見到皇帝時，使者王汭也大言不慚，直指北宋朝廷是「奸臣附暗主」。皇帝嚇怕了，想答應割讓河北、山西，但遭到了何㮚等人的反對，朝廷商議過後，決定繼續派康王前往金軍營地談判，仍然以交割三鎮為條件。

陪伴康王的人包括王雲、耿延禧、高世則等，所以，王雲不是像李若水說的那樣前往粘罕軍交割，而是與康王一起前往斡離不軍。

王雲十月剛出使金國歸來，他回程時曾經到過真定府戰場。當時斡離不讓他觀看了攻克真定的整個過程，他印象深刻。

十一月十六日，王雲和康王離開首都時，回望著首都的樓櫓，告訴康王：「汴京的樓櫓天下所無，但當初真定的城牆比首都的還高一倍，金軍讓我觀看他們攻城，不過一會兒工夫就攻克了，所以，樓櫓再高也無法提供足夠的保護。」

康王沒有回答。

康王等人離開時，百姓阻塞了道路，希望他們留下，用武力守城。但他們還是出發了。一行人離開後，京城大部分城門都關閉了，只留下了東水門和南牆東面的陳州門[416]。

十一月十七日，康王到達滑州；十一月十八日，到達浚州；十一月十九日，到達相州。在康王的背後，跟著粘罕的四百鐵騎，他們從懷州過來要抓北宋的使團。金軍騎兵碰到當地人，當地人都說康王已經走遠了，追不上。金軍不死心，繼續追，問了幾次，所有的人都這麼回答，這才悻悻而歸[417]。

十一月二十日，康王到達磁州[418]。磁州和相州與王雲有些淵源。當王雲十月份從金軍營地返回時，路過這兩個州，與守將談到，金軍這次進攻比起上次還要兇殘，必須儘快做好準備。他勸兩城守將趕快堅壁清野。所謂堅壁清野，就是將城外的百姓和糧草全部帶入城中，關閉城門，進行堅決抵抗。

王雲的策略起到了作用，金軍聽說磁州和相州已經做了充足的準備，就繞過了磁州和相州，選擇別的路前往汴京[419]。但百姓卻並不這麼認為，他們不願意清野，因為這意味著必須放棄自己的家，帶著細軟逃難。其次，由於金人繞道走了，百姓反而認為不離開家也沒事，王雲的清野只起到了騷擾民眾的作用。於是王雲成了百姓眼中的惡人。

磁州知州是一位叫作宗澤的老將。作為主戰派官員，他一刻也沒有放鬆戰備。為了節省朝廷調撥的軍糧，他在磁州組織民兵，平常耕地種田，積攢糧食，打仗時將人召集起來就可以上戰場。宗澤給康王留下了深刻的印象：他曾試圖阻止康王繼續北上，認為當初肅王就是這樣一去不復返，不希望康王步其後塵。

康王猶豫不決時，宗澤提議他到當地一處名勝古跡去占一卦，磁州有一個崔府君祠（也叫嘉應侯廟），紀念的是東漢人崔子玉。在去往崔府君祠的路上，百姓們又開始阻攔道路，希望康王不要北行去見金軍。王雲告訴百姓，康王不是北行，只是去拜廟。康王一行中，王雲比較活躍，與百姓發生了衝突。同行的人（包括宗澤）都勸他小心一點，不要過於拋頭露面。這時，突然有人認出了王雲，開始紛紛傳言：這就是當初要求清野的人，他一定是奸細。

在廟裡，宗澤聽到了外面的喧囂，他請求王雲跟隨他，不要單獨行動，但王雲認為自己是朝廷官員，不會有事。

從廟裡出來，他們發現有人已經把王雲的馬偷走了，只好給他臨時調了一匹低級官員的馬。王雲與耿延禧、高世則等人先後騎行。

再到後來，事情更失控了，道旁有的百姓身帶刀子，他們拉住康王的隨從，挨個兒問誰是王尚書。等問到王雲時，知道他就是王尚書後把他拖下馬來直接殺死。

由於民情過於洶湧，康王知道王雲死了，卻也不敢指責民眾，只好聽之任之。百姓們殺掉了王雲還不滿足，繼續攔住康王，告訴他幾十里外已被金軍佔領，如果再前進，就回不來了。

康王率眾回到了磁州。進了城，事態才恢復控制。宗澤將一位鬧事的領頭斬首，平定了這場騷亂[420]。而百姓的苦苦哀求讓康王更加猶豫了。

與此同時，相州知州汪伯彥也來了消息，告訴康王他走後金軍在背後追擊，試圖截獲他[421]。這時，經過康王綜合評估，認定繼續前進意義不大，除了當俘虜之外，已經不可能重啟談判。

當天夜裡，康王和隨從從磁州出發，換了一條路，沒有驚動任何人，向南回到了相州。隨後康王寫信彙報給皇帝，解釋了不再北行的理由，等候皇帝裁示[422]。這個決定讓金國少了一個普通的親王俘虜，卻讓南宋多了一個開國皇帝。

在相州，康王碰到了岳飛。岳飛家就在相州湯陰，他出身寒微卻胸懷大志，文可讀《左傳》、《孫吳兵法》，武可以挽硬弓，曾經跟隨劉韐在真定抵抗，現在又投在康王名下，成了日後一名重要戰將。也正是在相州，康王逐漸擁有了獨立性，變成一個抵抗金軍的領袖。

第二次圍城

十一月二十一日，金國使節楊天吉、王汭、撒盧母再次來到了皇帝的宮廷，要求以黃河為界重新劃定兩國強界[423]。宋欽宗終於嚇怕了，沒別的選擇，只好倉促答應下來。

但接下來，雙方在到底誰當割地使的問題上發生了劇烈爭執。金國使節認為，上一次宋欽宗同意割讓三鎮，派遣了張邦昌和路允迪作為割地使，前往三鎮通知交割，但這兩人級別不夠，他們的官階都是臨時提拔的，沒有足夠的威望，到了城外喊不開門，守將也不聽從。他們希望這一次皇帝一定要派更加親信的人，喊得開門才行。

但對北宋官員來說，不是誰夠有威望的問題，而是根本沒有人願意當使者。使者已經成了一項高危險職業，特別這次出使必定留下千古罵名。事後，人們不會記得是宋欽宗被迫割讓黃河以北土地，只會記得是誰充當了割地使，當了金人的幫兇。幾乎整個官僚系統中的官員都不願意出面。

唯一願意接受任務的是陳過庭，他認為「主憂臣辱」，既然事已至此，就只好面對。其餘重臣中，唐恪、馮澥不說話，耿南仲表示自己太老了，不能承受舟車之勞，聶昌以養親為藉口推辭。

皇帝下令獎賞忠貞的陳過庭，賞賜他不用當割地使，而是派遣聶昌和耿南仲兩人前往。在朝廷中，耿南仲是最大的主和派之一，幾乎破壞了主戰派的所有努力，此時皇帝派他前往，也可以看作一種特殊的獎賞[424]。

事實證明，這的確是一趟非常危險的行程。由於社會底層對皇帝和金軍的怨恨已經爆發出來，想要交割黃河以北，不管是什麼樣的親信都是不可能完成的任務。

耿南仲跟隨金人王汭北上，主持在河北地區的交割，但到達衛州時，當地人要把金國使節殺掉，王汭連忙逃走，耿南仲也跟著逃脫了。耿南仲逃到了康王所在的相州，避免了死亡的命運。

聶昌就沒有這麼走運了。閏十一月十五日[425]，聶昌來到了絳州城下，要求守城官軍投降，向金人交割城池，被拒絕了。聶昌拿著詔書坐在筐裡登上了城牆，向官軍展示詔書，表示自己是真的割地使。鈐轄趙子清毫不猶豫殺掉聶昌，挖掉他的眼睛，將他煮了。

十一月二十四日，北宋首都汴京迎來了第二次圍城危機，金國東路軍元帥斡離不率領兵馬在一年之內再次來到了開封城下。

數天前的十一月十五日[426]，根據梅執禮的建議，宋欽宗已經下達了清野詔書，他甚至專門任命梅執禮擔任河東、北京、京畿清野使。根據詔書命令，幾個地區的人民都拖家帶口離開鄉村，進入城市。北宋一時人心惶惶，還有人趁火打劫，發生了不少搶劫事件，官方捕殺了三百多人，才恢復了一點秩序。後來清野進行到十一月十九日，宋欽宗突然又取消了清野詔，這一來一回之間，金軍已經來到[427]。

而在十一月十七日，傳聞金軍偵察兵已經渡河，執政大臣們都不敢相信，於是殿前司派出馬綱前去偵察。十一月十九日夜間二更，馬綱回報金人果然渡河了，可是大臣們仍然不敢相信，又派出使臣劉詞帶領三百兵馬從封丘門出去探查。十一月二十日，劉詞派人回報：他們到達陳橋（也就是宋太祖趙匡胤黃袍加身的所在）時遭到了敵人的襲擊。這證明敵人真的來到了。

最不可思議的是，在汴京城外一個叫作劉家寺的地方還放著五百多門大炮，沒有收入城中[428]。按照朝廷的規劃，原本要在秋天舉行一次大閱兵，閱兵的場所就在城東北五里的劉家寺。皇帝派人往劉家寺運送了大量的炮，等待閱兵時使用[429]。

金軍來了，閱兵自然舉行不成，朝廷的各個部門開始為這些炮到底該誰負責而吵架。既然是大炮，就該由兵部負責，可是兵部說，大炮屬於樞密院，應該由樞密院負責運入城內。樞密院又說，炮不屬於我，但它自有所屬。原來這些炮不是由外廷運過去的，而是由屬於皇帝內廷一個叫作軍器監的衙門運過去的；這個衙門的主管官員剛剛因罪去職，群龍無首，就沒有人管炮的事兒了。

既然沒人管，總要分配一個衙門負責。於是想讓掌管守禦的京城所收炮，京城所卻推給了兵部下屬的駕部，駕部又推給了同屬於兵部的庫部。庫部還沒有來得及推脫，金人已經到了城下。

北宋官員眾多，其實有許多官員願意做事，但由於制度的制約，許多人幫不上忙，只能眼睜睜看著一幕幕荒謬場景出現。其中有的人痛心疾首，有的人只是以看熱鬧的心態調侃著這架笨拙的官僚機器。比如，著作郎胡處晦就乾脆寫了一首長詩嘲諷這種亂象，引得人們紛紛傳唱[430]：

> 天邊客子未歸來，玉關九門何窄塞。大臣裂地過沙場，鐵騎憑河又馳突。官呼點兵催上門，居民哀哀閭巷奔。請和諱戰坐受縛，烏用倉促徒紛紛。黃河一千八百里，沙寒樹長險難恃；官軍覷望敵如煙，筏上胡兒履平地。大臣持祿坐廟堂，小臣血奏交明光；胡兒笑呼一彈指，公卿狀如鹿與獐。明明大漢亦有臣，誰謂舉國空無人。賈生絕口休長慟，用者不才才不用。（〈長歌〉）

十一月二十四日，斡離不的東路大軍再次來到。他們原本還會駐紮在去年的駐地牟駝岡，但自從他們離開後，皇帝派人掘開了汴河，將牟駝岡四周淹沒成了爛泥地。金軍只好另外尋找地方。正好劉家寺有許多大炮，斡離不把劉家寺當作他的指揮中心，將大炮盡數佔有，並掉轉炮口，對準了城內[431]。

斡離不來到時，汴京城的防衛到底準備得怎樣了呢？

种師道接替了李綱，他聽說太原和真定都已經丟失，建議皇帝經過西京到長安去避難，被拒絕後，他向位於鄧州的南道總管，以及位於長安的陝西制置司發出了勤王令，讓他們儘快趕到汴京。

但种師道隨後就死了。之後，主張和平的唐恪、耿南仲、聶昌等人認為，既然要議和，就必須表現出誠意，如果軍隊太多，只會激怒金人。再說，如果幾十萬軍隊都跑到首都，到底怎麼供養他們都是大問題。當時，軍隊的譁變已經屢見不鮮，比如滑州本來是個堅固的城市，連金人都選擇暫時避開，卻因為譁變，守將被殺死了[432]。

本來，南道總管張叔夜和山西制置司錢蓋已經召集兵馬在路上了，又被聶昌等人攔了回去。張叔夜的軍隊回到了房州、安州、復州等地，陝西軍馬更是回到了遙遠的秦鳳路和熙河路。等金人真的來到時，汴京周圍幾乎看不到勤王軍馬的身影。

好在張叔夜是個聰明人，宋欽宗一看不好，傳給他一個手劄，他立刻搜集了三萬人又趕來了。他趕在金軍紮營之前的十一月二十二日到達了汴京，一路上還與遇到的敵人交戰，殲滅了數百人[433]。張叔夜從南薰門進入首都，參與了汴京保衛戰。

此外，位於長安的永興軍路經略安撫使范致虛也派兵勤王。由於事發突然，他派前鋒部隊先行，並抽出另一軍去保衛先帝的陵墓，自己也在趕來。

除了這兩支軍隊之外，剩下的就要靠首都原來的防禦力量了。但是，與金人在北方交戰的過程中，首都的衛戍部隊大部分已經被派到河北和山西的前線，且被金軍擊潰了，剩下的軍隊人數不僅不多，戰鬥力也不強。這些兵馬滿打滿算也只有不到七萬人，大部分是弓手[434]。

負責防禦的殿前司只好將這七萬人分成了幾部分。第一部分，分出一萬人作為預備隊，這一萬人又分成前後左右中五軍，其中前軍駐紮在順天門（西城牆靠南的城門），左軍、中軍駐紮在五嶽觀（在南城牆內東側，南薰門和陳州門之間），這三軍由姚友仲統領；右軍駐紮上清宮（內城舊宋門內），後軍駐紮封丘門（北城牆東數第二門），由辛康宗統領。

第二部分，剩下的五萬七千人負責守衛城牆，分屬於四壁守禦。其中東壁守禦孫覿，西壁守禦安扶，南壁守禦李擢[435]，北壁守禦邵溥[436]。

在任命官員時，皇帝也表現出了濃厚的宋朝特色。四壁守禦官任命完畢，他又任命了總體負責的官員，其中孫傅擔任都提舉，是總負責人，王宗濋擔任副職的都統制，劉延慶、范瓊兩人則負責協調四壁守禦。

三天後，皇帝又任命四壁提舉官四人，擔任四壁守禦的副手。東壁提舉辛永宗，南壁提舉高材[437]，西壁提舉張撝，北壁提舉劉衎。又設立了守禦司，孫傅改為守禦使，王宗濋為守禦副使，郭仲荀、盧益為提舉守禦司十辦公事，也就是守禦司的辦事員。

這官制已經夠複雜了，但皇帝還嫌不夠，又任命劉延慶為提舉四壁，劉韐是他的副手。於是又加了一層官職。但這還不夠，每壁又從文武官員或者宗室中選擇一人作為同提舉，每一個城門從宗室中選擇一人擔任司啟閉，可以稱為門插官。另外，每個門又有不知道多少彈壓統制，以防止出現的混亂。

有人以南城牆為例，統計過能夠對南城牆進行指揮的宋朝官員[438]，其中掌管四壁的都守禦是孫傅，提舉有李擢、郭仲荀、喬師中，統制有王燮、姚友仲，統制官有高材、范瓊、何慶彥、石可寶、李湜，其餘臨時派遣的統制、統領官不下十幾個。每一個統制下有三、四個使臣，四、五十個效用。每一個使臣每天的工資是八百文到一貫，效用三百文到五百文，充斥著官員的門生故吏。還有來鍍金的朝廷權貴及內侍們，不參與打仗，卻參與搶功。

官員多了，士兵太少顯然是不行的。除了正規軍，朝廷又招募了不少雜牌軍。京城裡應試的武舉人、太學生裡的主戰派，都被皇帝臨時授予官職參與守城。士兵則是從城內平民中選擇，找那些習過武的，編入部隊，派往前線。

金軍還沒有開始進攻，汴京城內反倒先亂作一團。十一月二十五日，京城的十一個城門，包括南薰門、陳水門、固子門、萬勝門、西水門、封丘門等，都燃起了熊熊大火[439]。到底是誰縱火，已經無法查證了，很可能是城內趁火打劫的人。

大火發生後，引起了城內官員的恐慌，於是一場大規模搜捕奸細的運動就此展開。同時朝廷禁止百姓登城，搜捕時也連累不少無辜[440]。這場搜捕又引起了更大的混亂，一批勇武的群氓將太尉辛康宗殺掉。直到將為首的五人抓起來腰斬，才平定了民亂。由於軍隊不夠，皇帝還得借助這些人的幫助，只好又廢除了百姓不許上城的命令，同時又開始招募那些市井閒人參軍。

招募市井人士的職責交給了兩個宰執級官員。其中宰相何㮚負責招募各種奇門遁甲人士，建立了一支叫作「奇兵」的部隊；樞密院孫傅招募忠義人士。在他們的招募下，大量的商人、無業遊民、能人異士都加入了宋軍。這些人中最著名的一位叫作郭京，他聲稱可以撒豆成兵，遁形。他投入到何㮚帳下，引得人們一片歡呼，彷彿看到了救星。

到了十一月二十七日，金軍發動了第一次襲擊，攻擊的地點是東城牆的汴河下水門通津門（也叫東水門）[441]。在第一次汴京保衛戰時，金軍由於駐紮在西北方，所以主攻點放在了北城牆和西城牆，這兩個地點沒有太多薄弱環節。守軍最怕的是東城牆，這裡的新宋門外有一個叫作樊家岡的地方，護城河比較狹窄，是城防最薄弱的地方。但第一次汴京保衛戰金軍放過了東城牆，對南城牆也沒有太多騷擾，甚至南城牆的城門一直在開放，人們還可以進進出出。

第二次汴京保衛戰，由於斡離不駐紮在了東北方，他第一次攻城就選在了東城牆，這就讓城內官員更恐慌了。

不過第一次進攻並沒有取得進展，范瓊擊退了敵軍，焚燒了金軍的營地，進攻暫時被擱置了。

閏十一月初一，金軍再次攻打廣濟河的下水門善利門，統制姚友仲率領一千五百神臂弓前去援助，再次將金軍擊退[442]。

到這時，雖然進攻地點有變化，但金軍的進攻和宋人的防守仍然是按照第一次圍城戰的套路進行，只要皇帝下決心防禦，汴京圍城戰仍然有可能以城門堅守和勤王軍的到來為結局。

但就在這時，一個與第一次戰爭完全不同的因素出現了，並且將成為決定整個戰爭走向的關鍵，它不僅使得宋軍守城的難度加大，也讓宋欽宗和他的大臣們從心理上徹底崩潰：粘罕的西路軍到來了。

註解

382 《大金弔伐錄校補》第八十四篇。
383 《三朝北盟會編》定於四月十五日。
384 參考《三朝北盟會編》。
385 宋．李若水《山西軍前和議奉使錄》。
386 參考《續宋編年資治通鑑》。
387 參考《靖康要錄》。
388 《續資治通鑑長編拾補》引封有功《編年》。
389 參考《三朝北盟會編》。
390 參考《靖康要錄》。
391 《大金弔伐錄校補》第八十七篇。
392 參考《中興遺史輯校》。
393 參考《三朝北盟會編》。
394 參考《續宋編年資治通鑑》。
395 參考《山西軍前和議奉使錄》。
396 參考《宋史．欽宗紀》。
397 參考《續資治通鑑長編拾補》。
398 參考《續資治通鑑長編拾補》。
399 參考《茅齋自敘》。
400 參考《續宋編年資治通鑑》。
401 《續資治通鑑長編拾補》引宋．趙子砥《燕雲錄》。
402 宋．張匯《金虜節要》。
403 參考《三朝北盟會編》。
404 參考《續宋編年資治通鑑》。
405 參考《續資治通鑑長編拾補》。
406 參考《續資治通鑑長編拾補》。
407 參考《三朝北盟會編》。
408 參考《續資治通鑑長編拾補》。
409 參考《續資治通鑑長編拾補》。
410 參考《續宋編年資治通鑑》。
411 參考《續宋編年資治通鑑》。
412 參考《續資治通鑑長編拾補》。
413 參考宋．宗澤、宗文燦《宗忠簡公遺事》。
414 參考《山西軍前和議奉使錄》。
415 參考《續資治通鑑長編拾補》。
416 參考《靖康要錄》。
417 參考《三朝北盟會編》。
418 根據《三朝北盟會編》。《續資治通鑑長編拾補》註明是十一月二十一日。
419 參考《續宋編年資治通鑑》。
420 參考《宗忠簡公遺事》。該書還說他們檢索王雲的包裹，發現了他通敵的證據。未可信。
421 參考《續資治通鑑長編拾補》。
422 參考《續資治通鑑長編拾補》。
423 參考《三朝北盟會編》。
424 參考《宋史紀事本末》。
425 參考《續宋編年資治通鑑》。
426 參考《靖康紀聞》。
427 參考《三朝北盟會編》。
428 參考宋．趙甡之《中興遺史輯校》。
429 參考《靖康要錄》。
430 參考《靖康紀聞》。
431 參考《靖康要錄》。
432 參考《續資治通鑑長編拾補》。
433 參考《續宋編年資治通鑑》。

434 參考《續資治通鑑長編拾補》。

435 參考《靖康紀聞》作李擢。

436 參考《三朝北盟會編》。

437 參考《靖康紀聞》作高特。

438 《靖康紀聞》，有的官職與上文不合，表明宋朝人也分不清這些官職。

439 根據宋．韋承《甕中人語》與《靖康要錄》。

440 參考《靖康紀聞》。

441 參考《續資治通鑑長編拾補》。

442 參考《靖康要錄》、《宋史．欽宗紀》、《甕中人語》。

第十二章、汴京失陷

合圍

金天會四年（一一二六年）閏十一月初二，粘罕的軍隊一面向首都汴京奔來，一面對黃河北岸的懷州展開了最後的攻擊。

懷州的北方就是太行山，這裡是聯結山西與河南的要道，只要懷州不被攻破，金軍就無法完全控制西路。懷州的知州叫霍安國，在他的領導下，宋軍成功地阻擋了金軍的進攻。兩路金軍本來約好在汴京會師，粘罕卻比斡離不晚了近十天才到，就是懷州守軍的緣故。但隨著金軍攻勢的加強，懷州岌岌可危，被攻克是旦夕之間的事。

危急關頭，霍安國除了想到防守，還想如何以攻為守，不坐以待斃。他找到了部將范仲熊[443]，請求他於當晚率領兩百餘精銳之士從城牆上吊下去，襲擊金人的營寨。主要目標有兩個：第一，金人的帳篷要放火燒掉，製造混亂；第二，要毀掉金人的大炮。與一年前相比，金人此次進攻最大的改變是對於大炮和攻城器械的運用，它們讓宋朝的守軍吃盡苦頭。只要將金軍的炮處理掉，懷州就能多撐一段時間。

夜間，范仲熊率軍下城，發現對方人數實在太多，想不驚動他們實在困難。直到夜裡三更結束，才摸到炮座，他派了十幾個人放火，希望這場火能引起對方的混亂，好繼續劫營。

但不幸的是，金軍並沒有出現混亂，而是將劫營的人圍住。於是偷襲變成了白刃戰，宋軍勇士們邊殺邊尋找出路。到了天亮時，他們集結到城下，重新被吊入城內，去時兩百多人，回來時只有二十四人。

這一天白天，突然有人喊：「東南方向來救兵了！」據說，東南方出現了宋軍的白色旗幟，霍安國立刻讓范仲熊整理軍馬，準備開北門迎接援軍。但就在這時金人卻突然加緊進攻，一瞬間已經上了城牆，將金軍的黑旗插在了城樓上。懷州就這樣失守了。

來救援的白旗部隊並不是正規宋軍，他們沒有進城，眼看城丟了，也就慢慢散去。

范仲熊與金軍展開了巷戰，最終被俘。他被押到金軍將領骨舍郎君的面前。與人們傳說的青面獠牙的金軍不同，范仲熊在被俘後的遭遇恰恰反映了金軍戰術素養的另一面。

骨舍首先責備范仲熊不懂得順應潮流，但他很佩服范仲熊的英勇。范仲熊一心求死，可骨舍就是不殺他，還許諾饒他一命。骨舍還嘲諷說：「金人說話一句是一句，不像你們宋人說話沒有信譽，既然饒了你命，就是饒了你命。」

他讓范仲熊回去尋找知州霍安國，好一起見粘罕元帥。范仲熊被押著在城市裡轉悠，去了州衙，又到了城北，都沒有找到霍安國，於是又回到了骨舍處。在這裡他見到了澤州的一群降將。比起懷州，澤州更早被攻克，這些人投降後成了金人的座上賓客。不久范仲熊得到消息，霍安國也被抓到了。

第二天，金人押解范仲熊等人出了南城門，走了兩三里，就來到了粘罕的營帳。粘罕坐在銀交椅上，讓懷州官員站在他的面前。知州、通判、鈐轄、都監、部隊將領站在第一行，第二行是外來支援的鼎澧路的部隊將領，第三行是州官，第四行是監官，第五行是縣官。

粘罕問眾人，到底誰不肯投降？霍安國應聲而出表示不降，第一行的人也都不肯投降。粘罕讓他們面向東北拜金國皇帝，他們也不肯拜，於是這些人被脫去衣服綁了起來。

第二行鼎澧路的將士為了活命，立刻檢舉說范仲熊是主要抵抗者，於是范仲熊和縣官張行中也被拖出來綁好。

其餘的人由於官小，都釋放了事，連投降都不用。可見金軍並沒有濫殺。

那些綁起來的人就沒有那麼幸運了，粘罕下令將他們殺掉。

就在行刑前，粘罕突然看到范仲熊沒有一絲慌張，連忙問他怎麼回事。范仲熊將前一天骨舍郎君饒他一命時說的話重複了一遍，特別強調「金人說話一句是一句」。粘罕聽了笑起來，道聲「不敢當」，就下令將范仲熊釋放。其餘的人，包括知州霍安國、濟州防禦使兵馬鈐轄張彭年、都監趙士詝、都監張諶、都監于潛、鼎澧路兵馬鈐轄沈敦、同統領鼎澧路兵馬張行中，以及南道部隊將五人，一同遇害。

從宋軍的回憶錄可以看出，金軍不濫殺無辜，只除去堅決抵抗的人。粘罕作為金軍中最覬覦北宋領土的統帥尚且如此，其餘的將領更不會濫殺。

但由於金軍依靠搶劫來獲得財富，的確無法避免基層士兵的濫殺行為，如果不搶，打仗就成了沒有收穫的事。對制度不完善的軍隊而言，都必須經歷從劫掠制變成俸祿制的過程。可是一旦完成了俸祿制的轉型，軍隊最勇猛的時期也就過去了。

閏十一月初二[444]，粘罕的前軍已經到汴京城下。初三，這支部隊在尋找安營紮寨的地點。

粘罕沒有與斡離不合兵，而是找了另一個地方獨自屯駐。斡離不的劉家寺在城市的東北方，粘罕就選擇了城市南方的青城。

所謂青城，是宋代的齋宮。在明清兩代的北京，京師城南有天壇用於祭天，城北有地壇用於祭地，宋代也有類似於天壇和地壇的地點——郊壇。郊壇附設有皇帝齋戒的場所，這個場所就叫作青城。在汴京城南五里左右的叫作南青城（在南薰門外），用於祭天齋戒，城北的叫作北青城（在封丘門外），用於祭地齋戒。

由於宋初提倡簡樸，青城最初的制式很簡單，只是用布圍起來的一個小丘。

宋徽宗時代，朝廷變得更加奢侈，才建造了永久性建築與防衛系統[445]。關於這一段歷史，明人李禎曾經寫過一首〈青城懷古〉進行嘲諷，認為奢侈換來的只是恥辱，反而宋初的簡潔維持了安寧。詩寫道[446]：

> 炎宋尚簡質，郊丘布為牆。九門謹闔闢，萬卒嚴周闢。暫置弗勞杵，權施豈須隍。綿延逮宣政，驕盈更典章。版築易縷制，墉壕固金湯。衮龍狩沙磧，泥馬奔錢塘。奢侈諒宜戒，播辱尤所傷。陶匏薦明水，維馨仰前王。

在宋代，青城與艮嶽都屬於「大梁十跡」[447]。祭祀時非常熱鬧，首先皇帝坐玉輅到青城齋戒，騎兵圍在齋宮外，士兵們紫巾緋衣素隊有千餘人，在外面環列，每一支軍隊配備一支樂隊。負責巡邏的是行宮巡檢。第二天，皇帝從青城出發前往郊壇，郊壇在青城西面一里左右，有三重圍牆。從外牆東門進入，到第二重牆西南設一個大的遮幕（宋人叫幕次），叫作「大次」，皇帝在這裡換祭服，戴二十四墜的平天冠，著青衮龍服，佩玉佩。到了壇前，又有一個小幕殿，稱作「小次」，裡面有皇帝的御座。

「小次」後面就是祭壇，壇高三層，共七十二級臺階。壇面方圓三丈左右，有四條踏道。壇上主祭的是昊天上帝和太祖皇帝。在道士、音樂、歌舞的陪伴下，皇帝三次登壇祭拜，然後結束[448]。

粘罕選擇青城，使得汴京的形勢更加複雜。第一次圍城戰時，金軍只在西北駐紮，即便戰爭時期，汴京城的東南城門還是可以開放的，金軍並沒有達到完全圍困的目的。但這一次粘罕駐紮南面的青城，兩路金軍一南一北控制了汴京的通道，進出城就困難了。

事實上，對於汴京而言，南方通道比北方通道更加重要。汴京的東南方是汴河流出的地方，也是漕糧進出的關鍵水道，這裡也是城市防守最薄弱的環節。上一次斡離不沒有利用這個弱點，這一次兩路大軍並進，就不會再犯類似的錯誤。

粘罕到來後，加速了金軍的準備工作。上一次圍城戰缺乏攻城器械，斡離不已經意識到問題所在。這一次他們在太原等圍攻中積累了足夠的經驗，不僅帶來軍隊，還一路上劫掠了不少百姓，逼迫他們跟隨著做工程。從斡離不到來的那一刻起，金軍就不斷地準備攻城器械，特別是炮架和鵝車[449]。

另外，他們採取了進攻太原時摸索出的封鎖技術，除了劉家寺和青城兩個大寨之外，還在四面城牆外臨河的位置紮了很多小寨，如同一條鎖鏈將城市封閉了。

金軍封鎖了首都，汴京城裡從士兵到普通百姓都感到緊張。皇帝必須做出一定的姿態來鼓舞士氣。在第一次圍城戰中，李綱不斷地請求皇帝到城牆上鼓舞士氣和犒賞士兵，這一次李綱雖然不在了，但皇帝還是和上次一樣登城督戰。於是，從十一月二十九日，到閏十一月初三，這四天皇帝分別來到了汴京城的東、南、西、北城牆上犒軍。每到一處，除了慰勞將士，還許諾升職，並給予一定的物質獎勵。

慰勞時，皇帝穿上了鎧甲，健步如飛，只讓幾名內侍跟隨，沒有帶衛隊。他顯得很坦率，不避諱自己的擔心，將士們也感同身受，對他充滿了同情。他不進御膳，和士兵吃一樣的食物。皇后和宮人親自用私房錢做了衣被，讓他送給將士們，這讓士兵們感極而泣。

湊巧的是，這四天都下雪，更增加了皇帝的悲壯感。

但也有士兵在給皇帝添亂，比如，宰相何㮚招募的「奇兵」。所謂奇兵，是指擁有各種異能的部隊，他們由統制王健直接管理。這一天，金國來了一批使節，奇兵部隊認為這是立功的好機會，他們將十幾個金使的隨從殺死，製造了一次外交糾紛。王健阻止他們時，他們連王健也一塊兒打了一頓。最後，太尉王宗濋[450]只能出面將幾個首惡殺掉，才平定了奇兵的騷亂[451]。

也就在這時，宋欽宗才想起了一年前抗戰時的李綱。李綱雖然軍事能力一般，卻有著足夠的激情去帶動周圍的人們，跟著他一起抗爭。雖然他不好打交道，但在與主和派的爭執中卻一直堅持著，不肯屈服。

李綱現在在哪裡？他正在從湖南前往重慶的路上，是被皇帝貶過去的。閏十一月初二[452]，皇帝發出詔書，封李綱為資政殿大學士領開封府，匆匆派人去召回數千里之外的李綱。如果汴京城能支撐得夠久，李綱也許能夠趕來幫助皇帝解憂，但前提是汴京城必須抵抗足夠的時間。

攻與守的較量

從閏十一月初二開始，已經合軍的金軍展開了另一輪大規模攻擊。這次的攻擊從善利門（東北水門，廣濟河下水門）開始，逐漸轉移到通津門（東水門，汴河下水門）和宣化門（陳州門，南城牆東門），以東城牆為主，綿延至南城牆東側。這說明金人已經獲得足夠的情報，找準了汴京城的弱點。

城上守衛部隊的指揮官主要是統制姚友仲、殿前太尉王宗濋以及提舉四壁劉延慶。閏十一月初二，姚友仲率領神臂弓擊退金人對善利門的進攻；閏十一月初三，金人改攻通津門，又是姚友仲從前軍裡選擇了一千人趕往支援，殺死不少敵軍。

從閏十一月初四到初六，金人對三個門都展開攻擊，箭發如雨，城牆如同刺蝟一樣處處是箭。敵人的大炮也損壞了許多樓櫓建築，形勢一度非常危急。又是姚友仲想出對策。他在敵人進攻的兩個水門處構建了一道新的防線。當河流通過水門後，在城外，有兩道垂直於城牆的牆面，夾著水道向外延伸了一段，這段城牆號稱拐子城。金軍第一次圍攻汴京時，曾試圖火攻水門，拐子城就起到了延伸防線的作用。這一次，姚友仲在距離城牆三十步外，將河兩岸的拐子城用磚石砌在一起，又形成了一道牆。金軍如果從水門來，必須首先過了這道牆，然後進攻城牆，這就加大難度。這實際上是把拐子城變成了一個新的甕城。

有了這新的拐子甕城，戰鬥一直持續到閏十一月初七、初八，金人在進攻水門時沒有占到太多便宜。

當姚友仲防禦金軍進攻時，如何以攻為守主動出擊，也是守軍必須考慮的問題，這可以延緩敵人的進攻。出擊的任務就交給了殿前副都指揮使王宗濋。初七，王宗濋率領牙兵一千人下到了城外，與敵人交戰，戰鬥進行得非常激烈，統制官高師旦戰死。

除了王宗濋與姚友仲之外，劉延慶也是一位頗有經驗的戰將。他也參與了內外城防。每到晚上，劉延慶就組織士兵向城下扔柴火，用來報警，也可以燒雲梯。北宋曾經製造了一種規模巨大的炮，號稱九牛炮，甚至能夠將龐大的磨盤發射出去。宋軍將九牛炮佈置在東城牆上轟擊金軍從遠方靠近的雲梯，人們甚至給這門大炮封了個「護國大將軍」的稱號[453]。

在戰鬥中，北宋雖然挫敗了金軍的進攻，但對方還是逐漸佔據了上風。究其原因，有以下幾個：第一，北宋軍隊太少，只有不到十萬人，面對金軍準備充分的幾十萬大軍，即便打消耗戰也打不起。第二，金軍的攻城器械派上了用場。首先用上的是北宋留在劉家寺的大炮，這些大炮被金軍搬到東城牆外，數日之內，數百架大炮立在各個城門之外，對城內形成了極大的威脅[454]。敵人最大的炮能夠釋放一百斤的炮彈，射程五十步，能將城牆的樓櫓擊碎[455]。為了對付這類大炮，守城者在樓櫓上覆蓋糠布袋、濕馬糞等，城牆上也加蓋可以減緩衝擊的覆蓋層，但仍然無法完全抵禦敵人大炮的威力。

另外，金軍和進攻太原一樣，準備了大量的火梯、雲梯、編橋、撞竿、鵝車、洞子之類的器械。強攻起不到作用時，金軍對攻城器械的依賴就更強了。

閏十一月初九[456]，金軍首次在護城河護龍河上造橋。金軍採取的方法是：首先將木筏推入水中，浮在水面上；其次，向木筏上拋撒樹枝，形成更厚的漂浮層，再在樹枝上覆蓋蓆子，蓆子上就可以蓋土了，這樣的橋叫作「疊橋」。當整段護城河都被疊橋覆蓋時，金軍就可以沿著疊橋直衝到城牆下。如果城牆之上的宋兵試圖用炮對付疊橋，由於上面覆著厚厚的土層，炮是打不透的[457]。

一旦疊橋造好，接下來的工具就要用到火梯、雲梯和編橋了。火梯是用木頭搭造的梯子，與城牆上的樓櫓差不多高，下面有輪子可以推行。在梯子上澆油，推到城牆下，搭在城牆的樓櫓上，乘機放火。由於樓櫓都是木頭造的，在火梯的攻擊下容易燒毀，也就損害了城牆上的戰鬥力。

雲梯和編橋的高度與城牆差不多，也有輪子可以推行，用來協助士兵爬上城牆。

為了避開城牆上的炮彈，將士兵運送到城牆下，金軍使用了洞子。洞子如同一個個尖頂窩棚，木頭製造，前後裹上濕毯子、生牛皮和鐵皮，大炮無法打透，也不容易著火。洞子順序相連可以從遠處一直連到城牆下，士兵就在窩棚裡鑽來鑽去，不用暴露出來；到了城牆下，士兵可以借助雲梯爬城，也可以挖地道直接進入城中。

在城內的宋軍也準備了一定的器械來對付攻城者，最常用的叫作撞竿。這是一種依靠衝撞來毀壞對方器械的機械。一條大木頭裹上鐵皮，遇到對方的雲梯等，就用鐵頭將它撞爛。通過這種方式，一共毀掉了敵人數十架攻城器械，暫時沒有落得下風。

閏十一月初十，皇帝再次登城慰問守軍，當天他來到了東城牆，這裡是受攻擊最嚴重的地區。第二天，他繼續在城牆上活動，早上先到了北城牆西面的安肅門（衛州門），之後前往東城牆南面的朝陽門（新宋門）。在這裡，金軍意識到皇帝來了，連忙放箭，甚至將箭射到了皇帝面前的旗幟下方。

城上將士不想在皇帝面前丟面子，立刻派遣三百多軍士下城出戰，殺敵數百。等他們回來，皇帝高興地封了幾十個人為官。

隨後，敵人加強攻擊，製造了百尺高的望臺，也就是瞭望臺，可以窺探城中的情況。為了摧毀城牆上的防禦，更是用大炮釋放帶火的炮彈，用來擊碎樓櫓。雲梯、鵝車、洞子也紛紛被推了上來。

宋軍意識到如果只是被動防禦，那麼，對方的攻城器械會越造越多，由於城外的空地更大、資源更豐富，城內遲早無法與城外抗衡。事實上，宋軍不僅人員奇缺，就連炮彈資源都不足。城外有無數的石頭可以使用，可是城內的石頭卻是有限的。到了閏十一月初八這一天，城內炮彈已經不夠了。宋欽宗檢點了一下城內各處，發現石頭最多的就是他父親的傑作艮嶽。這裡幾座小山幾乎都是石頭製作，雖然什麼樣奇形怪狀的石頭都有，但古代的大炮不在乎石頭是不是圓的，只要通過槓桿扔出去就可以。皇帝下令，從這一天開始，城內的炮彈就從艮嶽選取[458]。

炮彈以及作戰物資的匱乏，讓守城者認識到只有先發制人，派軍出擊將城外的器械燒毀，才有可能改變戰爭態勢。

金軍再次進攻南城時，張叔夜與范瓊率領人馬出擊了，他們向著敵營衝去，但目標卻對準了金軍的炮車。不料宋軍戰鬥力不強，剛剛看到對方的鐵騎就開始逃亡。這一仗以宋軍損失上千人為代價。這次失利使得宋軍士氣低落。

更要命的是，從閏十一月十一日開始，又連下了三天大雪，守城的士兵連武器都握不住了。宋欽宗一面繼續犒軍，他穿著軍裝露出雙手，與士兵共患難，算是給他們一些鼓舞；一面為了表達地主之情，甚至讓人去往金人的營地送了酒食，這也表現古代戰爭溫情的一面[459]。

閏十一月十四日，通津門的一發炮彈擊中了城外金軍的一員裨將，人們紛紛傳聞死者是數次出使大宋的王汭，開始慶祝，後來才知道是將軍劉安。但不管怎麼說，這已經是宋軍擊斃的最高級金軍將領，大家把好消息帶給皇帝，皇帝高興地宣佈，賞賜那位發炮的指揮官一條金帶，再封他為武功大夫。

為了鼓勵大家多殺金軍，皇帝又拿出另一條金帶，加上一張不填名字的委任狀，掛在了待漏院旁，表示誰能殺死金軍裨將一員，就獎賞給誰。

同一天，皇帝再次行幸營地。他來到了東水門，發現東水門外的護城河已經快被金軍填上了，原來這裡的河面結冰，金軍乘機在河上架了板子、填了土。皇帝非常不滿意，詢問守城的將領是誰，他罷免了這位叫作李擢的提舉，任命田灝取代他[460]。

當皇帝繼續來到朝陽門，恰好碰到一隊金軍在攻城。城上的三百多守軍要求下城與金軍交戰。他們下城後，有兩個持盾的人特別勇敢，兩人殺了五六十個敵人，但其餘的兵士由於害怕卻沒有跟上。皇帝連忙叫人前去援助，不料卻沒有人敢於應戰，只能眼睜睜瞅著兩人被金軍殺死。這件事也反映了宋軍士氣的低落[461]。

之後的幾日，金軍的進攻仍然激烈，守城的將士們也沒有太大的漏洞，一股不安的情緒卻在蔓延。人們發現金國和北宋的使節來回穿梭於營地與城市之間，他們來去顯得很神秘，於是，關於和談的風聲又出現了。人們回想起上一次和談後對於首都的搜刮，再次擔心起來，不知道皇帝會不會再次將他們出賣，他們的抵抗到最後會不會歸零，變得毫無意義。宋軍的士氣更低落了。

針對這種情況，一位元叫作丁特起的太學生寫了一封信給皇帝，表示到底是戰是和，應該儘早決定，不要打打停停，最後兩頭都沒有好的結果，反而成了大患。統制官姚友仲也寫了一封奏劄，向皇帝表示既然不想打，就議和吧。

不幸的是，這兩封信都沒有收到皇帝的回音[462]。姚友仲又想起當初金軍剛來時，他就呼籲儘早發動攻擊，乘敵人立足未穩將其擊潰。但皇帝只是讓他守，並不採納他的建議。根據各種情況分析，皇帝又開始講和了。

另外，勤王的部隊也都沒有到。想起第一次圍城戰，數十萬勤王軍齊聚城下換回的只是一個屈辱的和議，這次沒有兵，到底能換回什麼？北宋的士氣已經到了崩潰的邊緣。

邊打邊談

北宋與金人的議和，從金軍圍城之前就已經展開。李若水在粘罕處時，粘罕已經派人（楊天吉、王汭、撒盧母等）到汴京，要求割讓整個黃河以北地區。經過討論，宋欽宗同意了金軍的要求，於十一月二十二日回書，並派遣耿南仲與聶昌前往河北和山西地區交割[463]。

在宋欽宗的書信中，還應金人的要求，特別指出對幾位「誤國大臣」的處理，本書中提到的人物包括：

蔡京，責授節度副使，昌化軍安置，已死。
童貫，責授節度副使，吉陽軍安置，已誅。
王黼，責授節度副使，衛州安置，已誅。
李綱，責授節度副使，夔州安置。
吳敏，責授節度副使，涪州安置。
馬擴，昨任真定府路廉訪使，今不知存亡。
詹度，湖南安置。
張孝純家屬，聞在徐州或南京。

皇帝還給河北、河東的人民寫了一封情真意切的信〈宋主與河北、河東敕〉，這封信回顧了歷史，表示皇帝所做的一切都是為了恢復和平。如果河北和山西的人民在金國統治下能夠安康，那麼就跟做大宋子民沒有什麼區別。到了最後，還用了現代人寫信時流行的問候語，詢問說：「冬天好冷啊，你們還好吧？」由於這封信非常重要，因此全文引在這裡：

敕官吏軍民等：頃者有渝盟約，致大金興師。朕初嗣位，許割三鎮，以酬前恩。偶緣奸臣貽誤，三府不割，又間諜大金功臣，再致興師。使河北、河東之民，父子兄弟，暴骨原野。

夙夜以思，罪在朕躬。念欲息生靈鋒鏑之禍，使斯民復見太平，莫若割地以求和，講兩國之好。是用黃河見今流行以北，河北、河東兩路郡邑人民，屬之大金。朕為民父母，豈忍為此，蓋不得已，民雖居大金，苟樂其生，猶吾民也，其勿懷顧戀之意。應黃河見今流行以北州府，並仰開門，歸於大金。其州府官員兵人，即依軍前來書，許令放回南地。速依今敕，勿復自疑。故茲示諭，想宜知悉。冬寒，汝等各比好否？遣書指不多及。[464]

關於需要交割的城池，宋欽宗也做了詳細列表。在山西地區（河東路）包括岢嵐軍、隰州、保德軍、憲州、火山軍、忻州、遼州、太原府、汾州、懷州、寧化軍、平陽府、石州、平定州、絳州、威勝軍、澤州、隆德府和代州，共十九城。

在河北地區包括浚州、衛州、相州、磁州、洺州、邢州、趙州、真定府、中山府、永寧軍、深州、祁州、北平軍、河間府、莫州、安肅軍、順安軍、廣信軍、雄州、保定軍、信安軍、保州和霸州，共二十三城。

皇帝一共列出了四十二個地方，到了樞密院繼續細化，又加上了八個城池，分別是河北路的永靜軍、冀州、恩州和青州，以及河東路的嵐州、慈州、河陽府和河中府[465]。

這也說明，不管宋軍抵抗得多麼壯烈，不管汴京保衛戰的結果如何，實際上，皇帝已經在協議中將國土割給了金國。那些山西與河北地區的人民和軍隊實際上都在與空氣作戰，而這給國家、給自己都無法帶來任何結果，他們被拋棄了。

但這次交割卻以悲劇收場，前往山西交割的聶昌被憤怒的人民殺死，交割河北的耿南仲也逃跑了，沒有完成任務。這個任務本來就沒法完成，而聶昌在要求各城開門時態度還過於傲慢。他表示，宋朝官軍就應該聽命令，叫守就守、叫棄就棄。既然皇帝都已讓交割，何必還堅守呢？抵抗不僅死很多人，剩下的也脫離了生計，更麻煩的是，誤了交割，造成京城危險，守城者不僅不是功臣，反而是大大的罪人[466]。他說得過於難聽，最終把命搭了進去。

宋朝皇帝的服軟也沒有讓金人停止進攻，由於他們已經到了黃河邊，不可能空手而回，只有繼續進軍。當然進軍需要藉口，粘罕的藉口是：鑑於以前宋朝的不良記錄，這次只要交割沒有完成，就必須進攻、進攻、再進攻。他算準北宋不可能在這麼短時間內完成五十座城市交割的任務。

斡離不的藉口是：鑑於宋朝的不良記錄，這次必須是皇帝親自出面簽訂的和約才能算數。

然而，斡離不與粘罕對待宋朝的態度不同。斡離不雖然先到，但由於他在不到一年的時間裡再次與宋欽宗打交道，對於宋廷的態度更加溫和。粘罕上一次沒有分到戰利品，就更加堅決地要求進軍，同時，他作戰經驗更豐富，在逼迫宋朝割地問題上更是寸步不讓，步步緊逼。

雖然斡離不比初次圍城時更加友好，但真正起決定作用的反而是粘罕，所以，金軍第二次的汴京圍城戰比第一次積極。

但兩位元帥又有各自為政的一面。比如，雙方在外交上本來應該是一個聲音，統一派出使團，但事實上，元帥們卻沒有協調好，各自派出使團。使團的不統一增加了事情的混亂，也影響宋軍的判斷。宋朝君臣一直認為二太子一方是做決策的，但事實正好相反，國相一方才是最終拍板的人。

粘罕十一月二十一日派出使團之後，十一月二十七日，又派出楊天吉、王汭和撒盧母使團繼續商討交割土地與其他和約條款問題[467]。

十一月二十八日，斡離不派出的使團也到了，使節名叫劉晏[468]。粘罕派出的使團以逼迫為主，而斡離不的使團則以告知為主。劉晏在都亭驛休息後，將金軍的情況做了詳細彙報，表示與上次不同，金軍兩路兵馬都殺到了，底線訴求是請皇帝出城會盟。劉晏對皇帝的態度很恭敬，對北宋的情況頗為同情，讓皇帝感到放心。他的情報也很重要，因為劉晏來時，國相粘罕還沒有殺到首都城下，劉晏出使兩天後西路軍才到青城。劉晏其實幫助北宋提前兩天知道了粘罕的動態，但宋軍沒有善加利用。

閏十一月初四，粘罕又派出了使團，使者是蕭慶、楊真誥[469]和撒盧母[470]。與劉晏的恭順不同，這個使團態度非常傲慢。不過，他們傳遞的消息都是一致的，要求皇帝親自出城會盟。宋欽宗在劉晏的勸說下有意與元帥見面，但見了粘罕使團的傲慢，又開始擔心了。三天後，皇帝才接見了蕭慶等人。宰相何㮚向金使表示，按照規矩，皇帝只有到三年一次的祭祀時才會離開首都，平常都居住在大內，如果金軍堅持這個要求，和約就無法達成。

蕭慶離開兩天又回來了，初九，他帶來消息，仍然需要皇帝親自出城。這一次與上次不同，又附加了一條威脅，表示在金軍攻破城池之前，如果皇帝出城議和，那麼兩位元帥仍然當他為皇帝，按照臣子見皇帝的禮節對待他。一旦城破，皇帝就不再是皇帝，而是俘虜，到時候就不要指望禮節了[471]。

金軍的威脅讓皇帝恐慌，但他還是不肯出城。為了與金軍繼續溝通，在第二天他派遣了一個使團，由都水監李處權和右司郎中司馬朴率領，前往金軍營地[472]。使節出城後，卻被金軍擋住了去路，不接受他們出使[473]。

雖然談判不順利，但雙方卻並沒有斷了聯繫。閏十一月十四日，粘罕再次派出蕭慶、楊真誥、撒盧母前來，他們先是要求皇帝出城，遭到拒絕後放寬了條件，表示不用皇帝親自出城，而是派遣宋朝宰相，以及與皇帝關係密切的親王做人質就可以了[474]。

宋朝宰相一般不止一個，但在當時，擔任宰相的卻只有何㮚。何㮚聽了臉色大變，但好在宋欽宗以宰相只有一個，需要料理帝國事務，不便出訪為由拒絕了，改為其他人出訪。至於親王級人物，金軍首先想到的是太上皇宋徽宗。宋欽宗連忙拒絕，表示這不符合禮法。金人接著要求太子出質，但太子只有幾歲，顯然也不合適。最後，蕭慶要求派出越王、鄆王或者其他親王兩人共同前往[475]。

宋欽宗同意派遣越王做人質。越王帶著拯救帝國的使命整裝待發，粘罕在城外排好軍隊，等待他出城。不料到了城門口的越王一看外面的陣勢，嚇了回來，說什麼也不出去，皇帝只好作罷[476]。

四天後，閏十一月十八日，宋欽宗與大臣們還在商量，最終還是派不出合格的人選。閏十一月十九日，皇帝決定派遣兩位官員，叫作馮澥和曹輔，臨時封他們為宰相，再派了兩個姓趙的宗室子弟趙仲溫、趙士說，冒充親王前往金軍營地[477]。這次派遣激怒了粘罕，四人來到軍前，粘罕設酒款待他們，行過三通酒，一句話不說，就把他們打發了回去[478]。

兩天後，閏十一月二十一日，宋欽宗再次派四人前往金軍，第二天，四人又回來了，帶來的消息還是必須由宰相何㮚與兩位親王為人質[479]。

到這時，議和之路似乎走入了死胡同，皇帝不願意他的本家去送死，也不想親自前往金軍營地。而金軍營地也不急著催他們議和，因為他們的攻城器械已大量到位，每天大炮一開動，將源源不斷的石頭投入城內，都能造成數十人死亡[480]。大炮引起的減員和恐慌，已經讓城內損失了百分之五六十的兵士，眼看就無以為繼了[481]。隨著談判陷入僵局，金人更是加強進攻。

閏十一月二十日，在宣化門出現一次重大險情[482]。宣化門旁邊有一條惠民河，金軍原本在河的北側駐紮，他們通過陳橋來到了河的南側，利用攻城器械向宣化門進軍。

其中有三個人帶著金軍的黑旗已經登上了城，如果有更多的人上來，就意味著城池將要失守。聽到消息後，姚友仲和都統制王燮立刻率領數十騎兵與上百步兵到城外和敵人接戰，擊退城下的敵人。城上的幾個金軍由於缺乏後援被殺死了，而城下的金軍也退回到橋北的鵝車和洞子之中躲避。

宰相何㮚聽說了險情，也立刻趕過來察看。但不料宰相一來，情況反而惡化了。金軍又從洞子和鵝車裡出來，冒著城上如雨的矢石，想繼續爬城。宋軍也有六、七百人下到了城外，準備與敵人決戰。兩兵相接，宋軍突然潰散，被金軍趕得四處亂跑。

城上的人看得清楚，金軍雖然進攻，但並沒有後繼部隊跟上，也就是說，只要打敗了他們的第一波進攻部隊就是勝利。城上的人趕快大喊著把消息告訴城下的潰軍。但潰軍已經收不住勢頭，只能敗下陣來。

兩岸都在猛放大炮和弓箭，宋軍有數百人死傷。在城下還有不少陷馬坑，原本是宋軍挖了為金軍準備的，不料逃跑時慌不擇路，反而有近百宋軍陷入其中。金軍看了哈哈大笑，一場戰鬥就在笑聲中結束。宋軍雖然阻止了金軍登城，卻付出了慘重的傷亡代價。

閏十一月二十一、二十二日，雙方仍然在尋找攻守之道，金軍在各個城門發動攻勢，雙方損失都很大。

閏十一月二十三日，宋軍又受到了一次沉重的打擊，地點仍然是在宣化門外。這一天，統制官范瓊率領千人出戰。他們下到城外，奮勇前進，將金軍趕過了惠民河。宋軍士氣高漲，決定繼續追擊。他們沒有採取過橋的路線，而是直接從冰面上過河。在距離北岸還有十餘步時，冰面突然裂開，大批士兵掉入河中。惠民河並不是一條大河，還不至於淹死太多人，但金軍一看宋軍出現混亂，立刻回頭掩殺，將在河中掙扎的宋軍殺死。這一次戰鬥，宋軍就損失了五百多人，士氣受到很大打擊[483]。

從這一天開始，汴京城內外又下起了大雪，大雪晝夜不停，一直鋪了幾尺厚，這更增加了守城與攻城的難度。

從閏十一月二十日到二十三日，汴京城牆險情不斷，似乎也預示著金人逐漸找到了攻城的訣竅。宋軍士氣越來越低落，彷彿支撐不下去了。進攻大部分發生在粘罕的區域，斡離不區域內反而相對平靜，也表明兩位元帥的立場不同。

閏十一月二十四日，彷彿是為了印證這樣的判斷，金軍的東路軍元帥斡離不又派他的使者劉晏來了。斡離不知道金軍的總攻就要開始，他這時派使者前來，是告訴宋欽宗應該趕快做決定。斡離不甚至連寫封信的工夫都沒有，只是讓劉晏口頭帶信：金軍的總攻就要開始了，如果皇帝感覺還能支撐，就全力抵禦，不要考慮留後手了；如果感覺不行了，就趕快答應金國條件，要麼親自出城議和，要麼派親王、宰相出城，否則一切都遲了[484]。

劉晏的善意提醒還沒有結束，進攻就開始了。這次的進攻仍然在宣化門方向，敵人推來四架火梯，試圖燒毀城牆上的樓櫓。城牆樓櫓都有編號，其中「字」字型大小樓櫓不幸成了金人的主攻方向[485]。

城上用撞竿對付城下的火梯，摧毀了其中三架，但有一架卻成功地點燃了三座樓櫓，一部分金兵乘著混亂登上城牆。但他們上城的位置恰好位於三座燃燒樓櫓的中間，前也是火、後也是火，過不去了。姚友仲率軍乘機反攻，將他們逼下城牆。由於天冷水結了冰，無法救火，三座樓櫓也化作灰燼。

另一處，宋軍放火牛燒毀了金人的一個洞子，洞子燃燒時，反而將宣化門附近的兩座樓櫓點燃了。金人也借助火勢上了城牆，被宋軍擊退，損失上千人馬。

到這時，城壕都已經被金人填成高地，城牆上發生恐慌，不管下面有沒有敵人，發射的弩箭和炮彈數以百計，大部分都只是對空發射。有人如果制止士兵，勸他們不要浪費彈藥，就會被指為奸細殺掉。金軍在城下先避一避，等宋軍發射的間隙，撿城上射下的弩箭和炮彈，反射回城上。城牆已經傷痕累累，最初還有人修，但因為修城的人大都被炮彈砸碎了腦袋，或者被弓箭射死，人們都不敢修理了[486]。

金軍攻勢的加強，印證了劉晏的提醒。

閏十一月二十五日，大雪仍然沒有停止。前一天，皇帝沒有給劉晏答覆，安排他住在驛館內。第二天，劉晏仍然在都亭驛等待結果。到了下午，突然間驛館外亂成了一團，人群吵吵嚷嚷向驛館聚集。到底出了什麼事？看門人告訴劉晏，金軍已經入城！

就在說話的工夫，一群百姓已經衝破驛館的防衛，向劉晏衝了過來。劉晏嚇得大叫：我是為了你們好，才來通報的，不要殺我[487]！

這成了他最後的遺言，憤怒的百姓衝上來，將他抓住撕成了碎片。這位對宋朝懷有好意的使者就這樣死於非命[488]。斡離不也許想不到，他出於善意派使者前來提醒宋欽宗，但皇帝卻沒有能力保護使者。在混亂中，人們已經失控了。

劉晏在死前聽說城已經破了，這是否符合事實呢？

裝神弄鬼

閏十一月二十四日進攻之後，宋軍陣營的士氣降到了極點。金軍在各方面的組織能力都強於宋軍。比如，金軍進攻城牆死亡人數在兩千人以上，他們能在當天就把屍體全部移走處理掉，這既避免了士兵們看到屍體之後出現恐慌，也表現了對烈士的尊重。

但金軍攻城時殺死了宋軍三百五十多人，屍體就在城上，卻沒有人收屍。直到第二天士兵們仍然可以看到死去的戰友，這些人破腦貫胸的慘狀一直在眼前晃來晃去，提醒著活人，等他們死後也會變成這樣。

北宋給予守軍的賞賜也不到位。王宗濋許諾給士兵委任狀、金碗等，都沒有兌現，這讓士兵們以為皇帝讓自己賣命，卻不想出足夠的買命錢[489]。

到了閏十一月二十五日，宋朝君臣都知道不能指望這些士兵了。於是，他們轉向了最後一支神秘部隊，也是最厲害、最無敵，一定要留到最後使用的那支軍隊——何㮚招募的「奇兵」——以及一位叫作郭京的人。

在中國歷史上，有一種宗教傳統從東漢末年開始，源源不絕一直持續到現代，那就是道教。所謂道教，與哲學上的道家並不是一回事，道家是一種哲學理論，強調一種來自「玄」或者「無」的自然觀，在社會上強調簡單，減少政府干預，回歸自然狀態。但道教作為一種宗教，雖然號稱來自道家哲學，但實際上是儒教的一個變種，強調對於君臣禮法的遵從，是一個聽話的宗教。他們總是依附於統治者，希望統治者能夠分一些利益給他們，他們崇尚自然只是一種以退為進的姿態，實際上是為了入世[490]。

比如，道教中一大分支全真教，在創始人王喆（王重陽）時期，由於天下大亂，他選擇隱藏起來；但他的弟子丘處機（長春真人）就不一樣了，當成吉思汗需要長生不老藥時，找到了丘處機，他隨即放棄隱逸，萬里迢迢從中國山東到現中亞的烏茲別克斯坦境內去見成吉思汗，試圖從中牟利。但由於他「沒有長生之藥，只有保健之道」，成吉思汗不感興趣，把他打發回去了[491]。

道教的組織化和對權力的崇拜接近於漢代的儒教，但它又有一個非常不同的特點，叫作「法術」。儒教從來不重視法術問題，但道教的法術卻是五花八門，大致分為煉長生丹、堪輿和奇門異術三類。煉丹又分為煉外丹和煉內丹。所謂外丹，就是用雄黃、水銀加上各種礦石，煉成金丹，服用後就可以長生不老。所謂內丹，也叫練氣，在唐代盛行，就是什麼實物都沒有，只要練習吐納，就可以在體內形成內丹，達到長生不老的目的。由於內丹比起外丹更加簡單，所以內丹的流行程度逐漸壓過了外丹。

所謂堪輿，指的是道教的一些「實用」技術，主要是勘察風水等。

而奇門異術，則包括得更加廣泛。最典型的是清代末年的義和團，人人都聲稱可以刀槍不入，但他們一旦進入戰場，就迅速倒在歐洲人的排槍之下。也許現代人對於義和團相信超能力到不怕死的地步感到吃驚，但在中國兩千年的歷史上，奇門異術作為一股暗流，始終是中國人生活的一部分，即便皇帝也相信有所謂的仙丹、奇門異術，他們蓋宮殿、建墳塋也都會找道士去堪輿。

在道教中，煉丹屬於較為上乘的功夫，特別是進入到練內丹階段，就已經無法驗證真偽了，不用擔心被戳破。堪輿屬於中乘功夫，家家戶戶都用得上，但又不把它當作很神秘的事情。奇門異術屬於下等道教，因為它可以被驗證，比如義和團，弄得不好，不僅面對西方的排炮就把性命搭進去了，還會貽笑千年。

宋徽宗時期，恰好是一個道教的高峰期。宋徽宗本人號稱「道君皇帝」，全稱是「教主道君皇帝」。他在位時更是大肆建築道觀，如玉清和陽宮、上清寶籙宮等，而且他尊崇了許多道士，在他的帶領下，整個官僚系統都更加迷戀道教[492]。

宋欽宗末期權力最大的兩位大臣，宰相何㮚與樞密院孫傅都是道教信徒，他們自然相信道教的理論，對奇門異術也不陌生。他們擔當汴京城的守衛工作後，尋找這些奇門異術之徒，也就成了一項重要的工作。「奇兵」就是在這種背景下被招募，並隸屬於何㮚的。

奇兵中，最重要的一個頭目名叫郭京。他號稱會李藥師的法術，擅長「六甲兵法」。這種兵法使用七千七百七十七人，做起法來可以生擒兩位金軍元帥。郭京的手下還有不少神人，比如劉宗傑、傅臨政等人，有的號稱「六丁力士」，還有「北斗神兵」、「天關大將」等[493]。

還沒被朝廷招納時，郭京就聚集了汴京城的上千無賴，在天清寺修煉「六甲兵法」。金軍來了，北宋朝廷缺乏士兵，就把他招來授了個成忠郎，隸屬於何㮚的奇兵。

最初郭京並沒有受到太多重視，但隨著北宋士兵的短缺，郭京手下一萬二千奇兵就逐漸顯出了重要性。這時，他的官已經升到武翼大夫，朝廷顯然是要指望他出戰了。

郭京感覺到自己的重要性，也變得更加大言不慚。他表示，只有在朝廷最危急的時候，才用得著奇兵出擊。只要沒有到這個時候，他就根本不用上陣。

郭京的名聲越傳越大，人們稱呼他的時候，都恭恭敬敬叫他「郭相公」。他所招募的人也不以身體條件為基礎，而要看是否有自己的一套神秘學的理論。只有與「六甲兵法」合拍的人才會被招募。有一位賣線的，郭京一見到他就授予將軍的職位，因為賣線的「相」很符合他的胃口。另一位叫作劉無忌的賣藥道人，因為會頭朝下倒立泥中乞討，也被郭京招募了。有個正規軍的武臣願意當他的裨將，他拒絕了，說：「你正月就要死了，怎麼可以當我的裨將？」

人們問他這樣的兵怎麼打仗，他就回答：「我的兵不用打仗，只管去砍頭就行了。」

金軍進攻越來越激烈，郭京卻越來越鎮靜，他號稱可以在三天之內將敵人打跑，直追到陰山腳下。

閏十一月二十五日，北宋的軍隊實在抵擋不住金軍的進攻，宰相何㮚與樞密院孫傅請求郭京，這已經是最危急的時候，再不出兵金軍就打進來了，郭京才決定在當天出戰。

他出戰時的規矩很多，先在城牆上掛了天王旗，號稱可以讓敵人喪膽。之後大開宣化門，派他的人馬出戰，他自己留在城頭上指揮。

汴京城的士兵百姓一聽說郭京出戰了，紛紛來到城牆上，向下張望，看他怎麼打仗。觀望者達到了數千人，跟著起哄的還有數千人[494]。郭京一看，連忙命令所有的人都下去，就連守城的將士也不准待在城頭上。只有張叔夜率領著數百精兵在宣化門甕城的城頭上做護衛。

平常打仗時，城內的士兵往往分成兩部分，一部分出城作戰，一部分爬到城牆上滿弓待守。開啟城門後，出城作戰的士兵們列隊走出城門，與敵人廝殺，城牆上的士兵要隨時注意城外的動向。如果勝利了還好，但如果失敗了，在敗軍退回城內的過程中，城上的守軍就顯得非常重要。他們必須拿捏準時間，讓敗軍通過，再用弓弩將敵人射回。敗軍進城後，立刻關閉城門。只有這樣，才能保證敵軍不會乘著混亂進入城中。

郭京讓守衛者下了城牆並離開城門，城內的人就無法觀察到外面的戰況了。整個京城的命運就交給了他的「六甲兵法」。一旦失敗，敵人就會乘機進城，守軍無法做出快速反應阻止他們。

這個命令在平常可能會被守軍拒絕，但整個城市都把希望放在郭京肩上時，就必須承受這種風險。於是，守軍們沒有抵抗而都服從。

六甲奇兵出城後，郭京本人留在城頭上指揮，將外面發生的一切報告給城內翹首等待消息的人們。很快，他的消息傳來：奇兵先鋒已經與敵人接戰，得到了數百戰馬。人們聽到消息興奮不已，繼續等待著好消息。過了一會兒，聽到消息說奇兵繳獲馬匹已經數千之多，又一會兒，奇兵已經攻佔了敵人的壁壘。郭京的好消息不斷，但突然間，城門砰然而閉，人們才意識到剛才的好消息都是假的。

事實上，奇兵部隊剛出城，就碰上了敵人的數百騎兵，金軍的鐵騎一下子將奇兵衝散，一瞬間戰鬥就結束了。

由於吊橋上壓了太多的屍體，留在甕城上的張叔夜的士兵拽不起吊橋，只好在慌亂中將城門關閉。郭京在城門關閉前的一刻，率領剩餘奇兵衝出了城，號稱要親自下城作法，打敗敵人。他出城後，乘著亂急匆匆向南逃走。由於當時金軍正集中火力攻城，並沒有重視這支逃兵，這個汴京城最後指望的「大救星」迅速消失在人們的視野之外[495]。

離開汴京後，郭京帶著殘兵一路南奔，還宣稱自己可以撒豆成兵，撒草為馬。第二年二月份，郭京到達襄陽時，圍繞在他周圍的還有三千餘人。在襄陽，他把軍寨駐紮在海子頭，他本人則居住在洞山寺裡。在這裡，他找了一個趙姓的宗室，想將他立為皇帝。

襄陽的宋朝官員制置使錢蓋、西京總管王襄，以及統制官張思正試圖制止他，但郭京不聽。恰好在這時，奇兵在汴京保衛戰時的作為被流亡的人們口口相傳到了這裡，郭京的光環褪去，宋朝的官員對他也不再客氣。張思正率軍襲擊了郭京，將他俘虜，在送往宋高宗行在的途中，由於受到土匪的襲擊，張思正為安全起見將郭京殺死。這一天是靖康二年（一一二七年）五月初二[496]。

再回頭看郭京離開之後的汴京城。由於城門關閉及時，金軍沒能順著城門進來。但隨後，他們開始利用雲梯爬城。事出倉促，金軍的準備並不充分，他們只有一架雲梯，可供五十人同時上城。可實際上，只有十幾個人登上了城牆[497]。如果按照平常的守衛標準，這十幾個人很快就會被守軍殺死。但不巧的是，守軍大部分都被郭京趕下了城，守軍們還沒來得及重新回到城牆上，而少數城牆上的人見敵人來了，不是作戰，卻是轉身逃跑下城。

十幾名金軍首先將城牆上的樓櫓點燃，引起更大的混亂。這時，更多的金軍也上了城，將他們的黑旗插得到處都是。

城內的百姓一看見黑旗和大火，都大聲喊：「金兵已經上城了。」

當大約三百金軍上城後，他們分成東西兩隊沿城牆向兩邊攻擊，將城牆上的守軍清除，並利用箭弩壓制對手。大量的宋軍被壓制在城牆下，無法收復城牆的控制權，他們將武器拋棄，四散於城中，成了潰軍。

與此同時，金軍在城外的鐵鷂子騎兵已經待命完畢，一旦城門大開，就迅速向城內殺來，到這時，宋軍已經不可能再奪回外城的控制權了。

在四面城牆中，南面最先崩潰，其次是東西兩面，只有孫傅守衛的北面城牆抵抗時間最長，到第二天才陷落[498]。

金軍佔領城門之後，統帥們要求士兵佔據城牆，暫時不要下城參與劫掠和廝殺，但他們不能完全保證軍隊的紀律。更嚴重的是，大量的宋朝潰軍已經成了首都的最大公害。他們逃下城牆後，開始對城內進行大規模劫掠。百姓們苦不堪言，他們一方面聽說城牆失守，另一方面又要受到潰軍的騷擾，這座和平了一百多年的城市早已不懂得何為戰爭，卻又不得不承受其最深的打擊。

屍體鋪滿道路，其中有汴京城的保衛者太尉姚友仲。作為第二次汴京保衛戰中的主要指揮官，姚友仲盡全力守衛了汴京一個月。如果沒有他，汴京城早已陷落。但他最後沒有死於金軍之手，卻死於潰軍手中。

除了姚友仲之外，張叔夜下城後被亂軍砍了三刀。金軍焚燒通津門時，宦官黃經臣向皇帝的宮闕兩拜後投火而死。統制官中，何慶言、陳克禮在與敵人對抗中死亡。北宋官員中，中書舍人高振力戰至死[499]。

在外城（新城）中，數百金兵來到了醴泉觀，這裡是一隊宋軍的駐紮地，宋軍人數遠遠多於金軍。但一聽金軍來了，宋軍卻迅速崩潰逃走，加入亂軍[500]。公卿大夫都換上粗布衣服，逃到小民家裡躲藏。

官員、使臣、士兵、宦官都成了受害者，死亡人數不計其數。到了晚間，除了北宋的潰軍，金人中紀律不好的散兵也下到了城中開始擄掠。汴京城四處火光衝天，百姓哭聲震地，一副人間地獄的景象[501]。

這些劫掠大都發生在外城，而汴京城的內城（舊城）暫時仍然掌握在宋軍的手中，所有的內城城門都已經關閉。但在內城的東城牆中門麗景門（舊宋門）有一個水門，人們就順著水路進入舊城之中。

舊城內也已經亂成一團，最大的爭議在於皇帝的去留。即便金人攻破了外城，守衛皇帝的部隊還有一萬多人，馬匹數千。張叔夜雖然受傷，但他還是率軍力戰，讓金軍遭受了不小的損失，在接下來的四天，他一共殺死了兩員金（耳）環貴將。汴京城陷落的當天，張叔夜手中還有兩萬兵馬，加上衛戍部隊的一萬人，足以保衛皇帝衝出重圍。

在這些部隊和軍官中，最積極的是指揮使蔣宣和李福。他們甚至衝到了祥曦殿，見到了皇帝，催促他趕快逃走。但奇怪的是，宋欽宗竟然並不想走，蔣宣甚至衝上去抓住了皇帝的衣服，想強迫他離開，皇帝嚇得大叫：「你是什麼人！敢這樣做！」

蔣宣懇請皇帝離開，但皇帝找個藉口就鑽進了內殿。一直守在皇帝身邊的秦檜出來，委婉地問蔣宣：「你們這樣護駕，真的能夠保證皇帝安全地逃出去？」

秦檜的問話讓眾人沉默了，誰也沒有十足的把握。於是軍隊就此散去[502]。為了讓蔣宣安心，皇帝封他為防禦使，意思是不會秋後算帳。但不到二十天，皇帝就下詔誅殺了蔣宣、李福等人（十二月十三日）[503]。

在城陷後逃走的還有北宋大將劉延慶、劉光國父子。在收復燕雲的戰爭中，劉延慶的失職，造成郭藥師無法奪回燕京城，這也成了宋金關係的轉捩點。金軍曾經問馬擴這樣的人應該怎麼處理。但事實上，劉延慶雖然被貶黜，但到了汴京保衛戰時又被委以重任。

城陷之後，劉延慶也和張叔夜一樣勸說皇帝離開。皇帝拒絕後，劉延慶帶領兵馬匆匆離去，宣佈要先為皇帝奪回一個城門供逃跑之用。他和兒子劉光國率領兵馬直撲西城牆中門開遠門（萬勝門），奪門而逃[504]。

在城池失陷的當天夜裡和第二天早上，萬勝門就這樣四敞大開沒有人管，城內的潰軍和百姓聽說萬勝門開了，如同洪流一般向萬勝門衝去，從這裡逃走的有數萬人。兵民出城後不知道該去哪裡，就向南走，到了皇帝的別苑瓊林苑裡。在這裡，劉延慶父子也在整理軍隊，準備繼續逃走。

閏十一月二十七日，在瓊林苑聚集的兵民竟然達到了十幾萬人，劉延慶帶領這些人一同逃生，他們向西經過普安院，遇到了金軍的鐵騎。劉延慶鼓勵大家拿出拚死的精神來突圍，但士兵和民眾都不敢答應。劉延慶只好讓他的兒子劉光國率領五十騎兵到金軍陣前轉了一圈，金軍沒有襲擊他們。劉光國回來後，劉延慶繼續鼓勵人們前進，這些已經被綁上了戰車的人迫不得已，只好向前衝去。他們在金軍鐵騎的衝擊下一觸即潰，劉延慶和兒子劉光國都死在亂軍之中[505]。

據稱，劉延慶是在金明池中淹死的，而劉光國帶著王黼的愛妾張氏逃跑，逃了十餘里被敵人追上，先將女人殺死，再自殺了[506]。

註解

443 范仲熊的回憶見他寫的《北記》，轉引自《續資治通鑑長編拾補》。
444 參考《宋史．欽宗紀》。
445 參考《夢粱錄》。
446 參考《汴京遺跡志》。
447 參考《汴京遺跡志》。大梁十跡：夷門，古城，吹台，隋堤，上源驛，愁台，陳橋，艮嶽，青城，官渡。
448 參考《東京夢華錄》。
449 參考《靖康紀聞》。
450 也有書寫作王宗礎，現統一為王宗濋。
451 參考《靖康紀聞》。
452 根據《宋史紀事本末》。《續資治通鑑》為閏十一月初三。
453 參考《續資治通鑑長編拾補》。
454 參考《靖康紀聞》。
455 參考宋．石茂良《避戎夜話》。
456 根據《靖康紀聞》。《續資治通鑑長編拾補》記為閏十一月初八。
457 參考《靖康紀聞》。
458 參考《續資治通鑑》。
459 參考《靖康紀聞》。
460 參考《靖康要錄》。
461 參考《靖康要錄》。
462 參考《靖康紀聞》。
463 《大金弔伐錄校補》第一〇三篇。
464 《大金弔伐錄校補》第一〇四篇。
465 《大金弔伐錄校補》第一〇六篇。
466 《大金弔伐錄校補》第一〇五篇。
467 參考《靖康要錄》。
468 參考《甕中人語》。
469 《大金弔伐錄校補》第一〇七篇〈元帥府與宋書〉中，楊真誥作楊貞幹。
470 參考《甕中人語》。
471 參考《甕中人語》。
472 參考《三朝北盟會編》。
473 參考《甕中人語》。
474 參考《甕中人語》。《大金弔伐錄校補》第一一一篇。
475 參考《靖康要錄》。
476 參考《宋史紀事本末》。
477 《大金弔伐錄校補》第一一三篇載，趙士說為宋欽宗皇伯。
478 參考《三朝北盟會編》。

479 參考《續資治通鑑長編拾補》。
480 參考《靖康紀聞》。
481 參考《續資治通鑑》。
482 參考《靖康紀聞》。
483 參考《續資治通鑑長編拾補》。
484 《三朝北盟會編》引《宣和錄》。
485 參考《靖康要錄》。
486 參考《靖康要錄》。
487 參考《靖康要錄》。
488 參考《三朝北盟會編》。
489 參考《續資治通鑑長編拾補》。
490 關於道教的討論，可以參見作者郭建龍另一部作品《中央帝國的哲學密碼》。
491 參考《長春真人西遊記》，有一說作者為金、元時期道士李志常。
492 參考《宋史紀事本末．道教之崇》。
493 參考《續資治通鑑長編拾補》、《靖康要錄》。
494 參考《靖康紀聞》。
495 參考《靖康要錄》。
496 參考《三朝北盟會編》。
497 參考《靖康要錄》。《續宋編年資治通鑑》記載只有四人。
498 參考《靖康紀聞》。
499 參考《宋史．欽宗紀》。
500 參考《續宋編年資治通鑑》。
501 參考《靖康紀聞》。
502 參考《靖康要錄》。
503 《三朝北盟會編》，一同誅殺的還有一個叫作盧萬的人。
504 參考宋．佚名《朝野僉言》。
505 參考《中興遺史》。
506 參考《續宋編年資治通鑑》。

第十三章、艱難的談判

下風口的談判

皇帝之所以不想離開，是將希望重新放在和談上。他寧肯相信金軍，也不再相信自己的軍隊了。在確定和談策略之前，他的心路歷程也經歷了數次的變化。

城市剛被攻破時，皇帝亂了陣腳，他號召全民抗戰，要把汴京城的武器發給平民，讓他們打金軍。但此刻，宋軍的士兵其實不少，只是都成了潰軍無法利用，軍人尚且如此，平民怎能打仗？許多人將發下來的兵器直接丟棄，後來連兵器都發不下去，因為宮廷內的官員都逃走了。

當天晚上，只有景王趙杞、梅執禮、秦檜、謝克家等少數幾個人守在皇帝身邊[507]。眾人討論的結果是既然城破了，除了與金人和談，已經沒有別的選擇。皇帝派遣景王趙杞、謝克家、李仔出使金軍營地。

由於二太子斡離不對宋朝相對友好，景王和謝克家沒有去粘罕營地，而是去往劉家寺的二太子營。他們坐著筐從城上吊下，只帶了一、兩個侍從就出發了[508]。當天斡離不見到他們，表示他們級別不夠，至少需要正宰相何㮚來見，才能開啟談判[509]。

第二天（閏十一月二十六日），李若水的到來更堅定了皇帝求和的信心。李若水出使粘罕營地商討割地，由於金軍進攻太快，出使沒有結果的他跟隨粘罕的軍隊回到了汴京城外。粘罕告訴李若水，五百里內都已經是金軍的兵馬，皇帝已經無處可逃，讓他帶信給皇帝，快派人來和談[510]。

李若水見到皇帝，將粘罕的話傳到。他還表示即便金軍攻破了汴京城，由於無法持久佔領，最終不得不退兵，對方的要求只是割據河北、山西，並不要求滅亡北宋。皇帝聽說後，派遣宰相何㮚與濟王趙栩作為請命使，前往粘罕營地，請求金軍的寬大[511]。

何㮚見到粘罕，受到了對方的質問，到底誰是決定抵抗的主謀，何㮚回答是他本人，與皇帝無關。粘罕繼續問：「以前數次要求宰相（何㮚）前來談判，為什麼一直不來？」何㮚回答：「不肯來是為了社稷，今天來是為了生靈。」

粘罕感慨他是忠臣，沒有繼續追究[512]，甚至安慰何㮚等人說：「自古有南即有北，哪一個都不能缺少。只要肯割地，一切都好說。」

但在另一件事上，雙方的分歧卻很大。就在宋使放鬆警惕時，粘罕卻突然提出了一個要求：他們要讓太上皇親自出城與金人對話。

宋徽宗自從當了太上皇，政治敏銳度差了很多，他在宮殿裡又驚又憂，卻沒有和上次一樣選擇在圍城前逃走。金人要讓宋徽宗出來，似乎帶著「誰把事情搞砸了，誰就負責」的意思。

按照漢人的看法，太上皇是絕對不能出城的，但按照游牧民族的看法，大軍已到，主帥相見談判是很正常的事。更何況，太上皇是一切事情的肇始，他不來收拾殘局誰來收拾？粘罕直接表示：

爾家太上（皇）事事失信，弗親出城，便須出質妻女，此外更無計議[513]。

不管讓太上皇出城，還是質押皇太后和公主，都是不可能的。宋使做不了主，只能帶著金使回到城內向皇帝彙報。

除了這個正規使團，當天皇帝還先後派遣御史中丞秦檜與右司員外郎司馬朴前往金軍營地犒勞一番[514]。

就在外交工作展開的同時，京城內的混亂還在擴大。人們最初的恐慌和震驚過去了，城內的犯罪率飆升。與此同時，雖然金軍的兩位元帥一直不讓軍隊劫掠，但金軍中不守紀律的行為也越來越多。

閏十一月二十六日凌晨開始，大量的居民集中到宣德門。這些居民本來是響應皇帝發放武器的號召來的，來了之後，形勢卻失控了。人們開始不斷地訴苦，詢問接下來會發生什麼，皇帝是否有應對計畫。到最後，皇帝不得不親自出來接見他們。但皇帝出來後，形勢沒有好轉，反而引起了極大的騷亂。

一位叫作王倫的人（宋初宰相王旦的後代）乘機要求皇帝給他封官，好讓他解決這些群眾的難題。他在市井之間頗有威望，在獲封吏部侍郎後，請眾人先不要喧鬧，聽皇帝講話。眾人都知道他的威望，暫時停止吵鬧。

皇帝乘機與市民展開對話，甚至捲起袖子露出手腕，帽子還不小心掉了下來，與百姓打成一片。眾人最關心的問題是皇帝會不會逃走，然後將百姓留給金兵去蹂躪。宋欽宗表示自己絕不會拋棄這裡的宗廟，誓與汴京城共患難。說到激動處，皇帝與百姓們相擁而泣[515]。

但皇帝的承諾並不能讓百姓感到真正的安心。從閏十一月二十七日開始，金軍中有三三兩兩的人從城牆上下來，進城劫掠。他們並不殺人，只是劫財。真正殺人的反而是宋軍中的散兵游勇，他們是紀律最糟糕的軍隊。

百姓們從城東跑到城西，又從城西跑回城東，卻不知道該做什麼。很多父子、夫婦由於無法互相提供保護，相約一起自盡，河道附近堆積著大量的屍體，還有公卿貴族穿著布袍，用泥土塗面，儘量打扮成乞丐模樣[516]。

戰爭中，一座城市被佔領後，最難以避免的就是火災。

平日裡，首都汴京有著嚴格的防火措施。每一個街區（坊）裡的小巷，每三百來步就會有一個軍巡鋪。軍巡鋪相當於派出所，每個鋪有五個人，夜間巡邏，白天維持治安，當然也管火災報警。在城市的高地上又有磚砌的望火樓，樓上專門有人瞭望，樓下有官屋數間，屯駐了百餘名士兵，又儲藏著各種救火用具。一旦出現火災，望火樓立刻派人騎馬報告給城裡的廂軍、馬步軍、殿前三衙、開封府，由官府和軍隊出力滅火，不用百姓參與[517]。

但被金軍佔領的汴京，已經沒有人去運行這套制度了。

金軍攻城時點燃的是城樓，到了閏十一月二十六日晚間，城內的五嶽陽德觀、馬草場、葆真宮發生了大火。這火到底是誰放的，到底是金軍還是潰軍，已經無法確認了。閏十一月二十七日，金軍對城市中的富戶進行劫掠，大火吞沒了雲騎橋附近宋徽宗的妃子明達劉皇后家、神衛營藍從熙[518]家、孟昌齡家，一路燒過來，燒毀的房舍不計其數。

也是從這時開始，戰爭中另一個必然產生的現象也出現了，那就是擄掠婦女。在金軍兩位元帥中，粘罕目標明確，更加堅定，給宋王朝的壓力更大；斡離不對宋朝較友好，卻又帶著花花公子的性格。這一天，斡離不派人進城抓走了七十多名婦女供他享用[519]。

閏十一月二十八日，宋徽宗的另一個劉皇后——明節劉皇后——家也遭遇了火災。宋朝的兩大學術機構太學和律學更是被洗劫一空。

關於城中的混亂，宋金雙方都不願意看到，也都採取了一些措施。金軍閏十一月二十六日就朝城內發文，要求城內百姓不要害怕，要安居樂業，兩國正在講和。金軍的告諭讓老百姓感到心裡安定一些。作為回應，開封府也於閏十一月二十八日放榜，要求文武官員、秀才、僧道率領百姓到金軍營地去犒勞，謝他們不殺之恩。百姓為了保命，紛紛捐錢捐物，給金軍運送牛和酒的人群在道上絡繹不絕。

與此同時，開封府也承擔起治安官的責任。整個汴京城治安最差的地區是外城和內城之間，外城城牆已經被金軍佔領，但內城城牆還在宋軍手中。內城的治安還不錯，但外城處於宋金兩軍的夾縫地帶，因此成了劫掠的好發區域。劫掠者中的確有金軍，但大部分劫掠者其實是北宋的地頭流氓和兵痞，他們把頭髮一削，冒充金軍，四處幹壞事。開封府向金軍取得諒解後，立刻四處出擊，抓了數百位參與劫掠的人，將他們拉到大街上直接砍頭。開封府的強硬態度讓局面從失控狀態稍稍恢復了一些秩序。

砍頭還帶來一個副作用，每殺一個人，他們的屍體在瞬間就會被剝盡，甚至連肉都會被割光。原來城內已經缺糧了，許多人不得不靠人肉充饑，還有人四處販賣人肉，這更增加了人們的恐懼[520]。

在汴京城，饑民最多的地方是大相國寺。這裡曾經是首都最繁華的地方，每月舉行五次盛大的交易會，號稱「萬姓交易」[521]。交易期間，從飛禽走獸、寵物家畜，到日用家什、建築材料；從武器弓箭、馬鞍車軸，到糖果點心、瓜果時蔬，再到衣服鞋子、書籍文物，應有盡有，但在金兵圍城期間，相國寺的集市沒有了，周圍擁來了無數的饑民，他們在寺廟的走道裡號呼哭泣，一片悲慘景象[522]。

皇帝親臨

開封府盡力維持治安的同時，宋金仍在進行和議。閏十一月二十七日，宋使濟王趙栩和陳過庭來到金軍營地請求憐憫（求哀）。

閏十一月二十八日，秦檜、李若水來求和。粘罕還是要求太上皇和皇子作為人質。使者無法做主，只好回去稟報。皇帝沉吟一番，表示作為兒子不可能將父親交出去，如果金人一定要讓太上皇出去，那麼作為兒子的皇帝只好親自代替父親出面了[523]。

閏十一月二十九日，宋欽宗做了最後的努力，派出鄆王率領十一個親王（燕王、越王、鄆王、景王、濟王、祁王、莘王、徐王、沂王、和王和信王）前往金軍營地，但金軍拒絕見他們[524]。不過這一天粘罕卻接見了何㮚，見面後首先就問：「太上皇和他的老婆女兒，到底誰來？」何㮚語塞，只好回去稟報[525]。

這時，皇帝已經知道，除非自己出去，否則達不成協議。當天皇帝下詔書表示將親自前往金軍營地。在準備了一天之後，閏十一月的最後一天，即閏十一月三十日，皇帝車駕啟動，前往金軍大營。

清晨，皇帝帶了三百隨從前往金軍大營，跟隨他的官員有何㮚、陳過庭、孫傅等人[526]。曹輔和張叔夜則負責留守，暫時掌管缺了皇帝的內城。他們計畫從南薰門出城，到青城去見國相粘罕。但南薰門城樓已經被金軍控制，大門緊閉。在皇帝的身後，跟隨著汴京城的百姓父老，他們紛紛拿出了金銀錦帛，想獻給金軍，好換取皇帝的平安。即便皇帝離開後，這一天老百姓都在不停地送東西，希望金人信守諾言把皇帝送回。

到了南薰門，城上一人自稱統制，大聲喊道：「奏知皇帝，若得皇帝親出議和公事，甚好，且請安心！」宋欽宗要下馬，城上金人紛紛避開，表示這裡不是下馬的地方。皇帝只好在馬上繼續等待。城上有人告訴他，已經派人去通知粘罕，請皇帝等待一下，外面在清理道路。

皇帝等了大約一個時辰，城門開了。金人的鐵騎塞滿了甕城。他們阻止了三百隨從，只讓少數人通過，將皇帝夾在中間，裹挾而去。

前往青城途中，金人又要求皇帝走慢一點，前方在安排他住宿的行宮。又等待了一個多時辰，他們才到達青城的齋宮外。皇帝又想下馬，但被告知請他騎馬進去，到了齋宮側面的一個小空地才下馬。

粘罕派人告訴皇帝，二太子斡離不還在城東北的劉家寺，趕不過來，所以皇帝必須在齋宮住下來，等第二天再談。對方還詢問皇帝是否準備了被褥，如果沒有，他們也可以幫忙準備，但怕皇帝不習慣。

當天晚上，皇帝住在了青城的齋宮之中，環繞他的都是金兵。金軍派烏淩葛思美作為皇帝的館伴，陪伴他度過漫漫長夜[527]。

在城內，官員、士兵、百姓都在等待皇帝的歸來。但到了傍晚，有人拿著黃旗從南薰門進來，他帶來了皇帝的親筆信，表示金人已經答應議和，但事情沒有了結，所以皇帝今天回不來了。眾人懷著忐忑的心情散去[528]。

皇帝親自出城，對於金人與宋人的意義是不同的。作為游牧民族的金人並不把皇帝親自出城當回事，他們的首領以前常常衝鋒陷陣，談判更是親自參與，既然攻克了首都，皇帝親自參與談判自然是最起碼的禮節。但對於集權帝國的子民，皇帝出城卻是極大的稀罕事。宋朝的皇帝就如同是蜂巢裡的蜂王，他們只躲在柔軟的巢穴中，不會冒任何風險，更不可能直接前往敵人營地。金人看來是理所應當的事，對於宋人卻是奇恥大辱。這可以看作是文明衝突的一部分。

十二月初一，官吏百姓再次雲集南薰門，焚香開道盼著皇帝回來，但到了晚上，皇帝還是沒有回來。只有一人拿著黃旗出現，他又帶來了皇帝的親筆信，表示和議已經成了，但禮數未到，所以還需要再待一晚[529]。眾人再次散去。

事實上，這一天皇帝根本沒有見到兩位元帥。這天他被留在齋宮，唯一的任務就是寫投降書（降表）。從金人對降表的重視程度，絲毫看不出他們是剛剛從北方蠻荒之地走出來的。最初，皇帝讓孫覿起草了一份，主要意思是稱藩與請和，這份草稿交給粘罕後，被立刻否決了。粘罕派人前來指導了不下四次，但寫出來的粘罕都不滿意。粘罕要求降表必須是對偶格式的，必有文學性。孫覿和吳幵互相推諉著都不肯寫，皇帝催促他們快點動手。於是，孫覿、吳幵再加上何㮚一塊兒商量著將投降書寫了出來。皇帝看完後，甚至誇獎他的大臣寫得好，如果不是平常勤加練習，現在哪能寫出如此優雅的投降書。

不料這份草稿送給粘罕，對方還是不滿意，傳令來傳令去又改了好幾遍。粘罕的意見有些非常具體，比如，文中提到了大金皇帝和大宋皇帝，但粘罕保留了大金皇帝，將大宋皇帝刪去了，只准大宋皇帝稱「臣」。又把其中的「負罪」改為「失德」，「宇宙」改為「寰海」，等等。宋朝皇帝與宰相如同小學生一般誠惶誠恐，滿足了老師的所有要求，才得以通過[530]。

由於這篇降表非常重要，值得將全文錄於此，經過數次修改，降表是這樣寫的：

臣桓言：背恩致討，遠煩汗馬之勞；請命求哀，敢廢牽羊之禮。仰祈蠲貸，俯切淩兢，臣桓誠惶誠懼，頓首頓首。竊以契丹為鄰，爰構百年之好；大金辟國，更圖萬世之歡。航使旌，絕海嶠之遙；求故地，割燕雲之境。太祖大聖皇帝特垂大造，許復舊疆。未閱歲時，已渝信誓，方獲版圖於析木，遽連陰賊於平山，結構大臣，邀回戶口。雖諱恩義，尚貸罪愆。但追索其人民，猶誇大其土地。致煩帥府，遠抵都畿。上皇引咎以播遷，微臣因時而受禪。懼孤城之失守，割三府以請和；屢致哀鳴，亟蒙矜許。

官軍才退，信誓又渝：密諭土人，堅守不下，分遣兵將，救援為名；復間諜於使人，見包藏之異意。遂勞再伐，並興問罪之師；又議畫河，實作疑兵之計。果難逃於英察，卒自取於交攻。尚復嬰城，豈非拒命？怒極將士，齊登三里之城；禍延祖宗，將隳七廟之祀。已蠲銜璧之舉，更叨授館之恩。自知獲罪之深，敢有求生之理？

伏惟皇帝陛下，誕膺駿命，紹履鴻圖。不殺之仁，既追蹤於湯武；好生之德，終儷美於唐虞。所望惠顧大聖肇造之恩，庶以保全弊宋不絕之緒。雖死猶幸，受賜亦多。道里阻修，莫致籲天之請；精誠祈格，徒深就日之思。謹與叔燕王俁、越王偲，弟鄆王楷、景王杞、祁王模、莘王植、徐王棣、沂王㮙、和王栻，及宰相百僚、舉國士民、僧道、耆壽、軍人，奉表出郊，望闕待罪以聞。臣桓誠惶誠懼，頓首頓首。謹言。

天會四年十二月日，大宋皇帝臣趙桓上表。[531]

十二月初二，金國元帥們終於與宋欽宗相見了。當天還沒有見到元帥時，金人突然又想讓太上皇出城，皇帝再三陳述，金人才感於皇帝的仁孝，答應太上皇不用出來了。

接下來是投降儀式，粘罕已經命人將齋宮裡象徵皇權的鴟尾都用青毯包好，牆壁上有畫龍的地方也都遮擋好。在北方設立了一個香案，這才請宋欽宗進來。

宋欽宗到來時，兩位元帥親自到門口迎接，雙方都在馬上。皇帝把降表交給粘罕，粘罕接過來，雙方作揖後，進入齋宮。皇帝的馬在前，兩位元帥的馬在後，之後是隨從。

到了香案前，皇帝下馬立在案前。粘罕把降表交給手下，請他們將表文讀一遍，皇帝向北拜了四拜，表示臣服。

跟隨皇帝的人都唏噓不已。一位叫作王嗣的隨駕人員觀察到，此刻天上竟然下起雪來。其實雪已經下了很多天，從汴京城還沒失陷時起，就已經大雪紛飛，現在下雪並不奇怪。但是，皇帝北拜時，雪只在青城下了，在汴京城內則沒有下，宋人給這雪賦予了象徵意義。

拜完，雙方各自道謝。到了中午時分，他們在齋宮相見，雙方按照中國人的習慣推讓著主客位，最後，皇帝坐了主位，兩位元帥坐在了客位。

三巡酒過後，他們開始了正式交談。元帥在談話中主要談到了太上皇，接著是皇帝，以及金軍出兵的緣由。談完話之後，皇帝將從府庫中帶出的金帛送給兩位元帥。粘罕看到這個舉動笑了，表示他們邀請皇帝是來談大事，這種小事就算了，更何況，城打下來了，從理論上，所有的東西都已經是金軍的。他叫皇帝將帶來的東西分給金軍將士就可以了。

在談話過程中，對方以粘罕為主，斡離不只是象徵性地點點頭而已。這也可以看出來，戰爭與議和的主導方是粘罕。

金人所謂的大事，其實就是投降。既然投降儀式已經結束，接下來，就是要把北宋皇帝的降表送往遙遠的北方，請大金皇帝定奪，該採取什麼樣的措施。所以，接下來會有一段較長的等待時間。談話之後，粘罕表示天色已經不早了，不應該讓城內久等，他們送皇帝上馬離開[532]。一切都顯得彬彬有禮。

在皇帝舉行投降儀式時，城內的官吏和百姓又已經在南薰門內集合，他們摩肩接踵，比起前兩天人數更加多了。從南薰門直到宣化門，道路的兩側都佈滿了香案，由於化雪，路上泥濘不堪，但為了通御車，人們專門拉來新土，迅速將路鋪平。

皇帝投降完畢歸來，剛到城門外，就有人認出了他的黃傘蓋，市民歡呼沸騰，將消息傳遍全城，山呼之聲感天動地。見到皇帝後，許多人激動不已，涕泗橫流。馬車上的皇帝也哭了，到了州橋，手帕已經濕漉漉容不下更多眼淚，連話都說不出。鄭建雄、張叔夜拉住馬號啕大哭，皇帝也攬轡而泣。到了宣德門，皇帝才平定情緒，說道：「我以為再也見不到萬民了！」他的講話引起了另一波悲愴的哭聲。

皇帝進了內城，外面的人群才逐漸散去，在首都的街坊里巷都在傳說著皇帝的情況，人們高興得如同獲得了新生，處處都在燒香拜佛謝天謝地[533]。

第二天（十二月初三），皇帝下詔命令文武百官、僧道父老到金軍營前致謝。人們走到了南薰門，請求金人批准出城。金國元帥卻表示謝謝人民的好意，但軍中不便逗留，心意領了，人不必來。

人們慶幸皇帝的歸來，以為一切都結束了。但他們不知道，這只是事情的開始而已。與皇帝一同歸來的，還有幾位金人，為首的就是曾經的使節蕭慶，他們常駐尚書省。這是北宋在行政上喪失自主權的起始。

就在人們去金軍營地道謝被阻的那一天，金人還給皇帝寫了一封信，要求將在河北的康王召回。皇帝於是派遣曹輔去找康王[534]，私下裡，他和太上皇談話時，還談到金人表示想另立賢君，康王是合適的人選。康王的母親韋妃恰好在，連忙表示這只是金人的計策而已。

那麼，為什麼不管是金人，還是北宋皇帝，都對遠在河北的康王如此重視呢？

康王避難

就在汴京還沒有陷落的閏十一月二十二日，遠在相州的康王突然迎來了一位特殊的客人。這位客人名叫秦仔，聲稱官位閤門祗候，是從汴京來的。見到康王後，秦仔從頂髮中掏出一塊黃絹，康王認出這是宋欽宗的御筆。黃絹上的字是：

> 檄書到日，康王充兵馬大元帥，陳遘充兵馬元帥，宗澤、汪伯彥副元帥，速領兵入衛王室，應辟官行事，並從便宜。[535]

康王看後哽咽不已，向著朝廷方向跪拜，讓在場的人噓唏不止。

事後，人們根據這一幕創造了不少傳說。比如，有人記載，康王在當天曾經和臣僚談起過他的一個夢，在夢中，他的兄長宋欽宗脫掉了御袍披在了他的身上。他剛說完，秦仔就來到了。這個夢加上宋欽宗的詔書，賦予康王以合法性，讓他繼宋欽宗之後成為皇帝[536]。

事實上，宋欽宗派出了四個人帶著書信前往相州，以免有的人到達不了。他這麼做，採納的是侍御史胡唐老的意見。胡唐老認為，在宋徽宗所有的兒子中，除了被金人上次擄走的肅王之外，其餘的都在京城。只有康王如同上承天意一般恰好身在相州。他本來是去出使金國的，卻被人民阻擋而沒有去成，流落在相州。現在，康王幾乎成了朝廷唯一的希望。皇帝應該拜康王為兵馬大元帥，號召全國勤王，解救危局。

按照規定，宋朝的宗室不得過度參與軍事，拜康王為大元帥已經觸犯了這個禁忌。宋欽宗和大臣們猶豫不決，有人表示授予元帥都困難，何況還要加上「大」字。胡唐老力爭說，局勢都這樣了，還這麼珍惜「大」字幹什麼！宋欽宗這才寫信給康王，拜他為大元帥。

十二月初一，當皇帝正在前往金軍營地的路上時，康王在相州設立元帥府，成了全國抗金中心[537]。此時的康王是宋徽宗諸子中唯一一個沒有在汴京的親王，所處的地理位置，又恰好在金人即將吞併的河北地區。他的出現，打亂了金人的軍事部署，因此，金人在解決完汴京問題後，必然要打敗康王，才能算徹底征服了北宋朝廷。

皇帝正是應金人的命令，才派曹輔去相州找康王，叫他回汴京。

幸運的是，曹輔到了相州，康王卻已經離開了。曹輔只好回汴京報告說沒有找到。那麼，康王到底去了哪兒？

原來，十二月十四日，康王已經從相州到了北宋的北京大名府。大名府從距離上離汴京更遠，但它與相州之間隔著黃河。北宋末年由於黃河改道，大名府已經到了黃河以南，與汴京之間沒有大的水流隔開，是更好的勤王基地。加之冬天黃河結了冰，康王能夠順利渡過黃河。

投降之後，皇帝與康王的聯繫也沒有中斷。金人知道北宋皇帝喜歡把密信寫在黃絹上，再裝到蠟丸裡，每一次使節出去，金人都會仔細地搜尋蠟丸。但皇帝又發明了新的方法，將文字用白礬水寫在使節的袖子上，到了地方，用特製的水浸泡一下，就能夠顯影了。宋欽宗利用科技手段，躲過了金人的檢查。

但宋朝的事情往往是有幸就有不幸，不幸的是，康王的身邊也有主戰派與主和派。主戰派以副元帥宗澤為首，主和派的首領叫作汪伯彥。

宗澤主張儘早解汴京之圍，向更南方的開德府（即澶州，現河南省濮陽市）進攻；而汪伯彥則認為不管是開德府還是大名府，距離前線都太近太危險，作為大元帥應該找一個安全的地方待著，他主張前往更東面的東平府（鄆州，現山東省東平縣）。康王諮詢大臣的意見，眾人大都贊同安全選項。於是，十二月十九日，康王又從大名府離開，去東平府避難了[538]。

在金軍控制汴京的時間裡，這位天下兵馬大元帥一直如同一盞明燈，寄託著大宋的最後希望，只要他還沒有被抓住，人們就覺得大宋江山還有指望。但他又只是一盞燈，怎麼也無法變成熊熊烈火，沒有起到應有的作用，眼睜睜看著金軍繼續在汴京城橫行無忌。

除了康王之外，其餘的勤王隊伍也不順利。在汴京還沒有被攻陷時，南道和西道也準備救援，范致虛與西道總管王襄、陝西制置使錢蓋，率領十萬人馬馳援。到了穎昌時，聽說汴京失陷，王襄和錢蓋就回去了。范致虛不想回去，就與西道副總管孫昭遠、環慶路統帥王似、熙河路統帥王倚，率領二十萬大軍浩浩蕩蕩前來。他們分成水陸兩軍首先向西京河南府（洛陽）殺來。但范致虛本人不知兵法，他過於信任一位叫作趙宗印的和尚，這位和尚大言炎炎，其實也不會打仗。軍隊出了武關，到了鄧州的千秋鎮，突然遇到了金軍洛索的部隊，金軍一衝，大軍立刻潰散，死傷大半。王似、王倚、孫昭遠只好率軍回到陝西，范致虛收拾殘兵去往潼關[539]。這支勤王軍隊從馳援變成了防守，以不讓金軍進入陝西為目標。

索求不已

在首都汴京，與金軍的交涉仍然在繼續。皇帝出城到底與金軍達成了什麼協定，除了遞降表之外，還做了什麼，這件事一直是個疑問。

比如，既然打敗了，肯定要犒軍，上一次汴京保衛戰，皇帝與斡離不協商的數字是五十萬錠金、一百萬錠銀，換算後是五百萬兩金、五千萬兩銀。

那麼這一次金軍動用了兩路大軍，到底需要支付多少戰爭賠款呢？與上一次皇帝早早地宣佈賠償數額不同，這一次，賠償數額卻只在少數人中流傳，平民百姓一直被蒙在鼓裡達一個月之久。為什麼會出現這樣的情況？

答案只有一個：賠償數額實在太龐大了。

十二月初三，金軍的索賠文書到了。**根據文書，皇帝答應的數字是：金一千萬錠、銀二千萬錠，折合成兩，則是一億兩金、十億兩銀，同時還需要絹帛一千萬匹**[540]。與上一次相比，金銀的數字增長了二十倍，即便上一次，最後也無法湊夠，那麼增加之後的數字更是無法完成。

但皇帝不得不做出姿態，開始向百姓籌款。當然，首先需要做出姿態的是皇族和大臣，於是，皇帝要求大臣將家裡的金帛都拿出來，諸王、內侍、帝姬也都按照這個要求來做。

為了更快速地獲得金銀，皇帝還下令開設一個購買金銀的機構，用錢鈔從民間購買金銀。很快，金價漲到了五萬枚銅錢一兩，銀價漲到了三千五百枚銅錢一兩[541]。北宋的金銀價格與銅錢的兌換比例是長期穩定的，金大約是一萬枚銅錢一兩，銀為一千枚銅錢一兩，此刻已經翻了好幾倍。

為了加快搜集金銀的速度，朝廷在原有開封府尹徐秉哲的基礎上，又任命了另一位兼領府尹王時雍，讓他與徐秉哲一起搜刮金銀，並由御史監督數目[542]。從這時開始，開封府突然成了一個重要的機構，金人提出的要求大都由這個衙門完成。事後，人們會看到，雖然打仗不行，但在執行命令上，開封府卻是一個如此高效的機構，在它的幫助下，金軍可以將首都的最後一滴血榨出來。

十二月初四，為了更精確地瞭解汴京到底有多少財富，金軍駐紮在城內的代表開始檢視府庫，調查帳目，以確定開封城到底能夠提供多少物資。與此同時，開封府尹貼出文告，要求富豪之家必須將所有金帛上繳[543]。

十二月初五，金人的索求繼續加碼。這一天又提出了三個新要求：第一，向金軍供應一萬匹馬[544]；第二，開始交割河北和山西地區[545]；第三，出征將士面對最複雜的問題是性需求問題，要求皇帝提供一千五百名少女勞軍[546]。

為了湊夠馬匹數目，開封府貼出文告，要求御馬和民間馬匹都必須交出，否則全家受軍法懲戒。文告鼓勵人們互相告發，告發者可以獲得三千貫錢，官員中，執政、侍從、卿、監、郎官都只准留一匹馬，其餘交出。這項命令讓開封府一共湊了七千多匹馬，雖然不足萬匹，但基本上完成了任務。只是從此以後，士大夫都只能騎驢、乘轎、徒步，甚少看見騎馬的人[547]。

關於交割問題，皇帝也服從了，他派遣陳過庭、劉韐、折彥質三人，分別前往河北和山西進行交割[548]。除了金人已經攻克的，北宋手中還有四十個左右的州在河北與山西地區，僅僅依靠此三人很難快速完成交割。為此，皇帝又讓吏部選擇了文武官員各二十人，隨金軍前往河北和山西地區交割，這四十人又由陳過庭等人進行統籌[549]。

金人索要的少女，史書記載語焉不詳，但可能有很大一部分出自宮中的低級女侍（宮嬪），許多宮嬪不肯出宮，四處躲藏，實在躲不過寧肯跳水自殺[550]。

好不容易把十二月初五過完，初六又來到了。這一天，金人又提出了新的要求：將所有兵器上繳[551]。在首都失陷時，由於潰兵們將兵器到處丟，許多都被百姓撿走了[552]。於是，勤快的開封府又發出了新的文書，要求百姓將武器都交出來，一併運送出城。運送武器的工作持續好幾天，才全交給了金軍[553]。

到這時，金軍的意圖已經很明顯，宋軍失去了馬匹和武器，就再也沒有了抵抗的能力，除了任人宰割，不會再有其他結局。

徹底解除了首都的抵抗之後，金軍還有兩個問題沒有解決：第一是戰爭賠款，北宋朝廷一直在加速籌集，但仍然沒有完成；第二是河北、山西地區的交割，陳過庭於十二月初七出發，但其餘每個城的使節還沒有出發，要完成交割也並不是那麼簡單[554]。以上次的經驗來看，不管有沒有聖旨，守將往往會拒絕交割，繼續堅守。而金軍也不可能長期駐紮在開封城外，畢竟幾十萬大軍的糧草遲早會出現短缺，到時如果沒有完成交割，就可能在回程遭受打擊。

為此，金軍又想了一個新的辦法。經過檢點，河北、山西地區仍然控制在北宋手中的還有四十五個州，這四十五個州各有守將，如果將守將的家屬控制住，對方就不敢反抗了。

十二月初九，金軍提出要求，北宋政府必須將河北、山西守臣、監司的家屬交出，由金軍帶著前往各城池做人質。只有守臣完成交割，才可以將家屬領回。除了守臣的家屬之外，金軍還索要二十幾位奸臣的家屬，這些奸臣包括蔡京、童貫、王黼等人。已經投降金軍的張孝純、蔡靖、李嗣本家屬也在索要之列，為的是將他們送往北方與降將們團聚。再加上主戰派或者曾經參加過戰鬥的李綱、吳敏、徐處仁、陳遘、劉韐、折可求、折彥質等人的家屬[555]。其實早在上個月的二十八日，金軍就對北宋使臣們提過這些要求，只是到現在，才正式以命令的形式發到城內[556]。

這個命令沒有被妥善執行。原因可能很複雜。比如，許多人的家屬可能並不在本地。但開封府還是按照金人的要求將在京的家屬（能找到的）都招到了開封府的院內。十二月十二日，這些人開始集結於開封府。由於手續的關係，這些人被棄置在院子裡多日，官員們急著把他們招來，卻並沒有做好招待的準備，連飯都不管，隨處安置。家屬們在饑寒交迫中呼號著，這讓外面聽說了他們遭遇的人們更加憤怒。他們本來是國家的功臣家庭，卻由於皇帝的無能，成了金人的抵押品。不僅這樣，就連在北宋也受不到應有的尊重。

這件事一直拖下去，直到第二年二月初仍然還沒有結束。

除了交割之外，最麻煩的就是金人索要的金一千萬錠、銀二千萬錠、絹帛一千萬匹。其中絹是最容易滿足的，因為金人在核查庫房時，已經知道皇帝的庫房中有一千四百萬匹絹，索要一千萬匹，皇帝是出得起的[557]。從十二月十三日開[558]，皇帝下令，軍民將內藏的元豐庫、左藏庫、大觀庫所有的絹帛都搬出來，送到南薰門，移交給金軍[559]。

十二月十五日，大規模搬遷繼續[560]。經過開封府的組織，原本保家衛國的軍隊和民兵都當起了搬運工，負責打仗的三衙（殿前都指揮使司、侍衛親軍馬軍都指揮使司、侍衛親軍步軍都指揮司）專門派人監督搬運，還用旗幟區分各個隊，防止放錯了地方。就這樣，一天才搬了十萬匹（百分之一）。

十二月十六、十七日，搬運繼續。金軍對絹的品質檢查得也格外嚴格，輕的、舊的，一概用墨水標記，拿回退還。現在浙江的絲織品全國聞名，但在金人看來，浙江的絹過輕，反而不適應北方的需要，他們將浙絹退回，要求更換成重的。據說，兩位元帥還為此生了氣，責怪北宋不認真。

十二月二十日，還沒有交割完畢，金人已經非常不耐煩，打罵交割使臣的事情時有發生，許多人不願意參與交割工作，推不開的，只好帶一些大蒜、砂糖、刺繡、花藤做禮物，和金人搞好關係，求他們高抬貴手。到了第二年，即金天會五年（一一二七年）正月初二，絹這一項才算交割完畢[561]。

除了絹之外，金人的要求中還有很多小專案，比如書籍。金天會四年十二月二十五日[562]，元帥府發出命令，要求宋朝提供國子監的書籍，以及漢文的藏經。金人指名要蘇軾、黃庭堅等人的文集，以及《資治通鑑》，卻將王安石及其同黨的學說全部拋棄[563]。

這件事又交給了開封府，皇帝的意思是，儘量滿足金人的好學之請，不過國子監的書並不全，有一部分必須外購。皇帝要求，去書店買書必須付錢，可是開封府執行時，只是派人將書店的書搜走了事[564]。

文化產品除了書籍，還有各種古玩，於是，十二月二十八日又輪到古玩遭殃了，北宋的皇家器皿都登記在《秘書錄》裡，金人得到了這本冊子，按圖索驥，要求皇帝提供冊子裡的古玩。

絹、書、古玩等交割雖然麻煩，卻還可以執行，到了金銀的交割程序，執行就比較困難了。

十二月十一日，由於金銀籌集速度太慢，皇帝又下了詔書，表示金人不燒殺搶掠已經是恩賜，要求全城的公私、權貴、豪富都將金銀交出來，即便皇后的金銀也不能留。踴躍繳納的可以授官，抗拒的嚴懲[565]。

十二月十二日，根據皇帝的聖旨，開封府出臺了具體的辦法。表示准許百姓告密，告密者可以獲得百分之三十的獎勵。其中不乏見風使舵者，一位叫作陳行的人立刻前往開封府，將自己經營的和樂樓內的金銀捐了出來，他果然得了官職。

十二月十三日，開封府四處出擊，就連宋徽宗的鄭皇后宅子被查出來隱匿金銀，皇后父親和祖父的封賞也被追奪[566]。當天，金人來要五十個酒匠和三千瓶酒，開封府也一一滿足了他們的要求。

十二月十四日，開封府開始挨家挨戶入戶搜查，特別是那些金銀鋪子，有時一個鋪子就能搜出成千上萬兩的黃金。市民也逐漸踴躍繳納黃金。

十二月十九日，御史臺、大理寺和開封府聯動機制已經運行得純熟。用現代的話語來說，就是行政、司法和監察權聯動。在西方講究行政與司法的分離，互相制約，但中國政府做大事時，總是以行政為主導，讓司法和監察都予以配合，所以，一旦做事，都是行政、司法、監察聯席的。這一次行政司法聯動的打擊面很大，按照慣例，打擊一般是針對老百姓的，但這一次，貴戚、權貴家族，即便官至承宣、留後，婦人中封爵至恭人、夫人，只要不繳金銀，也一併戴上枷鎖帶走，毫不留情[567]。

為了表示人們的金銀不是白繳納的，皇帝會裝模作樣發給人們一些紙鈔，算是買賣不是搶奪。每一兩黃金，皇帝會給茶鈔或者鹽鈔三萬二千，一兩銀子給兩千二百。

由於宋朝的各級政府也可以參與經濟活動，各地政府也在京城設有類似於駐京辦的機構，不過當時的駐京辦只負責買賣土特產。這些機構好不容易到京城賺了點錢，現在也必須全都交出。皇帝賜給大臣的金帶，也全部收回。

就在皇帝命令開封府開足馬力催促人們上繳黃金時，金人也在觀察到底能夠從汴京獲得多少金銀。由於絹的數目是入帳的，所以一目了然，既然帳上有一千四百萬匹絹，金人索要一千萬北宋是拿得出的，所以絹的事情好辦。但金銀藏在民間，數目是未知的，所以金人才會直接提出金一千萬錠、銀兩千萬錠的要求。

隨著事情的發展，金人已經對金銀的數量有了瞭解，認定整個北宋都不可能有這麼多黃金了。於是他們修改數目。十二月二十四日，元帥們通過信件向汴京城發來了新的命令，這封信最重要的目的是催促人們趕快完成任務，而在金銀的數量上，也從最初的要求大大降低。他們的新要求是金一百萬錠、銀五百萬錠[568]，金的數量是最初提出的十分之一，銀是四分之一。

如果與不到一年前的第一次圍城戰進行比較，可以看出，金是上一次賠償（五十萬）的兩倍，銀（一百萬）是五倍。

上一次要求的金銀換算成兩，則是金五百萬兩、銀五千萬兩，最終皇帝東拼西湊，交給金軍的只是金五十一萬七千餘兩、銀一千四百三十萬二千餘兩，再加上皇帝的各種珍玩。

而這一次要求的賠償數目比上次還多，從這個角度看，即便修改之後的數目還是沒有辦法完成的。

金人的這個舉動可以有兩種解釋，一是可視為一種友好的表示；二是為了不讓宋人過於絕望，讓他們感到能夠完成任務，從而加快交割速度。

不管怎樣，在催促之後，金銀的交割工作果然加快了速度。十二月三十日，在絹還沒有完全到位時，首批金銀的搬運工作起步了。在南薰門的大道上，搬運工絡繹不絕，整座城市騷動起來，人們望著如山的寶物感慨歎息。

靖康二年（一一二七年）正月初二，隨著運絹的結束，人們將金銀搬到城門口。正月初三，金人開始檢驗金銀的成色，不合格的退回，開封府又把不合格的金銀運回去，重新熔鑄。城中的百姓喜歡看熱鬧，跟著搬運人員來回地跑，人數甚至達到了上千。在城門上的金軍一看上千人跑來，以為出了大事，連忙拔出刀劍準備迎戰，後來才弄清楚狀況[569]。

伴隨著第一次交割而來的，是開封府的第二輪催逼。直到正月初九，開封府仍然想盡辦法從官員和民間壓榨出更多的金銀。他們按照官階大小制定了一個名單，宰執以下每個官員都有指標，如果官員上繳數量和指標相差太多，就立刻捉拿敲打一番，直到對方願意繳納更多的金銀為止。在金銀面前，所有的官員都喪失了尊嚴，他們的生命甚至抵不上一兩黃金。

但就在這時，事情又起了變化。

兩位元帥對皇帝仍然保持著表面的友好，開封府幹得熱火朝天，皇帝也以為只要儘量滿足金軍的需求，就能維持和平，保住趙宋的半壁江山。

一場更大的變局卻已經在醞釀之中……

507 參考《續資治通鑑長編拾補》。

508 參考《續資治通鑑長編拾補》。《大金弔伐錄校補》第一一五篇。

509 金·李天民《南征錄匯》引劉同《壽聖院劄記》。

510 參考《中興遺史》。

511 《大金弔伐錄校補》第一一六篇。

512 參考《續宋編年資治通鑑》。

513 《南征錄匯》引高有恭《行營隨筆》。

514 參考《續資治通鑑長編拾補》。

515 參考《中興遺史》。

516 參考《中興遺史》。

517 參考《東京夢華錄》。

518 《三朝北盟會編》引《宣和錄》，《中興遺史》等寫作藍從家。

519 參考《甕中人語》。

520 參考《靖康紀聞》。

521 參考《東京夢華錄》。

522 參考《靖康紀聞》。

523 參考《續資治通鑑長編拾補》。

524 《南征錄匯》引《行營隨筆》。

525 《南征錄匯》引克錫《青城秘錄》。

526 參考《甕中人語》。

527 《南征錄匯》引《青城秘錄》。

528 參考《中興遺史》。

529 參考《靖康紀聞》。

530 參考《中興遺史》。

531 《大金弔伐錄校補》第一三〇篇〈宋主降表〉。

532 根據《靖康紀聞》、《避戎夜話》等。

533 參考《靖康紀聞》。

534 參考《靖康紀聞》。

535 《續資治通鑑長編拾補》，這裡的引文是簡版，另《三朝北盟會編》載有全文。

536 參考《續宋編年資治通鑑》。

537 參考《續資治通鑑長編拾補》。

538 參考《續資治通鑑長編拾補》。

539 參考《續資治通鑑》。

540 參考《續資治通鑑長編拾補》與《續資治通鑑》。

541 參考《續資治通鑑》。

542 參考《續資治通鑑長編拾補》。

543 參考《靖康要錄》。

544 參考《甕中人語》。

545 參考《宋史·欽宗紀》。

546 參考《續宋編年資治通鑑》。

547 參考《三朝北盟會編》引《泣血錄》。

548 參考《宋史·欽宗紀》。

549 參考《靖康要錄》。

550 參考《續宋編年資治通鑑》。

551 參考《甕中人語》。

552 參考《靖康紀聞》。

553 參考《三朝北盟會編》。

554 參考《靖康紀聞》。

555 《靖康紀聞》，名單根據《三朝北盟會編》有補充。

556 《南征錄匯》引《行營隨筆》。

557 《大金弔伐錄校補》第一二八篇。

558 這一天（十三日），金人還要求將屬於河東（也在黃河以北，但傳統上比較獨立）的蒲州、解州都割讓給金國，皇帝同意了。見《甕中人語》。

559 根據《三朝北盟會編》。

560 參考《靖康紀聞》。

561 參考《靖康紀聞》。

562 《甕中人語》記為十二月二十五日，《靖康紀聞》記為十二月二十三日，《三朝北盟會編》記為十二月二十六日。

563 參考《靖康要錄》。

564 參考《靖康紀聞》。

565 參考《靖康紀聞》。

566 參考《靖康紀聞》。

567 參考《靖康紀聞》。

568 《大金弔伐錄校補》第一二八篇。

569 參考《靖康紀聞》。

第四部
靖康之難

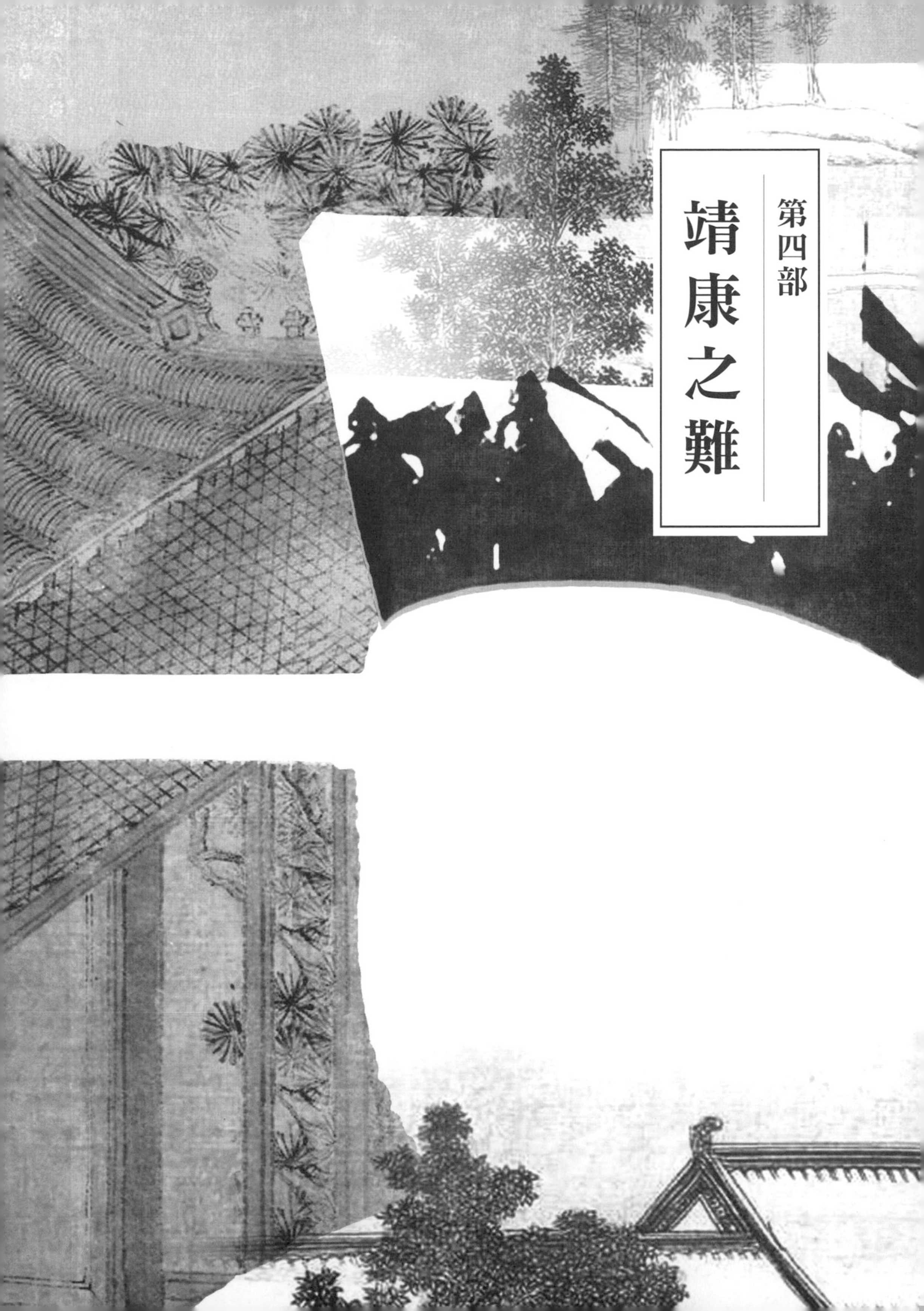

第十四章、驚天之變

永離龍庭

靖康二年（一一二七年）正月初一，原是汴京城最熱鬧的時候。以往的春節，開封府允許全城狂歡三天（關撲），官民從早上開始串門慶賀，街上擺滿了食物、果實、禮物等，人們唱歌跳舞遊戲，度過一年的開端。

在馬行、潘樓街、州東宋門外、州西梁門外、州北封丘門外、州南……等特殊的商業地段，都紮著彩色的棚子，裡面鋪陳著如：冠梳、珠翠、頭面、衣著、花朵、領抹、靴鞋、玩好，各種喜慶的商品，加上歌舞表演，顯得熱鬧非凡。晚間人們聚賭、遊戲、宴會，就連婦女都盛裝參加。即便貧民，也穿上乾淨衣服把酒言歡。

在皇帝的宮廷裡還要舉辦正旦大朝會，皇帝坐在大慶殿裡，選四個高個子士兵站在殿角，號稱「鎮殿將軍」。各國的使節們都來到大殿慶賀，百官、讀書人也都參加，全國各地的地方政府也會派人來供奉禮物[570]。

但這一年，人們沒有太多心思慶祝。皇帝只是簡單地出行，去了太上皇所在的延福宮行禮拜謁[571]。然後，皇帝派人前往金軍營地賀歲。與此同時，金國的兩位元帥首先派了二十一人到大相國寺燒香敬佛。實際上，這些人在四天前的十二月二十七日也到大相國寺拜過佛[572]。

另外，金人派遣了真珠大王以及另外八個人前來賀歲[573]。北宋派往金軍營地的是禮部侍郎譚世勣，但金人以官小為由拒絕了，朝廷只好又派遣濟王、景王前去，這才被接納。

除了官方的道賀之外，百官、僧道等也來到了南薰門外，請求向兩位元帥致謝。但元帥們表示心領，就請他們回去了[574]。

金人對於漢人習俗的癡迷，也令人頗為意外。比如，漢人文化中，正月最熱鬧的不是春節，而是元宵節。從冬至開始，開封府就負責在大內外的宣德樓對面紮下彩棚，商人們佔據了御街兩廊。玩雜技的、變戲法的、賣東西的、玩猴戲的，應有盡有，熱鬧如同大集。正月初七，人們開始張燈結綵，等待正月十五日要大鬧五天。這是一年裡節日的高潮時刻，整個汴京也成了不夜城[575]。

金人對於漢人的燈俗非常感興趣，到了初九就要求北宋將彩燈列入貢品。開封府一接到命令，立刻把景龍門外的燈全都搬走，送給金人。金燈、琉璃、翠羽、飛仙之類應有盡有。金人感覺還不過癮，於是開封府又將京城內道觀、佛寺和店鋪的燈都搜羅走[576]。

金人用這些燈將大營裝扮一新，在正月十四日時，甚至專門允許城裡的人上到城牆上觀看[577]。由於城牆已經被金軍佔領，平常是不允許人們上去的。

從賀歲到要燈，看上去金人的情緒似乎已經緩和，他們對宋文化充滿了好感，一旦獲得黃河以北的領土和戰爭賠償，就會離開。

但就在人們逐漸放心下來時，正月初八這一天，金人又提出來，讓皇帝再出城一趟。這次出城的目的是給金國皇帝加徽號。

這件事發生得有些突然，最初是宋欽宗先派遣何㮚與李若水於正月初七這一天訪問金軍營地[578]。皇帝的目的是乘著金人鬆動，再請求他們減免一些金銀。金人沒有答應，卻邀請皇帝親自前來[579]。元帥們表示，農時臨近，他們也快要撤走了，希望皇帝去給金國皇帝加個尊號。北宋使者把消息帶回來，他們覺得也沒有什麼大不了的，李若水甚至認為，如果皇帝親自前去要求減免一部分賠償，對方是有可能答應的[580]。與北宋使者一塊兒來的金國使者卻說皇帝不去也行，比如，一個叫作高尚書的金使就表示，皇帝如果不想去，叫親王和最高大臣同去也可以。

到底要不要出去，宋欽宗也猶豫不決[581]。

當天，太上皇、太上皇后也來看皇帝，一家人其樂融融。宋欽宗突然大發感慨，認為作為皇帝不能只想著自己享樂，如果能夠替百姓減少一點災難，就不要吝惜自己的身體。他決定親自前往金軍營地[582]。既然出過一次城，再出一次又何妨？

正月初十清晨，皇帝的車駕出現在南薰門。這次出行極為低調，甚至許多內侍都不知道他的離開。雖然低調，但皇帝在出城之前還是做了準備，他因籌辦金銀數量不足，將開封府尹、少尹各降三級，算是給金人一個交代。他還攜帶了一部分金銀同行，表現出充分的誠意。

另外，他任命樞密使孫傅為留守兼太子少傅、禮部侍郎謝克家兼太子賓客、戶部尚書梅執禮擔任副留守，並讓皇太子監國。他秘密囑咐孫傅，萬一有事，孫傅就輔佐太子掌管全局[583]。與皇帝同行的則包括了何㮚與李若水等人。

雖然皇帝是秘密出發，但還是有百姓得到消息，他們在城門口等待，攀住了皇帝的車，請求他留下，以防金人的陰謀。護衛皇帝的是范瓊，他請求百姓放手，表示皇帝當天去，當天就能回。之所以必須去，也是為百姓的性命考慮。

仍然有人不肯放手，范瓊持劍斬斷了攀車人的手指，殺掉了幾人，皇帝才得以出發[584]。認為皇帝不應該出城的還有張叔夜。直到最後，張叔夜都拉住馬苦苦哀求，放聲痛哭，引得周圍哭聲一片。但皇帝去意已決，回頭用張叔夜的字來稱呼他，並說：嵇仲努力[585]！

城門外，金軍列隊等待，他們見皇帝的衛兵太多，請一位叫作王球的人帶回了七百三十四名侍衛[586]。

皇帝去了粘罕的營寨青城之後，人們繼續在城門口等待，但到了晚間車駕沒有回來。這和第一次皇帝出城的情況類似。那一次，皇帝離開後當天也沒有趕回來，而是在第三天才回到城內。這一次，皇帝也讓王孝傑帶回來一封信，表示金軍首腦還沒有到齊，必須等來日議事，所以只能第二天回來了[587]。

第二天（正月十一日），人們再次來到城門口等待皇帝的歸來。但到了中午時分，有人帶回消息，金人因為移交的金銀太少，將皇帝扣留。只有城內拿出更多的金銀，才能贖回皇帝。

藉著這個事兒，開封府請求人們踴躍上繳金銀，好讓皇帝快快回宮。

不過，到了傍晚，又有消息傳來，說粘罕等人留下皇帝只為金銀，最快明天就能回來。

就這樣，人們一天天帶著希望等待，到了晚間又陷入失望。他們事後才知道，在金軍內部，對於事情的判斷已經有了變化，所以，皇帝第一次出城和第二次出城面臨的形勢已經完全不同了。

在第一次車駕出城時，金人覬覦的無非就是河北和山西的土地，以及充足的犒軍錢。他們以為這兩樣東西都不難得到，只要北宋皇帝一聲令下就可以了。

但經過一個月，兩個目標都沒有達成，北宋社會反而向著頹敗分裂的方向滑去，就連皇帝的命令都無法執行。於是，金人有了三方面的顧慮：第一，無法完成土地交割；第二，無法獲得足夠的金銀安撫軍隊；第三，北宋的社會亂套，讓金軍失去對京城的控制。

關於土地交割，雖然早在十二月初，宋欽宗就派遣陳過庭、劉韐、折彥質三人分別前往河北、山西進行交割。但事實上，直到十二月十八日，陳過庭等人才真正出發，之前他們雖然先到了兩位元帥的大營，卻由於元帥們的想法太多，遲遲沒有出發[588]。

金人原本想讓北宋朝廷將各位北方城市守將的家屬都交出來，再帶著家屬一起去交割，只要守將肯交出城池，就把家屬還給他們。皇帝同意了，開封府也迅速部署，卻由於找不夠人而屢屢耽擱，加上當時最要緊的事務是籌集金銀，找人的事情直到下一年都還沒有完成。在這種情況下，金人只好讓陳過庭等人匆匆上路去碰運氣。

可運氣並不好碰。以在深州的交割為例，宋朝派往深州的交割使是歐陽珣，他本來應該幫助金軍勸說城內放下武器，但到了城下，歐陽珣反而大喊：「朝廷被奸臣所誤，我來就是為了死在這兒，你們都要盡忠報國！」金軍將歐陽珣帶到燕京燒死，但這並不能幫助他們得到深州。一個多月過去了，金軍只得到了石州一個州[589]。

河北的交割之所以麻煩，還因為有一個康王。金人已經屢次三番地要求皇帝將康王召回。即便康王性格並不適合解救朝廷的災難，但只要他還在河北地區活動，就具有巨大的號召力，讓河北守將們不肯放棄抵抗。

在金人的要求下，皇帝曾經派曹輔去相州找康王，卻沒有找到。到了新一年的正月初二，金人再次迫使皇帝派遣中書舍人張澄前去尋找康王，把他叫回來。就連皇帝的詔書，金人都親自改了好幾遍[590]。為了防止皇帝與康王串謀，金人還派人與張澄一起出發。

但不巧的是，金人這一次又收到了錯誤的情報。當時宗澤在開德府抵抗金軍，為了鼓舞士氣，他拉起了大旗，表示康王在開德府。這個消息傳到了汴京，於是金人讓張澄前往開德府尋找。

事實上，膽小的康王並不在開德府，而是逃到了更加安全的東平府躲藏了起來。張澄和監視他的金人來到開德府城下，城上的士兵告訴他們，康王不在這裡，至於在什麼地方，他們也不知道。張澄只好和隨從返回汴京覆命[591]。

找不到康王，河北地區交接便無法完成，金人的不滿日增。

至於另一個問題——金銀的交割也不順利。北宋用了半個多月才完成絹的交割，至於金銀，連收都只收上來一小部分，到底什麼時候才能交割完畢，更是一個未知數。金人只好加強對皇帝的逼迫，以縱兵擄掠相威脅，讓他加快速度。

更麻煩的是，隨著金人加強了對皇帝的逼迫，首都的反抗情緒越來越強烈。皇帝第一次從金軍營地歸來後，金軍、皇室、人民進入了一段短暫的蜜月期，金軍沒有擄掠，城市也還完整，同時皇帝答應了金軍的一切要求。但到執行時，三方都經歷了巨大的不安與痛苦。金人的痛苦在於土地與金銀交割的遙遙無期，人民的痛苦在於皇帝的苦苦相逼，而皇帝最為痛苦——金軍在壓迫，人民在反抗。

當皇帝催繳金銀過重時，人民暗地裡就用行動來對付他。十二月十五日，官方最重要的幾個衙門發生火災，大火從尚書省爆發，火勢遲遲得不到控制，波及了祠部、吏部和刑部。為了平息火災，人們把尚書省的牌子都拆下來投入火裡，這才「鎮」住了大火[592]。

到底這場火災如何爆發，已經無從知曉。但考慮到當時的形勢，最有可能的情況，還是心懷不滿的人民放了一把火。

火災的陰影並沒有散去，到了十二月二十五日[593]，又一起火災燒毀了開寶寺、天寧寺，並波及周圍五百家民宅。這一次大火可能與金軍的催繳文書有關。在一天前，金人向汴京城發信，將賠償金定為金一百萬錠、銀五百萬錠。金人以為大幅減少賠償金，已經算是對北宋的恩賜。但人民的感受卻恰恰相反，在之前，皇帝並沒有將數額公之於眾，這是人民第一次知道賠償金額。他們被龐大的數額嚇住了，從這時開始，北宋子民人心徹底散掉。雖然沒有證據表明一天之後的開寶寺大火是人為放火，但很可能與此有直接關係。

為了挽回人心，皇帝也推出不少舉措。除了在金銀方面加緊搜刮，堅決不鬆口之外，在其他方面皇帝卻想表現得仁愛。比如，十二月二十二日，天降大雪，厚達尺餘，城內的柴火都用完了，皇帝擔心人民受凍，下令將艮嶽萬歲山開放，人民可以進入園中砍伐樹木禦寒。其實開放艮嶽的前一天，皇帝已經命令有計劃拆毀一批政府房舍，將木柴交給人民，但這批房舍裡的木材有限，只好把最美麗的皇家園林也開放了。

宋欽宗一聲令下，人們紛紛入園，多時能達到上萬人。當年宋徽宗從全國運來的珍奇樹木就這樣被當作柴火砍掉了。

不過，皇帝的好心卻並沒有換來回報。由於京城逐漸進入無政府狀態，皇帝開放園區很難惠及普通民眾，反而成了流氓豪強覬覦的對象。當人民砍伐了樹木，準備運出時，都被有組織的軍事和半軍事團夥奪走了。普通人不僅沒有得到柴火，反而鬧出了人命。十二月二十三日，萬歲山的「毀滅活動」達到了高潮。這一天，不僅萬歲山的樹木不留，就連宋徽宗精心設計的亭臺樓閣也都盡數拆毀。由於沒有紀律，許多人在房屋倒塌時沒來得及逃出，就被砸死在裡面，這樣的死者有上百人之多。為了搶奪木柴，互相鬥毆致死的也有數百人。屍體沒有被浪費，瞬間被刮成白骨，肉都被拿去吃了。開封府最後不得不出面殺掉了為首的五個人，秩序才稍稍恢復一點。

對萬歲山的破壞持續到十二月二十九日，直到什麼都沒有剩下，才告結束。一代盛景只存在幾年時間，就毀於一旦了[594]。

汴京城的混亂讓金軍更加擔心，害怕無法實現之前制定的兩個目標，這是他們決定扣留皇帝的直接原因。那麼，皇帝在出城之後又遭遇了什麼呢？

宋欽宗在正月初十出城，首先被帶到了青城齋宮西廡的三間房子裡，在這裡，他被告知兩位元帥沒有到齊，請他暫時留下。分給他過夜的房間是齋宮端成殿的東廡。由於金人準備不足，皇帝甚至連臥具都沒有，只能在土床上鋪了戎蓆，將就著住下。皇帝宿舍的周圍用鐵索與外界隔開。

就是在這裡，宋欽宗感覺到了不祥的氣氛，除了向汴京城軍民發出詔書，表示辦完事就回去之外，他還給大臣們發了一封秘密詔書，這封詔書直接要求王若沖、邵成章等人護衛皇太子到宣德門，將大事掌管起來，這就有了託孤的含義。皇帝還秘密要求閤門宣贊舍人符彬持著詔書到北道總管司（負責河北等地），要求地方將領各自保衛國家領土，不要受金人擺佈[595]。

正月十一日，皇帝繼續被留在了青城，他做出安排，減少衛隊，只留了三百人跟隨自己，其餘人都回城。陪伴他的大臣們也大都回到了城內，只留下了九位必須在場的官員，分別是鄆王趙楷、宰相何㮚、執政馮澥、執政曹輔、翰林學士承旨吳幵、吏部尚書莫儔、中書舍人孫覿、尚書禮部侍郎譚世勣和太常少卿汪藻。從皇帝的安排來看，他已經做了最壞的準備。但這只是他的直覺，其實他還是指望能夠回到城內的，沒有人知道接下來會發生什麼，就連兩位金國元帥都不知道。

宋朝皇帝的投降書是正月初三傳到位於東北地區的金國皇帝（太宗吳乞買）手中的。金太宗與群臣討論，既然趙氏兩位皇帝都這麼言而無信，不如廢黜他另立別人。初五，這個討論還在進行之中，大臣知樞密院事劉彥宗上表，請求還是立趙氏當皇帝，可以換人，但不要換家族。這個提議被金太宗否決了[596]。也就是說，直到正月初五，金國皇帝還沒有發出訊息，即便發出了，也不可能在短短的五天之內，就將詔書從東北傳到汴京。所以，宋欽宗出城時，兩位元帥尚不確定是否要廢黜宋欽宗，他們只是嫌宋朝做事慢，將皇帝扣押了，逼迫城內加快籌款速度。

兩位元帥雖然不確定事態如何發展，但對宋欽宗的態度又有所區別，其中二太子斡離不是同情宋欽宗的，希望他繼續當皇帝。但粘罕卻更加老辣，他在給皇帝的信中的確有廢黜趙氏皇帝另立新君的意思[597]。所以，邀請宋欽宗出城，又可以看作是粘罕的預防性措施，一旦金太宗回信中有廢黜趙氏的旨意，就可以立刻執行。

失控的首都

由於皇帝被扣押，汴京城內籌集金銀的速度果然加快了。一方面，向城外搬送金銀的人絡繹不絕；另一方面，開封府再次加緊搜刮，又增加了二十四位侍從郎官，加入催繳大軍。

出於人們對皇帝的感情，許多人是自願繳納的，比如，有貧民聽說皇帝有難，自願繳納金二兩、銀七兩，只要能夠救回皇帝[598]。

對於不願意繳納的情況，開封府就只好採取強制措施，他們無非還是拿皇親國戚、官員、內侍、僧道、技術、倡優等最可能有金銀的人家做文章。在攤派過程中，家家戶戶必須都走一遍，搞得汴京城內雞飛狗跳。開封府還專門列了一個可能藏有金銀的人群的單子，這些人包括：「御史臺文武百官、親王、公主、王時雍僧道技術放出宮，開封府戚里、醫藥人、百姓、老娘諸王彭端公吏，曾經只應優倡之家，及兩軍祗侯，曾在行局祗應倡人入內，內侍楊戩賈蒙等下勾當使臣曹剛大宗正司宗室之家，曾遭遇輦宮，大小園子曾遭遇兵級東門司嬪妃等龍德宮大內黃院子衛尉寺幕士[599]。」

正月十四日，按照之前的說法，皇帝最多離開五天就會回來。人們又早早地到城門口等待皇帝的歸來，但沒有等到皇帝回來，等到的只是兩榜文書，一榜是開封府的限期文書，給定的最後期限是正月十五日，另一榜是金軍文書，表示如果金銀不到位，就縱兵掠奪。

在平常年份裡，正月十五日是最熱鬧的一天，但這一年卻過得冷冷清清。城內缺乏糧食餓得人吃人肉，燈也被金軍拿走了，皇帝也不在城內，金軍還威脅隨時掠城。

正月十五日，皇帝來信，表示自己在金軍營中住得很不錯，帳幄、飲膳、炭火、什物一應俱全。事實上，當天晚上元帥們還請皇帝去劉家寺看燈，金人把從城內索要的花燈都掛在了劉家寺，寺內有兩萬多盞燈，還有歌舞表演。真珠大王設也馬和寶山大王斜保親自護送皇帝從青城到劉家寺。寺內一共有九桌酒席，堂上三席，堂下六席，坐滿了金軍的高官顯貴[600]。雖然元帥們沒有和皇帝搭話，但從邀請其入席這件事情上看，似乎不是壞跡象。

跟隨皇帝的官員待遇也不錯，金人對他們很禮貌。

可金銀不到位，皇帝就是回不去。當時的官方輿論不能一味逼迫人們交出金銀，就拐彎抹角採取了另外的說法，不斷強調人們應該感謝老天爺派來個聖君。這個聖君前往金軍營地，是代大家受過，讓汴京城免遭劫掠。聖君這麼愛護大家犧牲自己，真是比宋仁宗都更加賢明。為了救這個聖君，大家也應該多出力繳納金銀。

不管官方怎麼宣傳，還是有人看不出宋欽宗哪一點像個聖君。著作郎胡處晦又寫了一首〈上元行〉來諷刺聖君，大家紛紛傳開：

> 上元愁雲生九重，哀笳落日吹腥風。六龍駐蹕在草莽，孽胡歌舞葡萄宮。抽釵脫釧到編戶，竭澤枯魚充寶賂。聖主憂民民更憂，鬍子逆天天不怒。向來艱難傳大寶，父老談王似仁廟。元年二年城下盟，未睹名臣繼明道。都人哀痛塵再蒙，冠劍夾道趨群公。神龍合在九淵臥，安得屢辱蛟蛇中？朝廷中興無柱石，薄物細故煩帝利。毛遂不得處囊中，遠慚趙氏廝養卒。今日君王歸不歸，傾城回首欲悲啼；會看山呼聲動地，萬家香霧滿天衣。胡兒胡兒莫耽樂，君不見望夕欷歔東北角。[601]

戲謔歸戲謔，但人們的擔心還在加重。種種跡象表明，皇帝被扣留，並非僅僅因為金銀那麼簡單。比如，正月十三日，官員王宗沔隨同金人入城，邊走邊哭，讓見到的人們都感到驚訝[602]。據說，皇帝已經三天沒有吃東西了。後來又傳說王宗沔和金人是來「窺伺」帝姬的。宋徽宗曾經推行新的制度，他的女兒不准叫「公主」，而改叫「帝姬」。金人窺伺帝姬，自然是要和親[603]。

對於大部分農耕民族或者國家而言，和親問題永遠是最傷自尊的問題。被征服的國家或者民族可以將財富都交給征服者，可一旦女人或者女兒被征服者佔有，都會被視為奇恥大辱。

但偏偏游牧民族習慣在戰場上搶奪女人，並把佔有對方女人當作理所當然。而被征服者也不像其他民族那樣哭天搶地，反而把女兒嫁給征服者當作一個延續血脈的機會。比如，遼國滅亡後，大量的遼國女人（甚至皇帝的妃子）都歸了金人，也沒有人認為有什麼大不了的。即便後來的成吉思汗，也有自己老婆被別人搶走的經歷。成吉思汗將老婆搶回時，老婆已經懷了孕，生下了朮赤，成吉思汗毫不介意，仍然將朮赤當作自己的長子。

金人與宋人在女性問題上的衝突，也讓事情增添了悲劇色彩。

到了正月十六日，金人與宋人的衝突加劇了。由於皇帝老是不回來，一些激進的年輕人開始自行其是。思想最極端的大都是京城的太學生。這些太學生集體來到宰執所在的都省，提議說大家都想給金人寫封請願書，請金人將皇帝送回來。

執政者一聽這也是個辦法，就答應了，讓他們分頭去寫。但太學生們把請願書都寫好後，執政者卻開始擔心這個法子沒有用，又反悔了。

在太學生中，有一個叫作徐揆[604]的人，他不顧執政者的禁令，獨自前往南薰門，將請願書交給了守門者。守門者將他放到馬上帶出城，見到了兩位元帥[605]。徐揆與兩位元帥發生爭吵，最終被殺。

除了徐揆之外，給金人遞請願書的還有太學生汪學海，以及進士段光遠[606]。

但這些文人有一個毛病，他們習慣於掉書袋，在請願書裡引經據典，比如，徐揆引用了《春秋》裡的兩個例子證明金人為了修養道德，應該及時收手，讓皇帝回去。汪學海更是長篇累牘，讓人讀起來都累。這樣的文人請願除了自己送死之外，起不到什麼效果。

當太學生請願的消息終於傳到宋欽宗耳中，他只是淡淡地回了一條手劄：

「此事豈口舌所能下！」[607]

正月十六日，也是宋朝軍隊悲傷的一日，這一天宋軍大將劉韐自殺。劉韐是足以與种師道、姚友仲並列的戰將。他出道於西北地方，參與了西夏戰爭，也加入過征方臘之戰。他最著名的戰功是守真定。作為河北地區最重要的堡壘，金軍從第一次侵宋時就想得到真定，正是劉韐的堅守，讓真定沒有淪陷。不僅守住了城，劉韐還得到百姓的擁護，因為其他城市都選擇閉門死守，讓城內挨餓，劉韐卻正常地開閉城門，讓百姓自由出入，所以糧食從來沒有匱乏過。也是因為守真定，劉韐得到金人的尊敬。

第二次金軍入侵，劉韐被調離真定，導致真定失守。汴京城被攻破後，劉韐與陳過庭、折彥質被委任為割地使，本來是要派往河北的。但金軍卻留下了劉韐，將其餘的人派走。劉韐之所以被留下，是因為金軍的樞密院使韓政年事已高，金軍知道劉韐能打仗，希望將他招降，讓他擔任樞密院使，也相當於軍隊的最高級官員之一。從這裡也可以看出，金人是一個善於運用敵人將領的民族，不管是遼國還是北宋，只要是人才，就不拘一格委以重任，從不在乎他之前有沒有反抗過金軍。

韓政拜訪了劉韐，希望他接受金人的任命。劉韐表面上答應了他的請求，卻在回屋後，寫了一封信給汴京城內的兒子，表示絕不事二主，安排信使偷偷投遞出去。他將門窗關閉後，上吊自殺了[608]。

接下來的幾天，開封府持續逼著人們上繳金銀，金人屢屢進城騷擾。

金人對城內的襲擊事件有：正月十六日，金軍將新宋門內的神衛營燒毀[609]；正月十七日，金軍聲稱遭到了襲擊，下到曹門內擄掠，城內的五岳觀著了火，不知是金人還是宋人幹的[610]；正月二十一日，許多金人到城內搶劫，有的被城內的百姓殺退[611]；正月二十七日，新宋門到曹門大火，不知何方所為[612]。

另外，皇帝何時歸來也成了謎。正月十七日，皇帝又向城內寫信，表示快回來了，但在回來之前想和金人打一場球。又過了幾天，這場球一直沒有開打，皇帝也沒有回來。每一天，城裡的人們都從早到晚在宣德門和南薰門之間燒香點火做些法事，盼著皇帝歸來。時間長了不免讓人悻然。

正月二十日，皇帝再次向城內重申，是天氣一直沒有晴，等晴天了打一場球就回來。

正月二十二日，宋欽宗又發了一次信，還是同樣的話。

正月二十六日，宰相何㮚也傳回了消息，除了說皇帝等天晴即回，還表達了對老百姓的憐憫，表示皇帝為了城內生靈時常哭泣[613]。

天氣也好像與人們開玩笑，這麼多天一直是陰雪不止，淒淒冷冷，冷得讓人受不了。另外，正月二十一日，給金國皇帝加徽號的任務也完成了，金太宗吳乞買已經變成了「崇天繼統昭德定功敦仁體信修文偃武光聖皇帝」[614]。當初叫皇帝出城，就是以給金國皇帝加徽號為藉口。現在目的已經達成，似乎皇帝只需要等晴天做一次球星就可以歸來了。

不過，至少有一件事還令人感到高興，那就是，開封府暫停催逼黃金了。原因在於，正月十九日這一天，開封府算了一下徵收來的黃金，有金十六萬兩、銀六百萬兩[615]，距離任務完成還遙遙無期。開封府將資料給金軍後，等待金軍做出決定。當官的突然不催金銀了，城內老百姓的日子似乎好過了一些[616]。

但城內的人不知道，在金軍大營裡，一次新的博弈正在展開。由於金銀數目與期望值相差甚多，金軍開始考慮在其他方面尋找補償。既然金銀不夠，就用其他有用的東西來代替。宋欽宗不得不一一答應金軍的要求，他們的索取也是五花八門。

正月二十五日，金軍開始索取皇帝的宮廷用品，包括玉冊、車輅、冠冕等帶有皇帝標識的東西。另外，還要求女童六百人、教坊樂工（伶人、技藝、百工、諸色）數百人[617]。

另外，金軍還索取了一部分皇帝的女官（內夫人）、倡優，以及童貫、蔡京、梁師成、王黼等人家中的聲樂人。即便已經出宮或者從良的，也都要抓回來送給金人。開封府派遣人員四處抓捕，挨家挨戶搜索，以免有遺漏，大街上充滿了號慟之聲，久久不絕[618]。

但這些可憐的女人並不是白白被抓走，她們都擔負著幫助皇帝還債的任務。比如，一個宮女的價格是銀五百錠，一個歌女價值銀二百錠，一個普通民女的價格是銀一百錠[619]。每抓一個人，皇帝的帳單上就勾銷相應的銀兩。

正月二十七日，抓捕內夫人、倡優的工作繼續，金人又增加了索要的東西，包括皇家典禮使用的物品，比如，皇帝祭祀上天用的儀物、法服、鹵簿、冠冕、乘輿等。金人同時索要一些官員，包括臺省寺監的官吏、通事舍人、內官等。由於金國正從游牧文化變成帝國文化，需要大量的公務員為他們服務，這些人都是去金國擔任公務員的，所以就連他們的家屬也要一併帶走。另外還有各種奢侈品，包括犀角象牙、寶玉、藥石、彩色帽襆、書籍等，大包小包，人擔車載，源源不斷地向金軍營地運送[620]。金人還要了五十個內侍，但晚間又退回了三十六個，只留下了伺候過太上皇的十四個[621]。

正月二十八日，蔡京、王黼、童貫家族的女性四十七人被送到了金軍營地。之前金人要的是伺候蔡京、童貫等大臣的女人，現在直接要他們家族的女性了。

此外，皇后的后冠、御馬的裝具也被送往金軍營地[622]。

正月二十九日，金軍索取代表漢文化中儒教精神的物品，包括大禮儀仗、大晟樂器、太常寺禮物等，甚至連博戲的工具都在掠奪之列[623]。這一天也是金人追捕內夫人、倡優的高峰時期，將她們抓住後，首先送到教坊擇優錄取，錄取的就送往金軍營地。除此之外，皇親國戚的侍女們也都遭了殃，甚至連送女人的車都不夠用了。大街上哭聲撼天動地。這一天還移送了內官二十五人，百工、技藝千人。

正月三十日，金人繼續索取八寶、九鼎等皇權象徵物，以及負責技術工作的官吏，包括將作監的官吏、尚書省的吏人、秘書省的文秘、國子監負責印刷刻板的人，以及負責宗教事務的陰陽傳神待詔等。

這一天，一隊被押運上路的女人正好經過南薰門，那兒聚集了大量等待皇帝歸來的官員，女人們高聲大罵：「爾等任朝廷大臣官吏，作壞國家至此，今日卻令我輩塞金人意，爾等來何面目！」大臣們被罵，連話都不敢說，把頭避過去不敢看這些女人[624]。

二月初一，金軍命令將集結多時的河北、山西諸州守臣的家屬送出。這時沒有投降的州還有三十六個[625]。到回程時，金人要靠這些人脅迫守將們投降。

這一天涉及的移送名單包括：應修內司、東西八作司、文思院、後苑作工匠、唱探營人、教坊樂工等[626]。

表一：金軍索取名單[627]

名目	數量
畫工	百人
醫官	二百人
諸班百戲	一百人

名目	數量
教坊	四百人
木匠	五十人
竹瓦泥匠	三十人
石匠	三十人
走馬打球弟子	七人
鞍作	十人
玉匠	百人
內臣	五十人
街市弟子	五十人
學士院待詔	五人
築球供奉	五人
金銀匠	八十人
吏人	五十人
八作務	五十人
後苑作	五十人
司天臺官吏	五十人
弟子簾前小唱	二十人
雜戲	一百五十人
舞旋弟子	五十人

名目	數量
金輅玉輦法物、法駕、儀仗、駕頭、皇后玉輦、宰相子弟車、諸王法服、宰相百官朝服、皇后衣服、御駕、御鞍、御塵拂子	
御馬	二十匹
珊瑚鞭	兩條
御前法物、儀仗、內家樂女、樂器、大晟樂器	
鈞容班	一百人，並樂器
內官角色、國子監書庫官、太常寺官吏、秘書省書庫官吏、後苑作官吏、五寺三監大夫、合台官吏、左司吏部官吏、鴻臚寺官吏、太醫局官吏、市易務官吏	
大內圖、夏國圖、天下州府圖、尚書省圖、百王圖、寶籙宮圖、隆德宮圖、相國寺圖、五岳觀圖、神霄宮圖、天寧寺圖	
本朝開國登寶位赦書舊本、夏國奏舉書本、紅箋紙	
銅古器	二萬五千
酒	一百擔
米	五百石
大牛車	一千
油車	二千
涼傘	一千
太醫局靈寶丹	二萬八千七百帖

二月初二，開封府繼續完成金人的任務，這一天比較有特色的東西是天文館的渾天儀，三館太清樓文籍

圖書、國子監的書版，以及數萬斤絲綿。

二月初三，男女樂工、醫者出城。稍微有名氣的技術人才都無法逃脫被抓走的命運[628]。

二月初四，佛經、道經的書版出城。到這時為止，能搬走的東西都搬走了。金人完全可以用他們掠取的東西，到北方重新建一個首都。這也可以看出游牧民族與農耕民族的不同，游牧民族打仗除了為金錢，最重要的還是需要技術人才。由於他們缺乏技術，又羨慕南朝的舒適生活，就必須把技術人才帶走，去建設一個新世界。

本來金人掠奪完畢，可以告一段落了，但這一天出了一件大事，讓汴京百姓再次回到苦難之中。前一天送去金軍營地的技術人才中，有一位內官藍訢、一位醫官周道隆和一位樂官孟子書，三人報告金人，請求回去拿東西。原來，他們把黃金隱藏在家裡的地下，想等混亂過去就取出來。不料，金人要將他們永久地帶離汴京，再也回不來，他們請求回來將金銀挖出帶著上路。元帥聽說汴京城還有金銀，大怒，立刻清查出城人士的行李，又發現了許多金銀[629]。他們立刻又派人去藍訢等人的家中挖掘，發現地下果然都藏著金銀。

想到此時汴京交出來的金只有百分之一，銀十分之一，表緞十分之二，只有絹完成了任務。元帥立刻命令開封府回去繼續搜刮金銀。二月初六，開封府只好貼出新告示要求上繳金銀和馬匹[630]，從這天開始，汴京城開始了第二次搜刮。

但汴京城裡的百姓已經來不及做出反應，他們更關心的是皇帝會怎麼樣。

這裡必須回溯一下皇帝的遭遇。

廢黜趙氏

正月二十八日，長時間的陰雪天氣結束了，天氣久違地轉晴了。人們紛紛想起皇帝只要打一場球就可以回到城內。既然天晴了，皇帝回歸的日子也就到了。

不僅僅是普通人這麼想，就連御史臺也早早地要求文武百官到南薰門接駕。官員出動了，百姓也紛紛到場，一時間熱鬧非凡。

但皇帝沒有出現，就連個消息也沒有傳來。第二天，更多的人聚集在南薰門外等待著奇跡的發生，但奇跡始終沒有發生。

從這天開始，人們每天都指望著皇帝會突然出現。也許當金人把所有的東西都要走了，就會把皇帝釋放。到了二月初五，傳說皇帝已經打完球，就要回來了。又有數萬人聚集在城門口等待。到了晚間，又有消息說皇帝次日就回。初六，人們又聚集起來等待，但皇帝還是沒有回來。

不僅皇帝沒有回來，就連另一個該出現的人也沒有出現。從皇帝出城那天起，每天都會派王孝傑往來通信，風雪無阻，但這一天，王孝傑沒有來[631]。一時間說什麼話的都有，觀點各異。開封府為了制止謠言的傳播，不惜殺掉了一個人，這才將所有人的口封住了[632]。

二月初七，金人突然開始修理陳州門，人們不知道這到底意味著什麼。謠言越來越多，傳聞前一天金人在許多地方與百姓發生衝突。到了中午，有數十輛來自皇家的車子，車後都帶著巨大的行李包袱，從皇宮裡出來，經過南薰門出城離開了。跟隨著的還有許多老宦官與內侍，看上去都鬱鬱寡歡。就在人們惶恐不知所措時，突然有告令傳來，人們才知道剛才出去的竟然是太上皇。根據告令的說法，由於金人長久不放皇帝回來，太上皇只好出城親自去求情。

當天晚上，民情洶湧，膽大一點的紛紛拿出武器，防止金人打來。開封府等官衙不怕金兵，只怕百姓鬧事，對於百姓的彈壓也加劇了。留守司召集百官開會直到二更。

二月初八黎明，留守司再次召集百官開會。由於百姓拿武器的太多，留守司隨後發出榜文，要求百姓不得帶武器上街，如果抓住就要治罪。但這一次，政府的威信沒有了，百姓們即便看到了榜文，也無動於衷，大街上處處都是武器。

這一天，繼續有車子不斷地出城，據說都是各個親王以及他們的家屬。

隨後，人們在南薰門外發現了一張榜單，上面寫著：金國皇帝二月初四加徽號，初五移寨，初九接受朝賀，初十，皇帝就可以還「明興[633]」。這似乎說明太上皇和皇帝是為了朝賀金國皇帝才沒有回來，一旦朝賀完畢，就有可能歸來。但榜單又有不可解之處，比如「明興」到底是什麼意思，人們紛紛猜測不已。

但不一會兒，突然傳來消息，這個榜單是假的，貼單的人已經被抓住了。

晚上，開封府發出文告，太上皇出城，百姓不得藉機生事，而應該各保一方。

直到二月初九的早晨，官府才羞羞答答貼出告示，人們這才明白：原來金人已經決定廢黜趙氏皇帝。從嚴格意義上來說，他們正在經歷一個沒有皇帝的混亂時代。

事實上，在二月初六那一天，就在人們懷著期望等待皇帝歸來時，金人就將皇帝廢黜了。

最早猜到金軍要廢黜皇帝的是官員司馬朴，他的官職是虞部右司員外郎。在第一次汴京圍城時，他曾經奉命出使，斡離不詳細詢問他的家世，知道他的外祖父是宋代名相范純仁，范純仁又是名臣范仲淹的兒子。斡離不對他刮目相看，尊重有加。到了第二次圍城戰，司馬朴已經成了兵部侍郎，由於他受到斡離不的尊重，也成了陪伴皇帝的人選之一。斡離不與司馬朴談話時，常常將機密的消息透露給他。在一次交談時，斡離不曾告訴司馬朴，他不想廢黜皇帝，但另一個元帥粘罕卻心懷這樣的打算，現在只能等金國皇帝的詔令，看上面說什麼了[634]。

司馬朴把消息說給了其他人，眾人將信將疑，卻也無可奈何，只能等待。從時間上來看，兩位元帥於十二月初將北宋降表送往北方，正月初，金太宗做出了廢黜北宋皇帝的決定，到二月初，這封重要的詔書終於來到了汴京城外。金太宗的〈廢國取降詔〉是這樣寫的：

> 敕趙桓：省所上降表，汝與叔燕王俁、越王偲已下宗族及宰臣百僚、舉國士民、僧道、耆壽、軍人，於十二月二日出郊，望闕稱臣待罪事，具悉。背義，則天地不容，其孰與助？敗盟，則人神共怒，非朕得私。肇自先朝開國，乃父求好，我以誠待，彼以詐欺。浮海之使甚勤，請地之辭尤遜。析木版圖，第求入手；平山偽詔，曾不愧心。罔天罰以自干，忽載書而固犯。肆予纂紹，猶事涵容。迄悛惡以無聞，方謀師而致討。猶聞汝得承位，朕望改圖。如何復循父佶之覆車，靡戒彼遼之禍鑒。雖去歲為盟於城下，冀今日墮我於畫中。賂河外之三城，既而不與；搆軍前之二使，本以間為。惟假臣權，不贖父罪，自孽難逭，我伐再張。將臣多激怒之心，戰士增敵愾之勇。息君犯五不韙之罪，喪亦宜乎；晉師有三無報之名，倍猶未也。以是濟河航葦，降汴燎毛，人競覆昏，天莫悔禍。誰肯背城而借一，果聞舉族以出降。既為待罪之人，自有易姓之事。所有措置條件，並已宣諭元帥府施行。故茲詔示，想宜知悉。[635]

元帥們收到詔書時，恰好是和宋欽宗打球的那一天。二月初五，宋欽宗終於和兩位元帥打了一場球。皇帝的隨從包括何㮚、馮澥、曹輔、郭仲荀等四人。

在球場旁，皇帝面向西坐，兩位元帥面向東。他們對皇帝都表現得很尊重，皇帝說話時都起身聆聽。喝了幾輪酒後，斡離不進入場內打球。但就在這時，將領蒲魯虎突然持著剛剛收到的金國皇帝的詔書來到球場，元帥們匆匆將酒席撤掉。

宋欽宗離開時，乘機提出回城的要求。粘罕的態度突然冷淡了下來，呵斥說：「你還想去哪兒！」送皇帝回齋宮住處的是二太子斡離不。與粘罕不同，斡離不與宋欽宗的關係相對密切，他們在一年前就建立了一定的信任關係。這一次送行，斡離不顯得很是眷戀，但並沒有多說什麼。快到時，他在馬上冷不丁說了一段女真話，皇帝聽不懂，有人將這段話翻譯給他，二太子說的大意是：「這就是天命！」

之後，金人的記載與宋人的記載出現了偏差。按照宋人的說法，皇帝繼續請求二太子放他回去，斡離不表示，第二天國相還要見他，到時候再說[636]。回到住處，國相果然派人來邀請，皇帝試探著又談到要回城，那人隨意安慰了一下，給他留下希望，以為第二天就可以歸去了。

而按照金人的說法，斡離不偷偷告訴了皇帝，已經決定要廢黜他了。吳幵、莫儔等人趕快跪下，請求二太子想辦法，表示只要斡離不幫忙，不管要什麼人什麼物，都會照辦。斡離不表示可以一試，但必須要三位帝姬，以及王妃、嬪御各七人。吳幵等人讓皇帝簽字作為憑證[637]。

斡離不趕到青城國相寨，與粘罕商議。原來，金國皇帝除了一道明詔之外，還有一道暗詔，明詔要求廢黜趙氏，但由於擔心事態複雜化，同時又發了一道暗詔，請兩位元帥便宜行事。這就給不廢黜趙氏留下了可能性。

另外，在是否廢黜趙氏的問題上，粘罕也有過反覆。最早他想廢掉皇帝，但在斡離不的勸說下，又改變過想法。斡離不認為，在宋王室中，仍在北方逃亡的康王還沒有被抓住，他的號召力甚至比欽宗還大。由於與康王打過交道，斡離不認為康王比欽宗強硬，雖然宋徽宗的兒子們都文雅膽小，但如果非要選出一個人來，還是非康王莫屬。如果廢掉宋欽宗，那麼天下的人都會聽康王的號令，到時候事情將更加複雜，還不如留下這個傀儡，讓康王失去正統性，甚至利用宋欽宗將康王誘捕[638]。

粘罕聽取了這種說法，決定不廢黜皇帝，並在正月二十二日給金國皇帝寫了一封表，送往北方，這封表還在路上。

不料，粘罕後來又改了主意。

粘罕之所以再次興起廢掉趙氏的念頭，一是因為開封府搜刮金銀不力，經過數次搜刮之後，竟然還有人在家裡的地下埋藏了大量的金銀；二是因為好色的斡離不偷偷得到了宋朝的茂德帝姬，將其占為己有，還把她藏了起來。粘罕知道這事兒後，認定斡離不有私心。這兩件事讓他在二月初四又改變態度，決定還是廢黜趙氏[639]。

二月初五夜，斡離不去找粘罕，再次提出保留趙氏，粘罕當即反對，並質疑斡離不的私心。他認為，廢黜趙氏可以大大削弱南方，給未來留下併吞機會。蒲魯虎在旁邊也幫腔說，坐鎮北方的都元帥斜也與粘罕的意見相同，斜也的官職比兩位副元帥更大，把他抬出來，讓粘罕的主張更加有說服力。

斡離不憤然表示，南伐的首謀是他，這事必須聽他的。並表示宋朝皇室不能像遼國皇室那樣對待。他說話雖然激烈，但說完話沒有等結果就離開了，他的離開可以看作是放棄了。畢竟粘罕的權力比他大，而且粘罕還有斜也的支持。

斡離不離開後，蕭慶勸說粘罕，考慮到宋欽宗比康王懦弱，不如保留下來對抗康王。粘罕也不願意與斡離不有爭執，讓蕭慶去找宋欽宗，告訴他如果肯歸誠，就保留他的帝位。但到底什麼是「歸誠」，並不確切，需要討論才能決定。

不幸的是，蕭慶到齋宮去找宋欽宗時，又發生了誤會。可能考慮到蕭慶是粘罕的人，宋欽宗更願意與斡離不談，總之，那晚蕭慶沒有找到機會與皇帝和大臣們談論「歸誠」之事。宋欽宗失去了最後一次機會。

二月初六，宋朝與金國的記錄再次統一了起來。早上使者要求皇帝去青城寨，所有官員必須跟從。皇帝剛出門，突然被要求撤掉象徵皇家的黃屋，他感到有些吃驚。皇帝要乘馬，使者說，國相不讓乘馬。他們步行到了帳前，皇帝要登臺階而入，使者又表示，國相不讓登階[640]。

在帳外，面向北方設了一個香案，隨官都在遠處排立。粘罕安排皇帝望著香案拜了兩拜，由蕭慶讀了金國皇帝的詔書。宋欽宗這才確切地知道自己被廢了，他不僅回不去汴京城，還可能連在北宋都待不下。所有的官員也都嚇傻了，他們只會磕頭，請求金軍收回成命，但粘罕拒絕了[641]。

粘罕讓蕭慶和劉思扒掉皇帝的龍袍，把衣服都扯裂了，何㮚等人目瞪口呆反應不過來，李若水上前抱住皇帝，厲聲說：「這賊亂做！此是大朝真天子！你殺狗輩不得無禮[642]！」

金人將李若水帶下，囚禁起來。事後，李若水與粘罕爭辯曲直，大罵粘罕背信棄義，幾乎被打死。金人中有人感慨李若水是個壯士，想要救他，勸說他識時務，可以受到重用。李若水以絕食作為回答。粘罕還不死心，最後又見了一次李若水，才下令將他敲殺。他死於二月二十一日[643]。

金人日後感慨，他們滅遼時，遼國死節的大臣有十幾個，但滅宋時，死節的只有李若水一人[644]。不過，從另一個角度看，正是李若水等人的判斷失誤，讓宋欽宗輕易出城，才成為人質，李若水之死，更像是一種贖罪行為。

人們往往以為，戰爭的結果只有併吞一種方式，事實上，另一種方式可能更常出現，那就是將原來的君王廢掉，換一個聽話的人當君王。這種方式不僅見於其他國家，就連漢人也經常使用。

比如，漢唐時期在西域對付不聽話的小國國君，就經常採用這種做法。在東北、西南等少數民族地區，也常常採用。

為什麼不直接佔領？主要考慮到統治成本太大。由於社會文化的差異，佔領區的人民不會屈從於侵略者，只好採取間接方式，找一個聽話的人做代理。這個聽話的人獨自行使行政權，但又承認戰勝者的宗主權或者其他經濟利益。

在戰爭之始，金國的目的就是佔領河北、山西地區，這兩片地區緊挨著金國國土，是可以控制的，也是必須控制的。但由於北宋太大，更廣闊的陝西、四川、兩湖、江西、淮河、江浙、兩廣等地區已經超出了金人的控制能力，不可能一下子吞併而不產生副作用，最好的方式是尋找一個聽話的人來擔任漢族皇帝。

所以，斜也和粘罕贊成的「換人」做法，並不是特例。

但是，放到具體的環境裡，趙氏下臺之後，到底換誰呢？顯然不能換一個金人，金人沒有威望，立不住。只有從宋人中尋找一個人選才行。除了皇室之外，最有威望的人一定出在大臣裡，要在大臣中選擇，還不能選一個對金人有敵意的。到底要選誰呢？

元帥們決定把選擇權交給宋朝的大臣們，讓他們自己推選。同樣是在二月初六這一天，元帥們已經寫好了請宋朝大臣推舉賢王的命令[645]。

最重要的事情則是取得廢皇帝的配合。因為接下來，必須將皇帝的所有家族成員都弄出城來帶走，這才不會妨礙未來的新皇帝執政。將不聽話的人以及家族全部帶走，剩下的人就好說話了。另外，只有前皇帝同意了，大臣們才能放開手腳配合金人的工作。

雖然廢黜皇帝的過程非常突然，但宋欽宗很快就明白過來，他不得不配合金人的要求。他給汴京的留守孫傅寫了一封信，他請孫傅配合金人的要求，更重要的是，要請太上皇和家族成員儘快出城[646]。

有了廢皇帝的信，金軍也隨後下令：太上皇和宮眷們必須在七天之內出城，大臣們也必須在同時間段內完成推舉新皇帝。

金國皇帝的詔書、元帥府請群臣選舉新皇帝的信、宋欽宗請皇族出城的信，三份文件統一交給了吳幵和莫儔兩人，由他們帶回城中。鄧珪率領內侍百餘人也趕快進城，將后妃、帝姬、王妃等牢牢看住，以免逃走[647]。

金人的命令引起了巨大的反響。但在前兩天，這一震動卻只限於帝國的最高層官吏。因為孫傅、王時雍、徐秉哲、范瓊等人把消息扣住了，沒有向下傳達。

孫傅聽說這個消息之後大驚失色，他立刻寫信請求元帥們收回成命，他表示，太上皇和諸王等都可以按照要求送走，但請將皇帝還回來。這封信於二月初七發出，石沉大海。於是孫傅又寫了第二封信，這一次只要求立一個姓趙的皇帝即可，如果不想從宋徽宗諸子中選擇，可以選擇宋神宗的子孫們。

二月初八，孫傅又發出了第三封，請求立一個姓趙的皇族即可，他還寫了另一封信，要求不要將皇太子請出城去，讓他留下繼續監國，直到選出新的皇帝。二月初九又發一道。初十再發兩道[648]。

但這些信都沒有換來金軍的同情，他們反而更加催促城內，儘快送出皇室、選舉新君[649]。

金人咄咄逼人，宋朝的大臣們到底應該怎麼做呢？到底是盡忠於趙氏，還是滿足金人的要求？

事實證明，大臣對前朝的忠誠是短暫的，以王時雍、徐秉哲、范瓊為首的留守官吏們最擔心的是，如果完成不了任務，金軍會毀滅掉汴京。他們的家屬都在城內，一旦金軍屠城，誰都跑不了。最好的方法，還是儘快滿足金軍的要求，將趙氏老小全都送出去[650]。

關於太上皇宋徽宗如何出城，還有一番故事。二月初七大臣們請宋徽宗出城時，並沒有告訴他趙氏江山已經被廢黜了。當天早上，宋徽宗的住所來了四位官員，他們是李石、周訓、吳幵、莫儔。四人見到太上皇，表示皇帝帶來了消息，金人一定要見太上皇。

四人繼續說，皇帝和金人經過談判，金人做了讓步，可以讓太上皇不出城，而是到南薰門附近的廠舍裡，在那兒向金人上請求書，請皇帝歸來。請求書送到兩位元帥那兒，走一下過程，金人就會把皇帝放回來。

他們還特別提醒太上皇，金人並沒有惡意，反而希望成全一件好事，希望太上皇配合。還有人傳了皇帝的話：「爹爹娘娘請便來，不可緩，恐失機宜。」

太上皇沉吟良久，充滿了懷疑，他問道：「軍前沒有變動吧？你們沒有隱瞞什麼吧？你們不要因為小事而誤了我的大事，如果有變，告訴我，我好早做準備。」

李石等表示，如果有假，願意承受萬死。

太上皇抱怨說，當初金人圍城，皇帝不讓他離開，又不讓他參與決策，什麼事都不讓他知道，才到了現在這一步。他再次請求李石等不要隱瞞他。李石表示沒有隱瞞。

太上皇這才請人去找他的妻子太上皇后。找到太上皇后之後，他們都換上道服。太上皇退休之後大都穿道服。在前往南薰門的過程中，又有大臣姜堯臣勸說他不要去，怕有詐。但太上皇表示，既然金人要求他只到門頭不用出城，那就去看看吧。

張叔夜也勸說太上皇不要去，恐怕一去不復返。太上皇正在猶豫的工夫，負責押送的范瓊卻攔開了張叔夜，太上皇只好上路了[651]。

他自己也知道事情不好，但還在說，如果能夠用老命把皇帝換回來，保住社稷，那就算死了也值得。周圍的人都大哭起來。

為了防止萬一，太上皇將常用的御刀交給了侍從丁孚，讓他跟隨左右。他們坐著肩輿從延福宮出來，經過晨輝門，前往南薰門。

在城門外，兩位元帥派了上萬騎兵，從南薰門一直排到了青城和劉家寺兩寨，元帥們親自駐紮在南薰門甕城下[652]。

中午，太上皇來到了南薰門，金人將他圍住，他才知道果然有變。丁孚被金人架到一邊，將佩刀收走。太上皇就這樣被金人帶到了青城的齋宮[653]。兩位元帥諷刺太上皇：「你不讓和親，現在所有人都成了俘虜，你還有什麼臉見人？」

太上皇在青城見到皇帝，父子相擁大哭。

除了太上皇，按照金人的要求，后妃、嬪御、諸王、王妃、帝姬、駙馬，也就是趙家父子二代的直系親屬和家庭都必須全體出城[654]。於是，二月初七，除了太上皇夫婦，還有鄆王以下三千人，包括諸王妃、公主、駙馬等出城[655]。

二月初八出城的有：其餘諸王、與皇帝接近的宗室、曹張兩公主、鴻臚少卿康執權和元當可、光祿少卿范寅敬、少府少監蘇余慶、軍器少監徐天民、將作少監馮時等人[656]。

后妃、諸王還可以乘車坐馬，乳嫗婢使只能步行。這時百姓還不知道是怎麼回事，見到此番景象都很害怕。但也有人猜到了些什麼。太上皇出城那天，在西角樓有兩個百姓試圖攔住太上皇的車駕，沒有做到，過了一會兒，燕王來了，兩人將燕王攔住問道：「大王家的親人都走了，一城生靈又怎麼辦？不如留下一個以存國祚。」

燕王哭著回答：「大金要我，教我奈何？」

兩人回答：「百姓願與大王一處生死，如何？」范瓊聽說了，命令將兩人抓住斬首[657]。

二月初九，皇帝被廢的消息終於捂不住了，宣德門外貼了黃榜，宣佈了這件事。這也是范瓊最緊張的時刻，他怕人們鬧亂子。他大聲安慰人們說這不要緊，沒什麼大不了的。他說：「你們只是少了個主子，東也是吃飯，西也是吃飯。這就像軍營裡，姓張的來管，叫他張司空，姓李的來管，叫他李司空。你們軍民百姓都快回去幹活兒，照管好家裡的老小才是正道[658]！」

范瓊說的道理放在現在來看也不過時，但在當時卻人人自危，下午街道上就一個人都沒有。夜間巡邏的不下萬人，一是百姓感覺不安全，自發巡邏；二是官家害怕鬧事，也組織巡邏。

既然百姓已經知道，孫傅乘機組織了一輪請願。百姓代表們在城門口請求放回皇帝，金人拒絕了[659]。

二月十一日，皇后和太子出城[660]。皇太子出城是城外的皇帝和太上皇邀請的。他們前一天來信表示希望爺孫三代團聚。太子等人分別乘坐五輛車，從南薰門出。其中太子與皇后同車。孫傅作為太子的監護人一路哭著跟隨，要和太子一起前往金軍營地，到了城門口，被范瓊死死攔住。開封府徐秉哲向眾人解釋說：「這是不得已呀，少了一個人都是我的責任！」

在皇太子出城前，吳革見到孫傅，向他出主意，要求將皇太子留下。孫傅表示金人不會甘休。吳革的計策是：找一個像太子的孩子上車，出朱雀門後，找一些百姓叫他們裝作想截留太子，乘機將孩子摔死在車下。再把孩子的屍體交給金軍說太子死了。把真正的太子設法轉移。孫傅沒有膽量這麼做所以告罷[661]。

出城後的皇族並沒有受到良好的待遇。直到二月三十日，皇帝寫信給兩位元帥，請求給予必要的飲食和衣服，金人才通知開封府將皇帝的日常衣服送出。人們聽說了無不聲淚俱下[662]。

註解

570 參考《東京夢華錄》。
571 參考《續資治通鑑長編拾補》。
572 參考宋．丁特起《靖康紀聞》。
573 參考《三朝北盟會編》。
574 參考《靖康紀聞》。
575 參考《東京夢華錄》。
576 綜合《靖康紀聞》與《靖康要錄》。《靖康紀聞》記為正月十二日。
577 參考《甕中人語》。
578 參考《靖康紀聞》。
579 參考《甕中人語》。
580 參考《靖康要錄》。

581 參考《續資治通鑑長編拾補》。
582 《三朝北盟會編》引《宣和錄》。
583 《三朝北盟會編》引《靖康遺錄》，以及《續資治通鑑長編拾補》。
584 參考《續宋編年資治通鑑》。
585 參考《宋史紀事本末》。
586 參考《甕中人語》。
587 參考《靖康紀聞》。
588 參考《靖康紀聞》。
589 參考《續資治通鑑》。
590 參考《續資治通鑑長編拾補》。
591 參考《三朝北盟會編》。
592 參考《三朝北盟會編》。《甕中人語》記為十二月十四日，恐誤。
593 根據《三朝北盟會編》《靖康紀聞》。《甕中人語》記為十二月二十四日。
594 參考《靖康紀聞》。
595 參考《續資治通鑑長編拾補》、《靖康要錄》。
596 參考《金史．太宗紀》。
597 《南征錄匯》引趙士先《毳幕閒談》。
598 參考《續資治通鑑長編拾補》。
599 引自《靖康紀聞》。
600 《南征錄匯》引李東賢《辛齋筆記》。
601 參考《靖康紀聞》。
602 《三朝北盟會編》引《靖康小錄》。
603 參考《甕中人語》。
604 《靖康紀聞》寫作何揆，其餘書都寫作徐揆。
605 參考《靖康紀聞》。
606 《大金弔伐錄校補》第一三五到一三七篇。
607 參考《續資治通鑑長編拾補》。發生於正月二十七日。
608 參考《靖康要錄》。
609 參考《甕中人語》。
610 參考《靖康紀聞》。
611 參考《靖康紀聞》。
612 參考《甕中人語》。
613 參考《靖康紀聞》。
614 參考《靖康紀聞》。《靖康要錄》中沒有「敦仁體信」四字，同時「偃武」作「成武」。
615 參考《甕中人語》。根據《靖康要錄》銀只有二百萬兩。
616 參考《靖康紀聞》。
617 參考《甕中人語》。樂工的具體名目根據《靖康紀聞》補充。
618 參考《靖康紀聞》。
619 參考《開封府狀》。
620 參考《靖康紀聞》。
621 參考《靖康要錄》。
622 參考《甕中人語》。
623 《靖康紀聞》記為正月二十八日，《甕中人語》記為正月二十九日。
624 參考《靖康紀聞》。
625 參考《甕中人語》。
626 參考《靖康要錄》。
627 表格註解：根據《三朝北盟會編》，標為正月三十日，但從內容看，這份名單有可能是金軍索要的總名單的一部分。
628 參考《甕中人語》。

629 參考《靖康要錄》。
630 參考《靖康紀聞》。
631 參考《續資治通鑑長編拾補》。
632 以上與以下未註明出處的，均出自《靖康紀聞》。
633 全文為：「崇天繼統昭德定功敦仁體信修文偃武光聖皇帝，初四冊立，初五移寨，九日受賀，十日還明興。」
634 《南征錄匯》引《屯翁日錄》。司馬朴生平根據《宋史·司馬朴傳》。
635 《大金弔伐錄校補》第一三九篇。
636 參考《續宋編年資治通鑑》。
637 參考《南征錄匯》。
638 《南征錄匯》引《毳幕閒談》。
639 關於斡離不與茂德帝姬之事，見第十六章。
640 參考《續宋編年資治通鑑》。
641 《三朝北盟會編》引《宣和錄》。
642 參考《續宋編年資治通鑑》與《三朝北盟會編》。
643 參考《續資治通鑑長編拾補》。
644 這個說法不夠準確，之後自殺者如張叔夜、何㮚、孫傅。第十七章中還有敘述。
645 《大金弔伐錄校補》第一四〇篇。
646 《大金弔伐錄校補》第一四一篇。
647 參考《南征錄匯》。
648 《大金弔伐錄校補》第一四二到一四五篇，第一四八到一五〇篇。
649 《大金弔伐錄校補》第一四六、一五一篇。
650 參考《中興遺史》。
651 參考《續宋編年資治通鑑》。
652 參考《南征錄匯》。
653 參考宋．曹勳《北狩見聞錄》。
654 參考《甕中人語》。
655 參考《靖康要錄》。
656 參考《靖康要錄》。
657 參考《中興遺史》。
658 參考《中興遺史》。
659 《大金弔伐錄校補》第一四七篇。
660 參考《甕中人語》。
661 參考《中興遺史》。
662 參考《靖康紀聞》。

第十五章、大楚政權

宋朝版本的選舉

舊皇帝已經被廢黜，接下來是尋找一位新皇帝。如果宋代人熟悉現代的選舉制度，就不會為尋找新皇帝感到為難。但在當時，所有的皇帝都是靠自己打江山或者繼承的，和平選舉一個新皇帝還是新鮮事。

到底該選誰呢？在這之前，大家都是同僚，一起向舊皇帝跪拜，突然有一天，舊皇帝消失了，要從同僚中選出一個人來，從此以後要向他跪拜，大臣們總感覺很彆扭。更何況誰也不敢毛遂自薦去當這個皇帝。即便有人想當，也擔心無法服眾，沒有好下場。

不過金人已經催促了好幾次，這個任務不完成也不行。

二月十一日，群臣們召開會議，大家大眼瞪小眼不知道怎麼完成任務，連話都不敢說，怕惹禍上身。根據後來的傳說，當大家都沉默時，突然有一個人開口說話了，他的大意是：「既然在場的人都不敢當皇帝，不如選一個不在場的人，應付金人的逼迫。」大家一查，擔任過宰執的大臣中，張邦昌不在現場。原來，皇帝出城後，張邦昌正月十五日出使金軍營地，也被金軍留下沒有回來，從此，這位前少宰就無法在朝廷替自己推辭。眾人一聽都說好，就紛紛選舉張邦昌擔任新一任皇帝[663]。

這個說法並不準確。事實上，張邦昌之所以脫穎而出，並非是群臣們敷衍塞責的結果，而是金人有意選他。

在斡離不第一次進攻汴京時，要求一位宰執和一位親王做人質，康王和張邦昌慷慨赴行，在當時被視為一宗壯舉。姚平仲襲擊金軍營地時，兩位人質實際上已經有了生命危險，只是由於張邦昌與金人關係不錯，又會解釋，才躲過被殺的命運。

斡離不北歸後，張邦昌成了主和派。他擔任河北路割地使，堅決要求皇帝遵守協議，甚至請皇帝下詔敦促交割，結果得罪了大臣們。大臣們上奏將張邦昌貶為觀文殿大學士、中太一宮使，讓他脫離權力中樞[664]。

但張邦昌的「政治面貌」卻引起了金人的好感，他是擔任過宰執級的官員中最友好的一位。

與現任宰執何㮚、張叔夜、孫傅等人相比，張邦昌都有明顯優勢。張叔夜、孫傅對於金人的敵意過大，何㮚的執行力不行，讓金人不放心。吏部尚書王時雍、開封府徐秉哲屬於執行命令的酷吏，在民間威望太差。徹底投靠金人的范瓊只是一條忠順的狗，變不成獅子。從各方面看，張邦昌都是新皇帝的最佳人選。

二月十一日選舉時，還有另一種說法可能更符合事實。選舉當天，已經有消息說，金人對張邦昌最滿意，希望城內能把他選為皇帝。官員們開會時知道今天必須選出一位皇帝，否則脫不了身。當人們保持沉默時，尚書左司員外郎宋齊愈見事情僵住了，連忙偷偷詢問出使過金軍營地的王時雍，金人到底最喜歡誰。王時雍告訴宋齊愈，元帥們最喜歡張邦昌。宋齊愈立刻將「張邦昌」三字寫在紙上，出示給大家。由於有人帶頭了，眾人心裡的石頭終於落地，紛紛表示同意，於是張邦昌就被定下了[665]。

在當天給金人的信中，雖然是以留守孫傅的名義寫的，但實際上，孫傅並沒有參加會議。皇太子出城時，孫傅要跟太子一起出城，被范瓊攔截。當晚他就睡在城門下，等待金軍允許他出城陪太子，從此不再參與政治活動。另一位大臣張叔夜也沒有簽字。所以，送給金人的報告上就少了這兩位最重要大臣的簽名。

二月十二日，金人將孫傅與張叔夜兩人帶到青城，詢問為什麼沒有簽字。張叔夜後到，一見面，金人就告訴他，孫傅由於不肯簽字已經被斬首了，如果他不肯簽，也會被斬首。但張叔夜表示寧肯死也不簽[666]。

事實上，孫傅並沒有死，金人只是想逼迫張叔夜罷了。二月十三日，金人將孫傅的家屬帶走，決定帶他們北上，從此兩人再也沒有回過汴京城[667]。

失去了兩位最重要的大臣，城內的官員首領換成了吏部尚書王時雍和戶部尚書梅執禮。其中王時雍由於與金人直接對接，更是主導者。

二月十三日的任務是寫一份公開的推戴狀，不僅要有文武百官的簽名，就連百姓代表也要連署。其中百官赴秘書省簽字，士庶僧道的代表去朵樓，軍民代表赴大晟殿[668]。推戴書是軍器少監王紹起草的[669]。為了防止別人不好意思簽名，王時雍首先做了表率，大筆一揮寫上了自己的名字，剩下的人一看，也都服從了安排。

但這一次又有一個人拒絕簽名。但由於這個人後來名聲太壞，以致於人們都不願意提他反抗金人這件事，而且流傳著各種版本，說明他是歪打正著出了名，這個人就是秦檜。

一個版本是這樣的，宋代有一個官僚階層叫作諫官階層，他們平常屬於最激憤的人群，動不動就要給皇帝提意見。在百官簽名推戴新皇帝時，諫官們議論，作為帝國的良心，不能不發聲就讓事情過去了，他們決定起草一封信給兩位元帥，要求立趙氏的後裔為皇帝。信寫好後，開始聯名。恰好秦檜是御史中丞，也就是御史臺的臺長，官階最大，就把他排在了第一個。但秦檜本人卻並不情願，只是因為同僚的脅迫，不得不簽[670]。這封信於二月十三日送到了兩位元帥手中，元帥們大怒，之前他們已經下令禁止談論立趙氏，竟然有人還敢冒犯。二月十四日元帥派人將秦檜捉拿歸案，從此秦檜也離開了都城[671]。

當然這個版本只是激憤之辭，從現有的證據看，人們更傾向於，秦檜的確反對立張邦昌為皇帝，並寫信擁立趙氏，才被金人捉拿歸案[672]。

但不管是哪種情況，秦檜的這封信註定了他要和皇帝一起被金軍帶到北方，這才有了後來他的返鄉與擔任宰相。可以說，南宋高宗的一系列事件都發端於秦檜這一天的「英勇之舉」。

在確定新的皇帝之後，金人卻沒有立刻將張邦昌放回。汴京城又經歷了混亂的半個多月。在這半個多月裡，他們不斷地催促著城內將還沒有發送的人和物資送出，並希望榨取更多的金銀。

如果說，粘罕在沒有廢黜趙氏之前，對城市還帶著一點憐憫，那麼現在最後的一絲憐憫已經褪去，變成了撤軍前最後的勒索。

二月十二日，金人索要六部人吏出城[673]，他們不缺官，但是缺更加專業的吏。二月十三日，繼續要求將宗族男女與十位學官、三十位明經送出城[674]。學官和明經可以提高金人的文化修養，為接管中原做充分的準備。對於三十位明經，金人給了很高的待遇，送了聘禮，當作老師尊重，城內官員也送給每人三十萬的治裝費。三十人都是自願報名的，最踴躍的是福建人、四川人和浙江人，他們受到了文化階層普遍的嘲笑，卻不在意，因為他們的家鄉距離都城遙遠，本身就沒有被那麼強烈的忠君倫理束縛。這三十人直到二月二十日[675]才出城完畢。

金人對這三十人的要求是，不要作大義和策略，而要作鄉土方略利害，要實用性的東西。三十人於是紛紛將山川險隘、古人攻佔的地理因素等寫出來，交給了金人，它們成了日後金軍進攻宋朝全境的依據[676]。

二月十四日，司天官、內侍、僧道、秀才、鹽吏、裁縫、染工、木匠、銀匠、鐵匠、陰陽、技藝、傀儡、影戲、小唱等人員和他們的家屬出城。這些人一共運送二十天才結束[677]，每一天都有號哭的人們與無動於衷的官吏。

二月十六日，後宮才人出城[678]。

二月十七日，何㮚、高俅的家屬，以及跟隨皇帝在城外的隨官的家屬出城[679]；記載宗室情況的宗正玉牒、內庫藏銀出城[680]。這些天一共運送了宮嬪以下一千五百人，親王二十五人，帝姬和駙馬四十九人[681]。

二月十八日，由於絹有多餘的，金人讓再送四百餘萬匹絹出城。景陽宮的鐘，以及遺漏的宮嬪、皇族出城[682]。這一天金人又索要牛車千輛[683]。

二月十九日，金軍希望弄一批通佛經的和尚過去，有了上次明經的經驗，和尚們踴躍報名。有數十人報名，金軍最後留下了二十人[684]。他們要和尚，是因為他們認為寨中鬼魅太多，想請和尚作法[685]。

二月二十日，金人親自進入內廷，搜去了大量的珍寶器皿。五代以來歷朝皇帝從江、浙、蜀等地收集的奇珍異寶，以及宋徽宗二十多年積累的各種文物珠玉，到此時終於被席捲一空。二月十八日要的牛車也派上了用場，一路絡繹不絕，國人感慨萬分，不敢正視[686]。

也從這一天開始，新一輪的搜刮金銀又起步了，原因在於，金人從出城人員的行李中發現太多的金銀，認為城內官員沒有盡到責任。

二月二十一日，為了測試城內還有沒有金銀，在城內設置了幾個賣米的場所，一兩金購買米一石四斗，一兩銀購買米一斗。由於城內發生嚴重的饑荒，人們紛紛拿出金銀來買米，於是又收上來許多金銀。這件事更讓金人感到惱火，增加了對城內的壓力。他們喪失風度，徑直進入後宮，看到有人胳膊上帶著金銀釧，一把扯下就走[687]。

二月二十二日，為了防止還有趙氏宗親被隱匿，以二月二十五日為期限要求將他們都交出[688]。由於金人掌握了宗室譜牒，近親宗室幾乎沒有遺漏。如果不是康王提前離開，可能宋徽宗的所有兒子女兒都會被一網打盡。

二月二十三日，開封府再送上金七萬五千八百餘兩、銀一百一十四萬五千餘兩、表緞四萬八千四百匹[689]。

二月二十四日，金軍點名要兩位太學生，名叫黃豐和楊願，可能是前面出城的三十位明經向金人透露，這兩人是太學生中最為出眾的。但黃、楊並不想出城，辭以疾病，金人竟然同意他們留下[690]。他們屬於少數金人想要但沒有要走的人。

二月二十五日，由於金銀不足，終於出人命了。為了搜刮金銀，皇帝曾經在城的四周設立四個官員，分別負責一面城牆（及其附近住戶）的金銀收集工作，他們分別是東壁提舉戶部尚書梅執禮、南壁提舉開封府尹程振、西壁提舉禮部侍郎安扶、北壁提舉工部侍郎陳知質。此外，還有四名輔助官員，分別是侍御史胡舜陟、殿中侍御史胡唐老、監察御史姚舜明和王倓。他們挨家挨戶進去發掘了一遍，仍然無法湊足。八人中，以梅執禮的威望最高，他建議，既然無論如何無法湊足金銀，不如給城內百姓留一點希望，直接告訴金人，任務已經完成不了，作為官員他們願意承擔責任。當他們的信到達金軍營地，不巧，恰好金人發現人質中攜帶了大量的金銀，加上從二月二十一日開始，通過出賣糧食又得到了一部分金銀，這證明八位官員的說法是錯誤的，汴京城內還有大量的金銀[691]。

這一天傍晚，八人被帶到了元帥面前。二元帥詢問為什麼金銀不足，四位主官均表示的確找不到了。元帥大怒，問誰是負責人。其餘的人戰戰兢兢，只有梅執禮表示，四人都是負責人。

元帥命令將四位副手各鞭背五十下放回。胡唐老被打死，其餘三人號泣著回到城內。梅執禮等人為副手求情未果。

副手走後，元帥讓四位主要負責人騎馬離開。他們回到南薰門附近時，突然被人叫住，原來元帥的命令到了。他們下馬後，被要求跪在地上，依次被殺，頭被砍下，讓家人用金銀贖回，身體扔在城門口，直到一天後才有人敢收屍[692]。

關於四人之死，金人卻有另外的說法。在元帥們煞費苦心地從汴京城敲詐金銀時，北方的宋軍已經逐漸集結在康王的名義之下。當時北方城池的佔領情況如下：宗澤佔據澶州，閻邱升在濮州駐紮，黃潛善在曹州，趙野、范訥在南京應天府（現河南省商丘市），向子野屯巨野，何志同屯許州。這些將領曾經商議要一同來汴京與金人決一死戰，卻由於心不齊，加之擔心金軍從城牆上進入城市，造成破壞，只能在遠處觀望。

康王的軍隊雖然不足以進攻，卻讓金軍感到害怕，擔心回去時受到攻擊。他們聽說汴京城內的四壁提舉官已經成了康王的內應，提舉官表面上幫助金軍籌集黃金，實際上卻收留殘卒，準備乘康王打過來時做內應。金人殺掉四位官員，就是防止他們幫助康王[693]。

這種說法是否正確，已經無法考證，但至少金軍是相信這樣的說法的。這也表明金軍的佔領已經接近尾聲。

二月二十六日，開封府推出新規矩，按照官員職級分成九等，每等各攤派一定的金銀數目，平民分成三等，也各有數目[694]。比如，最高一級，兩府、尚書的攤派是金二十兩、銀五百兩、表緞三十匹[695]。

二月二十九日，金人派人到普淨寺，這裡藏了朱勔家的許多書畫，並到油衣庫取走什物，再將太醫局的玳瑁和藥材拿走[696]。

除了不斷地搜刮之外，金人的紀律已經亂了套。金軍不再滿足於在城牆上搜刮，他們下到城內搶奪、搜查，也因此製造了不少事故和火災。比如，二月二十三日，封丘門、陳橋門被金人焚毀。二月二十八日，保康門被焚毀，火勢一直蔓延到延寧宮。三月初八，燒毀了天漢橋，並波及周圍民屋百餘家[697]。

隨著搜刮進入尾聲階段，政權交接的大戲終於要拉開帷幕了。

以九族換取一城生靈

靖康二年（一一二七年）三月初一，這一天是大喜的日子，在金軍營地裡的張邦昌終於要回城了。

在送張邦昌回城的過程中，金軍的首要任務是保證張邦昌不會被殺死。他們早早地向城內放了風：交割的時候是個活的張相公，如果交割之後他死了，不管你們找什麼藉口，都是你們殺了他。金人沒有明說後果，但人們都知道這樣的結果就是屠城。

城內的官員們最犯愁的，是應該按照什麼禮節迎接這個「未來的皇帝」。最後決定，既然他還沒有登基，還是按照宰相的規格來接待。御史臺查了一下舊例，發現宰相入城，百官也應該到門口迎接，他們通知所有官吏必須於這一天的下午未時（一點），準時到南薰門迎接太宰張邦昌。

時辰到，公相們聚集在城門口達數千人，觀看的百姓又有數萬人。為了防止出現意外，范瓊、汪長源等統制官領兵分列左右，從州橋到城門下如同兩道鐵牆一般。直到申刻（三點），張邦昌才趕到，文武百官站在城門內迎接，金人鐵騎將他送到城門口，不入城，把他交割給范瓊後，撥馬就回。

當晚，張邦昌並沒有進入皇宮，而是住在了尚書省內。不過由於他不是一般的宰相，照顧他的從員很多，有郎官十員值夜班，後來又增加了十員掌管各種事務，還有使臣十五員負責傳遞各種消息[698]。

在尚書省安頓下之後，百官們按照金人的意思請求張邦昌當皇帝。

不料張邦昌回來後，立刻宣稱病了，連飯都不吃。眾人把他逼急了，他就反問說：「你們都怕死，就趁我不在把這個名頭送給我，這不是來害我嗎？我要答應了，不是大禍臨頭嗎[699]？」

人們原本以為，張邦昌在金軍營地時早就答應了當皇帝，現在才發現，張邦昌是剛剛知道這件事。在金軍營地時，最初他對於百官推戴的事情完全不知情，後來，元帥們把百官的推戴信給他看，他大驚失色，表示這可不行，如果逼迫他，只有自殺一條路。

金人只好換了一個辦法，表示準備立趙氏太子為皇帝，由張邦昌當宰相，監督盟約的執行。張邦昌這才答應了進城[700]。金人的意思是，只要騙張邦昌進了城，就可以利用宋人來勸說他。

三月初二，金軍再次來信催促，表示給城內三天時間立張邦昌，否則立刻屠城。整個城市都慌了神，他們的命運掌握在一個病號的手中。三月初三，為了爭取時間，百官們只好說張邦昌已經答應了，三月初七這一天就可以登基。

可另一面，張邦昌還是不吃東西，硬撐了四天。人們逼急了，他就拔出佩刀來要自殺，嚇得人們趕快將他攔住，哭著說：「相公你怎麼在城外不死，偏跑到城裡來死？你這不是害了一城的生靈嗎？」

又有人勸說：「相公你先權且當一下皇帝，等金人走了，你到底要做伊尹（將皇位還給趙氏），還是做王莽（將皇位據為己有），這都全在你自己。」

事出無奈，張邦昌只好答應下來，表示自己是以九族性命換取一城人的性命[701]。

當大部分人都諂媚地等待著張邦昌擔任皇帝時，也並非沒有反對者。在所有反對者中，最有能力的是以統制官、宣贊舍人吳革為首的一群青年軍官。吳革曾向孫傅提議不要將太子送給金人，而是換一個孩子，在送出城的過程中將孩子摔死冒充太子的屍體，再把真太子偷偷藏起來或送走。但他的提議沒有被採納。這一次，吳革等人密謀於三月初八這一天發動政變。他們最主要的目標是范瓊等親金將領，由於范瓊掌握軍隊，也是最配合金軍的人，要想政變成功，必須首先將范瓊等人殺死。殺死城內的親金將領後，就可以爭取城內所有軍隊和百姓的支持。然後，再命令軍隊從所有城門出城，列成兩個主要戰陣，與劉家寺和青城的金軍兩營對壘，劫掠金軍營地，將二帝迎回。他們還製作了蠟丸送出城外，期待與城外的勤王部隊裡應外合[702]。

參與謀劃的還有呂好問、馬伸、張所、吳倫等人。左時寫了三封檄書，第一封指責金人侵略，第二封指責百官貪生怕死，第三封指責人民不反抗。

吳革等人之所以制定這個方案，是因為這時恰好有消息，四方勤王的人馬快趕到了。金軍的主部隊都派到四方打仗去了，留在寨內的只有不滿萬人。這就給了城內可乘之機。

但即便這個消息是真實的，方案可行性也很小，要想從戒備森嚴的金軍營地中將二帝救出，幾乎是不可能的。不過，這也可以看作北宋武將階層做出的一次絕望掙扎。

但接著，意外就出現了。在吳革等人做準備時，有人探得消息：有五十輛車從青城出發向東走了。吳革立刻想到這是金人把皇帝轉移，慟哭不已。如果皇帝離開，那麼一切策劃都失靈了。

但實際上，吳革的猜測是錯誤的，皇帝一直在青城待著。可這個錯誤消息影響了吳革的準備[703]。

到了三月初六淩晨，有內官聽說張邦昌三月初七就要登基，已經坐不住了，他們殺掉了妻子及其他家人，燒毀了居所，聚集了數百人，一起找到吳革，表示當天就要起兵。這時密謀已經公開化了。不過，吳革還是冷靜地詢問：「如果提前舉兵，城外的援軍得不到通知，不是壞事了？」

來人告訴吳革，就算沒有城外的援助，城內大約有五千士兵和數十萬百姓可以參與。吳革考慮到事情已經暴露，不得不發，只好披甲上馬，向北面的咸豐門殺去。到了金水河，已經是黎明時分，周圍都是范瓊的人。

范瓊並沒有強行攻打吳革，而是叫人假裝吳革的同黨，把他騙下馬，和他的兒子一起，出其不意將他斬首。吳革死前顏色不變，破口大罵。他死後，與他起事的數百人都被殺戮在金水河畔[704]。

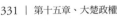

伴隨著范瓊鎮壓了起事，三月初七，冊封大戲正式登場。

這天一早，大風，有日暈，百官、僧道都來到尚書省，等待張邦昌出來。張邦昌從尚書省門口痛哭著上馬，到了西府門，假裝頭昏要摔倒了，立在馬上待了一會兒，回過神來，繼續痛哭。到了午時，有人將他引到宣德門的西門闕下馬，進入幕後，在那兒他繼續哭泣，但沒有耽誤換皇帝的衣服。

金人派遣了五十多個使者，帶著數百隨從騎馬趕到。正使是特進尚書左僕射、同知樞密院事、監修國史、上柱國、南陽郡開國公、食邑二三千戶、食實封二百戶韓資政，副使是榮祿大夫、行尚書禮部侍郎、提點大理寺、護軍、譙縣開國侯、食邑一千戶、食實封一百戶曹說。禮直官是東、西上閤門使韓企先。持冊命前來的人是金紫光祿大夫、左散騎常侍、知御史中丞、上護軍、彭城縣開國公、食邑一千戶、食實封一百戶劉恩。宣讀冊命的是樞密院吏房承旨、中散大夫、衛尉寺卿、上輕車都尉、清河縣開國伯、食邑七百戶、賜紫金魚袋張願恭。持皇帝印璽的是中大夫、行中書舍人、上輕車都尉、太原縣開國伯、食邑七百戶、賜紫金魚袋王企中。將印璽供奉給皇帝的是樞密院戶房主事、銀青榮祿大夫、檢校工部尚書、行太常少卿、兼侍御史、輕車都尉、隴西縣開國子、食邑五百戶李忠翊。

從這複雜的官名可以看出金人對於宮廷禮儀學習的迅速。金人賜給張邦昌的禮物如下：玉冊（冊匣、冊床、行馬一對）、金印大楚皇帝之寶（寶匣、寶床、行馬一對）、紅羅窄襖子、平面玉御帶（純金龍口束子、錦箱全）、銀褐中單、烏紗襆頭（衣匣、衣床、行馬全）[705]。

使者們穿著紅衣，拿著冊封文件。張邦昌從幕後出來，在御街上朝著北面拜謝，舞蹈。在隋唐兩宋時期，官員拜見皇帝除了跪拜之外，還有一個環節叫作舞蹈，可能是官員向皇帝做一些代表尊敬的動作。但這些動作卻已經失傳了，只留下了「舞蹈」這個名字。

張邦昌向北舞蹈，表明他認可金國的正統身份，自己雖然貴為皇帝，也只是金國的附庸。

接著他跪下接受冊寶。金人冊封他為大楚國皇帝，接受北宋的半壁江山。首都也不再是汴京，而是遷到了金人暫時不感興趣的長江流域，以金陵（現江蘇省南京市）為都城。

張邦昌拜謝之後，金人作揖別過。到這時演的是「冊命」一齣戲。

金人退走後，由原來宋朝的文武百官接著演「朝賀」一齣戲。百官從宣德門進入，穿著赭紅色的袍子，張著紅蓋。張邦昌也步行從宣德門，經過大慶殿，到文德殿。在殿門口，有人給他送上皇帝專用的輦子，但他拒絕了，繼續步行入殿。

他沒有坐皇帝的正座，而是叫人在西側又放了一把椅子坐下，接受了百官的朝賀。不過百官要下跪時，他立刻傳令，表示自己是為了生靈才這麼做，並不是真要當皇帝，請不要拜。但王時雍還是率領百官拜過，張邦昌一看連忙轉身面向東拱手站著，表示沒有接受。

整個儀式過程中，大部分人都哭喪著臉，表明這是不得已而為之。但有一小部分人卻欣然而為，他們是王時雍、吳幵、莫儔、呂好問、范瓊、徐秉哲等親金大臣，張邦昌當皇帝後，必須依靠這些人才能維持統治[706]。特別是王時雍，每次向張邦昌彙報，必定以「臣啟陛下」開篇[707]。在官職上，王時雍為權知樞密院事，領尚書省，吳幵、莫儔皆為權樞密院，呂好問為權門下侍郎，徐秉哲為權中書侍郎，范瓊是負責保衛皇帝的殿帥[708]。

在城內，人們給幾位大臣起了外號，王時雍被稱為「賣國牙郎」，吳幵、莫儔主要負責傳遞消息，所以稱為「捷疾鬼王」[709]。

當天，消息傳到青城的宋徽宗耳中，太上皇立刻知道自己的命運已經定了，他必定被金人裹挾而去，正傷心的他泣下沾襟。第二天有人向他獻了兩句詩：「伊尹定歸商社稷，霍光終作漢臣鄰。」意思是張邦昌必定會把皇權交還趙氏，太上皇邊讀邊罵：「等他把社稷還回來，我已經跑到比龍荒還北面的地方去了[710]！」

為了表示無心當皇帝，張邦昌還做了一系列的規定。雖然皇宮主人換成了他，他卻只當一個皇宮的暫時保管人，不登正殿，又罷去了繁複的皇家禮儀規定。對於皇帝起居的大內，更是連門都不進，直接在各個門上貼了封條，寫上「臣張邦昌謹封」。他不受通常的朝拜，百官見他不用山呼萬歲，談話時也從來不說「朕」

這個皇帝的專用名詞，而是用「予」來代替。由於有人將他的命令說成「聖旨」，他還專門下了一道命令（三月十二日），規定不准說聖旨，只准稱「中旨」；如果是當面得的命令，叫「面旨」；要發往四方的，稱作「宣旨」；手詔則稱作「手書」。總之避開一切可能讓人誤會的稱謂。

只有一個場合，張邦昌不得不繼續演戲，那就是金人在場的時刻。有時候，張邦昌穿著常服與宰執們議論，雙方以名字相稱，突然間，金人來了，他就立刻進去換上皇帝的服裝。就連衛士都說：「以前戲子演雜劇時都裝作假官人，今天張太宰就是這樣的一個假官家。」

不過，金人對他卻非常有禮貌，元帥們下令，金使覲見張邦昌必須按照以前對待宋朝皇帝的禮儀。於是奇怪的事情出現了，在即位之前是張邦昌朝金人鞠躬，現在金人都是在臺階下拜見張邦昌。張邦昌有些不習慣，告訴金國使者可以隨便一些，金使表示如果不這樣，回去元帥會殺了他們[711]。

在張邦昌與群臣們演戲時，金軍準備撤離了。他們的軍隊也是各個部落拼湊的，到了夏天急著回北方。但在離開前，還需要最後確認有沒有遺漏的東西。於是，張邦昌登基之後邀請金人慶祝了幾天，吃喝一番[712]，到了三月十二日，就繼續幹正事兒了。

三月十二日，金軍將景靈宮席捲一空。景靈宮是皇帝祭奠天神和祖宗的所在，裡面各種祭祀用品不少，金人將之捲走。

三月十三日，劫掠宗廟。

三月十四日，席捲內藏庫[713]。

這些只是常規動作，金人最想要的還是金銀，他們決定最後試一把。在開封府上報給金軍的戶口冊中，註明汴京城一共有七百萬戶，這是一個龐大的數目，按照每戶三人（很保守）來算，就是近兩千一百萬人，放在現代也是世界特大城市。可事實上，北宋末期全國總人口也只有五千萬左右，比如，崇寧元年（一一〇二年）的統計，是戶兩千零二十六萬四千三百零七，口四千五百三十二萬四千一百五十四人。具體到東京開封府，是戶二十六萬一千一百一十七，口四十四萬兩千九百四十人[714]。這個資料與上報數字差了二十多倍。

金人很納悶，為什麼這麼多的人口，只有這麼一點金銀，於是決定採取攤派的辦法再搜刮最後一遍，按照七百萬人戶來分攤金銀。開封府明知道沒有這麼多人，卻又不敢明說，只好把數額攤派在二十六萬戶的頭上，結果，即便是最貧窮的家庭也攤派了金三十錠、銀二百錠。

不料這件事產生了反作用。大家一看這已經成了胡鬧，乾脆連理都不理，金人威脅不交就屠城，可人們已經不怕死了，都威脅不動。另外，大家似乎捏準了金人的心態，既然已經準備撤離，他們的心思更多應該放在如何安全地撤退上，不大可能屠城了[715]。

這件事僵持到了三月十四日，老百姓不配合，金人沒有面子，大家都怨開封府做了傻事。最後出來收場的就是新任皇帝張邦昌。三月十四日，張邦昌寫信給金軍元帥們，請求豁免金銀，他表示進城之後察看一番，發現民間真的很窮，榨不出來了，也希望元帥們給這個新成立的國家留一點家底[716]。

三月十五日，張邦昌親自前往青城與元帥們會晤，他帶著七件事前往：第一，不毀趙氏的陵廟；第二，不要繼續搜刮金銀；第三，汴京城牆上防禦用的樓櫓不要拆掉；第四，既然定都金陵，但要等那邊建設完畢，三年後再搬遷；第五，金軍於五日內班師回朝；第六，張邦昌的國家叫大楚，他就叫大楚皇帝，不再另立廟號；第七，他需要犒賞軍民功臣和大赦，但這個國家已經一窮二白了，需要金軍支援一點金銀作為犒賞之用。元帥們全都答應了下來[717]。

張邦昌見元帥們答應了，又提出了新的請求。他提議金人扣押的官員已經太多了，帶回去也是累贅，不如放回一些，他的名單上包括馮澥、曹輔、路允迪、孫覿、張澄、譚世勳、汪藻、康執權、元可當、沈晦、黃夏卿、郭仲荀、鄧肅，以及太學、六局、秘書省中用不著的官員。金軍也答應了。

但張邦昌提出的另外五人，金軍沒有答應，他們是何㮚、張叔夜、孫傅、秦檜和司馬朴，這些人大都是反對廢黜趙氏的，他們必須與趙氏一同前往北方。他們的家族成員只要能抓住的也全部在遷移之列。

直到三月二十三日，金人將釋放人員送回時，才正式發佈告示，宣佈豁免了剩餘的金銀[718]。這一天放回的人有數千之眾，除了官員，還有百姓、僧道等[719]。張邦昌作為一個傀儡政府，對於汴京城的保護卻比宋朝兩位皇帝還多。

那麼，金軍一共從汴京城榨出了多少金銀呢？這也牽出了汴京圍城史最悲慘的一幕……

註解

663 參考《靖康要錄》與《大金國志》。

664 參考《宋史．張邦昌傳》。

665 參考宋．王明清《玉照新志》。也有記載是宋齊愈出使金軍營地，回來將張邦昌名字寫在紙上，沒有詢問王時雍環節，見《續資治通鑑長編拾補》。

666 參考《中興遺史》。

667 《三朝北盟會編》引《宣和錄》。

668 參考《續資治通鑑長編拾補》。

669 參考《靖康要錄》。

670 參考宋．王明清《揮塵餘話》（又名《揮塵後錄餘話》）。

671 《大金弔伐錄校補》第一五七篇。

672 參考《三朝北盟會編》、《續資治通鑑長編拾補》。

673 參考《甕中人語》。

674 參考《靖康要錄》。

675 參考《靖康紀聞》。但《紀聞》記載索要明經是在二月十八日。

676 參考《中興遺史》。

677 綜合《甕中人語》與《靖康要錄》。

678 參考《甕中人語》。

679 參考《靖康要錄》。

680 參考《甕中人語》。

681 參考《靖康紀聞》。

682 參考《甕中人語》。

683 參考《靖康要錄》。

684 參考《靖康紀聞》。

685 《南征錄匯》引《青城秘錄》。

686 參考《靖康要錄》。

687 參考《靖康要錄》。

688 參考《靖康紀聞》。

689 參考《甕中人語》。

690 參考《靖康紀聞》。

691 參考《中興遺史》。

692 參考《續資治通鑑長編拾補》。

693 《南征錄匯》引阿懶《大金武功記》。

694 參考《靖康紀聞》。

695 參考《靖康要錄》。

696 參考《靖康要錄》。

697 參考《甕中人語》與《靖康要錄》。

698 參考《中興遺史》。

699 參考《大金國志·楚國張邦昌錄》。

700 參考宋·佚名《朝野僉言》。

701 參考《大金國志·楚國張邦昌錄》。

702 參考《中興遺史》。

703 參考《中興遺史》。

704 《三朝北盟會編》引《偽楚錄》。

705 《大金弔伐錄校補》第一六三篇。

706 綜合《靖康紀聞》、《大金國志》、《中興遺史》、《續資治通鑑長編拾補》、《三朝北盟會編》等。

707 參考《中興遺史》。

708 參考宋·宇文懋昭《大金國志》。

709 參考《續宋編年資治通鑑》。

710 參考宋·曹勳《北狩見聞錄》。

711 參考《大金國志·楚國張邦昌錄》。

712 參考《靖康紀聞》。

713 參考《甕中人語》。

714 參考《宋史·地理志》。

715 參考《靖康紀聞》、《中興遺史》。

716 《大金弔伐錄校補》第一六七篇。

717 參考《續資治通鑑長編拾補》。

718 參考《續資治通鑑長編拾補》。

719 參考《靖康紀聞》。

第十六章、戰爭中的女人

賣妻女還債的皇帝

靖康二年（一一二七年）三月十五日張邦昌前往金軍營地會晤時，還帶了一份開封府撰寫的報告，這份報告之詳細，讓人們對開封府和徐秉哲的工作能力豎起了大拇指。

在完全瞭解這份報告前，先看其中給出的上繳金銀數字。

報告指出，在第二次汴京圍城期間，開封府一共向金軍供奉金二十四萬七千六百兩、銀七百七十二萬八千兩[720]。

這裡可與第一次圍城戰做個比較。第一次斡離不圍城，共獲得金五十一萬七千餘兩、銀一千四百三十萬二千餘兩。也就是說，第二次金軍人數更多，還是兩路大軍合圍，開出的價碼也更高，獲得的金銀卻比上一次少得多，只有上一次的一半左右。

這說明，汴京城的財富在上一次圍城後還沒有恢復。對於這個數字，東路軍元帥斡離不無所謂，他在上一次撈夠了錢，也拿夠了寶貝，但西路軍元帥粘罕卻有足夠的理由不滿意。上一次由於他沒趕到，沒有分到錢，這一次他是最後的決策人，而且地位在斡離不之上，在攻打城市時，粘罕的西路軍也更賣力，反過來，斡離不既沒有出太多的力，甚至還帶著點同情給宋朝通風報信。

粘罕和士兵們之所以這麼賣力，就是因為汴京城內巨大的財富在吸引著他們，他們在腦海中無數次將財富的數目放大過，沒想到最後獲得的還沒有上次斡離不多，總數少了一半，軍人數量增加了不止一倍，攻城的開銷也大了很多，每個人到手的財富可能只是上次的十分之一到五分之一。

到手的財富這麼少，那麼怎麼才能安慰這些遠道而來的士兵呢？答案是一個歷次戰爭都存在的秘密——女人。

事情要從斡離不得到的一個女人談起。

靖康元年十二月初九，兩位元帥曾經索要奸臣蔡京、童貫、王黼等人的家屬。在移交家屬時，有一位蔡家的婢女歸了二太子斡離不。這位婢女姓李，她曾經是宋朝公主茂德帝姬趙福金的侍女（金人習慣稱之為福金帝姬），茂德帝姬嫁給了蔡京的兒子蔡鞗。蔡鞗被皇帝送給了金軍，茂德帝姬作為公主，回了娘家，不會被遣送。

斡離不曾聽宋朝使節鄧珪提起過趙氏公主們的美貌，早就饞涎欲滴，這時正好找李氏來核對一下。李氏立刻告訴斡離不，最美的就是她曾經的女主人——茂德帝姬。帶點花花公子性格的斡離不立刻提出和親要求，但沒有收到答覆[721]。

到了第二年正月初八，宰相何㮚前來請求減少金銀數目，兩位元帥都不同意，卻提出了不同的建議。粘罕還是希望宋朝先完成前面約定中的哪怕任意一項，再討論其他項目的減免；而斡離不卻明確提出，除非皇帝答應和親，否則免談[722]。

正月初十，皇帝來到青城，但兩位元帥卻遲遲不相見。元帥們授意使者蕭慶向皇帝提出了新的建議，包括：親王、宰執各兩人作為人質，皇帝使用的冠冕、車輅、寶器兩千具，並希望將歲幣再增加銀絹二百萬兩匹。這些還都屬於常規要求，更重要的是，從這時開始，元帥們提出新的要求：女人。

首先的要求是，北宋提供民女和女樂各五百人，同時，必須提供兩位趙氏宗族的女子（實際上必須是帝姬）送給兩位元帥，進行和親。

宋朝的大臣爭辯了很久，最後不得已還是答應了[723]。

但在暗地裡，斡離不還有更深的打算。他派遣楊天吉、王汭與北宋代表吳幵、莫儔交涉，提出在遣送家屬時，雖然送來了蔡京的兒子蔡鞗，但蔡鞗的妻子茂德帝姬卻沒有在列。帝姬既然已經出嫁，自然算是蔡家的人，理應遣送。如果不送來這位帝姬，就談不成和議。皇帝也只好答應，寫信進城，要求遣送茂德帝姬，並告知城內他已經答應了和親[724]。

正月十三日，元帥們又想明白了，既然是和親，到底選哪個帝姬就需要自己選擇，否則宋朝可能找兩個既不好看也不受寵的帝姬，隨意打發一下。皇帝只好派王宗沔入城找太上皇協商，王宗沔邊走邊哭，讓城內的百姓們膽戰心驚[725]。

但這一次，太上皇拒絕和親，茂德帝姬也沒有遣送。

正月十四日，太上皇的意見傳了回來，皇帝只好再找元帥們商量。在帝姬的選擇上，不方便將已經嫁了人的帝姬送出來。按照漢人的規矩，一個女人通常只能嫁一次人，即便有例外，大都是丈夫將女人休掉，或者丈夫去世，既然這兩種情況都沒有發生，就不能隨便將帝姬再許給別人[726]。

但隨著情況的惡化，女人遲早是保不住的。正月二十二日，蕭慶與吳幵、莫儔等人終於談定了最後的條件，這個條件也將宋朝的公主們打入了深淵。具體條件如下：

第一，太上皇不用出城，也不用跟金人北行，但是，必須以太子、康王、宰相等六人為人質。

第二，金軍承諾不佔領黃河南岸與汴京，但必須將帝姬兩人，宗姬、族姬各四人，宮女二千五百人，女樂等一千五百人，各色工藝三千人交給金軍，同時承諾每年增加歲幣五百萬兩。

第三，原定的親王、宰相和河北地區守臣的家屬都必須儘快交割。

第四，也是最重要的一條，原定的金一百萬錠、銀五百萬錠必須在十天內交割完畢，如果無法按時完成，就必須將皇家的女人們作價賣給金軍，以充金銀之數。具體的價格是，帝姬和王妃每人一千錠金，宗姬一人五百錠金，族姬一人二百錠金，宗婦一人五百錠銀，族婦一人二百錠銀，貴戚女一人一百錠銀[727]。

也就是說，只要無法完成金銀的繳納數目，幾乎所有趙氏的女子都無法倖免於難。從前一個月的征繳情況就可明顯看出，金銀的數量是註定無法湊夠的。既然這樣，皇帝為什麼會簽這個出賣了所有女人的協議？這可能是一個無法解開的謎團。也許他並不知道開封府籌措了多少金銀，還差多少；也許隔離太久的他已經對一切都不在乎了，只求早點解脫，不管什麼條件都可以簽字。

正月二十八日，是金軍營地狂歡的一天。根據宋金協定，北宋需要將八千女人送入金軍營地，這項工作從正月二十五日開始，開封府給抓到的每一位女性都穿上漂亮的衣服，送往金軍營地。到正月二十八日，已經有五千位女性被送到金軍營地，金軍選擇了三千處女收下，將其他的退回來要求更換，國相粘罕自己留下了數十人，剩下的分給了各位將領，官職在謀克以上可以分數人，官職在謀克以下分一到二人。

粘罕分得了數十人，那麼二太子斡離不又如何呢？斡離不獲得了更大的收穫——茂德帝姬入手了。由於太上皇不同意和親，如何把茂德帝姬送給斡離不，成了開封府的要緊事。這一天，恰好蔡京、童貫、王黼家的歌伎各二十四人要送往劉家寺，開封府就把茂德帝姬冒充歌伎送往了皇子寨。茂德帝姬最初並不知道自己已經被做了交易，見到斡離不後面如蠟色，渾身戰慄。斡離不是個軟心腸的人，連忙讓原來伺候過她的李氏出來安慰帝姬。李氏款款相勸，乘機將她灌醉送入了斡離不的房中。

也是從這時開始，金軍的秩序蕩然無存。由於軍官們每人都分到了女人，士兵們卻不可能得到這樣的待遇，他們唯一的方法，就是進城劫掠。按照元帥們的規矩，士兵必須在城牆上不能下去，但進城消遣已經成了慣例，即便在大白天，城裡也有大搖大擺毫不避諱的金兵。

犧牲茂德帝姬本來是為了解救皇帝，但不料這件事是斡離不背著粘罕做的。到了二月初四，斡離不私吞茂德帝姬的消息被宋朝使臣鄧珪不小心洩露給了粘罕，粘罕大怒[728]。之前，粘罕雖然想廢掉皇帝，但在斡離不的勸說下改變了想法，不再強調廢趙氏，而是希望將趙氏變成藩國。但聽說了斡離不私藏茂德帝姬之後，加上發現汴京城還藏有不少黃金，粘罕改變了態度，決定廢黜皇帝[729]。

男人之罪女人償

二月初六，皇帝被廢黜；初七，太上皇出城。隨著太上皇出城的還有大量的宗室女子。這時，由於金銀數量不夠，皇帝與元帥的對賭協議也已經生效，這些宗室女子事實上都被皇帝賣給了金人，只是她們本人還不知道罷了。

在出城時，太上皇請求元帥們不要動那些已經嫁人的女人，但元帥們只同意讓他保留自己的妻妾，其餘的人他管不著[730]。

同樣是從二月初七這一天開始，北宋滅亡就到了最悲慘的一幕：北宋朝廷用女人的身體來償還男人的債務。

當天夜裡，粘罕宴請金軍諸位將領，他命令宋朝宮廷的宮嬪們換上歌伎的衣服出來表演，還間坐在男人中間勸酒。有的女人不願意做，其中有三位分別姓鄭、徐、呂的宮人明確拒絕了，粘罕命令將她們斬首示眾。她們的英勇換不來一個留名的機會。當天夜裡，又有一人用箭鏃戳喉自殺而死，只是為了不受辱，但她連姓氏都沒有留下[731]。

二太子斡離不的營地也好不到哪兒去。事實上，早在二月初四那天，就有烈女張氏、陸氏、曹氏不肯屈從於二太子，被用鐵杆串起來豎在營前，三天才死絕。斡離不號稱菩薩太子，標榜不輕易殺生，對待北宋君臣也更加仁慈，但對女人卻沒有表現出絲毫的憐憫。

到了二月初七，更多的王妃帝姬被送入劉家寺寨子裡，斡離不就指著三人的屍體，告訴她們如果不服從這就是後果。見慣了太平的女人們嚇得只求饒命。

斡離不讓茂德帝姬出面安慰她們，讓她們寬衣解帶洗浴完畢，再換上歌伎的衣服伺候宴席[732]。

除了一開始大批被送來的女人之外，有很多女人藏到了民間。但開封府用超高的效率將她們一一揪出，因為只有完全找到她們，才能讓金軍早點離開。

二月初八又有王妃帝姬六人被送往金軍營地，二月初九、初十有九人被押解到劉家寺。這一天，二太子與一位姓朱的妃子的對話最能反映婦女的遭遇，這位朱妃只有十三歲，不肯屈服於二太子，於是斡離不說：「你是一千錠金子買來的，怎麼敢不從我？」

朱妃問道：「誰賣的？誰拿了金子？」她得到的回答是皇帝把她們賣了充犒軍錢。

朱妃仍然倔強地說：「誰犒軍，誰就抵債，我的身體怎能受辱！」

二太子反駁說：「你們皇帝當初不也是從民間選宮女數千人？今天你們滅了國，你就只是民婦，按照規矩入貢於我，也是本分，更何況還是抵債！」

朱妃無奈閉嘴，伺候她的小宦官請娘娘自重。但小宦官卻不堪喪國之辱自殺了[733]。

二月十一日，除了宋欽宗的朱皇后、太子與柔嘉公主出城入青城寨之外，還搜出來四位王妃、帝姬送入劉家寺[734]。

關押宋朝俘虜的地方主要有兩個。國相的青城寨主要關押兩位皇帝，以及親王的家人，還有重要的大臣，他們被押在齋宮之中。二太子的劉家寺寨則主要關押其他不那麼重要的人，大量的王妃、帝姬都被送到了這裡，他們被關在劉家寺寺廟群中的壽聖院。另外，兩地都有大量的女人隨時供將領們享用，青城寨裝不了這麼多人，粘罕又讓人在旁邊建了一座木寨（二月十四日建成），讓童女、宮女、新來的宗戚婦女住進去[735]。

由於人數眾多，條件艱苦，加上各種虐待，俘虜出現了大量死亡的現象，即便宗室也不例外。二月十五日，宋徽宗的兒子建安郡王趙楧在青城齋宮去世。恰好這時李浩被誤抓過來，他長得有點像相國公趙梴，宋徽宗想讓李浩冒充相國公，讓相國公找機會逃走。但一直沒有找到機會，只好讓李浩繼續冒充相國公，而真的相國公頂替了建安郡王。他們都被金軍帶往了北方[736]。

二月十六日，婦女集結完畢，兩位元帥下令那些分配給金軍將士的婦女脫下漢裝，換上金人的衣裝。有些女人有了身孕，元帥們專門派醫生為她們打胎[737]。

二月十七日，粘罕在青城寨宴請斡離不，他們從宋朝供奉的女人中選擇了三千人作為獻給皇帝的貢品，之後又將一千四百人賞賜給將士。兩位元帥身邊各有上百人[738]。這些婦女並非都很悲慘，只要服從元帥，她們可以立刻獲得大量的賞賜，穿著秀曼光麗的衣服，戴著紫色的頭巾，裝飾著金色的束帶[739]。此時的金軍營地才有了征服者的感覺，寨子裡堆著如山的金銀寶物，將士們擁抱著各色的美人，軍紀壞到極致。

第二天，斡離不在劉家寺宴請粘罕，號稱太平合歡宴。在座的不僅有金軍的重要將領，還把宋朝兩位皇帝、皇后也請去了。賓客們上午巳時（九點）入座，粘罕、斡離不、闍母、訛魯觀、谷神（兀室）、阿懶、撻懶、蒲魯虎、設也馬、斜保十人，加上太上皇、鄭太后、宋欽宗、朱后，坐在堂上，每席兩人，其餘三十二位將領坐在堂下。

金軍將領斜保請斡離不找二十位妃姬，以及三十二位歌伎勸酒。她們一上場，兩位皇帝和兩位皇后立刻要避開，卻被粘罕制止了。皇帝們不情願地一直坐到曲終席散，才獲准離開。

在離開前，斡離不突然請求太上皇將富金帝姬嫁給金軍將領設也馬。太上皇表示，富金已經有家了，按照中國傳統，一女不嫁二夫。太上皇的話讓國相大怒，他當著太上皇的面，讓將領們每人挑兩位出場的妃姬帶走。

反而是宋徽宗的皇后鄭太后看到自己的侄媳婦在堂下，連忙跪下請求粘罕，表示自己不參與朝政，也不想連累家人，請求國相不要叫人挑侄媳婦。粘罕點頭同意，鄭太后救下了侄媳婦[740]。

不過，五天後，國相又命令將領們將領走的妃嬪還回來，算是優待太上皇。大部分將領遵從了，只有真珠大王設也馬與寶山大王斜保沒有歸還[741]。

在所有婦女中，康王的母親韋貴妃與妻子邢氏受到了特殊對待。由於康王還沒有回來，金人不斷地催促他回京，也將他的妻母從青城寨齋宮調往了劉家寺的壽聖院，齋宮囚禁的大都是高官顯貴的家庭，劉家寺大都是皇帝的妃嬪。

隨著金軍的蹂躪，寨中死亡的婦女也逐漸多了起來，其中不乏有地位的。開封府把鄆王的其中一個妃子王氏送到劉家寺，王氏立刻選擇自殺[742]。二月二十日，身處於青城寨的信王妃不堪淩辱，選擇自殺[743]。二月二十四日，儀福帝姬生病，獲准到劉家寺壽聖院休養[744]。二月二十五日，另一個帝姬——仁福帝姬——死在劉家寺。二月二十八日，賢福帝姬死於劉家寺。三月初七，保福帝姬死於劉家寺[745]。三月十三日，由於皇帝的女兒太少，甚至在金軍中還引起紛爭。比如，在二月二十六日，萬戶賽里派遣千戶國祿都給元帥府寫了封信，表示他的弟弟野利已經和十七歲的柔福帝姬（名叫多富）訂了婚，下過了聘禮。柔福帝姬被關押在元帥府中，賽里請求元帥將帝姬釋放，好讓野利娶她。

兩位元帥很納悶，帝姬們在深宮大院裡，出城後又被嚴格地控制在劉家寺的壽聖院，野利到底有什麼機會見到她們，又怎麼會下過聘禮呢？他們把柔福帝姬找來詢問，原來在出城那一天，柔福帝姬的轎子壞了，幾位下了城的金軍將她抓到了旁邊的民居裡，一人自稱是北國大王的弟弟，送給她一個香囊。這個人就是野利，香囊就被當作了聘禮。野利還號稱只要柔福帝姬跟了他，就和在汴京一樣有享不完的榮華。

元帥們大怒，野利不僅違反了不讓下城的命令，而且還搶奪帝姬，他們把野利押到南薰門斬首[746]。野利到頭來不但沒有得到公主，反而丟失了性命。

最詳細的皇帝後宮報告

對於女人的搶奪到三月十五日基本上告一段落。

這一天，新皇帝張邦昌拜訪元帥時，帶著開封府寫的最終報告。這份報告也透露了汴京城女人們的遭遇。平日裡，人們對於皇帝後宮的女人雖然充滿好奇，但幾乎沒有人知道她們姓甚名誰。人們提到她們時，只是提稱號而已，比如鄭皇后、喬貴妃、崔淑妃、王德妃、韋賢妃，等等。至於更低級的妃嬪們，她們在歷史中只不過是一粒不值得標記的塵埃。

偏偏靖康之恥將宋徽宗的宮廷徹底打開，金人在收集皇帝的妃嬪時一絲不苟，加上執行力強大的開封府，將皇帝的後宮硬生生做成了標本展現在後人的面前。我們這才知道，原來每一個女人都是有名字的，比如，宋徽宗除了五個后妃之外，還有嬪三十一人，分別叫金弄玉、陳嬌子、月裡嫦娥、申觀音、金秋月、朱素輝、左寶琴、新劉娘、李珠媛、蕭金奴、席珠珠、朱桂林、曹柔、周鏡秋、徐散花、林月姊、王月宮、閻寶瑟、任金奴、林菱香、余羞花、王三寶奴、鄭媚娘、蔣敬身、陸嬌奴、毛朱英、黃寶琴、陳大和、秦懷珊、奚巧芳和江南春。

此外還有四十一位寵婢、六十七位婢，細心的開封府將她們的名字一一登記在案747。這些千嬌百媚的名字對應著一個個活生生的人，在平常，她們都被淹沒在龐大的集權帝國機器之中，不配有名字。從這個意義上說，金軍的入侵，讓她們從歷史的角落中走出來，至少留下了一個記號在史書中。

表二：開封府移送皇室名單748

皇室名單	皇室稱謂及年齡	與宋徽宗親屬關係及其命運
皇子二十三人，另有二人早歿，康王構（二十一歲）逃脫，後為南宋高宗	鄆王楷，二十七歲	徽宗第三子，天會八年六月二十六日歿於韓州
	肅王樞，二十六歲	徽宗第五子，天會八年十月歿於五國
	景王杞，二十四歲	徽宗第六子
	濟王栩，二十二歲	徽宗第七子
	益王棫，二十一歲	徽宗第八子
	祁王模，二十歲	徽宗第十一子，天眷元年八月十一日歿於五國
	莘王植，二十歲	徽宗第十二子
	徐王棣，十九歲	徽宗第十四子
	沂王㮙，十八歲	徽宗第十五子，天會十年七月伏誅於五國
	和王栻，十七歲	徽宗第十七子，天會六年九月為其兄㮙謀害
	信王榛，十七歲	徽宗第十八子，天眷二年六月十九日歿於五國
	安康郡王楃，十六歲	徽宗第二十子
	廣平郡王楗，十五歲	徽宗第二十一子
	相國公梴，十五歲	徽宗第二十三子
	瀛國公樾，十三歲	徽宗第二十四子，天會九年四月十八日自戕於五國
	建安郡王楧，十三歲	徽宗第二十五子，天會五年二月十五日歿
	嘉國公椅，十歲	徽宗第二十六子，天會八年九月歿於五國

皇室名單	皇室稱謂及年齡	與宋徽宗親屬關係及其命運
皇子二十三人，另有二人早歿，康王構（二十一歲）逃脫，後為南宋高宗	溫國公棟，九歲	徽宗第二十七子
	英國公楒，八歲	徽宗第二十八子
	儀國公桐，七歲	徽宗第二十九子
	昌國公柄，六歲	徽宗第三十子，天會十年十月歿於五國
	潤國公樅，五歲	徽宗第三十一子
	韓國公相，三歲	徽宗第三十二子
近支親郡王七人	濮王仲理，晉康郡王孝騫，平原郡王孝參，和義郡王有奕，永寧郡王有恭，燕王俁，越王偲	
帝姬二十一人，另有六人早歿	嘉德帝姬，玉盤，二十八歲	入蒲魯虎寨，天眷二年沒入宮，三年十二月歿
	榮德帝姬，金奴，二十五歲	入撻懶（完顏昌）寨，天眷二年沒入宮，皇統二年封夫人
	安德帝姬，金羅，二十二歲	靖康二年十月二十六日歿於多昂木寨
	茂德帝姬，福金，二十二歲	天會六年八月歿於兀室寨
	成德帝姬，瑚兒，十八歲	天會六年八月入洗衣院
	洵德帝姬，富金，十八歲	嫁真珠大王設也馬為妃
	顯德帝姬，巧雲，十七歲	天會六年八月入洗衣院
	順德帝姬，纓絡，十七歲	入雲中御宅，天會十五年歿於五國習古國王寨
	儀福帝姬，圓珠，十七歲	入兀朮寨
	柔福帝姬，多富（嬛嬛），十七歲	入洗衣院，天會十三年入蓋天大王寨，遣嫁徐還，皇統元年亡
	保福帝姬，仙郎，十六歲	歿於劉家寺
	仁福帝姬，香雲，十六歲	歿於劉家寺
	惠福帝姬，珠珠，十六歲	嫁寶山大王為妾

皇室名單	皇室稱謂及年齡	與宋徽宗親屬關係及其命運
帝姬二十一人，另有六人早歿	永福帝姬，佛寶，十六歲	天會六年八月入洗衣院
	賢福帝姬，金兒，十六歲	歿於劉家寺
	寧福帝姬，串珠，十四歲	入訛魯觀寨，天眷二年沒入宮，皇統元年封夫人
	和福帝姬，金珠，十二歲	天會六年八月入洗衣院
	令福帝姬，金印，十歲	天會六年八月入洗衣院
	華福帝姬，賽月，九歲	天會六年八月入洗衣院，皇統元年封次妃
	慶福帝姬，金姑，七歲	天會六年八月入洗衣院，皇統元年封次妃
	純福帝姬，金鈴，四歲	天會六年八月入洗衣院
皇孫十六人	太子諶，鄆王子三，肅王子二，景王子一，濟王子二，益王子一，邠王子一，莘王子二，儀王子二，徐王子一	
皇孫女三十人	柔嘉公主，鄆王女六，肅王女二，景王女二，濟王女七，康王女五，益王女一，祁王女二，莘王女二，徐王女二	
徽宗后妃五人	鄭皇后	從徽宗，天會八年九月初五歿於五國
	喬貴妃，四十二歲	從徽宗，流五國
	崔淑妃，三十六歲	從徽宗，流五國
	王德妃，三十五歲	靖康二年六月初四歿於燕山
	韋賢妃，三十八歲	高宗母，入洗衣院，天會十三年遣五國，紹興十二年四月歸宋
徽宗嬪三十一人	金弄玉，陳嬌子，月裡嫦娥，申觀音	入訛魯觀寨
	金秋月，朱素輝，左寶琴，新劉娘	入蕭慶寨

皇室名單	皇室稱謂及年齡	與宋徽宗親屬關係及其命運
徽宗嬪三十一人	李珠媛，蕭金奴，席珠珠	入葛思美寨
	朱桂林，曹柔，周鏡秋，徐散花，林月姊，王月宮，閻寶瑟，任金奴，林菱香，余羞花，王三寶奴，鄭媚娘，蔣敬身，陸嬌奴，毛朱英，黃寶琴，陳大和，秦懷珊，奚巧芳，江南春	從徽宗，入五國
徽宗寵婢四十一人	新王婕妤，小王婕妤，周春桃，狄金奴，邵亢奴	從徽宗，入五國
	曹小佛奴	入葛思美寨
	奚拂拂，裴寶卿，管芸香，謝吟絮，江鳳羽，劉蜂腰，劉菊山，閻月媚，朱柳腰，俞小蓮	入洗衣院
	莫青蓮，葉小紅，李鐵笛，邢心香，姚小嬌，羅醉楊妃，程雲仙，高曉雲，小金雞，邢小金，盧嫋嫋，周河南，景櫻桃，何羞金，辛香奴，徐癸癸，朱鳳雲，馮寶玉兒，芮春雲，曾串珠，顧貓兒	入諸郎君寨
	邱巧雲，郭小奴，方朝雲，衛佛面	道歿

皇室名單	皇室稱謂及年齡	與宋徽宗親屬關係及其命運
徽宗婢六十七人	李春燕	歸張邦昌為后
	陳桃花，楊春鶯，郭佛迷， 曹大姑	入真珠大王寨
	鄭佛保，謝三奴，任玉桃， 吳阿奴	入寶山大王寨
	霍小鳳，何青鳳	入高慶裔寨
	鄭巧巧，張小花	入耶律余睹寨
	王貓兒，劉白古，張好郎， 孫心奴	入兀室寨
	費蘭姑，吳富奴，朱燕姑， 劉鴛鴦	入婁宿寨
	沈金男，馬蘭瘦	入劉思寨
	韋月姑，張貝姑，衛福雲， 劉阿奴，文楊妃，王賽蓮， 劉月奴，喬瑞芳，黃朱紅， 張月仙，向袖雲，彭佛哥， 梁溫和，王翦雲，吳端姑， 鐘大寶，王月奴，楊吉保， 葉金姑，惲花雲，張花媚， 王金姑，李巧郎，黃觀音， 李雙飛，薑銀鈴，徐春羅， 曾四面，田倩雲，李仙桃， 荀玉虎，顧小郎，褚觀音， 潘玉兒，任蕙卿，劉春芳， 王紅奴，芮二南，王杏林， 紀男郎，湯三姑，邢柳姊， 汪和姑，于一翦紅	道歿十一人，餘入雲中御寨

皇室名單	皇室稱謂及年齡	與宋徽宗親屬關係及其命運
欽宗后妃二人	朱后	從欽宗，流五國
	朱慎德妃	從欽宗，流五國
欽宗嬪十人	鄭慶雲，狄玉輝	從欽宗，流五國
	劉月娥，何鳳齡，鄭月娥，薛長金	入真珠大王寨
	盧順淑，戚小玉，韓靜觀，鮑春蝶	入寶山大王寨
欽宗婢二十七人	曹妙婉，卜女孟，席進士，程巧，俞玩月，黃勤	歿於水
	衛貓兒	自刎
	徐寶蓮，姜田田	病歿
	顧頑童，芮秀，嚴鶯簧	入寶山大王寨
	楊調兒，陳文婉	敕賜真珠大王
	朱淑媛，田雲秀，徐鈺，許春雲，周南，何紅梅，方芳香，沈知禮，葉壽心，華正儀，呂吉祥，褚月奴，駱蝶兒	入洗衣院
	另有皇子妃三十四人，親王妃十八人，王女二十三人，駙馬八人	

表三：汴京女子換錢表[749]

項目	單位	收益
選納妃嬪八十三人，王妃二十四人，帝姬、公主二十二人	人準金一千錠，帝妃五人倍益	金十三萬四千錠
嬪御九十八人，王妾二十八人，宗姬五十二人，御女七十八人，近支宗姬一百九十五人	人準金五百錠	金二十二萬五千五百錠
族姬一千二百四十一人	人準金二百錠	金二十四萬八千二百錠
宮女四百七十九人，采女四百零四人，宗婦兩千零九十一人	人準銀五百錠	銀一百五十八萬七千錠
族婦兩千零七人，歌女一千三百一十四人	人準銀二百錠	銀六十六萬四千二百錠
貴戚官民女三千三百一十九人	人準銀一百錠	銀三十三萬一千九百錠
合計	金六十萬七千七百錠，銀二百五十八萬三千一百錠	

不過，開封府將她們紀錄成冊，並不是基於歷史目的，而是為了將她們移交給金軍。宋欽宗曾經與金軍簽過對賭協議，若無法完成籌集金銀的任務，就將女人賣給他們。開封府之所以這麼賣力地捕抓這些女人，是因為她們擔負著「賣錢填債」的重任。

那麼這些女人到底有多值錢？按照開封府的計算，帝妃五人的價格是每人五千錠黃金，王妃、帝姬、公主四十六人的價格是每人一千錠黃金，加起來就是十三萬四千錠黃金。開封府花了巨大的力氣，才一共湊了四萬九千五百二十錠黃金，這還是金軍減少之後的數目，賣掉五十一位后妃公主換得的金子，就已經比上繳黃金數目的兩倍半還多。

除了五十一位后妃公主，還有一萬一千五百零六名婦女被皇帝賣給了金人，總計換得金六十萬七千七百錠、銀兩百五十八萬三千一百錠。

與之對比，金人要求的戰爭賠款是金一百萬錠、銀五百萬錠。籌集的真金白銀折合金四萬九千五百二十錠、銀一百五十四萬五千六百錠。也就是說，賣人收入占了賠款的一半以上。真金白銀只能湊夠賠款的一小部分。

但即便加上賣人收入，最後仍然不夠賠款數額，依然欠缺黃金三十四萬兩千七百八十錠、白銀八十七萬一千三百錠[750]。這些還不上的錢，就只好靠張邦昌求情，由金人將其赦免。

從這個意義上來說，汴京城不是由皇帝救下的，而是由女人們和張邦昌聯手將它帶出深淵。

註解

720 參考《開封府狀》，出自《靖康稗史箋證》。
721 《南征錄匯》引《雛鳳清聲》。
722 《南征錄匯》引《壽聖院劄記》。
723 《南征錄匯》引《大金武功記》。
724 《南征錄匯》引《壽聖院劄記》。
725 這一天還再次提出來讓太上皇出宮，還是被皇帝擋回去了。
726 《南征錄匯》引《青城秘錄》。
727 《南征錄匯》引《青城秘錄》、《行營隨筆》。
728 《南征錄匯》引《壽聖院劄記》、《行營隨筆》。
729 《南征錄匯》引《壽聖院劄記》、《行營隨筆》。
730 參考《南征錄匯》。
731 《南征錄匯》引《行營隨筆》。
732 《南征錄匯》引《壽聖院劄記》。
733 《南征錄匯》引《壽聖院劄記》。
734 《南征錄匯》引《行營隨筆》。
735 《南征錄匯》引《毳幕閒談》。
736 《南征錄匯》引《毳幕閒談》。
737 《南征錄匯》引《壽聖院劄記》。
738 《南征錄匯》引《大金武功記》。
739 參考宋·李心傳《建炎以來繫年要錄》。
740 參考《南征錄匯》。
741 《南征錄匯》引《青城秘錄》。
742 《南征錄匯》引《行營隨筆》。
743 《南征錄匯》引《青城秘錄》。
744 《南征錄匯》引《雛鳳清聲》。
745 《南征錄匯》引《屯翁日錄》。

746 《南征錄匯》引《行營隨筆》。
747 參考《開封府狀》。
748 參考《開封府狀》和《宋俘記》，均出自《靖康稗史箋證》。

749 參考《開封府狀》，出自《靖康稗史箋證》。
750 參考《開封府狀》。

第十七章、撤離

部署撤退

金軍已立張邦昌為新皇帝，也獲得大量的女人和戰爭賠償，剩下的就是撤離問題了。

元帥們本來還指望完成河北與山西諸城的交割，但從新的形勢來看變得很困難。康王在外集結了越來越多的人馬，他們雖然不攻打汴京，但依然是金軍的巨大威脅。兩支金軍在外待了太久，軍紀逐漸失控，如果再不走，一次不經意的敗仗，就可能產生雪崩效應，到時候就收不住了。康王佔據的地區大都在河北，看來，只好借助下一次南侵，加上張邦昌的配合，才有可能完全控制河北地區。

金人對於步步為營的蠶食戰略一點也不陌生。第一次汴京圍城，金國獲得燕京地區，並逼迫宋朝承諾割讓三鎮。由於金軍撤退後宋朝不肯交割三鎮，給了金軍發動第二次進攻的藉口，將三鎮掌握在手中，並逼迫南朝（宋）承諾割讓整個黃河以北地區。如果南朝（楚）再不履行協議，金軍可以以此為藉口發動下一次進攻，到時候，黃河以北就會正式落入金人囊中。

但對於元帥們來說，最大的問題是，到底怎麼才能安全地回到北方？入侵時他們依靠的是閃擊戰，但撤退時金軍已經變成了另一支軍隊，他們帶著大量的金銀珠玉錦帛，馬上馱著的是女人不是戰士，每個人都想著發財的衝動和對女色的貪婪，他們不想打仗，只想多活幾年好好享受一下。這時候的金軍最不願意碰到的就是北方的宋軍。這些宋軍有的是康王的正規軍，有的只是打家劫舍的強盜，他們感興趣的不是報國雪恥，而是金軍巨大的財富。當然，北宋強盜們如果能碰巧將太上皇和皇帝救下來，那這一輩子升官發財就不用愁了。

到底怎麼才能避開這些軍隊，金軍也做了一定的部署。

早在立張邦昌之前的三月初四，粘罕的弟弟阿懶（漢名完顏宗憲）就押著一千零五十車書籍禮器等上路了。阿懶是金人中最有文化修養的士人，攻克汴京之初，當別人都蜂擁而上爭奪財物時，只有阿懶瞄準了城內的書籍。元帥們向北宋索要書籍，大都是應阿懶的要求。這些書籍送往北方之後，可以幫助新興的國家制定規章制度和禮儀，但要把它們運送往北方也是一項大工程。根據粘罕的指示，阿懶押著書籍作為先行部隊，在車頭插上北宋皇帝皇后的旗幟，讓人們以為是皇帝啟程了[751]。

如果康王有實力，一定會襲擊阿懶的隊伍。只要康王放過了這支隊伍，阿懶能夠安全到達北方，就證明河北的道路不用擔心。

阿懶的出發，同時造成汴京城內的誤會。城內的吳革正在準備起兵，突然聽說青城寨內有不少車輛出發，以為皇帝被送走了，吳革大哭起來[752]。這件事打亂了城內義兵的部署，三月初六提前起兵，又很快被鎮壓。

另一方面，金軍也開始清掃歸去的道路，三月初十、十一、十二日連續三天，金軍與康王的部隊在開德、興仁、濮州、千秋鎮、南華一帶接連遭遇，金軍都以獲勝告終。其中南華之戰更是摧毀了宗澤精心組織的車陣[753]。由於宗澤是康王的主力戰將，他的失敗也說明康王還沒有實力抗擊金軍。

康王考慮更多的是金軍走後的秩序重建，並不想將金軍截留在內地。三月十九日，他的軍隊收復了西京洛陽[754]，從這件事也可以看出，他們不打算與金軍直接對抗，而是首先將處於金軍控制邊緣的地區收復，等金軍撤走，再回頭佔領中心區域。

到了三月十八日，阿懶已經過了河北區域，他派人回來報平安。既然打著宋朝皇帝的旗號都沒有遭到阻攔，表明這一路是安全的，兩位元帥從這一天開始下令整裝待發。當天，張邦昌請求宴請兩位元帥，元帥們都有事情，派設也馬和斜保前往[755]。

金軍加速撤離的行動，也影響了宋欽宗，他知道自己的命運已經註定，在三月二十一日寫信給城內，要求他們服從新主子。但他又請城內可憐可憐老主子，送一點上路錢吧。前皇帝索要的不多，只要一點廚房用品，加上三千貫現錢。三月二十二日，元帥府又贈予太上皇三千兩白銀、表緞四端、火燎頭籠（取暖用）四具[756]。

張邦昌也加緊請求金軍釋放更多人，除了大臣之外，還請求將趙氏的帝姬和諸王夫人遣返，但都被拒絕了。他一共救出了宋朝大臣十一人、婦女兒童三千人，這已經是他能力的極限了[757]。

太上皇的皇后鄭太后也乘機救下了娘家人。三月二十七日當粘罕與太上皇相見時，太上皇穿著紫色的道服，戴著逍遙巾坐著轎子來到了寨門口。他與元帥相見後，要求元帥將出嫁的帝姬留下，沒有獲得批准，反而是鄭太后再次表示，自己的娘家人不參與政治，請求將他們留下。元帥答應了。這是鄭太后第二次救下自己的娘家人。就連金軍也說，皇后口才好，進退有度，加上容止雅麗，所以能夠得到元帥的尊重[758]。

三月二十五日，元帥們下令，諸軍三月二十八日下城離開。到了三月二十六日，金軍的前軍就已經上路了，這一天，多昂幭烈率領兩萬士兵，押著宗室和駙馬家屬三千餘人，以及大量的金銀表緞車輛上路[759]。

三月二十六日，城外火光衝天，金軍開始將營柵燒毀，做拔營的準備[760]。

三月二十七日，宋欽宗望著他再也見不到的汴京城行了告別儀式，他伏在地上大哭，天地為愁，城震有聲[761]。

這一天，城內的張邦昌也採用天子的儀衛和法駕，但渾身穿著象徵喪禮的白色，來到南薰門和五岳觀兩處，出城設立香案，率領百官和士庶（他們也穿著白色），大家一起痛哭著送別太上皇和皇帝[762]。

三月二十八日黎明，宋朝的俘虜們開始移營。首先是把青城的一部分俘虜都合併到劉家寺；太上皇、諸王和駙馬被押解到了劉家寺與親人們相見。粘罕也來到了劉家寺，斡離不請太上皇吃了個飯。

由於宗室夫婦（王妃和諸王、帝姬和駙馬）是分開押送，太上皇的到來也給了夫婦們最後見面的機會。王妃們從壽聖院出來與諸王相見，帝姬們也來拜見父母和夫婿。當晚，太上皇住在劉家寺。這一天，金兵也按照計畫從城牆上下來，將城門防衛交給大楚的軍隊。張邦昌立刻派遣戶部尚書邵溥接收城牆，趕快進行修理[763]。

張邦昌穿著赭袍，張著紅蓋，出南薰門設香案謝恩，並餞別兩位元帥，到中午才回城。路上的人們感慨萬分，一邊是老天子離開，一邊是新天子招搖[764]。

第二天凌晨三更，劉家寺拔寨。

斡離不的軍隊一共分成了七支，俘虜們夾雜在七支軍隊中一同北上。其中官員和輜重在第二軍，太上皇、諸王、駙馬在第三軍，鄭太后、宮廷婦女在第四軍，王妃、帝姬在第五軍。訛魯觀和蕭慶擔任都押使，一共有車八百六十餘輛[765]。他們走河北地區北上。

四月初一，國相粘罕退師，軍隊分成五支。其中第一軍押朱后，第二軍押三千給金國皇帝的貢女，第三軍押各色匠人三千家，第四軍押宋欽宗。他們和來時一樣，從山西北上，再前往燕京[766]。押送宋欽宗的隊伍從新鄭門向北，每過一個城角，欽宗皇帝都掩面號泣。諸王們各自乘車，但更小的親王、駙馬、宗室都只能徒步而行了。城內的士大夫們肝膽欲摧，卻毫無辦法[767]。

金軍啟程前，還給張邦昌送了一件大禮，他們寫信給他，表示願意減歲幣一百萬貫銅錢、銀絹二十萬兩匹。

雖然談判中金軍屢次要提高歲幣，但談判最後的協定中卻並沒有提高額度。

這說明女真人還是一個靠掠奪維持、對持續性財政沒有太多概念的民族。

談判中，宋金歲幣是銀二十萬兩、絹三十萬匹、銅錢一百萬貫。減去赦免的額度，每年的歲幣額只有銀絹三十萬兩匹了[768]。這個數量與北宋給遼國的歲幣一致，甚至少於宋金滅遼之後的協議數量，是南朝可以承受的數額。

金軍定這個額度，表明他們的克制，也表明他們真心實意要和張邦昌的大楚政權搞好關係，前提是張邦昌足夠聽話。

雖然大楚沒有維持長久，但是這次減免卻帶來了持續性的好處——從此以後，南宋與金國的歲幣談判就在這個基礎上進行，基本上擺脫了徽、欽二帝許諾的高昂歲幣。

金軍撤離後，汴京城的人民如同得到了重生，他們紛紛登上城牆，觀看著外面的景色，人群如蟻集鱗次。伴隨著皇帝離開的惆悵和未來的不確定性，人們不知是喜是悲。

城牆的修理也在加速，最主要的四壁樓櫓在金軍到來時毀損嚴重，這些都必須趕快修好，以免下一次戰爭中再次遭殃。

范瓊領兵到金軍營地轉了一圈，發現金軍營地遺棄的寶貨、表緞、豬羊、米麵不計其數，秘閣書籍，狼籍泥中，金帛被人如同糞土一般踩踏[769]。夾雜在物品中間的，還有不少老幼病殘婦，范瓊將他們一併帶回城內。這些老幼病殘婦夾帶著大量的米麵金帛，指望著靠它們度過最初的艱難歲月。但到了城門口，守城的士兵立刻將他們的物品搶奪一空[770]。

張邦昌也派戶部去收集了一番，單象牙一項就收集了二百石之多[771]。

融入北方的血脈

北去的徽、欽二帝逐漸消失在南方人民的視野之外，只有少數人與其偶遇。曾經在懷州抵抗金軍的范仲熊有幸最後一次見到宋欽宗。

四月初四，粘罕回軍到鄭州，決定將范仲熊與那些原籍在黃河以南，但戰爭時在黃河以北的人們送歸南朝，他釋放了范仲熊。在釋放前，范仲熊看到幾位內侍和婦人，他們把一個瘦子夾在中間，這人就是被稱為少帝的宋欽宗。范仲熊連忙禮拜，向少帝表示自己位卑才淺，無力扭轉乾坤，讓皇帝受此奇恥大辱。但皇帝冷漠得連話都沒有回[772]。

太上皇宋徽宗表現得大度些，在北遷的路上，他遇到了曾經的遼臣，也是曾經的宋臣，郭藥師、張令徽等人，郭藥師拜見太上皇，並表示既然昔日是君臣，現在也必須持君臣的禮節。但他為自己開脫，的確是力所不逮，不得不投降，請太上皇赦免他。太上皇大度地表示：「天時如此，非公之罪，何赦之有[773]？」

除了這少量的記載，兩位皇帝就走出了人民的視野。

但關於宋俘的記錄並沒有消失。雖然南方人見不到他們，但北方人對此也有記錄，更何況，伴隨兩位皇帝北去的人中不乏文化精英，他們將之後的事情記錄了下來[774]。

根據金人記載，北宋俘虜大的批次一共分成了七批[775]。俘虜中一共有皇帝的妻子等三千餘人，宗室男婦四千餘人，貴戚男婦五千餘人，諸色目（工匠）三千餘人，教坊三千餘人。入寨後死亡散失兩千人，釋放了兩千人，起行的有一萬四千人。

到達燕雲之後，男人只剩下十分之四，女人只剩下十分之七。是死是活，已經無法推敲。

表四：宋俘發送情況776

批次	人數	典型代表	發自何處，啟程日期	金軍押送官員	典型遭遇	存亡情況
第一批	宗室貴戚男丁二千二百餘人，婦女三千四百餘人	濮王，晉康、平原、和義、永寧四郡王	青城國相寨，三月二十七日	闍母	金天會五年（一一二七年）四月二十七日抵達燕山，居仙露寺。 金天會六年（一一二八年）七月遷通塞州，十二月遷韓州。 金天會八年（一一三〇年）七月遷咸州，四郡王跟從宋欽宗行。 金天會九年（一一三一年）十一月遷上京，男性編充兵役，女性守把宮院。	到燕山時存婦女一千九百餘人，男丁無考。 到韓州時存男婦共九百人。 金天會九年（一一三一年）十一月只剩五百人。
第二批	三十五人	徽宗妻韋氏，相國、建安兩子，鄆王、康王的妻妾、女兒，富金、嬛嬛兩帝姬	劉家寺壽聖院，三月二十八日	也馬，賽里，國祿，阿替紀	金天會五年（一一二七年）五月二十三日入上京洗衣院。	
第三批	三十七人	欽宗妻妾。珠珠帝姬。柔嘉公主	青城齋宮，四月初一	斜保，賽里	金天會五年（一一二七年）四月十八日抵燕山，居湣忠祠。十月與徽宗會合。	

第四批	一千九百四十餘人	徽宗，燕、越、鄆、肅、景、濟、益、莘、徐、沂、和、信等十二王，安康、廣平兩郡王，瀛、嘉、溫、英、儀、昌、潤、韓八國公，諸皇孫，駙馬，徽宗妻妾，奴婢	三月二十七日從齋宮與青城移至劉家寺。三月二十九日	訛魯觀，蕭慶，葛思美	金天會五年（一一二七年）五月十三日抵燕山，居延壽寺。十月遷中京，居相國院。金天會六年（一一二八年）八月遷上京，居元帥甲第。十二月遷韓州。金天會八年（一一三〇年）七月遷五國城。	遷韓州途中和王歿。
第五批	帝姬、王妃等一〇三人。侍女一四二人		劉家寺壽聖院，三月二十九日	斡離不	金天會五年（一一二七年）五月十九日抵燕山，居皇子寨。	
第六批	貢女三千一百八十人，諸色目（工匠）三千四百十二人		青城國相寨，四月初一	谷神（兀室），撻懶	金天會五年（一一二七年）五月二十七日抵燕山。分其半至上京。	到燕山時，實存貢女二千九百人，諸色目一千八百人。
第七批	欽宗等十二人。侍女一四四人	欽宗，太子，祁王，繆絡帝姬	青城國相寨，四月初一	粘罕，高慶裔，耶律余睹	金天會五年（一一二七年）六月初二抵雲中。七月初十抵燕山，與徽宗會合。	

在這七個批次中，第二批次是比較特別的一批，包括了康王的母親（徽宗妻子）韋氏和康王妻子邢妃。

在徽宗諸子中，只有康王逃過了劫難，也成了金軍最大的隱患，將他的妻子母親作為人質，可以有效地防止康王生事。因此，其他批次都是先送往燕雲地區，逗留了很久，再重新安置到更北方，只有第二批次只在燕京短暫逗留，隨後立刻送往更遙遠的上京[777]。

押送第二批次的是真珠大王設也馬和千戶國祿、千戶阿替紀，除了康王母妻之外，還有鄆王之妻朱妃，富金、嬛嬛兩帝姬，以及相國公趙梴、建安郡王趙楧等。這一批一共只有三十五人，卻用了五千精兵進行護送，表明對人質的重視。

在護兵中，翻譯官王成棣（一名王昌遠，是醫官王宗沔的兒子）記錄了路上看到的一切，讓我們直接觀察人質押運的過程[778]。三月二十八日中午這一批次從劉家寺壽聖院上路後，就聽說百里外有宋兵，由於人們認定康王一定會救他的母親與妻子，護兵們也是戰戰兢兢。偏偏被押的女人由於騎不慣馬，不斷墜馬，提不起速度來。

路上兵災痕跡猶在，大部分的房子都已經被燒毀，屍體露在外面已經腐朽，白骨累累。第一天晚上，金軍將人質安置在了一個破寺裡，外面圍著士兵進行保衛。設也馬等人不忘喝酒吃肉一番，才紛紛睡去。

三月二十九日，邢妃和朱妃以及兩位帝姬因為騎馬損傷胎氣，暫時無法騎馬了。他們在寺裡又住了一天，到四月初一，寶山大王斜保押著欽宗妻朱后、朱慎妃和珠珠帝姬加入進來，寶山大王押送的是第三批次，也就是說，第二、三批次暫時合併了。

在這一隊中，押送官之一千戶國祿是一個好色之徒，他想褻瀆朱后，被寶山大王斜保抽了一鞭而作罷，但隨後又開始騷擾嬛嬛帝姬，和她乘坐一匹馬。到胙城時，要過黃河，前六批次[779]都趕到了一起，由於聽說河北有宋軍，他們都暫時不敢過河。在閒暇中，王成棣向俘虜們詢問宮中之事，得到的消息是太上皇最好色，每五天到七天必須用一個處女，幸一次進一階，到他退位時，遣散的宮女竟然有六千人之多。鄆王懦弱，康王好色如父，侍婢中常有死亡的。只有少帝欽宗是個好人，他不近聲色，作為皇帝只有一位妃子、十位夫人，得幸的其實只有三位。聽說了這些，兩位大王對朱后的態度明顯好轉，平常的舉止也更加尊重了。

四月初四渡河，第二、第三批次在黃河以北遇到了蓋天大王賽里。賽里是個耿直的漢子，看見千戶國祿與帝姬同馬，立刻將他殺掉了，屍體扔進河中。

賽里從此與第二、第三批次同行。但賽里也是個好色之徒，他首先企圖騷擾嬛嬛帝姬，被制止後，又開始逼迫邢妃，逼得邢妃要自殺。

路上仍然滿目瘡痍，比如四月初六到達豐樂境內一個村子裡，村子的房子已全部毀掉，在院子裡倒埋著男女二十多具屍體，還沒有完全腐爛。

四月十八日一行人到達燕京，住在了潛忠祠內。第二、三批是最早到達的兩批，也是燕京第一次看到俘虜前來。燕京的婦女們見到俘虜，如同見到了寶貝，紛紛按照金人的禮節行抱見禮。宋朝女人沒有見過這種行禮方式，顯得很窘迫。

真珠大王設也馬看上了富金帝姬，將富金帝姬帶回府邸休息去了。宋朝的公主就這樣與金國的大王聯姻。但此時的他們仍然不合禮法，至於儀式，要到上京之後才補辦。

第三批到了燕京就暫時不再前行，寶山大王和蓋天大王都留下了。但真珠大王押解的第二批卻還要趕往上京。他們在燕京流連了六天，到了四月二十四日終於啟程繼續趕路。趕路的速度也加快了，每天都有一百五十里，就連王成棣都有些受不了，更何況女人們。

四月二十八日，出長城，之後沙漠萬里，沒有人煙。四月三十日到達海雲寺，這裡是一個許願很靈驗的地方，女人們紛紛請王成棣幫助寫字許願，希望未來能夠還鄉。離開海雲寺，也就離開了渤海灣，進入了東北地區茫茫的草莽之中。

五月十六日，俘虜們抵黃龍府，五月二十三日，終於到達了上京。路上一共有九位女人死亡，有名號的是康王妃田春羅，肅王的二女和三女，康王的大女，宮嬪徐金玉、沈知禮和褚月奴等。

由於真珠大王生病，十幾天後的六月初七才正式拜見皇帝。當天黎明，真珠大王讓韋妃等人下車進入御寨，朝臣分列左右，大王引眾人登乾元殿，大金皇帝坐正位，他的后妃也同在殿上（這與宋朝禮儀有明顯區別），但是坐在側面。

韋妃等人學著金人的方式，跪右膝、屈左膝，稱為胡跪，向皇帝致意。皇帝的后妃連忙下來抱住韋妃等人的腰部並讓她們起身，賜坐在殿旁。

退朝後，皇帝開了兩桌宴席，分別是在殿左宴請韋妃等人，以及在殿右宴請相國、建安兩皇子，他的后妃六人陪韋妃，郎君四人以及真珠大王、阿替紀、王成棣等人陪兩王。宴會結束後，諸人對著御座謝恩，胡跪兩叩。

之後，皇帝將女人們都做了分配，其中帝姬趙富金，王妃徐聖英，宮嬪楊調兒、陳文婉四人分給真珠大王設也馬為妾，郡國夫人陳桃花、楊春鶯、邢佛迷、曹大姑四人也給了設也馬，但她們級別不夠，只能當侍婢。

剩下的人，包括康王母趙韋氏、鄆王妃朱鳳英、康王妃邢秉懿和姜醉媚、帝姬趙嬛嬛、肅王大女和四女、康王二女，以及宮嬪朱淑媛、田芸芳、許春雲、周男兒、何紅梅、方芳香、葉壽星、華正儀、呂吉祥、駱蝶兒等人被送進了洗衣院（又稱浣衣院）。

不幸的是，金人的記錄中從來沒有解釋洗衣院到底是一個什麼樣的機構，這給後人留下了遐想空間。有人認為洗衣院是一個皇家妓院，但更可能的情況是，這是一個類似於唐朝掖庭宮的地方，皇帝從各種管道得到的女人，暫時無法安置的，都送到洗衣院。她們在洗衣院裡可以充作女侍，也可以被皇帝享用。

當皇帝有了新的安排，就從洗衣院將她們帶出來重新分配。以康王的母親韋氏為例，她先進入洗衣院，後來又從洗衣院出來，跟隨徽宗到了五國城。南宋與金講和後，韋氏被送回了南宋。柔福帝姬趙嬛嬛進入洗衣院後，又被送入蓋天大王寨，後來嫁給了徐還。

兩位男性——相國公和建安郡王——則被送回燕山居住。

分配完畢，眾人謝恩。韋妃等人被送進了洗衣院，之後才到了最高潮的項目——真珠大王娶親。

真珠大王帶著八位女子回到他的寨中，皇帝已經派遣女官先到了府邸，主持納妾禮。他賜給大王黃金一百兩、馬十匹、表緞十端，每個女人還得到了一套金國的國服。真珠大王謝恩完畢，由女官引大王上座，新來的八位妾和婢向大王胡跪兩叩，之後引入內室，卸去衣裝，打開門簾，請大王入內合巹。

在真珠大王春宵一刻時，女官取金國國服掛在府邸門口，這是告訴外面的人們這裡有喜事，快來祝賀。申刻（下午三點），真珠大王從內室出來，他完成了六個人的合巹，於是取了六套國服送給已經合巹的趙富金、徐聖英、楊調兒、陳文婉、陳桃花、邢佛迷，引導她們坐到中庭，與祝賀的客人相見。至於還沒有合巹的楊春鶯、曹大姑，則穿上舊衣服坐在外間。當客人們享受著全豬宴時，遠來的漢人女子就這樣融入了游牧民族的生活中。

在漢人看來，這或許是悲傷的一幕，但對於游牧民族而言卻很正常，他們沒有「一女不事二夫」的習俗，反而認為女人應該接受更強者的保護。在游牧戰爭中，強者將戰敗者的女兒奪走，戰敗者並不以此為恥辱，反而認為他們的女兒找到了更好的去處。在人類的基因傳播中，女人總是比男人更加漂泊，也傳播得更遙遠。

次日，真珠大王帶著他的新歡們朝謝皇帝，並見到了韋妃，他得到消息，鄆王妃朱鳳英和柔福帝姬趙嬛嬛已經被皇帝寵幸過了。

在宋俘中，還有三位大臣值得一提。張叔夜有可能是第六批[780]啟程前往燕京。一路上，他以絕食相抗議，只飲一點湯水維持生命。在金人要立張邦昌時，他就曾經表示，現在能做的事情只有一死而已[781]。但為什麼他還不死？原因是，他要親自跨過那道北宋的界河。五月十六日，俘虜們跨過了白溝，這道界河曾經隔開了北宋和遼國，宋徽宗之所以聯合金人，就是為了奪回界河以北的土地。經過幾年的折騰，界河早已經變成了黃河，但在北宋大臣的心中，真正的界河還是白溝。

跨過白溝，就意味著離開了故國。張叔夜已經虛弱到站不起來，只能躺在車上，車夫告訴他，過河了，他突然坐起仰天大呼，之後不再說話。第二天，他扼住喉嚨而死，時年六十三歲[782]。

與他一樣死亡的還有大臣何㮚，何㮚沒有死在路上，到了燕京才絕食而死，時年三十九歲[783]。另一位大臣孫傅於建炎二年（一一二八年）二月死於北方[784]。

皇帝的結局

在所有的宋俘中，最重要的莫過於徽、欽二帝，而其中又以太上皇宋徽宗的記載最為詳細[785]。宋徽宗是第四批上路的，他的兒子欽宗被國相粘罕帶著，走更加艱辛的山西道路，太上皇在二太子斡離不的關照下，從河北直接進入燕京。由於斡離不對宋朝相對友好，兩者打交道也比較多，太上皇在路上受到的照顧還不錯。

三月二十九日，第四和第五批人員同時上路。四月初一到胙城時，因為聽說黃河北岸有宋軍，幾乎所有批次的人員都在排隊等候，太上皇在這裡又見到了第二、第三批次的韋妃、朱后等人。警報解除後，由於韋妃等人要被送往上京，在排隊中處於優先順序別，太上皇只能含淚目送韋妃、相國公、柔福帝姬等人先行。

過黃河後，到了四月初七，金軍終於忍不住慾望，押送官葛思美將後宮的曹氏盜入手中。為了避免類似的事情再發生，太上皇令肅王告誡後宮不要隨便離隊，免得自取其辱。但整體上，金人對太上皇還是很有禮貌，甚至派王宗沔等三人專門照料。隨著連日的風雨，許多女人選擇到金軍營中避雨，這些人大都遭到了姦淫。

四月十六日，太上皇在都城店遭到了一次重大打擊，他的兒子燕王俁死了，屍體只能裝在馬槽裡。燕王夫人和兒子想讓金軍允許他們歸葬，金軍卻讓他們把屍體燒掉，將骨灰帶上路。

這一路的兵災的痕跡也是很明顯，在柏鄉，瓦礫屍骨縱橫。隊伍中有牛馬倒斃，立刻有人上來爭相割牛馬屍體充饑。只有金人吃著肉、喝著酒、弄著管弦、抱著女人，恣意取樂。

第四、第五批次到了真定，一共待了八天，斡離不在這裡與太上皇打球、喝酒，不亦樂乎。在真定旁邊就是中山，當時中山還沒有投降，斡離不請太上皇來到中山城下，說道：「我道君皇帝，今往朝金帝，汝可出降。」

守將陳遘認識太上皇，大驚痛哭。但提轄沙振害怕陳遘聽從了太上皇的命令，大喊：「道君皇帝怎麼會在這裡，一定是金人之詐！」他鼓動大夥兒殺掉了陳遘，繼續守衛中山不肯屈服[786]。

四月三十日，斡離不決定將第四、第五批次分開，太上皇所在的第四批先行，於五月十三日到達燕京，第五批次於五月初四出發，五月十七日到達燕京。

太上皇住在燕京的延壽寺內，時常與斡離不打球、喝酒，日子過得還不錯。延壽寺位於現在北京前門琉璃廠東側，距離燕山城不遠，交通方便。但其餘的人就沒有那麼幸運了。比如，第一批次的宗室三千餘人，四月二十七日活著到達燕京的只有一千數百人，還十人九病，其餘的都死在了路上，他們居住在更遠的仙露寺。而第六批次的貢女三千人、吏役工匠三千人，於五月二十七日到達後，活著的分別只有二千九百人和一千八百人，這些人分了一半前往上京，剩下的男人自謀生路，女人大都賣作娼妓。

另外有人統計，在歷次戰爭中，金國掠奪的宋朝男女不下二十萬，大都是帶到地方，讓工匠們自謀生路，官僚和貴族子弟降為奴隸，放馬做飯，時常挨打，不到五年就只剩下十分之一。女人如果分給大戶人家做妾還有生路，如果分給小官或者士兵，大部分也都成了娼妓。有個鐵匠曾經花八兩金子購買了一個娼妓，竟然是親王的孫女、宰相的侄媳婦、進士夫人[787]。

太上皇既然在延壽寺，這裡就成了宋朝俘虜們心目中的聖地，帝姬王妃們辭行時都會路過這裡。

宗室子弟一般住在潛忠祠，比如，七月初七，第二批次的相國公和建安郡王從上京被送回了燕山，就住在潛忠祠內。他們已經各自娶了一位新夫人，相國公娶了耶律氏，據說是一位契丹公主，建安郡王娶的陳氏原本是金國皇帝賜予設也馬大王的內夫人，被設也馬又送給了郡王。這也可以看出，趙氏宗室子弟很快適應了北方的生活，他們不再在乎什麼禮法規矩，迅速地融進了北方更加寬鬆的婚姻規則裡。南方的血統和北方的血統迅速融合在一起，他們的後代將被視為金國的子民。

另外，富金帝姬已經嫁給了設也馬大王，此時也回到了燕山，同樣住在潛忠祠。

七月初十，少帝欽宗也來到了燕山，住在潛忠祠。少帝的行程要比太上皇更加艱難。太上皇有斡離不照顧，不至於太受苦，少帝在粘罕的隊伍中卻沒有享受太好的待遇。粘罕讓他穿青衣，戴著氈帽，乘黑馬，時時讓人監視，朝天大叫號泣，都會被呵止，少帝悶壞了。但他還算幸運的，同批次其餘的人開始還有馬騎，馬死了就只好步行，走慢了就挨鞭子。

晚上睡覺，少帝與其餘的人擠在一起。過太和嶺時，由於山高，少帝被綁在馬背上過山。經過一路顛簸，六月初二，少帝才到達雲中，休息了三天後繼續趕往燕京，於七月初十到達燕山[788]。

少帝、相國公都在潛忠祠，倒是容易見面，但與太上皇見面就不那麼容易了。相國公與設也馬建立了深厚的友誼，他請求設也馬幫助他們與太上皇相見。設也馬和斜保大王已經成了太上皇的女婿，於是帶上了洵德、惠福兩個帝姬，加上相國公、建安郡王、少帝等人，以及他們的家屬，一塊到昊天寺作齋，再把太上皇和太上皇后，以及諸王叫來，大傢伙兒一起熱鬧了一整天。這可以說是太上皇到了燕京後少有的開心時刻。

七月十六日，藉著鄭太后得病的空當，設也馬率領趙氏諸人一起到延壽寺問候，順便把祁王、相國公、建安郡王都調到了延壽寺，讓他們照顧太上皇夫婦，把少帝留在了潛忠祠。

但到了八月（也有說六月），情況出現了變化，二太子斡離不突然著涼去世了。關於他的死亡有不同的說法，有說他打球完畢用冷水洗澡著涼了，有說他是一個花花公子，攻宋途中獲得了大量的美女，在聲色犬馬之中離世[789]。但不管哪種說法是正確的，作為太上皇最大的保護神，他的死亡讓趙氏的生活發生了變化。

九月份，由於康王在南方稱帝並反金，金國皇帝意識到燕京距離南方還是太近了，於是下令將趙氏宗族遷往更北方的地區。

九月十三日，太上皇眷屬千餘口、少帝眷屬百餘口離開了燕京。在燕京還留有濮王等一千八百餘人住在仙露寺，當時宗室子弟竟然有衣不蔽體的。太上皇離開時，將金人贈送的一萬匹絹，分了一部分給他們。

金人這一次要將他們送往中京，距離燕京九百九十里。十月十八日，他們到達了中京，住在相國院裡，這裡是遼國時期的官員府邸。中院住金軍將領，東院住太上皇，少帝住西院，由於地方不大，其餘的人只能住在外面。

中京已經比燕京蕭條許多，甚至連日用品都只能每兩個月從燕京調過來。

金人為了養活這個龐大的趙氏家族，沒少費心血，他們雖然是趙氏悲劇的始作俑者，卻並沒有存心虐待，只是環境所迫，無法養活這麼多閒人罷了。

中京還不是兩位皇帝的終點。到了建炎二年（一一二八年）七月，皇帝們被一位本書的老熟人害得再次背井離鄉，這位老熟人就是馬擴。

在靖康二年（一一二七年），金軍進攻真定府時，參加守衛真定的馬擴在真定西山的和尚洞被俘。他早年出使金國建立的關係起了作用，由於他作為使者給金軍留下了深刻的印象，金軍將他視為一位勇士，斡離不決定赦免他，並要授予他官職。馬擴拒絕了，表示只願意回家養活老母，斡離不又要送給他土地，馬擴表示種地是遠水解不了近渴，不如開一家酒館，斡離不同意了。

但馬擴心中仍然想抵抗金軍的入侵，於是又偷偷參加了河北地區另一支抵抗軍。位於真定以南的五馬山上，有一支趙邦傑領導的部隊。馬擴藉著送喪的機會，帶著家人上了五馬山，他們找到一個偽稱是徽宗兒子信王的人，藉著他的招牌開始了反金抗爭[790]。

馬擴聯合了真定府獲鹿縣知縣張龔、燕山府潞縣知縣楊浩、玉田僧人一行、中山劉買忙等人，謀劃進攻真定、燕山、易州、中山等地。不料事情洩露了，金人擔心馬擴等人的舉動與兩位皇帝有關，又決定將他們從中京遷到距離燕京一千五百里的通塞州，給他們分了一千五百頃土地，讓他們種地養活自己[791]。不久，金人再次改變計畫，將兩位皇帝召往上京。

之前，兩位皇帝在燕京時，有人慫恿過金國皇帝舉辦一次盛大的獻俘儀式，這個儀式曾經在遼國滅亡時舉辦過，但劉彥宗上表認為這樣不好，加上斡離不等人的保護，兩位皇帝沒有受到騷擾。到了（南宋）建炎二年（一一二八年），劉彥宗死了[792]，斡離不也不在人世，那些喜歡看熱鬧的人再次請求金國皇帝舉行獻俘儀式。這一次，兩位宋帝逃脫不了一番羞辱了。

八月二十四日這天一早，數千名金軍闖入了二帝所在的上京營帳，這裡關押著皇帝、皇子、妃子、公主等一千三百人。士兵們逼迫著他們到了金國的宗廟外，將皇帝和皇后的外袍剝掉，換上民服，外裹羊皮，其餘的人，不管是駙馬、嬪妃、王妃、帝姬還是宗室婦女，全都赤裸上身，只披一件羊皮，手執一條羊皮繩。

金軍首先將二帝引入幔殿，在這裡舉行一種叫作牽羊禮的投降儀式。按照儀式，二帝應當將手中的羊皮繩遞給受降人，表示自己就像一隻羊一樣任他宰割。如果對方興起，還可以將繩子拴在俘虜脖子上牽著走，但二帝的牽羊禮並沒有那麼失分寸。殿上設了一個紫色的錦帳，裡面放了上百件寶器，演奏著金人的音樂，金國皇帝和妻妾、臣僕向祖宗兩次胡跪，之後是宋朝俘虜們胡跪。金國皇帝親手宰殺了兩隻羊，供在殿裡。祭祀完宗廟，俘虜們又被押到了御寨，金國皇帝登上乾元殿，妻妾、大臣們站在一旁，宋朝俘虜們在他面前跪下，等待著宣詔。詔書宣讀完畢，眾人都得到了赦免，賜給了兩位宋朝皇帝新的爵服，后妃們也換上了金國服裝。之後，金國皇帝將上千位婦女分別賜給了親近的侍衛，她們這時仍然是赤裸著上身。

金國皇帝沒有動宋朝皇帝的正妻，卻將他們的妃嬪大都帶走了。韋妃、邢妃等三百人留在了洗衣院。當夜，少帝的正妻朱后由於禁不起如此的羞辱，上吊自殺，被救下後又投水而死。

羞辱還沒有結束。十月二十五日，太上皇被封為昏德公，少帝被封為重昏侯。

到這時，已經是對兩位北宋君主侮辱的極致了。

十月二十六日，金國皇帝決定上京也不讓昏德父子待下去了，他們這一次被發配到韓州，並於十二月二十六日到達[793]。

與此同時，留在燕京的宗室一千八百人已經死了一半，只剩下九百人，就連為首的濮王也死了。剩下的人也從燕京出發，被遷往了韓州，給了四十五頃田地自給自足。

建炎四年（一一三〇年）七月，金國皇帝再次下令，遷二帝於胡里改路五國城，跟隨他們的只剩晉康郡王趙孝騫、和義郡王趙有奕等六人。五國城也成了太上皇夫婦最後的歸宿地。同年九月初五，太上皇皇后鄭太后死於五國城，時年五十二歲。紹興五年（一一三五年）四月二十一日，太上皇死於五國城。之後少帝又在孤獨中活了二十一年，在紹興二十六年（一一五六年）六月去世[794]。他去世時，宋金已經議和，他的弟弟宋高宗（康王）已經在杭州當了近三十年皇帝，歷史不再需要一位懸掛恥辱標籤的前皇帝了。少帝一共當了一年多的皇帝，卻用一生作為代價，留下千年無法洗刷的恥辱。

趙氏的宗室，除了已經死亡的，也都慢慢融入了金人的血液。他們有的生活悲慘，但也有人逐漸適應了金人的生活。

在所有的帝姬之中，既有洵德帝姬、茂德帝姬、惠福帝姬（珠珠）這樣嫁給了王子的，也有榮德帝姬、寧福帝姬、華福帝姬、慶福帝姬這樣嫁給了皇帝的，前者後來封為夫人，後者更是被封為次妃[795]。

趙氏宗族完成了從農耕文明向游牧文明的轉型，但原本游牧的金人卻又轉向了農耕文明。大金皇帝們不僅習慣接受宋朝的文化，更樂於接受一個龐大的後宮。

註解

751 《南征錄匯》引阿懶《大金武功記》。
752 參考《中興遺史》。
753 《南征錄匯》引《大金武功記》。
754 《南征錄匯》引《大金武功記》。
755 《南征錄匯》引趙士先《毳幕閒談》。
756 參考《南征錄匯》。
757 《南征錄匯》引高有恭《行營隨筆》、《大金武功記》。
758 《三朝北盟會編》引《靖康遺錄》。
759 《南征錄匯》引《大金武功記》。
760 參考《靖康紀聞》。
761 《南征錄匯》引《行營隨筆》。
762 參考《靖康紀聞》。
763 參考《續資治通鑑長編拾補》。
764 參考《靖康紀聞》。
765 《南征錄匯》引《壽聖院劄記》、《毳幕閒談》、《行營隨筆》。
766 《南征錄匯》引《青城秘錄》。
767 參考《靖康紀聞》。
768 《大金弔伐錄校補》第一七九篇。
769 參考《續資治通鑑長編拾補》。
770 參考《靖康紀聞》。
771 參考《續資治通鑑長編拾補》。
772 《續資治通鑑長編拾補》引《北記》。
773 參考《北狩行錄》。
774 金人的記錄包括《青宮譯語》和《宋俘記》。宋人的記錄包括《呻吟語》、《北狩行錄》、《北狩見聞錄》、《燕雲錄》等。
775 參考《宋俘記》。
776 根據《宋俘記》整理。
777 參考《南征錄匯》。
778 金・王成棣著書《青宮譯語》。
779 《青宮譯語》載第七批次也趕到了，但考慮到第七批次是由粘罕單獨率領，走山西，於四月初十由鞏縣渡過黃河（《呻吟語》引司馬朴言），所以不可能出現在這裡。

780 關於張叔夜還有一種說法：他是第七批次與宋欽宗一道取道山西到雲中，再往燕京的。四月初十，在渡過白溝後，他自殺身亡。見《呻吟語》引司馬朴言。

781 參考《宋史．張叔夜傳》。

782 參考《續資治通鑑》。

783 參考《宋史．何㮚傳》。

784 參考《宋史．孫傅傳》。

785 參考《呻吟語》。

786 參考《中興遺史》。另外根據《呻吟語》，提轄沙貞（即沙振）殺守將投降，與《中興遺史》說法相反。

787 《呻吟語》引《燕人麈》。

788 《呻吟語》引司馬朴言。

789 《呻吟語》引《燕人麈》。

790 參考《續資治通鑑》。

791 參考《呻吟語》與《燕雲錄》。

792 《燕人麈》記載劉彥宗死前曾經下獄，但不可考何罪。

793 參考《宋俘記》與《呻吟語》。

794 參考《宋史．欽宗紀》。

795 參考《宋俘記》與《呻吟語》。

旁白、百姓真的在乎帝王嗎？

當趙氏皇室對徽、欽二帝的悲慘遭遇哭天搶地，當那些愛國將領信誓旦旦要雪恥時，宋朝的普通人民又做何感想？

在上千年大一統集權思想的教導下，君君臣臣父父子子，百姓一定也悲傷欲絕，如喪考妣？錯。

事實是，百姓將二帝的遭遇編成了段子，生怕皇帝們還不夠悲慘。

由於文化發達，大臣和文人習慣於做筆記記錄歷史，而市井小民閱讀的卻是虛構性的小說。宋代早期小說話本比較著名，還有比話本更早，仍然屬於文言文的長篇小說《大宋宣和遺事》。

現代的人們之所以關注這個小說，是因為它比較完整地記錄了宋江之亂的來龍去脈，並記載了宋江等三十六天罡的名字，為後來的著名小說《水滸傳》打下了基礎，人們研究《水滸傳》，往往要先讀此書。

但宋江的事蹟在《大宋宣和遺事》中只是一小部分，《大宋宣和遺事》所記載的故事要比宋江的事蹟豐富得多。既寫了王安石，又寫了宋徽宗任命的幾大奸臣，從皇帝崇信道士，到汴京熱鬧的元宵燈會都有描寫。北宋的傳奇妓女李師師的故事也來自這本書。

但到了這本書的末尾，作者卻筆鋒一轉，開始寫金軍的進攻，以及二帝的北狩[796]。在書裡，作者發揮了充分的想像力，將兩位皇帝所受的侮辱又翻了好幾倍，想盡花樣地折磨他們，一點也不在乎他們曾經是大宋的領導人。

這樣的書只能出現在宋代，在其他任何封建王朝，調侃本朝的皇帝都是死罪。但這本書卻在民間堂而皇之地流傳，南宋的皇帝也拿它無可奈何，明知其中編造了許多對皇室的侮辱，卻無法禁止。

如果要考察書中情節的來源，又可以追溯到另外幾本書。在南宋中期，就已經流傳著幾本傳言是辛棄疾所寫的著作，分別叫作《南燼紀聞錄》、《竊憤錄》和《竊憤續錄》。當然，辛棄疾是作者這件事只是一個傳說，後人認為，這些書更可能是一些不得志的文人寫的，只是假借了辛棄疾的名氣[797]。

這幾本書專門描寫兩位皇帝北狩的遭遇，表面上是要激起人們的愛國熱情，但背地裡卻更像是對北宋皇家的報復，讓他們也嘗一嘗恥辱的滋味。

我們不妨看一看這幾本書是怎樣編排兩位皇帝的遭遇的。記住，下面的故事並非史實，卻反映了普通百姓的一種情緒。與史實中記載兩位皇帝是三月末四月初起行不同，《南燼紀聞錄》將皇帝的離開定在了三月十七日。在三月十六日，北國皇帝的聖旨到了，將南朝皇帝們一通臭罵，傳旨將他們帶到燕京。從當晚開始，皇帝們每天只能吃一頓飯、喝一次水，幾個侍衛也非常醜陋。第二天，太上皇的鄭太后生了病，肚子疼得要氣絕身亡，少帝哭著向侍衛討藥吃，卻只能得到一碗熱水而已。這一天，他們被逼著上路，睡在了寺裡。

在實際中，皇帝們（特別是太上皇）北行仍然受到了金人不錯的照顧，並且是隨大部隊一起行動的。太上皇跟隨斡離不從河北路北上，少帝跟隨粘罕走山西。但在小說中，皇帝們起行卻簡單得多，金人只是牽了四匹馬，分別給二帝二后，再加上幾個押運官，這就是隊伍的全部了。父子倆也沒有分開行走，而是一同上路，都從河北入燕京。當然，皇后們騎馬會被磨破屁股，於是只好找人騎馬將她們夾在腋下，這就有了猥褻的意味。

在小說中，好色的千戶國祿也出現了，這時他的名字叫骨都祿。一路上他不斷地威脅少帝把朱后讓給他，甚至趁朱后得病時，幫她摸肚子治病，眼看他就要得逞了，卻在過黃河時被元帥的弟弟澤利（即蓋天大王賽里）殺死。看到這一段，心懷不軌的讀者一定替死去的千戶有些惋惜，畢竟好戲看不成了。

但澤利在小說裡繼承了骨都祿的角色，繼續對兩位皇后進行猥褻，還對皇帝們百般侮辱，甚至不給他們飯吃，將他們綁在柱子上過夜，只有對朱后稍微好一點（當然也是有目的的）。

三月二十七日，朱后想投水自殺，澤利命令將她和鄭太后綁在一起，牽在馬後趕路。當晚，由於下雨，睡在野地裡的帝后們被淋得精濕，渾身爛泥。三月二十九日，澤利把自己的髒衣服脫下，讓朱后幫忙清洗，兩位皇后只能遵命。

到了四月初二，帝后們遠遠地望見其他皇族，包括柔福帝姬、康福帝姬、相國公等，他們被押送著北行。某一天，帝后們到達了一個縣，這個縣的縣官（是一位金人）備上酒食，好好地招待帝后們大吃一通。原來這位金人中了好運，他的哥哥是一位萬戶，押送俘虜到此，把肅王的女兒珍珍送給了當縣官的弟弟，這位縣官將北宋帝后當成了自己的老丈人家族，所以才會好好伺候。在這個縣還有十七位皇室女子，都已經被分配完畢。當晚，澤利專門把這些皇室女子召集起來，讓她們勸酒陪唱。為了更加侮辱皇帝，他們當著女人的面把帝后綁起來，讓士兵對著他們撒尿拉屎。

又一天，經過一個荒涼小縣，一個女子在路邊求金人把她帶上。原來，她也是一位皇室女子，因為生病被拋棄在這裡。澤利將她帶上路，夜晚乘著酒興，將她姦淫了。皇帝們一晚上聽著宣淫聲，連眼都不敢睜開。之後，澤利還嘲笑朱后，表示「妳不如她」。

到這時，「辛棄疾」在這一方面已經對趙宋進行了最深入的侮辱。接下來就要對皇權進行嘲諷了。某一天，北方有文書傳來，原來是請皇帝們寫降表的，澤利逼迫皇帝們寫了最卑賤的降表。又一天，二帝碰到了遼國的亡國之君天祚帝耶律延禧，幾位前皇帝討論了當俘虜的心得。耶律延禧的妻妾、女兒都已經被金人瓜分完畢。

經過了千辛萬苦之後，皇帝皇后們終於到達了燕京，這時他們已經沒有了人形，滿身腥臭和虱蚤。在史實中，燕京是二太子斡離不的大本營，金國皇帝此時還在東北地區的上京。但在小說中，金國皇帝卻已經在燕京等待徽、欽二帝了。

在燕京，帝后們繼續受到侮辱，他們住在元帥府左廊的一個小屋子。屋裡沒有桌椅，只有幾塊磚。他們有時一天只能喝一點水，有時能吃上一頓粗飯。

有時去見金人時，女人已經病得起不了身，就有人來背著她們強行前往。

經過十天的折騰，六月初二，朱后病死。歷史上朱后自殺於上京，但小說家卻迫不及待地讓她病死於燕京這個對宋朝更有意義的地方。

朱后死時，少帝在屋裡懇求說：「某妻已死，盍如之何？」在他的哀求下，來了幾個人，用草席將朱后拖走。

這已經是人間極大的悲劇，但小說家還嫌不夠，於是第二天又讓活著的三人（父母和兒子）從燕京離開，前往安肅軍居住。押送者以阿計替為首，多虧了他憐憫帝后，讓他們多休息了幾天，鄭太后才沒有死在路上。

六月十二日，帝后們到達安肅軍，進城門前搜身。小說家特別指明，鄭太后的臍腹間也被搜過，太上皇又增加了一份羞辱。

在安肅軍，他們被關押在小屋子裡。這時，安肅軍有一群契丹降將突然舉事，要殺掉金將，卻差點將趙氏父子燒死在小屋裡。他們剛剛大難不死，但金將鎮壓了契丹舉事之後，又認定趙氏父子也參與了陰謀。於是，少帝先是被鞭抽，牙齒碎裂、口吐鮮血，接著被捆綁關押一夜。金人最後商定，再抽少帝五十鞭，之後將他們押往雲州。

在雲州，他們最初被關在土圍子裡，後來才有一間房子。他們又活過了一場叛亂，突然間迎來了好日子。

這時，蓋天大王突然出現。在歷史上，金人的蓋天大王名叫賽里，也就是小說中曾經出現的澤利。但小說家顯然把蓋天大王和澤利當成了兩個人，於是，澤利成了壞人的典型，而蓋天大王扮演起了好人的角色。蓋天大王娶了太上皇的一位妃子韋妃，也就是康王（宋高宗）的母親。這顯然不是史實，但在小說家看來，宋高宗趙構的母親成了金人的妾，也是一種新奇的設想。

蓋天大王到了雲州後，兩位皇帝的生活有了改善，他們順利活過了冬天。但第二年正月二十三日，蓋天大王與韋夫人離開了雲州，皇帝們的待遇又急轉直下，重新恢復了囚徒的身份。

二月，有一個新同知到了雲州，他的父親死在了與南宋的戰爭中。他決定虐待二帝至死，為父報仇。但在二帝被折騰死之前的三月初九，金國皇帝突然下詔，將二帝調往更北方的西汙州。

此後二帝在雲州以北的內蒙古大草原上垂死掙扎，日期已經不再有意義，也沒有人知道。他們最後來到了西汙州小城，這裡殘破到只有三百餘人。二帝在西汙州度過冬天後，再次被調往五國城。

在去往五國城的路上，鄭太后也禁不起折騰死了。倉促之際，押送官員只能在路邊用刀掘了個坑，連新衣服都沒有，就穿著時服埋掉了。

五國城只有五十戶到七十戶人家，二帝被放在一個土坑裡養了起來，他們都成了沒有老婆的光棍。五國城的生活一日一頓飯，一年一頓酒一餐肉。皇帝們在這裡淒慘度日[798]。

這篇小說夾雜了百姓對趙宋官家的幸災樂禍，以及對金人的想像。事實上，金人並不想折磨趙氏，只是按照他們的傳統，將南方的皇帝全家遷走，讓他們到北方自食其力、自生自滅。金人對於趙氏女性也並非完全迫害，只是按照游牧民族的規矩占為己有。但在宋人的想像中，金人卻顯得更加窮凶極惡、有意迫害。不過，宋朝「小說家」是歡迎這種迫害的，在虛構中將迫害更加強化，絲毫不在意趙氏的面子。

關於兩位皇帝的死法，小說家也極盡鋪陳。太上皇和少帝在五國城居住日久，又被移到了一個叫作均州的地方，住在土坑裡。太上皇在這裡得病死去。就在少帝大哭的時候，阿計替突然趕來，叫他別哭，趕快將太上皇埋到土坑裡。少帝不明白為什麼要把死人埋在活人的住所，阿計替解釋，均州沒有墳地，人死後都是用火燒，燒掉一半之後，用木杆挑到城內北部一個大石坑裡去，大石坑有一種水，比南方的油還稠，可以用來點燈，就是由屍體產生的。

從這樣的敘述中，可以看出宋代人對於地下露出石油的想像，以及對於火葬習俗的恐懼。把太上皇燒掉變成燈油這個想法，是對死人最後的侮辱。

就在他們說話間，突然來了一群人將太上皇屍體搶走，他們趕到石坑前，將屍體架在野草中放火，燒到一半，用水澆滅，用木杆把屍體穿透，拖行扔進坑裡，直墜坑底[799]。

由於少帝活的時間較長，關於他的行蹤和死法如下：太上皇死後，少帝被遷往條件稍好的源昌州居住。後來，又經過鹿州、壽州、易州，前往燕京。在這裡和遼國天祚帝耶律延禧關在了一起。

史實上，天祚帝病死於金天會六年（一一二八年），但小說中他活到與少帝齊壽。之所以設計這個情節，可能是為了顯得更富有戲劇性：宋遼兩代亡國之君再次相會了。

少帝在燕京的日子時好時壞，金國與宋朝議和時，他的條件得到了改善，但金海陵王完顏亮篡位後，海陵王一直想攻打南方，於是少帝又變成了囚俘。

完顏亮讓天祚帝和少帝練習騎馬與戰鬥，少帝由於長期營養跟不上，得了手足顫抖的病，可還是被逼著練習。經過一段時間的訓練，完顏亮將他們帶到了演武場，大閱兵馬，由宋朝遼國兩位皇帝各率領一隊人馬參與演習，他們得到的都是瘦弱的馬匹。

在演習中，突然間有一隊人馬殺出，一個身穿褐色衣服的人一箭射向天祚帝，天祚帝穿心而死。少帝嚇得從馬上掉落，但一個身穿紫色衣服的人仍然一箭將少帝射死。隨後在萬馬奔騰中，兩位皇帝的屍體被踩入爛泥，無處尋找[800]。這個段子非常符合漢儒的天罰觀念，充滿了巧合，將宋皇室的尊嚴扒得一點不剩，直到今天，人們仍然能夠感受到撲面而來的怨恨與詛咒。在中國古代史中，趙宋王朝是最寬容的朝代，皇帝卻仍然受到了如此的詛咒。百姓不是用同情的語調去傳言兩人的遭遇，而是寫出如此惡毒的段子，可見在古代中國，統治者與被統治者之間的鴻溝有多大。

中國古代歷史始終在一個巨型的鐘擺中震盪。在鐘擺的一端，是「忠君愛國」式的教導，並將愛國扭曲成對權力的無限服從，不准反抗，百姓全都渾渾噩噩地活在蠅營狗苟之中。這時，皇帝的權威是無限的、不容懷疑的。可是一旦皇權倒臺了，百姓立刻就變成了最惡毒的詛咒者，恨不能對以前的權力進行無休無止的侮辱與謾罵，如果有可能，甚至不惜直接動手將前皇室撕成碎片，這就到了鐘擺的另一端。

皇帝大都也知道自己享受的無限服從，不是來自愛戴，而是來自武力，因此在任上時會想盡一切辦法將權力牢牢控制，試圖讓人們明白不忠誠的下場，用暴力的方法來維持社會的剛性穩定，將脆斷的那一天儘量往後延。

大多數情況下，被統治者永遠只能用背地裡的牢騷發洩不滿。在現實中，即便統治者如此無能，百姓仍然無法擺脫。於是，在金人離開之後，趙宋皇室再次變成了統治者……

註解

796 《大宋宣和遺事》「利集和貞集」的一部分。

797 宋．周密《齊東野語》。

798 以上內容皆出自《南燼紀聞錄》，《大宋宣和遺事》也有引用。

799 參考《竊憤錄》。

800 參考《竊憤續錄》。

第十八章、還政趙氏

孟后聽政

金人退軍後，在汴京城內還剩下一個皇帝張邦昌。張邦昌到底是做王莽還是霍光呢？

四月初二，金軍剛離開一天，張邦昌一面派人修城械，一面派人去查看金軍營地遺留物品。另外，他還想做一件事——大赦天下，想趕快讓人們知道，在災難中不管他們做過什麼，都已經被赦免了。

但在與官員們討論大赦時，呂好問卻問了一個哲學上的問題：只有皇帝才有權大赦天下，張邦昌大赦，難道真的把自己當皇帝了？如果康王的軍隊趕來，這會不會成為一條罪證？

呂好問的問題讓張邦昌感到害怕，他連忙問應該怎麼做。呂好問於是抬出了一個人來，表示張邦昌應該首先把這個人迎到宮廷。只有這樣，康王到來後，張邦昌才能擺脫嫌疑。這個人叫作元祐太后[801]。

關於元祐太后，也是宋代的一個傳奇，她曾經兩次被廢，卻三次被封為皇后，並成功地躲過了靖康的災難，成了唯一一個留在了汴京的皇后[802]。

元祐皇后姓孟，是馬軍都虞候孟元的孫女。元祐七年（一〇九二年）四月，由太皇太后高氏立為宋哲宗的皇后。高太后是宋英宗的皇后、宋神宗的母親。在宋神宗和王安石變法時期，高太后一直反對王安石變法，支持司馬光。但由於宋神宗已經親政，高太后沒有足夠的政治影響力去反對。可宋神宗一死，他的兒子宋哲宗年幼，高太后立刻參與了政治，進行垂簾聽政。

這一時期的年號是元祐，在高太后的主持下，元祐時期採取了司馬光等保守派的主張，恢復了經濟發展，進入了一個小盛世。

正是在這個時期，高太后選擇了孟氏作為小皇帝哲宗的皇后，並告訴哲宗，孟皇后會成為一個很好的賢內助。可是，背地裡高太后又感慨孟氏的福相不夠，未來可能要經歷波折。

孟氏被立為皇后一年，高太后就去世了。親政的哲宗立刻開始了急轉彎。權力欲很強的他對高太后非常不滿，不僅想廢掉高太后的稱號，還將元祐時期的政治策略徹底改變，重新採納他父親神宗的激進思路。由於孟后是高太后立的，哲宗也看不上，在寵妃劉婕妤的幫助下，羅織罪名將她廢黜了（紹聖三年九月，一〇九六年）。

宋代雖然也存在宮鬥，卻沒有殺人的傳統。孟后被廢黜後，被送入瑤華宮當了女道士，皇帝賜給她的稱號是華陽教主、玉清妙靜仙師，法名沖真。

孟后在道觀裡孤獨地度過了四年，突然轉機來了。元符三年（一一〇〇年）正月，宋哲宗死去，沒有留下孩子。權力突然落到了他的母親——宋神宗的皇后向太后手中。向太后立了哲宗的弟弟端王趙佶為皇帝，是為徽宗。

向太后執政期間，首先將孟后重新立為皇后，哲宗已死，即便做皇后也只是個寡婦，但從名義上她又是皇后了。

但不幸的是，一年後（建中靖國元年正月，一一〇一年）向太后也死了，孟后又沒了靠山，在這一年的十月份再次被廢黜。

宋徽宗也醉心於神宗的改革，對高太后和向太后不滿，兩位太后推崇的孟后自然也成了徽宗的發洩對象。孟后被廢黜後再次回到瑤華宮，加稱號希微元通知和妙靜仙師。

徽宗沒有想到的是，他這次廢黜孟后，實際上是幫了她。他和孟后的形象在歷史上正好相反，徽宗成了亡國之君的代表，而孟后則象徵著希望。

靖康初年，瑤華宮大火，孟后搬遷到了延寧宮。延寧宮又出現了火災，她只好搬到了相國寺前的私人宅子裡。金軍圍城時，宋欽宗正試圖糾正他父親的錯誤，重新立孟氏為皇后。不過幸虧金軍來得快，皇帝還沒有來得及下令，汴京城就失陷了。

金軍採取的是搬遷整個皇室的政策，六宮有尊號的一個都不能落下。偏偏失去尊號的孟氏從皇室遺送名單逃脫，加上年紀大了，姿色不再，金軍看不上，她就成了僥倖留下的人[803]。

張邦昌進退兩難時，呂好問認為，只有把孟氏迎接進宮，才能顯示出誠意，也讓人們看到他已經還政於趙氏了。

四月初四，張邦昌下令冊封孟氏為「宋太后」。但呂好問一聽「宋太后」這個稱謂，就知道壞事了。原來，宋初趙匡胤陳橋兵變篡奪了後周的皇位，也把後周的符太后迎接到西宮居住，對外號稱「周太后」。人們自然會想，張邦昌迎接元祐太后，按照先例也只是尊崇一下，但不會還位給趙氏。

果然，孟后一聽張邦昌的封號就表示拒絕了。幸好，迎接她的人帶了張邦昌的書信，其中提到要推戴大元帥康王，孟后這才同意[804]。

四月初五，張邦昌把孟后迎入延福宮。四月初六，孟后在延福宮接受百官朝賀。這時，胡舜陟、馬伸又提議，以後的政事都應該以太后的名義發佈。四月初九，張邦昌給孟氏上尊號「元祐皇后」，讓她居大內，垂簾聽政[805]。到這時，汴京城又回到趙氏的手中，雖然只是個女人代為掌權。

四月十一日，張邦昌退居資善堂，收回大赦，算是退位了。他拾起當皇帝之前的官職：太宰。從他登基，到太后垂簾聽政，張邦昌一共當了三十三天的皇帝[806]。

遲來的康王

就在張邦昌讓位給孟后時，康王的軍隊也在迅速行動。

金軍剛剛離開時，康王的左膀右臂——知信德軍黃潛善——曾經派一位叫作張宗的人來汴京打探過這裡的情況。探子帶回了張邦昌的僭號文、金人的詔書、張邦昌的大赦文告，以及迎立孟太后的手書，康王才確信金軍真的撤了[807]。張邦昌由於立孟氏及時，才逃避了僭偽的嫌疑。

就在四月初五迎接孟太后入延福宮的當天，張邦昌還派了一個叫蔣師愈的人前往濟州、鄆州一帶尋找康王。蔣師愈在濟州找到了康王，將張邦昌迫不得已當皇帝的事情敘述一遍[808]。四月初七，張邦昌再次寫信給康王，表達了對康王的擁護。初八，他又派人送去了玉璽，表達了請康王當皇帝的意圖。

康王聽說徽、欽二帝都已經被金人抓走了，試圖親自去截擊金人，卻被臣下勸住。最終，他只是號召大家抗擊金軍，自己卻沒有什麼行動。

既然金軍已經撤走，佔領汴京還是必要的。但康王不敢親自前往，只派了兵馬過來收復汴京。他本人從河北地區先到南京應天府（現河南省商丘市），因為從應天府有路直接去往江南地區，比起汴京更加便捷，是個可進可退的安全城市。

四月初四，勤王之師已經到了汴京不遠處。四月初五那一天，統制官王淵領兵到了汴京，駐紮在通津門外。

四月初七，宗室敦武郎趙叔向率領七千人馬也到了，駐紮在原金軍大本營青城，但他們還都摸不清情況，暫時不敢進城。

四月初八，張邦昌下令打開諸城門，這意味著城裡和城外恢復了溝通，也表明自己沒有心思做抵抗。

四月十二日之後，隨著更多勤王的各大部隊到來，汴京城人來人往也熱鬧了很多。

到這時，城內的人們終於相信，金軍的佔領已成了過去，宋朝的軍隊又回來了。

但在表面平靜之下，卻還有一個待解的難題：人們都在等待著康王的表態。在金軍圍城時，不管是宋朝的文武大臣，還是汴京城的士人，都表現得極不符合儒家標準。武將們沒有守住首都，甚至在戰場上表現得很窩囊，導致兩位皇帝都成了金軍的俘虜；文臣們也沒有殉國自殺，甚至親手（雖然是被迫的）選出了一個新皇帝，還當著金人的面向這個新皇帝磕頭；新皇帝雖然退了位，卻嘴裡振振有詞說是為了保護一城的生靈；士人也沒有表現出氣節，需要他們貢獻金銀救出皇帝時，他們紛紛把金銀藏起來，他們還不斷地在城裡鬧事對抗命令，可是金人一來，又格外的聽話。

這樣一個首都，康王到底應該怎麼對待呢？是將每一個不合格的子民都治罪，還是法不責眾就算了？張邦昌當了三十多天皇帝，放在任何朝代都是死罪，康王應該怎麼處理他？范瓊、徐秉哲等人與金人打得火熱，為了救自己的家族，不惜把皇帝的家族搜查得乾乾淨淨，一個不留，康王是否需要懲罰他們？

這些問題不解決，汴京城就永遠處於離心離德的狀態。

當然，康王本身也並不乾淨，宋欽宗封他為兵馬大元帥，是希望他能夠肩負大任，率軍勤王。但事實上，康王雖然組織了不少軍隊，卻極少和金軍打仗。知道金軍已經離開，兩位皇帝被抓走，信誓旦旦地要和金軍決戰、救出二帝，可實際行動上卻還是不緊不慢。對於汴京城，康王也沒有救助，如果不是汴京城的百姓和大臣們服軟自保，單單依靠康王，可能汴京城內已經被殺得片甲不留了。

人們都知道康王不是什麼英雄，康王也無法要求每個人都變成豪傑。可是，到底誰先讓一步，這才是問題的關鍵。

汴京城顯然不準備讓第一步。四月十七日，它還給幫助金人最得力的范瓊升了官，當上了神龍衛四廂都指揮使兼四壁都巡檢使，專門負責首都保衛工作。他的升官表明城內亮出了態度，如果康王不赦免城市，就不會輕易得到城市的順從。這一點，是孟太后和張邦昌都無法控制的。

好在康王是明白人，第二天就給開封府送來了文書，要求開封府張貼。在文書中，他沒有追究城內的責任，也給自己打了圓場。按照他的說法，不是人們不拚命，而是金軍太狡猾，以及奸臣的誤國。正是童貫、蔡京等人的誤國，讓金軍打了過來。金軍總是擺出一副要談判的姿勢，讓兩位皇帝一步一步陷入了圈套。如果順著這個思路下去，汴京城本來是可以抵抗的，只是被金軍騙了，才導致失陷，所以責任不在汴京城的人民和官員。

金軍的狡猾也成了康王為自己開脫的藉口。他雖然組織了很多勤王軍隊，本來是可以打過來的，但因為金軍不斷擺出談判的架勢，導致宋欽宗不下令動武。康王無法違背宋欽宗的命令，勤王的軍隊也都沒用上。直到金軍撤退後，王師追也來不及了。

在這封文書中，康王恢復成了英明的統帥，汴京城的臣民也純潔得如同天使，天天盼著康王的到來。既然雙方都這麼熱切，那不如儘快結合吧[809]。

文書的到來，解開了雙方最後一個結，也表明康王暫時赦免了所有的人，就連張邦昌也鬆了一口氣。從四月十九日開始，首都的氣氛徹底鬆弛了下來。趙叔向甚至能夠派人到城內，以解救二帝的名義招兵買馬了。汴京城的市井遊民也再次活躍起來，紛紛加入康王的部隊。當然，這樣的部隊的戰鬥力，是值得懷疑的。

四月二十二日開始，孟太后屢次派人前往康王所在的南京，請他回到首都。京城的人們都翹首以望，盼望著康王回來，但他們失望了。

康王決定留在南京，對他來說，汴京城的輝煌已經成為過去，兩次圍城戰已經將這座城市的缺點暴露得一覽無餘。由於缺乏天然險阻，金軍每次都能渡過黃河直抵城下。康王可不想步他父兄的後塵，在下一次戰爭中淪為新的俘虜。再說，雖然他赦免了這座城市，卻不信任這裡的人。在南京，周圍都是他信任的大臣和將軍，即便金軍入侵，也可以抬腳就走，轉移至江南。

到了四月二十五日，孟太后見康王不想回來，只好下令派遣車駕、法杖等去南京迎接康王。這樣的意思已經很明確，就是歡迎康王成為新皇帝。汴京城的大臣們被一分為二，一部分留守，另一部分前往南京。

次日，太宰張邦昌作為迎駕的首席大臣，坐船順著汴河而下，前往南京。徐秉哲、王時雍已經提前出發表示效忠，接著太學生們也都紛紛出發去迎接康王，官吏們絡繹不絕，汴河再次熱鬧了起來，船來船往，如同回到了兩年前的「盛世」時光。

雖然所有的人都盼望著康王即位，但還有一個障礙必須克服：之前，從來沒有出現過兩位皇帝都還活著，卻要選出新皇帝的情況。康王要想名正言順地即位，必須獲得兩位皇帝的贊同，可是皇帝們都被抓走了，到底誰來同意他呢？

歷史大凡到這種節點，總會跳出來一個人將難題解開。這時，曹勳適時出現。曹勳作為閤門宣贊舍人本來應該隨太上皇北行，卻突然出現在濟州康王的大元帥府裡。曹勳帶來了太上皇的御筆，紙條上還有太上皇的畫押。

為了不使人懷疑，曹勳還說了幾件太上皇夫婦和康王之間的小事，這些事只有康王和太上皇夫婦知曉。曹勳知道這些事，表明他的確是從太上皇那兒來的。

根據曹勳的講述，太上皇親自拿出一件御衣，拆開領子，在領中寫字，重新縫上，讓曹勳尋找空當逃走，將消息傳給康王。曹勳還敘述太上皇后將康王的名字貼在象棋的「將」上，投入棋盤，象棋恰好落在了棋盤的主位上，太上皇后看見了喜極而泣[810]。

這些事情不管真假，卻解開了康王即位的最後一個結，讓他當皇帝變得順理成章了。

五月初一，康王在南京即位。為了紀念兩位註定回不來的皇帝，康王按照朱勝非的建議，在南京修築了一個高壇，名為「中興受命壇」。康王登壇向北方遠望，大哭一場，下壇後進入南京府治的正衙。耿南仲、汪伯彥、黃潛善等一直跟隨康王的新貴們首先上殿，接著張邦昌率領舊官僚上朝祝賀。康王在一片祝賀聲中成了新皇帝，是為宋高宗[811]。他改元建炎，從五月起，宋朝進入了建炎時期，短命而又恥辱的靖康時期只持續了一年零四個月，連這一年都沒有過完，就迫不及待地跳入了另一個時期[812]。

康王登基的同時大赦天下。張邦昌、徐秉哲、王時雍、范瓊等官員都沒有被追究責任，只有蔡京、童貫、朱勔、李彥、孟昌齡、梁師成、譚稹的子孫沒有獲得赦免[813]。康王這麼做，也是為了給他的前任們開脫。在未來的史書中，這些沒有被赦免的人將作為北宋亡國的罪人被後人所熟記。後世人們被告知，是這些奸臣誤國，才有了靖康之恥。在口誅筆伐時，那最大的罪人卻成了受同情的存在。

回歸均勢

康王登基後，伴隨著宋朝歷史的主戰派與主和派的爭論再次回來了。此時主戰的是宗澤、李綱等人，主和的則是入了《宋史·奸臣傳》的兩位大臣黃潛善和汪伯彥。

事實上，金人退軍後，中國北方大部分地區還是掌握在宋朝手中。東京汴梁、西京洛陽、南京應天、北京大名，全都沒有丟掉。

金國實際控制的中國土地是極其有限的：在北方，當年燕雲十六州的大部分地區歸了金國；在山西，宋朝丟失了太原（含）以北地區；在河北，金國借助佔領燕京的勢頭，逐漸南向滲透，但實際控制地依然只有北京以南數州，其餘地區要麼依附於宋，要麼處於半獨立狀態。

宋朝仍然控制了山東、河南全部，山西、河北南部，以及陝西南部（其北部是西夏控制），所失去的領土並不多。

在高宗君臣的討論中，貫穿著如何利用大半河山完成抗敵，甚至收復山西、河北北部地方的問題，其核心問題在於是否遷都。由於北方領土的損失，汴京已經無險可守，太容易受到打擊，從這個意義上說，必須遷都。可是如果真的遷都，又太影響士氣，不利於收復國土。

圍繞著遷都問題，主戰派、主和派吵成一團。宗澤主張不要遷都，以東京為基地進行抗戰[814]。李綱借鑑了种師道的主張，認為可以遷都，但最好遷往陝西地區，利用陝西的天險與金國抗衡[815]。還有人主張遷都應天府，應天府是宋高宗即位的地方，今天的河南省商丘市仍然屬於北方地區，遷到那兒不至於影響士氣。

這些人的主張有一個共同點，就是皇帝不要離開北方。不管是東京汴梁、陝西長安、南京應天府，都在抗金的前線。皇帝只要留在北方，那麼未來收復失土就是有望的。

在朝廷中還有另一派人主張南遷，他們有的主張前往東晉南朝的首都建康（現江蘇省南京市），有的主張前往湖北的荊州。但主張南遷的人始終無法回答的一個問題是：當朝廷距離北方邊境過遠時，很可能就意味著北方領土的永久丟失。一旦皇帝離開，金國將重新蠶食北方，宋金將形成以淮河流域為邊界的新格局。到那時，所有的北伐都會成為空談。

在中國歷史上，到宋朝為止，當出現以淮河為界的南北對峙時，還沒有一個南方的政權能夠反攻北方、統一全國的[816]。從這個意義上說，一旦退往南方，可能意味著北方再也回不來了。

但南遷派手中有一個王牌：皇帝的安全。

宋高宗趙構並不是一個雄才大略的皇帝，經過靖康之變後，皇帝首先要防止的是自己成為下一個宋徽宗、宋欽宗。

爭執過後，宋高宗決定遷往南方，他首先退到了揚州，將揚州建成了暫時的首都（在宋代，皇帝暫時駐紮的地方稱為行在所，或者簡稱行在）[817]。這次搬遷也代表了皇帝逐漸疏遠宗澤、李綱等主戰派。

建炎元年（一一二七年），由於金國在漢境扶立的傀儡皇帝張邦昌退位，處於軍事極盛期的金軍再次南下。

此刻，更加瞭解南方地形的金軍兵分三路，對長江以北三個最重要地帶進行打擊：西路軍從山西進入陝西，試圖征服這個地處西北的戰略要地；中路軍在元帥完顏宗翰（粘罕）的領導下，從山西南下，渡過黃河後向洛陽進軍；東路軍在右副元帥完顏宗輔和他的弟弟完顏宗弼（即著名的金兀朮）領導下，從燕京出發，向河北、山東地區掃蕩。東路軍和中路軍又負有另一個使命：南進後，他們將合勢再次進攻宋朝的東京汴梁。

金軍取得了重大勝利，其中西路軍攻克了長安，中路軍攻克洛陽後，繼續南下到達襄陽、房州、鄧州，向長江流域施壓，東路軍則擄掠了山東地區。但在東京汴梁，老將宗澤卻成功地組織了東京保衛戰，阻止了金軍的繼續南下。由於金軍的後勤出了問題，三路軍都不得不退軍，將所侵略的領土盡數讓出。

戰爭以宋軍的戰略勝利而告結束。

這也是金軍第一次顯出了疲態。

由於金國是以一個民族為主體建立的國家，女真族人口不多，這支武裝具有足夠的銳度，卻缺乏厚度，可以迅速奔襲，卻無法維持佔領。當宋高宗撤到南方後，在雙方的政治中心之間留下了龐大的空白地帶，從河北地區直到黃河，再到淮河、長江之間，直線距離有一千多里，金軍每一次發動襲擊都必須先躍進一千多里，才能抵達宋代的新政治中心。完成躍進後已經開始疲勞，進入了衰竭期。

要想克服此種不利，金國必須將前進基地遷往南方靠近淮河流域的地方。但由於金國的政治過於落後，無法形成有效統治，很難建立起穩定的政權來控制黃河、淮河地區。

金軍唯一的機會就是實行閃電戰，派出軍隊千里躍進，進攻宋朝皇帝，迫使他迅速投降，讓全國歸順。

建炎二年（一一二八年），守衛東京的老將宗澤去世，金軍隨即開始了第二次南侵。這次南侵除了與第一次一樣兵分三路，分別進攻陝西、河南和山東之外，還增加了機動性要求，在各個將領分兵掠地時，東路軍的完顏宗弼則率領人馬直搗揚州，試圖在宋高宗沒有反應過來時，就兵圍揚州，擒獲皇帝。

但金軍並沒有抓住皇帝，高宗在金兵到來之前倉皇逃走，渡過長江，避免了被俘的命運。由於金兵沒有準備好，缺乏渡江器械，只得第二次撤軍。

但是，此次偷襲揚州將宋高宗嚇破了膽，他不僅不再考慮遷回北方、收復舊土，甚至連長江沿岸都認為不再安全，將首都遷往了更加遙遠的杭州。

宋高宗遷都杭州造成了兩方面的影響：一、金軍的作戰臂長很難到達杭州，這也決定了宋金戰爭將演變成長期的對峙；二、北宋的徹底滅亡。隨著皇帝南遷杭州，北方領土由於過於遙遠，相繼淪陷。

陝西的關中平原，河南的東京汴梁、西京洛陽，河北、山東全境，逐漸被金國佔領。雙方對峙線向淮河地區南移，形成了以淮河流域為主體的新防線。

在宋金局勢轉化成長期對峙之前，金軍還做了一次嘗試。

建炎三年（一一二九年）冬，金將完顏宗弼以山東為基地兵下壽春，向江南撲來。到達壽春後，又兵分兩路，一路向江西境內撲去，追襲位於洪州（現江西省南昌市）的隆佑太后（即元祐太后——孟太后）；另一支則走傳統的巢肥故道，兵下采石磯，渡過長江後進攻建康，再從建康向高宗所在的臨安地區進軍，意圖一舉消滅南宋王朝。

完顏宗弼在采石磯渡江，擊潰了建康的防務後，迅速南下。一路上由於進軍太快，守將根本無法完成防務。

但由於路途遙遠，金軍還是沒抓住高宗。他們到達臨安，皇帝已經逃走，到了東海邊上的定海（現浙江省寧波市鎮海區），在這裡，他乘船出海，這是中國歷史上皇帝第一次為了逃難而到了海上。

這次著名的逃亡，成了南宋挫敗金國速勝企圖的最後努力。如果金國失敗，必定無法再組織起下一次如此巨大規模的遠征，雙方將進入均勢狀態，以淮河為界各自統治一半中國。

完顏宗弼撤退時，在如今南京附近的黃天蕩遭到了韓世忠的阻擊。韓世忠以八千人圍困了金兵十萬人達四十八天之久，金兵由於另掘新的河道才得以逃走。這次戰役象徵意義遠大於實際意義，不僅破除了金軍不敗的神話，也終結了金國軍事的上升勢頭。

紹興十二年（一一四二年），宋高宗以殺害抗金名將岳飛為代價，與金朝議和，維持了以進貢換和平的傳統。到此時，宋金之間的拉鋸戰已維持了十幾年，淮河成了雙方較為穩定的新國界，這是兩國軍事實力再平衡的產物。一旦進入均勢，雙方均很難再打破此種局勢。

紹興三十一年（一一六一年），奪取帝位的金國海陵王完顏亮率軍南侵，試圖從采石磯過江滅南宋，卻遭遇到決定性失敗，海陵王也在兵變中身死。這時的金國已經如同當年的遼國一樣，無力對南宋構成決定性的威脅了。

註解

801 《續資治通鑑長編拾補》引《張邦昌事略》。
802 元祐太后經歷來自《宋史紀事本末》。
803 參考《宋史．皇后傳》。
804 《續資治通鑑長編拾補》引《張邦昌事略》。
805 參考《宋史．皇后傳》。
806 參考《靖康紀聞》。
807 參考《續資治通鑑長編拾補》。
808 參考《續資治通鑑長編拾補》。
809 參考《靖康紀聞》。

810 曹勳《北狩見聞錄》。
811 參考《續資治通鑑長編拾補》。
812 參考《靖康紀聞》。
813 參考《宋史紀事本末》。
814 參考《宋史．宗澤傳》。
815 參考《宋史．李綱傳》。
816 直到明朝開國，才出現了第一次由南向北的統一。
817 參考《宋史．高宗紀》。

尾聲、消失的艮嶽

一一二七年春，就在北宋徽、欽二帝帶著全家老少在金人的脅迫下北遷之時，一位蜀地的僧人祖秀卻再次來到艮嶽，欣賞他心目中的仙境。

祖秀，字紫芝，是一個在當時有名望的僧人，混跡於首都汴梁的文人墨客與官員中[818]。他曾經寫過歐陽脩的小傳[819]。歐陽脩是一個尊崇儒教、排佛的人，在撰寫《新唐書》時將許多佛教的資料從史書中抽出。但在宋仁宗慶曆五年（一〇四五年），歐陽脩被貶往滁州，經過九江時，在一位高僧的指點下，發現佛教理論中的寬仁與他心目中的政見吻合，排佛之心大大消散[820]。

祖秀最佩服的是他的四川老鄉蘇軾，他認為蘇軾是中國歷史上最大的賢人，超乎蜀地五傑（漢代的司馬相如、揚雄、王褒，唐代的李白、陳子昂），是一位通古今、六藝俱全、佛儒全通的人物[821]。

北宋首都被圍時，祖秀也被困在了汴梁。靖康元年（一一二六年）閏十一月，當金兵攻陷城池時，皇帝將皇家禁苑開放給受難的百姓，百姓跑到艮嶽的園子裡避難，這座常人難得一見的皇家園林終於露出了真面容。

祖秀也在這時第一次來到了艮嶽。當時天剛剛下過大雪，放晴後，避難的人們都在山間哆嗦著為性命擔憂，但祖秀卻被這如同圖畫的美景吸引住了。他流連於艮嶽中，認為天下所有的美麗、古今所有的名勝，都集中在了這個園中。

那位下臺的皇帝不僅享有了自然界的盛景，還創立了世界上不曾有過的美。這座園林是人工的，是由最懂藝術的皇帝設計，再由天下能工巧匠創造的[822]。

我們根據祖秀的記載，加上宋徽宗本人所寫的〈艮嶽紀略〉，或許可以將這個最著名的皇家園林進行還原[823]。

按照規劃，園林模仿了天下最美的山水，一草一木一石都是有出處的，就連堆積成山的土壤也來自南方的名勝之地。在院子裡，種著枇杷、橙、柚、柑橘、荔枝、椰栝等南方水果，金蛾、玉羞、虎耳、鳳尾、素馨、渠那、茉莉、含笑等著名的草本植物，它們都被成功地移植到了這裡。還有許多珍禽異獸在山野間生活。

艮嶽一圈有十餘里，主體是三座山、三個池塘。在東北方是最高的萬歲山，也叫作艮嶽山，山頂上有一個小亭子叫介亭。萬歲山之南是壽山，壽山有東西兩個山頭。萬歲山和壽山之間有一塊巨大的盆地，盆地中間是平靜的雁池，雁池北岸有著園林中最主要的建築群，包括萼綠華堂、絳霄樓、書館和八仙館等。雁池的東西兩面，是兩列不高、不算在三山之中的小山嶺，將壽山和萬歲山連接起來。經過人工引水，有一條瀑布從壽山落下，流入雁池。

園林裡的第三座山在萬歲山的西面，叫萬松嶺。萬松嶺以南，也是雁池的西北角，是另一個池塘——大方沼，大方沼的西面連接著第三個池塘——鳳池。在大方沼裡，有兩個人工小島，分別叫作蘆渚和梅渚，小島上各修亭子。

萬歲山和萬松嶺之間，從護城河裡引來了一條流水，形成了幽深的峽谷。峽谷的水最終流向了大方沼。

三座山之間有路相通，上山的路怪石嶙峋、騰雲架棧，故意造得曲曲折折、充滿艱辛，彷彿天然卻處處帶著匠心。走在山裡，古樹參天、鳥鳴獸嘯，根本想不到這是在首都的內城中行走。但在不經意間，又會走到一座座精心設計的亭臺樓閣，隨處可以休息。

在萬歲山之北，還擴建了大量的閣樓，突破了內城的限制，直到外城城牆。

那塊由朱勔運來的盤固侯神運石，則放在了西面的正門陽華門附近[824]。從陽華門進入園林後，首先映入眼簾的是八十棵夾道的荔枝樹。從荔枝樹中穿過，就來到一株來自南方的椰樹跟前。椰樹後面的平地上，就是放在亭子裡的神運石了。

皇帝帶大臣遊園，喜歡在亭子裡賞賜他們吃荔枝。比神運石稍小一點的奇石有兩塊，一塊放在寰春堂，叫作「玉京獨秀太平岩」；另一塊放在萼綠華堂，叫「慶雲萬態奇峰」。

細心的祖秀還記下了其他數十塊石頭的名字，有朝日昇龍、望雲坐龍、矯首玉龍、萬壽老松、棲霞、捫參、銜日、吐月、排雲、衝斗、雷門、月窟、蹲螭、坐獅、堆青、凝碧、金鼇、玉龜、疊翠、獨秀、棲煙、嚲雲、風門、雷穴、玉秀、玉竇、瑞雲、巢鳳、雕琢渾成、登封日觀、蓬瀛須彌、老人壽星、卿雲、瑞靄、溜玉、噴玉、蘊玉、琢玉、積玉、疊玉、從玉、翔麟、舞仙、玉麒麟、南屏小峰、伏犀、怒猊、儀鳳、烏龍、留雲、宿霧、抱犢天門等。

祖秀還記錄了園內不少的名勝，有在嶙峋的怪石上堆土形成的飛來峰，雖然看上去是山，但由於故意不將土堆滿，露出了下面的怪石；有一座小山上種了上萬棵梅樹，稱為梅嶺，梅嶺的邊上，是另一個種滿杏樹的山坡，被稱為杏岫；園子裡還有種黃楊的黃楊巘，植丁香的丁香嶂，錯植著椒蘭的椒崖，種著大量側柏的龍柏坡，養竹的斑竹麓。這些地方不僅以各色的植物著名，更重要的是講求形勝，土下的石頭，土上的植物，山的形狀，地的坡度，尖角的位置，洞穴的尺度，都必須表現出獨具一格的輕靈。

瀑布是由人工背水上山，再讓水直流而下形成的，這個瀑布叫紫石壁。有一條通往最高峰的階梯是用溫潤的石頭鑿刻而成，叫作朝真磴。小島上種滿了海棠，稱為海棠川。山間還有精心構造的三個山洞，呈品字形排列，山洞裡設有廳堂，中間建有亭子，山洞的所有門窗都使用瑪瑙雕琢，這個洞群稱為碧虛洞天。

祖秀在皇家園林徘徊許久，才唏噓離開，將他的所見記載下來，我們今天才能對這個巨大的園林有清晰的認識。

幾個月後，當金人們忙著帶趙氏皇家人員北返，當所有的大臣都憂心忡忡，既為逃脫了當人質的命運而慶倖，又擔心未來的危險時，宋徽宗打造的艮嶽再次陷入了沒人管的境地。祖秀回想起艮嶽的美麗，又來到了這裡。

他試圖重新搜尋艮嶽的美，卻發現所有的珍禽異獸都不見蹤影。那些水鳥都在宋徽宗的命令下被投入護城河放生了，走獸則成了圍城時期人們的盤中飧。那些珍稀的草木也不見了，大樹被砍了取暖，竹子被拿走編了籬笆。至於那些花費了無數人力運來的石頭，都變成了抵禦敵人的炮彈，發射到了城外。公卿達官們的題碑，被人們用斧頭鑿掉了文字，扔在溝裡。就連「石頭侯爺」肚子裡的雄黃和爐甘石，也都被一個回紇人買走了[825]。

宋徽宗建立這個「天下盛境」花費了六年時光，動用了全國的財力。但人們毀掉它，只用了幾個月而已，與其一同毀掉的，還有那個繁榮的帝國。

隨著時光的飄逝，在本書中出場的人物也都有了各自的結局。

張邦昌到達南京應天府時，曾經伏地痛哭請死，但康王出於團結所有人的目的，原諒了他，還讓他繼續擔任太保。

但自從康王即位，情況卻出現了變化。高宗皇帝選擇了李綱做宰相，張邦昌只得到了太保、奉國軍節度使、同安郡王等沒有實權的職務。皇帝不便於處理張邦昌，但為人苛刻的李綱卻沒有這個顧慮，他上書皇帝，認為張邦昌不能與君共榮辱，反而藉著皇帝受辱而獲益，應該棄市，作為亂臣賊子之戒。

高宗還是下不了決心處理這個當過皇帝的人，李綱乘機又戳了一下他的痛處，說以後如果繼續把張邦昌留在朝廷，人們見了，會說這是那個「故天子」。這句話觸動了皇帝，於是將張邦昌降為昭化軍節度副使，潭州（現湖南省長沙市）安置。這其實就是宋代的斷崖降級，將官員發配到邊遠地區。

此刻，張邦昌的命運就註定了，只要他離開皇帝身邊，就喪失了活路。諫官們會一刻不停地尋找他的錯處，直到皇帝同意將他殺掉，而由於他身在遠方，所以連辯白的機會都沒有。

最終，皇帝尋找的藉口是：張邦昌玷污了皇家的女人。在太上皇的女人中，有一位華國靖恭夫人李氏由於不想離開汴京，一直對張邦昌示好。在一次喝酒後，李夫人擁抱著張邦昌說：「大家，事已至此，尚何言？」他們一同進入內廷福寧殿，李氏將養女陳氏送給了張邦昌。

皇帝聽說了這事，將李氏下獄，逼迫她將張邦昌牽連出來[826]。

雖然宋徽宗的無數妃子、女兒已經成了金人的「囊中之物」，但宋朝的臣民玷污皇家的女人卻是大罪，這足以讓張邦昌喪命。

高宗皇帝於建炎元年（一一二七年）九月，懷著輕鬆的心情簽發了張邦昌的死亡令，逼迫他自縊於潭州平楚樓[827]。這位對汴京城「保護最大」的人最終沒有逃脫死亡的命運。

曾與金人合作的人中，除了張邦昌之外，還有王時雍、徐秉哲、吳幵、莫儔和范瓊等人，對這些人的處理早於張邦昌。高宗即位六天後，就將王時雍貶為提舉成都府玉局觀。其他在楚國擔任過官職的人也開始感受到壓力。

例外的是呂好問，他雖然在張邦昌手下擔任高官，但由於勸說張邦昌迎回元祐太后，受到了高宗的表彰，被提升為尚書右丞。

五月初八，王時雍再次被貶為安化軍節度副使，黃州安置，降低待遇被流放了。大家一看王時雍的境遇，立刻心裡有了數。吳幵趕快上書請死，被貶為龍圖閣學士提舉江州太平觀。莫儔也上書請貶，被封了個述古殿直學士提舉亳州明道宮。

五月十三日，徐秉哲也被貶為徽猷閣直學士提舉江州太平觀。

六月初二，高宗想了個處置徐秉哲的方法，派他出使金國，想借助金國的手殺掉他。徐秉哲拒絕了，於是被貶為昭信軍節度副使，安置梅州。

六月初五，皇帝再次下令，王時雍安置高州（張邦昌被賜死時，王時雍也被誅於高州）、吳幵安置永州、莫儔安置全州。到這時，除了范瓊之外，其餘的人都被發配了。

范瓊由於手中有兵權，比起幾位文官要難處理得多。他一看事情不好，也心情忐忑，皇帝反而安慰他，作為武將並沒有大錯，不用擔心。

由於朝廷正是用兵之時，范瓊被委以重任。但事後，范瓊依然展現出對外戰爭的無能，和對內鬥爭的擅長。他在與金軍作戰時，被人嘲笑「此將軍豈解殺敵，唯有走耳」。但他又擁兵自重，甚至參與了反對宋高宗的苗劉兵變。宋高宗只好讓大將張浚將其殺掉。

由於范瓊手握兵權，張浚無法直接下手，只能事先埋伏了士兵，借邀請其談事，突然將他殺死[828]。

在所有需要為僭偽承擔責任的人中，宋齊愈是最倒楣的。當金軍逼迫眾人選舉張邦昌，而大臣們扭扭捏捏不肯第一個說出名字時，宋齊愈為了避免僵局，向王時雍打聽出張邦昌的名字，第一個簽名。就是這一次衝動之舉要了他的命。

建炎元年（一一二七年）七月初三宋齊愈被罷職。宋齊愈留了一手，將當初另一位官員李會寫的勸進草稿藏了起來。他以為自己罪不至死，想靠檢舉立功，將草稿捅了出來。但審判他的人卻與李會勾結起來，將其判死。

即便這樣，宋齊愈還可以不死，因為判案的法寺（大理寺）認定，他雖然該殺，可恰逢高宗皇帝大赦，不需要執行死刑。不料事情捅到皇帝那兒，皇帝說了一句：「如果張邦昌（在宋齊愈的幫助下）真的成了皇帝，又置朕於何地？」法寺立刻明白了皇帝的意圖，殺掉了宋齊愈[829]。

在宋徽宗所有的妃子中，只有韋妃一人回到南方。宋金議和時，作為高宗的親生母親，韋妃也成了議和的籌碼之一。和議完成後，紹興十二年（一一四二年）四月，韋妃帶著宋徽宗的棺材踏上了歸鄉之路。她在南宋又活了十七年才去世，那時已經八十高壽[830]。在官方的記錄裡她成了賢后的化身，但在民間，卻傳說她在金國已經失節[831]。

民間和官方的認知差異，也不能全怪民間的惡毒。事實上，南宋時期建立的「餓死事小，失節事大」的觀念，就和靖康之恥有關。

靖康時期，金人俘虜了那麼多年輕的女人，幾乎包括了整個徽宗家族。按照漢人的觀念，這些女人都被不純潔的血統玷污了。從這時開始，道學進入了快速發展時期，道學家們意識到必須進行更大力度的灌輸，提倡以後婦女如果遇到了這種情況，必須全力抵抗，直至死亡。

道學家的灌輸又反作用於靖康時期被擄的女性們，人們帶著新的觀念回頭再看，更加認為她們被抓走是恥辱的，而韋妃不幸也在這個群體之中。

靖康之恥之所以給了道學一統天下的時機，還有另一個原因。在此之前，北宋是一個講究實際的朝代，皇帝對大臣並沒有過分強調忠貞，只要求大臣在能力上能夠勝任。一時間實學盛行，人們普遍不重視空虛的泛泛之談，而是對政治學、工程學、經濟學更加看重。

但靖康年間，發生了這麼重大的變故，卻很少有大臣表現出忠心，反而有很多人配合金軍將皇帝送走，這件事深深地刺激了宋朝朝野。

從此之後，整個社會氣氛加大了道德觀念的灌輸，要求人們重新樹立忠於朝廷的價值觀，道學抓住了這個機會成了主流。對「君君臣臣父父子子」的提倡，對滅人欲的推崇，都一股腦兒變成了人們必須接受的「天理」，最終發展成為一種愚忠，束縛了中國近千年之久。

在高宗時期，還有一個從北方放回來的重要人物——秦檜。

秦檜被金人擄往北方，最初跟隨太上皇，後來被金太宗賜予了弟弟撻懶。撻懶很信任秦檜，讓他在南侵時當參謀[832]。不料秦檜和妻子王氏抓住機會，殺掉看守，逃回宋境。

關於秦檜的歸來，日後人們猜測紛紛，許多人懷疑他是金國放回來的奸細，否則為什麼那麼多被抓往北方的高官，只有秦檜回來了？更何況還是和他的妻子一同回來，金人竟沒有用他妻子做人質[833]。

但宰相范宗尹和同知樞密院李回選擇了相信秦檜。日後，秦檜成了高宗朝的宰相，以及主和派的領袖。在秦檜的主導下，高宗在經過多年的戰爭後，選擇與金軍議和。為了掃除議和的障礙，秦檜排擠了主戰派的將領，並將其中最堅決的岳飛構陷殺死，壓制了反對的聲音。

根據他後來的作為，人們懷疑他真的是金國的奸細。

但也有可能，秦檜與岳飛的對立只是宋代主戰派與主和派爭鬥的繼續罷了。主戰派看到了金國並非不可戰勝，主和派卻擔心宋朝承受不了戰爭的影響，即便打幾個勝仗，但沉重的財政負擔會將國家壓垮。只是這時的黨派鬥爭已經失去了北宋初年的優雅，必須以殺人為結局罷了。

與秦檜類似的主和派還有宋高宗的兩位寵臣黃潛善和汪伯彥，只是這兩人沒有秦檜走運。秦檜是在金軍進攻力竭之後才掌權的，所以長期把持大位，安然善終。而黃潛善和汪伯彥卻不幸趕上了金軍勢頭最盛時，他們主張求和沒有換來和平，反而還耽誤了宋軍的防衛，導致宋高宗差點被金軍抓住。當金軍攻克揚州時，兩人都成了替罪羊被免職。但黃、汪的和平理想卻被秦檜繼承下來，也算後繼有人了。

黃潛善死得早，沒有看到後來的和平，而汪伯彥熬到了秦檜當政時期，再次起用。但後人對三人的評價卻定了格，《宋史》將黃、汪、秦三人並列，寫入了〈奸臣傳〉。

秦檜等主和派掌握了南宋的政局，那些主戰派的結局卻並不好。李綱在高宗初期曾經短暫擔任了宰相[834]，但作為書生的他很快就暴露出領導力的不足，在如此紛紜複雜的環境中無法施展有效的領導力。在黃、汪的排擠下，李綱執政了七十幾天就被邊緣化，從此退出了中國歷史的中心舞臺。

與李綱類似的還有官職更小的馬擴。馬擴長期在河北地區抵抗金軍，當金軍佔領了河北之後，馬擴只好來到了江南。他擔任過一系列的小官，都沒有受重用。秦檜當朝時，馬擴辭官離開了南宋的官場[835]。

李綱和馬擴雖然被邊緣化，卻沒有性命之憂。同屬於主戰派的太學生陳東就沒有這麼好運了。陳東在靖康、建炎時期是學生中的意見領袖，曾經上書要求「誅六賊」，在第一次汴京圍城戰中，李綱被宋欽宗罷免後，陳東又領導了汴京城譁變，逼迫宋欽宗恢復了李綱的職位。

金人解圍後，對於如何處理這些學生領袖有不同的意見，有的大臣提議將他們抓起來，有的提倡重用他們。但學生領袖們最大的問題卻是：他們是和平時代好的「看門狗」，戰爭時期卻應付不了複雜的局面。

陳東在第二次汴京圍城戰時已經辭職回家。到了高宗時代，李綱第二次被罷職後，陳東又上書要求給李綱復職，貶斥黃潛善、汪伯彥。

高宗皇帝不打算學北宋的祖先們容忍言官的傳統，決定採取嚴厲的手段制裁他們。黃潛善乘機勸說皇帝殺掉陳東。

陳東的死刑令下發給了府尹孟庾，孟庾想以請陳東商議事情為藉口，將他誘捕。府尹派出的小吏到來時，陳東已經有了預感，他表示吃過飯再動身，並寫了一封家信交給朋友，好傳給他的家人。吃完飯他去了一趟廁所，請他的小吏有些為難，怕他乘機跑掉。陳東看在眼裡，連忙安慰小吏：「我陳東如果怕死，當初就不敢說話了，既然說過，難道還怕死？」

當天，陳東被斬於市，與他同死的還有另一位市民領袖歐陽澈[836]。高宗對於意見領袖的殺戮，也成了後來殺害岳飛的先聲，亦表明南宋不像以前那樣過於寬容。

在宋朝的叛臣中，還有一個人引人注目，他就是「常勝軍」首領郭藥師。郭藥師在燕京投降金國後，在第一次汴京圍城中起到了關鍵作用，他的軍事情報是二太子斡離不成功的保障。

之後，郭藥師的官職卻並沒有更上一層。金軍慢慢抽走了他的常勝軍，仍然讓他負責守衛當初的營、平、灤地區。金天會十年（一一三二年）時，郭藥師是平州守將。與之相比，常常出使宋朝的金國使者蕭慶已經成了河東南路兵馬都總管。

不過，這一年郭藥師和蕭慶都被粘罕元帥抓起來關進了監獄。史書上並沒有告訴我們原因，只說他們很快又獲釋了。蕭慶之後仍然是粘罕的嫡系。可是元帥卻拿走了郭藥師龐大的家產，沒有要他的命。在金人看來，失去了家產的郭藥師也就失去了聚眾的能力，沒了後顧之憂，就可以讓他安度晚年了[837]。

與郭藥師死在床上相比，另一個原宋朝大臣宇文虛中的命運就要悲慘得多[838]。宇文虛中曾經反對宋徽宗的「聯金滅遼」政策。第一次汴京圍城戰時，他又參與了與金國的和談，竭盡全力爭取不割三鎮，卻沒有成功。

金軍退軍後，宇文虛中成了替罪羊被貶職，卻幸運地躲過了靖康之禍。

但到了第二年（建炎二年，一一二八年），宋高宗徵求使者出使金國，請求歸還二帝，宇文虛中應徵前往，被金人扣留了。一年後，金人將其他使者放回時，宇文虛中卻決定不回去，他表示自己的使命是請回二帝，這個使命不完成，就不回去。

金人很看重宇文虛中的才華，重用了他。在高峰時期，金人甚至把他當作「國師」看待。宇文虛中擔任了金人的高官，卻並沒有背叛宋朝，他一方面與二帝取得聯繫，另一方面聯繫北方的宋朝人，幫助他們尋找南歸的機會。他成了北方漢人的領袖。

他還想辦法幫助南宋遲滯金軍的進攻，不停地勸說金軍，江南太荒僻，打下來沒什麼用處，還要耗費大量的人力和錢財。此外，他偷偷與南宋取得了聯繫，不時寫密信將金國的情況告知南方。

但宇文虛中沒有想到，他在不知不覺間得罪了一個遠方的人——秦檜。秦檜不怕南方的人，卻怕北方的人將他在金國時期的事情透露給南方。金皇統二年（一一四二年），宋金終於議和，金國乘機向南宋索要在北方當官的宋人的家屬。秦檜一看是個機會，連忙將留在南宋的宇文虛中家族全都抓起來，送給了金國，這就斷絕了宇文虛中歸宋的道路。

數年後，宇文虛中與北方宋人的聯絡被發現，他被下獄判死，一家百口被金人燒死，這在宋金時期是少有的滅門慘案。

除了宋朝歸降金國的人都有了結局之外，遼國歸降之人也都有了結局。

在金國的契丹族大臣中，伐宋最得力的兩位是劉彥宗與耶律余睹。劉彥宗死於金天會六年（一一二八年），由於死得早，受到了金人的優待。耶律余睹就沒有這麼幸運了。

作為漁獵民族，女真人善於運用被征服者的大臣，這其中一個原因在於女真太落後，不依靠於契丹和漢人，就不可能建立起正規的政權組織。

可是一旦金國的政權穩定了，在征服民族與被征服民族之間就出現了深刻的隔閡，並在日常交往中逐漸放大。久而久之，金國政權內部形成了一個反對契丹人的派別——女真民族派。而契丹人為了自保，也被迫結成一派，以對抗女真民族派。

兩派中，女真民族派的首領是一位叫作兀室（完顏希尹，本名谷神）的人，而契丹派的領袖則是耶律余睹。

有趣的是，兩人都來自粘罕元帥的西路軍，曾經長期共事，彼此相互瞭解。在金國伐宋時，耶律余睹就已經是西路軍的都監，也就是僅次於元帥粘罕和監軍兀室的人。但之後的幾年間，他再也沒有升遷。他一直在西路的雲中地區擔任守將。金人為了防範他，甚至還把他的妻子當了人質。

金天會十年（一一三二年），作為女真民族派首領的兀室發起了一場運動，將耶律余睹推向了深淵[839]。

一天，兀室在居庸關附近打獵時，看到山下有兩個騎馬的人在交談，他們談了許久，沿著不同的方向離開。兀室乘機將其中一個人扣留，進行了長期的盤問。最後認定，這兩人都是契丹族的使者，他們在策劃一場叛亂。

按照兀室的說法，兩位使者一個由雲中的守將耶律余睹派出，另一位由燕京的守將槁里（也是契丹人）派出。兩位守將派出使者接頭，準備策劃燕雲地區叛離金國。

這個說法是有疑問的，特別是因為它來自兀室的訊問。但不管怎樣，兀室以此為藉口策劃了一場反對契丹人的大屠殺。首當其衝的是燕京的守將槁里。其次，兀室將運動擴大化，命令燕京地區的兵馬開始清理契丹人，將他們全都殺死。一時間契丹人紛紛逃亡，前往西方和北方。

兀室在清理完燕京地區之後，率軍前往雲中地區，準備將契丹人最後的依靠耶律余睹拔掉。余睹事先聽到了消息，帶著親兵向西夏逃去。到了金夏邊境，西夏人問余睹帶了多少人馬，余睹回答有三百人，西夏人以人少為由拒絕他入境。

余睹只好再次向北方的韃靼地區逃竄，卻被韃靼人誘殺，並將他的首級獻給了金國。

契丹人在金國的影響力灰飛煙滅。

雲中地區除了是余睹的駐紮地，也是元帥粘罕的勢力範圍，粘罕娶了遼國天祚帝的元妃蕭氏做妾，而蕭氏就住在雲中。兀室到了雲中後，一不做二不休，闖入蕭氏的府邸將她殺死。事後，兀室向粘罕彙報，表示蕭氏作為契丹人可能會危害兄長的性命，作為預防手段，他已經將蕭氏殺死了。粘罕對於既成事實無可奈何，還得擁抱兀室，感謝他的關心。由於兀室是粘罕的左膀右臂，他的重要性顯然高於一個女人。

但粘罕和兀室也並沒有笑到最後。作為新興民族，最大的問題就是權力分配不平衡。在進攻北宋的兩位元帥中，斡離不由於死得早，沒有參與權力鬥爭。

粘罕和兀室兩人卻無法避免政治鬥爭。同樣是天會十年，粘罕和兀室請求金太宗立太祖的嫡孫合剌（完顏亶）為諳班勃極烈，也就是太子。

女真最初採取的是兄終弟及，兩年前，前任諳班勃極烈斜也（完顏杲）死了，斜也是太祖和太宗的親弟弟。兄弟一脈上已經沒有人了，接下來即位的應該是子輩。太宗的長子完顏宗磐希望成為繼承人，但粘罕卻推薦太祖的嫡孫合剌，擠掉了太宗的親生兒子。

天會十三年（一一三五年），合剌即位成了金熙宗，粘罕和兀室作為擁立者，本應該擁有更大的權力。不料，熙宗皇帝卻採納了養父完顏宗幹的建議，重用完顏宗幹和完顏宗磐，將粘罕一系的兵權逐漸收回。

熙宗借鑑了漢人的官僚體系，改革官職，廢除了勃極烈制度，採取三省制。他封粘罕為太保、領三省事，晉封國王，卻剝奪了他的兵權。此外，粘罕一系的人也都免去了地方大員的身份，改授中央文官，比如兀室就被改授尚書左丞相兼侍中，高慶裔為左丞，蕭慶為右丞。

太宗時代，粘罕是說一不二的權臣，但熙宗時代，除了粘罕被授予太保之外，還有皇帝的養父完顏宗幹被授予太傅，曾經與熙宗競爭帝位的完顏宗磐被授予太師，他們並領三省事。而實際上，後兩人的權力已經在粘罕之上[840]。

兩年後，熙宗繼續拿粘罕系開刀，將尚書左丞高慶裔找罪名殺掉。粘罕無法保護自己的親信，他本人也抑鬱得病，在風雨飄搖中又熬了一個月就去世了[841]。

粘罕死後，金熙宗用太祖第六子完顏宗雋（訛魯觀）取代了兀室擔任尚書左丞相兼侍中。但不久，宗雋、宗磐等人的擅權讓熙宗感到難受，皇帝再次起用兀室，借助他和宗幹，將宗雋和宗磐殺死。

但隨後，兀室又和金軍元帥完顏宗弼發生衝突，這次，皇帝與完顏宗弼聯手殺死了兀室。至此，西路軍的「三駕馬車」粘罕、兀室和余睹都死在權鬥之中。

金國之所以勃興，很大程度上在於太祖、太宗兄弟和親戚的團結一致，他們為了共同的目標一次次發起戰爭。相比較而言，遼國和宋朝卻內鬥不斷，組織不起有效的軍事行動。

但女真興起太快，在瞬間獲得了太多的資源，又由於分配不均迅速引起了統治集團內部的傾軋和紛爭。到了熙宗時期，女真的對外擴張衝動已經讓位給了內鬥的狂熱。

皇統九年（一一四九年）[842]底，熙宗皇帝本人死於一次宮廷政變，上臺的是太師完顏宗幹的次子完顏亮，史稱海陵王。海陵王想結束內鬥，將女真的精力再轉向對外。他發動了一次南侵，卻在長江邊上遭遇了軍隊譁變而被殺（正隆六年，一一六一年）[843]。即位的金世宗完顏雍結束戰爭狀態，金國也開始了難得的和平時代。

當本書中所有的主角都死亡後，淳熙三年（一一七六年）十一月，南宋又派遣生辰使試戶部尚書張子政、明州觀察使趙士褒前往金國首都燕京，祝賀金國皇帝的生辰。

他們的行程被隨從周輝記錄下來[844]，其中關於金國宮殿的描寫，可以和當年許亢宗出使時看到的上京附近的「土圍子」做一個對比。

此時金國的政治中心搬到了當年爭奪的焦點：燕京。南宋使團十一月接受任命，於第二年正月初七離開國門，二月二十七日就到了燕京。

如今北京城內靠南的位置，還有一片遺址區是當年的金中都遺存。現在的人們到了那兒，除了能看到幾條土牆之外，幾乎看不出任何當年的模樣。但在金代時，這裡卻有著大片的瓊樓玉宇。

宋朝使臣來到後，首先在城外的燕賓館停留，在這裡接受招待吃飯。吃飯完畢，被引入城內，首先經過的是端禮門，其次南門，再入豐宜門，接著過一個特殊的建築：龍津樓。龍津樓是一個直接架在道路上方的閣樓，在樓下，三條大道並行穿過，道上的扶欄用類似玉石的材質雕刻著嬰兒的圖像，工巧萬分。

過了龍津樓，再過宣陽門，然後才由馳道進入了金國的國賓館——會同館。

這一路上的繁華與奢侈，與許亢宗當年住的三十餘間的大茅屋簡直是天壤之別。

從會同館到接見宮的行程是這樣的：出了館，有一條通往宮殿的馳道，馳道兩旁是叫作御廊的建築群，東西曲尺各有二百五十間。御廊盡頭是百官下馬的掖門，從掖門經過專德門、會通門、承明門、左嘉會門，向南行，才到了接見使者的宮殿。宮殿裡鋪著巨大的毛氈，氈上繡著無數的鸞鳳。到了接見時分，使者還必須穿過宣明門、行政門和一個隔門，才能站在這數百人的大氈上。

大殿有九根巨大的雕花柱子，前面設有露臺，兩廊各有三十間的規模，中間有兩個鐘鼓樓，外面有繡花的金漆簾子遮擋。

殿門外有兩三百衛士站立兩旁，都穿著錦袍，戴金花帽。宣明門外到外廊之間站滿了甲士，左面是青條甲持黃龍旗，右面是紅條甲持紅龍旗。外廊都是銀槍衛士，左掖門內都是金槍衛士。

宮殿的瓦油琉璃製作，映日輝煌。從描述來看，金中都的宮殿比南宋臨安的宮殿規模大。南宋皇帝一直聲稱臨安是臨時首都（行在），不肯大規模修繕宮殿，顯得捉襟見肘。金中都除了輝煌之外，還透露出極強的軍國色彩，帶著軍事化的儀仗，與文人治國的宋朝形成了鮮明的對比。

周輝感慨說，燕京宮殿的構造是按照東京（汴京）的模型修建的，在建設時用了一百二十萬人，花了數年時間才修好，死者不計其數。

這個宮殿，和當初的「土圍子」，同樣天壤之別。周輝的記述也讓後世的讀者知道，女真這個民族在五十年裡，已經從一個原始的部族，成長為有著極強物質追求的新興民族。

金國走到這一步，也逐漸喪失當初的衝擊力，這個國家正在變得衰老，只是所有人都沒有意識到罷了。

在面對南宋時，它仍然保持著軍事優勢，但是，在面對更新興的馬背民族時，它已經無力抵抗。

金國雖然衰落，但在遇到那個捅破窗戶紙的民族之前，它繼續存在了五十年。之後，就像當初遼國遇到的那樣，它也走向了被征服的命運。

註解

818 宋．曉瑩《雲臥紀譚》。

819 殘篇見宋．志磐《佛祖統紀》。

820 見《佛祖統紀》。

821 《雲臥紀譚》：「（祖秀）後歸老蜀山，翕然燕處，一話一言未嘗忘衛宗護教，既福不逮慧，為時論所惜焉。」

822 《陽華宮記》，亦有版本稱為《華陽宮記》。在本節中，所有稱為「陽華宮」和「陽華門」的地方，在《華陽宮記》中都被記為「華陽宮」和「華陽門」。

823 《汴京遺跡志》收錄了幾篇艮嶽的介紹，本稿件中的描述是綜合幾篇文章後得到的。

824 參考《鐵圍山叢談》。

825 參考《癸辛雜識》。

826 參考《宋史．張邦昌傳》。

827 參考《大金國志》。

828 以上均出自《續資治通鑑》。

829 參考《續資治通鑑長編拾補》。

830 《宋史．韋賢妃傳》，万俟卨《皇太后回鑾事實》。

831 見本書前文。

832 參考《宋史紀事本末．秦檜主和》。

833 參考《宋史．秦檜傳》。

834 參考《宋史紀事本末・李綱輔政》。

835 參考《茅齋自敘》。

836 參考《宋史・陳東傳》、《宋史・歐陽澈傳》。

837 參考《大金國志・太宗文烈皇帝紀》。

838 參考《宋史・宇文虛中傳》、《金史・宇文虛中傳》、《大金國志・宇文虛中傳》。

839 參考《大金國志・太宗文烈皇帝紀》。

840 參考《金史・熙宗紀》。

841 參考《金史・完顏宗翰傳》、《大金國志・粘罕傳》。

842 皇統九年是西元一一四九年，但熙宗遇刺的十二月初九卻已經是西元一一五〇年一月九日。

843 參考《金史・海陵紀》。

844 參考周輝（又作周煇）《北轅錄》。

後記

1

二〇一三年底，我在大理洱海邊的一個小村子裡居住了三個月。其間，除了寫《中央帝國的財政密碼》第一稿（這一稿沒有用上，後來廢掉重寫）之外，幾乎沒做任何別的正事，也很少和熟人接觸。

為了活動一下手腳，每當寫作的空閒，我就到住處附近的一個小飯館裡幫忙刷碗。老闆娘夢舞君是一位比我小一歲的姑娘，原本是教師，辭職後在這偏僻的小村子裡開了個小店，養活自己的同時，也希望繼續繪畫的夢想。我有幸成了這家小店的編外洗碗工。

三個月後的二〇一四年春天，我決定去中東看一看硝煙的顏色，離開了大理。據說，當我離開的那一天，姑娘痛哭了一場，但當時我並不知情。最初，我們還有聯繫，隨著我的手機壞了，聯繫中斷。

所幸的是，半年以後，我回到了國內，再到大理，將她撈上了我的「賊船」。

我們找到了彼此有生之年的依靠。

她繼續經營小店，我繼續漂泊。其間，我去了阿富汗的戰地，差點兒被劫持，當頭破血流的我確信安全了，首先想到的就是向她報平安。那一刻，我體會到了心中有根的感覺。

又過了兩年，大理市政府對當地民營經濟進行了管控，夢舞君的小店也受到了影響。我乘機勸說她將店關掉，既然喜歡繪畫，就不要再走彎路，向著理想去拚搏吧。

於是，我們買了一個小屋，有一間屬於她的畫室，也有一間我的書房。屋外風總是很大，我給小屋起了名字，叫「風吼居」。

2

這是我成年後的漂泊人生中，第一次有了家的感覺。我和夢舞君都相信人可以不依賴於任何組織而活著。我們堅持這樣做，才感覺無愧此生。

對於一個寫作者來說，家的最大用處就是藏書。在前半生中，我購書無數，但這些書卻都隨著我的漂泊而散落全國各地。這一次，我終於可以把心儀的書籍重新蒐集。

之前，我寫書的資料大都是臨時購買，或者在圖書館拍照，或者下載電子版，書一寫完，資料早已散盡。寫書的地點也五花八門，比如最早的小說《告別香巴拉》，構思於西藏的無人區，動筆於雲南的文山，在北京寫作期間，還換過兩個住處，修改地點在杭州和越南的沙巴小鎮，最後又封稿於雲南的文山。另一本書《穿越百年中東》的最早章節是在埃及和衣索比亞寫作與修改的，完成地點是在廣州。其餘幾乎每一本書都經歷過類似的動盪，才得以完成。

當有了家之後，創作環境終於得到了改善。《汴京之圍》是我的第一本在同一個地方構思、寫作和完成的作品。

在風吼居，我幾乎將所有的參考資料都備齊了。在本書所列的一百多本參考書中，除了《三朝北盟會編》和《建炎以來繫年要錄》由於暫時購買不到，只能使用電子版之外，其餘的書籍我都買來放在案頭，邊寫邊查。

《汴京之圍》也因此成了寫作最從容的一本書。

3

為什麼要寫《汴京之圍》？

當我寫作《中央帝國的軍事密碼》時，強調的是軍事地理對於戰略的重要性。但在寫作過程中，卻有一個時代讓我如鯁在喉，這個時代就是北宋末期的靖康時期。這個時代的戰爭已經超越了軍事本身，變成了政治、經濟、外交的大拼盤。在《中央帝國的軍事密碼》一本書中，不可能將如此豐富的內容展現，於是我將它單獨抽出來，寫一本專著，來解剖這個時代。

另外，靖康時期那段歷史對於現代也有著不同尋常的意義。

設想回到北宋——三年前，整個社會鋪天蓋地在宣揚一場盛世，人們普遍相信這是一個偉大的時代，國力富強、經濟繁榮；但三年後國家卻滅亡了。從盛世到滅亡只用三年，這一時代境況讓我有一種去一探究竟的衝動。

它提醒我們居安思危，在任何時候，危機和盛世只差一步而已。和平並不是一種必然，它要求我們懷著謙卑的心態去看待世界，學習世界所長的同時，避免自大與狂傲。更重要的是，必須有意識地避免戰爭，謙卑不是錯，錯判了形勢才是最可怕的，因為任何形勢都是環環相扣的，一旦邁出了第一步，不僅無法回頭，而且也無法把握未來的走向了。

由於研究戰爭和財政，我也知道戰爭對於中國社會的破壞性。一旦戰爭出現，引起的財政失衡很可能會導致整個社會的分崩離析。如今，中國的民族自尊心正處於一個爆發的階段，在這個階段，更需要我們隨時警醒。

4

在書中，我還寫了大量的外交活動。

隨著世界的複雜化，外交已經成了一個國家的常態。其實在宋代，由於數國並立，國家的外交早就擺脫了中央帝國的心態，與遼國、金國的外交活動已經很現代了。

但宋代的外交卻顯得異常混亂。北宋政府有著強烈的歷史屈辱感，這種感覺來自遼國佔據著燕雲十六州。於是，北宋末年外交的出發點都落在這片北方領土之上。由此產生的不計後果的外交策略，最終不僅沒有拿回燕雲十六州，反而丟掉了更多的土地。

北宋君臣由於缺乏固定的原則，在外交上走入漩渦無法自拔，讓每一個看過這段歷史的人都扼腕歎息。而這，也正是現代外交所必須避免的。

另外，在軍事戰略、政治上，這段歷史都可以給我們太多的啟發，這本書不是為了回顧一段千年前的歷史，而是為了讓當代人有所領悟。

這不是《岳飛傳》那種讓人心潮澎湃、慷慨激昂的書，而是一本令人深省、思考歷史教訓的書。不鼓動任何情緒，卻總是想給文明衝突找到合理的解釋。

5

感謝夢舞君的陪伴。

感謝當年給了我理想，教導我不要合群的祖父母郭寶成、李玉萍。

感謝文學鋒、周杭君、谷重慶、秦旭東，你們在我人生的不同階段給了我重要的幫助，這才有了我今天的成就。

感謝我的編輯團隊，也是國內最好的編輯團隊。

本書構思、寫作、修改於大理風吼居。但願我未來的作品都出自這個四季聽風的小屋。

參考書目

【聚合類】

范祥雍編：《古本竹書紀年輯校訂補》，上海古籍出版社，二〇一一年。

〔宋〕薛居正等：《舊五代史》，中華書局，一九七六年。

〔宋〕歐陽脩：《新五代史》，中華書局，一九七四年。

〔清〕畢沅：《續資治通鑑》，嶽麓書社，一九九二年。

〔宋〕李燾：《續資治通鑑長編》，中華書局，二〇〇四年。

〔清〕黄以周等輯注：《續資治通鑑長編拾補》，中華書局，二〇〇四年。

〔宋〕徐夢莘：《三朝北盟會編》，大化書局，一九七九年。

〔清〕徐松輯，劉琳、刁忠民、舒大剛等點校：《宋會要輯稿》，上海古籍出版社，二〇一四年。

陳述、朱子方主編：《遼會要》，上海古籍出版社，二〇〇九年。

〔宋〕徐自明：《宋宰輔編年錄校補》，中華書局，二〇一二年。

〔宋〕李心傳撰，胡坤點校《建炎以來繫年要錄》，中華書局，二〇一三年。

龔延明編：《宋代官制辭典》（增補本），中華書局，二〇一七年。

〔宋〕馬端臨撰，上海師範大學古籍研究所、華東師範大學古籍研究所點校：《文獻通考》，中華書局，二〇一八年。

〔元〕脫脫等：《宋史》，中華書局，一九八五年。

〔元〕脫脫等：《遼史》，中華書局，一九七四年。

〔元〕脫脫等：《金史》，中華書局，一九七五年。

〔宋〕宇文懋昭撰，崔文印校證：《大金國志校證》，中華書局，二〇一一年。

〔元〕佚名撰，汪聖鐸點校：《宋史全文》，中華書局，二〇一六年。

〔宋〕李𡌴，燕永成校正《皇宋十朝綱要校正》，中華書局，二〇一三年。

〔宋〕陳均編，許沛藻等點校：《皇朝編年綱目備要》，中華書局，二〇〇六年。

〔宋〕劉時舉撰，王瑞來點校：《續宋中興編年資治通鑑》，中華書局，二〇一四年。

〔金〕佚名編，金少英校補，李慶善整理：《大金弔伐錄校補》，中華書局，二〇一七年。
〔宋〕岳珂編，王曾瑜校注：《鄂國金佗稡編續編校注》，中華書局，二〇一八年。
〔宋〕葉隆禮撰，賈敬顏、林榮貴點校：《契丹國志》，中華書局，二〇一四年。
趙永春輯注：《奉使遼金行程錄》（增訂本），商務印書館，二〇一七年。
〔宋〕呂祖謙編，齊治平點校：《宋文鑒》，中華書局，一九九二年。
〔明〕陳邦瞻：《宋史紀事本末》，中華書局，二〇一五年。
〔清〕李有棠：《遼史紀事本末》，中華書局，二〇一五年。
〔清〕李有棠：《金史紀事本末》，中華書局，二〇一五年。
郭建龍：《中央帝國的財政密碼》，鷺江出版社，二〇一七年。
郭建龍：《中央帝國的哲學密碼》，鷺江出版社，二〇一八年。
周勳初主編，葛渭君、周子來、王華寶編：《宋人軼事彙編》，上海古籍出版社，二〇一四年。
〔明〕宋應星：《天工開物》，嶽麓書社，二〇〇二年。
〔宋〕王稱：《二十五別史．東都事略》，齊魯書社，二〇〇〇年。
〔宋〕志盤撰，釋道法校注：《佛祖統紀校注》，上海古籍出版社，二〇一二年。

【地理軍事類】

〔清〕顧祖禹撰，賀次君、施和金點校：《讀史方輿紀要》，中華書局，二〇〇五年。
〔清〕顧炎武撰，黃珅校點：《天下郡國利病書》，上海古籍出版社，二〇一二年。
〔清〕顧炎武撰，王文楚等校點：《肇域志》，上海古籍出版社，二〇一二年。
〔宋〕樂史：《太平寰宇記》，中華書局，二〇〇七年。
〔宋〕王應麟：《通鑑地理通釋》，中華書局，二〇一三年。
臺灣三軍大學編著：《中國歷代戰爭史》，中信出版社，二〇一三年。
〔明〕李濂撰，周寶珠、程民生點校：《汴京遺跡志》，中華書局，一九九九年。
〔宋〕孟元老撰，伊永文箋注：《東京夢華錄箋注》，中華書局，二〇〇六年。

【筆記類】

〔宋〕趙甡之撰，許起山輯校：《中興遺史輯校》，中華書局，二〇一八年。

〔宋〕確庵、耐庵編：《靖康稗史箋證．宣和乙巳奉使金國行程錄》，中華書局，二〇一〇年。

〔宋〕確庵、耐庵編：《靖康稗史箋證．甕中人語》，中華書局，二〇一〇年。

〔宋〕確庵、耐庵編：《靖康稗史箋證．開封府狀》，中華書局，二〇一〇年。

〔宋〕確庵、耐庵編：《靖康稗史箋證．南征錄匯》，中華書局，二〇一〇年。

〔宋〕確庵、耐庵編：《靖康稗史箋證．青宮譯語》，中華書局，二〇一〇年。

〔宋〕確庵、耐庵編：《靖康稗史箋證．呻吟語》，中華書局，二〇一〇年。

〔宋〕確庵、耐庵編：《靖康稗史箋證．宋俘記》，中華書局，二〇一〇年。

上海古籍出版社編：《宋元筆記小說大觀．邵氏聞見錄》，上海古籍出版社，二〇〇七年。

上海古籍出版社編：《宋元筆記小說大觀．避暑錄話》，上海古籍出版社，二〇〇七年。

上海師範大學古籍整理研究所編：《全宋筆記第一編．涑水紀聞》，大象出版社，二〇〇三年。

上海師範大學古籍整理研究所編：《全宋筆記第二編．後山談叢》，大象出版社，二〇〇六年。

上海師範大學古籍整理研究所編：《全宋筆記第二編．東軒筆錄》，大象出版社，二〇〇六年。

上海師範大學古籍整理研究所編：《全宋筆記第二編．侯鯖錄》，大象出版社，二〇〇六年。

上海師範大學古籍整理研究所編：《全宋筆記第三編．泊宅編》，大象出版社，二〇〇八年。

上海師範大學古籍整理研究所編：《全宋筆記第三編．墨莊漫錄》，大象出版社，二〇〇八年。

上海師範大學古籍整理研究所編：《全宋筆記第三編．鐵圍山叢談》，大象出版社，二〇〇八年。

上海師範大學古籍整理研究所編：《全宋筆記第三編．松漠紀聞》，大象出版社，二〇〇八年。

上海師範大學古籍整理研究所編：《全宋筆記第三編．靖康傳信錄》，大象出版社，二〇〇八年。

上海師範大學古籍整理研究所編：《全宋筆記第三編．建炎進退錄》，大象出版社，二〇〇八年。

上海師範大學古籍整理研究所編：《全宋筆記第三編．建炎時政記》，大象出版社，二〇〇八年。

上海師範大學古籍整理研究所編：《全宋筆記第三編．建炎復辟記》，大象出版社，二〇〇八年。

上海師範大學古籍整理研究所編：《全宋筆記第三編．靖炎兩朝見聞錄》，大象出版社，二〇〇八年。

上海師範大學古籍整理研究所編：《全宋筆記第三編．朝野僉言》，大象出版社，二〇〇八年。

上海師範大學古籍整理研究所編：《全宋筆記第三編．北狩見聞錄》，大象出版社，二〇〇八年。

上海師範大學古籍整理研究所編：《全宋筆記第四編．獨醒雜誌》，大象出版社，二〇〇八年。

上海師範大學古籍整理研究所編：《全宋筆記第四編・華陽宮記事》，大象出版社，二〇〇八年。
上海師範大學古籍整理研究所編：《全宋筆記第四編・避戎夜話》，大象出版社，二〇〇八年。
上海師範大學古籍整理研究所編：《全宋筆記第四編・北狩行錄》，大象出版社，二〇〇八年。
上海師範大學古籍整理研究所編：《全宋筆記第四編・靖康紀聞》，大象出版社，二〇〇八年。
上海師範大學古籍整理研究所編：《全宋筆記第四編・南燼紀聞錄》，大象出版社，二〇〇八年。
上海師範大學古籍整理研究所編：《全宋筆記第四編・竊憤錄》，大象出版社，二〇〇八年。
上海師範大學古籍整理研究所編：《全宋筆記第四編・竊憤續錄》，大象出版社，二〇〇八年。
上海師範大學古籍整理研究所編：《全宋筆記第五編・能改齋漫錄》，大象出版社，二〇一二年。
上海師範大學古籍整理研究所編：《全宋筆記第五編・容齋隨筆》，大象出版社，二〇一二年。
上海師範大學古籍整理研究所編：《全宋筆記第五編・裔夷謀夏錄》，大象出版社，二〇一二年。
上海師範大學古籍整理研究所編：《全宋筆記第五編・雲臥紀譚》，大象出版社，二〇一二年。
上海師範大學古籍整理研究所編：《全宋筆記第五編・老學庵筆記》，大象出版社，二〇一二年。
上海師範大學古籍整理研究所編：《全宋筆記第六編・建炎以來朝野雜記》，大象出版社，二〇一三年。
上海師範大學古籍整理研究所編：《全宋筆記第六編・揮麈錄》，大象出版社，二〇一三年。
上海師範大學古籍整理研究所編：《全宋筆記第六編・玉照新志》，大象出版社，二〇一三年。
上海師範大學古籍整理研究所編：《全宋筆記第七編・桯史》，大象出版社，二〇一六年。
上海師範大學古籍整理研究所編：《全宋筆記第七編・齊東野語》，大象出版社，二〇一六年。
上海師範大學古籍整理研究所編：《全宋筆記第八編・夢粱錄》，大象出版社，二〇一七年。
上海師範大學古籍整理研究所編：《全宋筆記第八編・癸辛雜識》，大象出版社，二〇一七年。
上海師範大學古籍整理研究所編：《全宋筆記第九編・宗忠簡公遺事》，大象出版社，二〇一八年。
上海師範大學古籍整理研究所編：《全宋筆記第九編・秀水閒居錄》，大象出版社，二〇一八年。
上海師範大學古籍整理研究所編：《全宋筆記第九編・皇太后回鑾事實》，大象出版社，二〇一八年。
趙永春輯注：《奉使遼金行程錄・使北錄》（增訂本），商務印書館，二〇一七年。
趙永春輯注：《奉使遼金行程錄・燕雲奉使錄》（增訂本），商務印書館，二〇一七年。
趙永春輯注：《奉使遼金行程錄・茅齋自敘》（增訂本），商務印書館，二〇一七年。
趙永春輯注：《奉使遼金行程錄・靖康城下奉使錄》（增訂本），商務印書館，二〇一七年。
趙永春輯注：《奉使遼金行程錄・山西軍前和議奉使錄》（增訂本），商務印書館，二〇一七年。

趙永春輯注：《奉使遼金行程錄‧北轅錄》（增訂本），商務印書館，二〇一七年。
〔宋〕徐夢莘：《三朝北盟會編‧北征紀實》，大化書局，一九七九年。
〔宋〕徐夢莘：《三朝北盟會編‧陷燕錄》，大化書局，一九七九年。
〔宋〕徐夢莘：《三朝北盟會編‧南歸錄》，大化書局，一九七九年。
〔宋〕徐夢莘：《三朝北盟會編‧金虜節要》，大化書局，一九七九年。
〔宋〕徐夢莘：《三朝北盟會編‧燕雲錄》，大化書局，一九七九年。
〔宋〕徐夢莘：《三朝北盟會編‧北記》，大化書局，一九七九年。
〔宋〕徐夢莘：《三朝北盟會編‧宣和錄》，大化書局，一九七九年。
〔宋〕汪藻原撰，王智勇箋注：《靖康要錄箋注》，四川大學出版社，二〇〇八年。
顧宏義、李文整理標校：《金元日記叢編‧長春真人西遊記》，上海書店出版社，二〇一三年。

【評考類與虛構類】

〔清〕錢大昕撰，方詩銘、周殿傑校點：《廿二史考異》，上海古籍出版社，二〇一四年。
〔清〕趙翼：《廿二史劄記校正》，中華書局，二〇一三年。
〔清〕王夫之：《宋論》，中華書局，二〇〇三年。
〔明〕洪楩等編：《京本通俗小說‧清平山堂話本‧大宋宣和遺事》，嶽麓書社，一九九三年。
〔明〕施耐庵：《水滸全傳》，嶽麓書社，一九八八年。

附錄一：徽宗宣和至欽宗靖康年間宰執變動[845]

年代	變動	在位宰相	在位執政
宣和元年正月	（宰）余深加太宰兼門下侍郎 （宰）王黼加特進、少宰兼中書侍郎、神霄玉清萬壽宮使	蔡京、余深、王黼	童貫、白時中、馮熙載、范致虛、鄧洵武
宣和元年三月	（執）張邦昌除尚書右丞，後遷左丞	蔡京、余深、王黼	童貫、白時中、馮熙載、范致虛、鄧洵武、張邦昌
宣和元年八月	（執）尚書左丞范致虛丁母憂	蔡京、余深、王黼	童貫、白時中、馮熙載、鄧洵武、張邦昌、王安中
宣和二年正月	（執）王安中除中大夫、尚書右丞	蔡京、余深、王黼	童貫、白時中、馮熙載、范致虛、鄧洵武、張邦昌、王安中
宣和二年六月	（宰）蔡京乞太師、魯國公致仕	余深、王黼	童貫、白時中、馮熙載、鄧洵武、張邦昌、王安中
宣和二年十一月	（宰）余深以少傅、鎮江軍節度使出知福州	王黼	童貫、白時中、馮熙載、鄧洵武、張邦昌、王安中
宣和二年十二月	（執）鄭居中權領樞密院事	王黼	童貫、白時中、馮熙載、鄧洵武、張邦昌、王安中、鄭居中
宣和三年正月	（執）鄧洵武卒	王黼	童貫、白時中、馮熙載、張邦昌、王安中、鄭居中

年代	變動	在位宰相	在位執政
宣和三年十一月	（執）馮熙載以資政殿學士出知亳州 （執）李邦彥除尚書右丞	王黼	童貫、白時中、張邦昌、王安中、鄭居中、李邦彥
宣和五年正月	（執）王安中以慶元軍節度使、河北河東燕山府路宣撫使知燕山府	王黼	童貫、白時中、張邦昌、鄭居中、李邦彥
宣和五年二月	（執）趙野除中大夫、尚書右丞	王黼	童貫、白時中、張邦昌、鄭居中、李邦彥、趙野
宣和五年六月	（執）鄭居中致仕、卒 （執）蔡攸領樞密院事	王黼	童貫、白時中、張邦昌、李邦彥、趙野
宣和五年七月	（執）童貫致仕	王黼	白時中、張邦昌、李邦彥、趙野、蔡攸
宣和六年九月	（宰）李邦彥加銀青光祿大夫、少宰兼中書侍郎、神霄玉清萬壽宮使 （宰）白時中加特進、太宰兼門下侍郎、神霄玉清萬壽宮使 （執）宇文粹中除尚書右丞 （執）蔡懋除中大夫、同知樞密院事	王黼、李邦彥、白時中	張邦昌、趙野、蔡攸、宇文粹中、蔡懋
宣和六年十一月	（宰）王黼致仕	白時中、李邦彥	張邦昌、趙野、蔡攸、宇文粹中、蔡懋
宣和六年十二月	（宰）蔡京落致仕，依前太師領三省事、神霄玉清萬壽宮使	蔡京、白時中、李邦彥	張邦昌、趙野、蔡攸、宇文粹中、蔡懋
宣和七年四月	（宰）蔡京致仕	白時中、李邦彥	張邦昌、趙野、蔡攸、宇文粹中、蔡懋
宣和七年十二月	（執）吳敏加中大夫、門下侍郎 （執）耿南仲除資政殿學士、簽書樞密院事	白時中、李邦彥	張邦昌、趙野、蔡攸、宇文粹中、蔡懋、吳敏、耿南仲

年代	變動	在位宰相	在位執政
靖康元年正月	（宰）白時中以觀文殿大學士領中太乙宮使 （宰）張邦昌加少宰兼中書侍郎、神霄玉清萬壽宮使 （宰）吳敏遷太中大夫、少宰兼中書侍郎 （執）李梲除同知樞密院事 （執）李綱除尚書右丞 （執）王孝迪除中書侍郎 （執）唐恪除同知樞密院事 （執）路允迪除資政殿學士、簽書樞密院事 （執）种師道除同知樞密院事	李邦彥、張邦昌、吳敏	趙野、蔡攸、宇文粹中、蔡懋、耿南仲、李梲、李綱、王孝迪、唐恪、路允迪、种師道
靖康元年二月	（宰）李邦彥以觀文殿學士領太乙宮使 （執）李綱被罷，尋復職 （執）徐處仁除中書侍郎 （執）宇文虛中除資政殿大學士、簽書樞密院事 （執）蔡懋知大名府兼北京留守 （執）王孝迪以資政殿學士提舉醴泉觀 （執）种師道以檢校少傅領中太乙宮使 （執）蔡攸責授太中大夫、提舉亳州明道宮 （執）宇文粹中罷尚書右丞	張邦昌、吳敏	趙野、耿南仲、李梲、李綱、唐恪、路允迪、徐處仁、宇文虛中

年代	變動	在位宰相	在位執政
靖康元年三月	（宰）徐處仁加通奉大夫、太宰兼門下侍郎 （宰）張邦昌以觀文殿大學士領中太乙宮使 （執）何㮚除中大夫、尚書右丞 （執）許翰除中大夫、同知樞密院事 （執）李梲以正奉大夫、資政殿學士提舉南京鴻慶宮 （執）宇文虛中以資政殿學士、中大夫出知青州	吳敏、徐處仁	趙野、耿南仲、李綱、唐恪、路允迪、何㮚、許翰
靖康元年四月	（執）种師道除同知樞密院事 （執）趙野以資政殿學士出知襄陽府	吳敏、徐處仁	耿南仲、李綱、唐恪、路允迪、何㮚、許翰、种師道
靖康元年六月	（執）路允迪以資政殿學士提舉醴泉觀	吳敏、徐處仁	耿南仲、李綱、唐恪、何㮚、許翰、种師道
靖康元年八月	（宰）唐恪加少宰兼中書侍郎 （宰）徐處仁以觀文殿大學士領中太乙宮使 （宰）吳敏以觀文殿大學士領醴泉觀使 （執）陳過庭除尚書右丞 （執）聶昌除中大夫、同知樞密院事 （執）李回除延康殿學士、簽書樞密院事 （執）許翰以延康殿學士出知亳州	唐恪	耿南仲、李綱、何㮚、种師道、陳過庭、聶昌、李回
靖康元年九月	（執）王寓除尚書左丞846 （執）李綱以觀文殿學士出知揚州	唐恪	耿南仲、何㮚、种師道、陳過庭、聶昌、李回、王寓

年代	變動	在位宰相	在位執政
靖康元年十月	（執）馮澥除中大夫、知樞密院事 （執）王寓責授單州團練副使、新州安置[847] （執）种師道卒	唐恪	耿南仲、何㮚、陳過庭、聶昌、李回、馮澥
靖康元年十一月	（執）曹輔除延康殿學士、簽書樞密院事 （執）馮澥除資政殿學士、太子賓客 （執）李回除提舉萬壽觀 （執）何㮚除資政殿學士、提舉醴泉觀，後再次拜門下侍郎	唐恪	耿南仲、陳過庭、聶昌、孫傅、曹輔、何㮚
靖康元年閏十一月	（宰）何㮚加通奉大夫、右僕射、中書侍郎 （宰）唐恪以觀文殿大學士領中太乙宮使 （執）孫傅除中大夫、尚書右丞，後除同知樞密院事[848] （執）馮澥除尚書左丞 （執）張叔夜除簽書樞密院事	何㮚	耿南仲、陳過庭、聶昌、孫傅、曹輔、馮澥、張叔夜

附錄二：遼宋金外交戰爭大事記

大事件	遼－北方政權	宋－中原政權	金－東北政權
五代時期	九二三年 後唐同光初年 **開疆拓土** 遼從幽州軍閥劉守光手中奪得營、平、灤三州。	後漢、後周中原政權	
	九二三年 後唐清泰二年 **閃滅後唐 贏得要地** 後唐發生內亂，大將石敬瑭向遼求援，遼順勢南下滅後唐，石敬瑭向遼敬獻燕雲十六州。		
		九六〇年 建隆元年 **陳橋兵變 北宋建立** 陳橋兵變，趙匡胤黃袍加身，建立宋朝。	

宋遼戰爭期間	一〇〇四年 統和二十二年 **宋為奪回燕雲十六州，進攻遼國，宋遼兩國戰爭不斷。**	一〇〇四年 景德元年 **澶淵之盟 百年修好** 一〇〇四年秋，遼宋戰端再起，雙方在澶淵遭遇，是年終，遼宋訂定「澶淵之盟」。	
			一一一四年 北宋政和四年 **女真崛起** 十月，女真首領阿骨打率軍攻克遼國寧江州。 遼金戰爭爆發。 女真族相繼在黑龍江北岸出河店（後設為肇州）和南岸斡鄰擊敗遼軍。 同年十二月，遼國賓州、祥州、咸州歸為女真。
			一一一五年 金收國元年 **金國建立** 年初，完顏阿骨打稱帝，國號大金。 九月，阿骨打攻克黃龍府。
澶淵之盟時期 宋遼結盟	一一一六年 天慶六年 **遼國內亂** 高永昌叛亂，自稱大渤海皇帝，佔據遼東五十餘州縣。		一一一六年 收國二年 **趁火打劫 佔領遼東** 五月，女真應援高永昌，聯手擊退遼軍後，女真擊敗高永昌，佔領遼東。

		一一一七年 政和7年 **異族勝利 機會來臨** 女真的勝利傳入北宋，宋廷對遼主戰派童貫等蠢蠢欲動。	一一一七年 天輔元年 **冊封皇帝 遼金議和** 阿骨打派使者前往遼國請求冊封，金遼兩國議和。
		一一一八年 重和元年 **聯金滅遼 初步試探** 宋徽宗首次派使團前往女真地界，欲聯金滅遼。	
	一一一九年 天慶九年 **封賞求和** 三月，遼國派使者到金國冊封完顏阿骨打為東懷國皇帝。	一一一九年 宣和元年 **使團歸來 商訂計畫** 四月，訪金的馬政使團歸來，宋徽宗與來訪的金國使臣商定聯金滅遼計畫。	一一一九年 天輔三年 **再生事端** 三月，阿骨打不滿遼國冊封條件，拒絕冊封，遼金關係惡化。
海上之盟時期 宋金結盟		一一二〇年 宣和二年 **聯金滅遼 海上之盟** 二月初四，宋徽宗再次派使節趙良嗣去往金國，宋金結成海上之盟。	
	一一二一年 保大元年 **乘虛而入** 遼國宮廷內鬥達到高峰時，金國乘虛而入。		

		一一二二年 宣和四年 **宋遼聯盟結束 收復燕京失利** 四月，宋徽宗將遼天賜帝的使者趕回，拒絕承認天賜帝政權。 五月，童貫率軍進攻遼國，連吃兩次敗仗，北宋第一次收復燕京失利。 九月三十日，遼國大將郭藥師投降北宋。 十一月，北宋集五十萬兵力攻遼失敗，第二次收復燕京失利。	一一二二年 天輔六年 **攻陷中京 佔領燕京** 正月十三日，金軍攻陷遼中京。 十二月初六，金軍佔領燕京。
		一一二三年 宣和五年 **贖回燕京 張覺降宋** 正月到二月，經過艱難談判，宋徽宗從金國手中贖買回燕京。 四月正式收復燕京。 六月，張覺秘密投靠北宋。	一一二三年 天輔七年 **皇帝去世 再起叛亂** 五月，大金皇帝阿骨打去世，完顏吳乞買繼位。 五月十四日，張覺叛離金國，歸順殘遼勢力，營、平、灤三州脫離金國控制。
		一一二四年 宣和六年 **紛爭再起** 年初，宋金因張覺問題漸生齟齬。 三月，宋金又因糧草問題起爭執。	一一二四年 天會二年 **平定叛亂 收復失地** 年初，金軍擊敗張覺，收回營、平、灤三州，要求北宋將張覺交還。

第一次汴京之圍時期
宋金戰爭

一一二五年 保大五年
遼國滅亡
二月初，天祚帝被金軍俘獲，遼國滅亡。

一一二五年 宣和七年
宋金開戰 燕京陷落 欽宗繼位
正月二十六日，宋徽宗派使團前往金國祝賀金太宗吳乞賣登位。
十二月初七，宋軍統帥童貫決定從太原逃回汴京。
同日，郭藥師率軍與金軍在燕京東面三河一帶死戰，金軍敗退。
十二月初八，郭藥師投降金國。
初十，燕京失守；
十七日，石嶺關失守；
二十日，宋徽宗封二十六歲的太子趙恒為開封牧，欲逃離；
二十二日，宋徽宗發佈罪己詔；
二十三日，宋徽宗傳位於太子，即宋欽宗。

一一二五年 天會三年
宋金開戰 汴京危急
十一月三十日，金國宗室名將粘罕致書宋廷宣戰，宋金戰爭爆發，金軍分兩路南下攻宋，東路軍由完顏阿骨打次子斡離不掌管，西路軍由粘罕率領。
十二月初一，金東路軍攻破檀州；
初二，金東路軍攻克薊州；
初五，金西路軍抵達太原，向童貫下戰書；
初七，金軍進軍代州城下；
十四日，斡離不決定長途奔襲京城；
十八日，斡離不兵圍中山府；
二十五日，金軍攻佔慶元府；
二十七日，金軍佔領信德府。

一一二六年 靖康元年
金軍圍城 邊戰邊和
十二月二十九日，宋欽宗任命李綱為兵部侍郎。
正月初三夜裡，宋徽宗逃亡；
初九，李綱在戰場上擊退金軍，談判同時進行；
初十，宋欽宗答應金軍議和條件；
二月初一，宋欽宗派李梲和鄭望之押送財物至金營。

一一二六年 天會四年
汴京首圍 和談化解
正月初三，金軍渡過黃河；
初七，金軍抵達汴京城下；
同日，斡離不派出吳孝民使團與北宋鄭望之使團談判；
二月初八，金軍開始撤回。

第二次汴京之圍時期 **宋金戰爭 靖康之難**		一一二六年 靖康元年 **討價還價 康王議和** 二月二十五日，王雲出使金軍，欲讓金軍允許北宋保留太原、中山、河間三鎮。 五月，為解太原之圍，北宋大將种師中戰死。 十月初十，汾州陷落。 十一月十四日，宋欽宗收到金東、西兩路軍渡過黃河的戰報，隨即派康王出使斡離不大軍和議，後被民眾騷擾阻止。	一一二六年 天會四年 **戰事再起** 四月，金國派遣使者訪宋，催促太原三鎮交割事宜，使團被宋廷置留下來。 八月十四日，金國再次兵分東、西二路南下攻宋。 九月初三，金軍攻陷太原外城，隨後攻陷內城。 十月初五，金軍攻陷真定府。
		一一二六年 靖康元年 **汴京陷落 皇帝投降** 十一月二十二日，宋欽宗答應金軍議和要求，派人前往河北、山西交割地盤；二十四日，汴京城第二次被金軍圍困，金東路軍兵臨城下；閏十一月二十六日，汴京城陷落；二十八日，秦檜、李若水去往金營求和； 三十日，宋欽宗駕車前往金營投降。 十二月初一，康王在相州設立元帥府，號召勤王抗金； 初三，金軍索賠文送達。	一一二六年 天會四年 **兩軍會師 汴京被圍** 十月十七日，金軍攻克隆德府。 十一月十二日，粘罕率西路軍經山西到黃河北岸。 十一月二十七日，金軍對汴京城發動第一次進攻。 閏十一月初二，金西路軍抵達汴京城下，兩軍會師。

一一二七年 靖康二年

北宋滅亡 康王繼位

正月初二，絹匹運送完畢，金銀被運至城門口。

二月初七，太上皇出城，大量宗室女子隨同。

二月十一日，皇后和太子出城。

三月初七，在金軍擁護下，張邦昌繼任大統。

四月十一日，張邦昌退位，孟太后垂簾聽政，政權還歸趙氏。

五月初一，康王在南京應天府（今河南商丘）繼位，是為南宋。

一一二七年 天會五年

北宋滅亡 金軍撤離

正月初三，金太宗吳乞買收到北宋降書。

正月二十五日，金軍索取皇帝宮廷用品以及部分宮女、倡優。

二月初六，金軍將宋欽宗廢黜，北宋滅亡。

三月二十六日，金軍開始撤離，宋徽宗、宋欽宗以及大量宗室、後宮妃子被擄往北方。

五月二十三日，北宋俘虜抵達上京。

汴京之圍

北宋末年的外交、戰爭和人

作　　者　郭建龍
裝幀設計　陳玟秀
行銷企劃　黃羿潔
業務發行　王綬晨、邱紹溢、劉文雅
編輯協力　張瓊瑜
編輯企劃　劉文雅
資深主編　曾曉玲
特約總編輯　趙啟麟
發 行 人　蘇拾平

出　　版　啟動文化
Email：onbooks@andbooks.com.tw

發　　行　大雁出版基地
新北市新店區北新路三段207-3號5樓
電話：(02)8913-1005　傳真：(02)8913-1056
Email：andbooks@andbooks.com.tw
劃撥帳號：19983379
戶名：大雁文化事業股份有限公司

二版一刷　2024年4月
定　　價　600 元
I S B N　978-986-493-173-6

國家圖書館出版品預行編目（CIP）資料

汴京之圍：北宋末年的外交、戰爭和人/郭建龍著. --
二版. -- 新北市：啟動文化出版：大雁出版基地發行,
2024.04
面；　公分
ISBN 978-986-493-173-6(平裝)

1. 北宋史 2.通俗史話

625.1　　113002072

圖書許可發行核准字號：文化部部版臺陸字第 109001號
出版說明：本書係由簡體版圖書《汴京之圍：北宋末年的外交、戰爭和人》
以正體字在臺灣重製發行，期能藉引進華文好書以饗台灣讀者。